企业所得税
疑难问题深度解析

2021年版

TAX

韩海敏◎主编

立信会计出版社
LIXIN ACCOUNTING PUBLISHING HOUSE

图书在版编目(CIP)数据

企业所得税疑难问题深度解析:2021年版/韩海敏主编.—上海:立信会计出版社,2021.3(2021.6重印)

ISBN 978-7-5429-6739-8

Ⅰ.①企… Ⅱ.①韩… Ⅲ.①企业所得税—税收管理—研究—中国 Ⅳ.①F812.424

中国版本图书馆CIP数据核字(2021)第045792号

策划编辑 张巧玲

责任编辑 张临林

企业所得税疑难问题深度解析(2021年版)

出版发行	立信会计出版社		
地　　址	上海市中山西路2230号	邮政编码	200235
电　　话	(021)64411389	传　　真	(021)64411325
网　　址	www.lixinaph.com	电子邮箱	lixinaph2019@126.com
网上书店	http://lixin.jd.com		http://lxkjcbs.tmall.com
经　　销	各地新华书店		
印　　刷	固安华明印业有限公司		
开　　本	787毫米×1092毫米	1/16	
印　　张	21.75	插　页	1
字　　数	477千字		
版　　次	2021年3月第1版		
印　　次	2021年6月第2次		
书　　号	ISBN 978-7-5429-6739-8/F		
定　　价	89.00元		

编写说明

一年一度的企业所得税汇算清缴工作是企业对生产经营核算情况的总结，也是税务机关落实各项企业所得税政策的重要抓手。为了加大宣传辅导力度，确保政策落到实处，让企业掌握理解企业所得税相关政策，充分运用好税收政策，为高质量发展再助力，为提高企业所得税汇算清缴质量，降低涉税风险，顺利完成2020年度汇算清缴工作，我们组织所得税专家编写了《企业所得税疑难问题深度解析(2021年版)》。

本书对收入、成本费用、资产损失、税收优惠、申报表填报等企业所得税疑难问题进行解析，其中包括疫情防控、复产复工、代持股、永续债利息支出、无偿划转资产、研发加计扣除等税收热点、难点问题。本书遵循企业所得税法立法体系进行分类，脉络清晰，更贴近实际，更具有可操作性。并且按同一范畴不同类型问题进行归集，进一步拓展对问题理解的深度和广度。为使读者能够对企业所得税政策深刻理解，触类旁通，本书在解答相关问题后，将问题中涉及的政策原文附在其后，便于读者全面掌握税收政策精髓，更好理解和运用政策。

本书不仅收录了当前热点问题，还增加了阅读延伸角，旨在让读者提高阅读效率。本书还设有涉税风险提示栏，便于企业在汇算清缴时把握政策要点，提高遵从度，降低税收风险，高效完成汇算清缴任务。

本书在编写过程参照税务机关所得税管理部门、中国注册税务师协会、各省12366纳税服务热线及公众账号等内容，在此表示感谢。

2021年2月10日

目　录

第1章　应纳税所得额的计算

1.1　收入

1.1.1　企业收到的增值税退税款、增值税留抵退税款是否要确认为收入

【案例1-1】 A公司是资源综合利用企业，2020年收到即征即退、增值税款800万元，请问该企业取得这部分税款是否应缴纳企业所得税？增值税期末留抵退税和进项税金加计抵减是否也应缴纳企业所得税？

企业取得各类财政性资金，除属于国家投资和资金使用后要求归还本金的以外，均应计入企业当年收入总额。所称财政性资金，包括直接减免的增值税和即征即退、先征后退、先征后返的各种税收，但不包括企业按规定取得的出口退税款。许多企业在取得各类财政性资金时大都放在资本公积或过渡科目，没计入应纳税所得额，存在涉税风险。

对于企业按照增值税相关规定获得的增值税期末留抵退税款，属于对可结转抵扣的进项税额的退还，不属于应征企业所得税收入范围。但对于企业享受增值税进项税金加计抵减政策计入"其他收益"科目的，按照现行政策的规定，增值税加计抵减形成的收益不属于不征税收入或免税收入，应作为应税收入计入应纳税所得额计征企业所得税。

因此，A公司2020年收到即征即退增值税款800万元，应计入企业收入总额缴纳企业所得税。

政策链接

一、财政性资金

（一）企业取得的各类财政性资金，除属于国家投资和资金使用后要求归还本金的以外，均应计入企业当年收入总额。

（二）对企业取得的由国务院财政、税务主管部门规定专项用途并经国务院批准的财政性资金，准予作为不征税收入，在计算应纳税所得额时从收入总额中减除。

（三）纳入预算管理的事业单位、社会团体等组织按照核定的预算和经费报领关系收到的由财政部门或上级单位拨入的财政补助收入，准予作为不征税收入，在计算应纳税所得额时从收入总额中减除，但国务院和国务院财政、税务主管部门另有规定

的除外。

本条所称财政性资金,是指企业取得的来源于政府及其有关部门的财政补助、补贴、贷款贴息,以及其他各类财政专项资金,包括直接减免的增值税和即征即退、先征后退、先征后返的各种税收,但不包括企业按规定取得的出口退税款;所称国家投资,是指国家以投资者身份投入企业、并按有关规定相应增加企业实收资本(股本)的直接投资。

【《财政部 国家税务总局关于财政性资金 行政事业性收费 政府性基金有关企业所得税政策问题的通知》(财税〔2008〕151号)第一条】

1.1.2 取得从合伙企业分得的收益是否要缴纳企业所得税

【案例1-2】 A公司2017年与其他合伙人共同注册成立了合伙企业M公司,2020年A公司从M公司分得收益200万元,请问A公司是否应缴纳企业所得税?

按照现行税收政策的规定,合伙企业生产经营所得和其他所得采取“先分后税”的原则,合伙企业以每一个合伙人企业为纳税义务人。合伙企业合伙人是自然人的,缴纳个人所得税;合伙人是法人和其他组织的,缴纳企业所得税,合伙企业的法人合伙人从合伙企业分得收益应并入企业当年应纳税所得额缴纳企业所得税。

在实际操作中,许多纳税人均认为合伙企业只要缴纳个人所得税,无需缴纳企业所得税。这种想法是错误的,正确的做法是以合伙企业每一个合伙人来判别是缴纳企业所得税还是个人所得税,如果合伙企业合伙人是法人性质应缴纳企业所得税,如果是个人的则应缴纳个人所得税。

A公司2020年从M公司分得收益应按规定缴纳企业所得税。

政策链接

二、合伙企业以每一个合伙人为纳税义务人。合伙企业合伙人是自然人的,缴纳个人所得税;合伙人是法人和其他组织的,缴纳企业所得税。

三、合伙企业生产经营所得和其他所得采取“先分后税”的原则。

具体应纳税所得额的计算按照《关于个人独资企业和合伙企业投资者征收个人所得税的规定》(财税〔2000〕91号)及《财政部 国家税务总局关于调整个体工商户个人独资企业和合伙企业个人所得税税前扣除标准有关问题的通知》(财税〔2008〕65号)的有关规定执行。

前款所称生产经营所得和其他所得,包括合伙企业分配给所有合伙人的所得和企业当年留存的所得(利润)。

四、合伙企业的合伙人按照下列原则确定应纳税所得额:

(一)合伙企业的合伙人以合伙企业的生产经营所得和其他所得,按照合伙协议约定的分配比例确定应纳税所得额。

（二）合伙协议未约定或者约定不明确的，以全部生产经营所得和其他所得，按照合伙人协商决定的分配比例确定应纳税所得额。

（三）协商不成的，以全部生产经营所得和其他所得，按照合伙人实缴出资比例确定应纳税所得额。

（四）无法确定出资比例的，以全部生产经营所得和其他所得，按照合伙人数量平均计算每个合伙人的应纳税所得额。

合伙协议不得约定将全部利润分配给部分合伙人。

五、合伙企业的合伙人是法人和其他组织的，合伙人在计算其缴纳企业所得税时，不得用合伙企业的亏损抵减其盈利。

【《财政部 国家税务总局关于合伙企业合伙人所得税问题的通知》（财税〔2008〕159 号）第二条、第三条、第四条、第五条】

1.1.3 确实无法支付的款项是否确认为收入

【案例 1-3】 A 公司为一家从事于生物医药生产的企业，2017 年从 B 公司购入一台价值 500 万元的精密数控机器，2017 年 A 公司购入设备安装完毕，按合同约定先支付 450 万元，剩余 50 万元作为维修保证金，到 2020 年年底支付。2020 年 A 公司去函要求 B 公司维修机器核心部件，但因该公司经营倒闭已无法对该机器进行维修，致使剩余 50 万元无法支付，请问 A 公司无法支付的应付款是否应确认收入？

《中华人民共和国企业所得税法实施条例》（以下简称《企业所得税法实施条例》）第二十二条规定对企业所得税法第六条第（九）项所称其他收入进行明确，确定确实无法偿付的应付款项、已作坏账损失处理后又收回的应收款项等应计入其他收入。对于“确实无法偿付”的判断，纳税人应根据实际情况，自行进行判断其应付款项是否确实无法偿付。税务机关若有确凿证据证明债权人已作资产损失、债权人（自然人）失踪或死亡、债权人（法人）注销或破产，以及其他原因导致债权人债权消亡的，税务机关可判定债务人确实无法偿付。对于确实无法偿付的应付未付款项，应计入收入总额计征企业所得税。因此，A 公司无法支付的应付款 50 万元应确认收入。

风险提示

对于应付未付款项，若债权人已死亡、破产、注销等，则债务人的应付未付款项应作为“确实无法偿付的款项”计入当期应税收入；若债权人仍属正常经营的，若已超过诉讼时效的且债务人没有主动还款愿望的也应计入当期损益。

政策链接

企业以货币形式和非货币形式从各种来源取得的收入，为收入总额。包括：

（一）销售货物收入。

（二）提供劳务收入。

（三）转让财产收入。

（四）股息、红利等权益性投资收益。

（五）利息收入。

（六）租金收入。

（七）特许权使用费收入。

（八）接受捐赠收入。

（九）其他收入。

【《中华人民共和国企业所得税法》第六条】

企业所得税法第六条第（九）项所称其他收入，是指企业取得的除企业所得税法第六条第（一）项至第（八）项规定的收入外的其他收入，包括企业资产溢余收入、逾期未退包装物押金收入、确实无法偿付的应付款项、已作坏账损失处理后又收回的应收款项、债务重组收入、补贴收入、违约金收入、汇兑收益等。

【《中华人民共和国企业所得税法实施条例》第二十二条】

1.1.4 跨年度销售退回应如何处理

【案例1-4】 A公司2020年11月销售一批货物给B公司，开具了普通发票，2021年3月因质量存在问题，B公司将货物退还给A公司并开具了红字发票，请问跨年度销售退回在企业所得税上应如何处理？

根据现行税收政策的规定，企业已经确认销售收入的售出商品发生销售折让和销售退回，应当在发生当期冲减当期销售商品收入。

会计处理上应分不同情况进行处理：

(1) 当企业销售退回事项发生在企业会计报表已经报出之后，则应调整发生年度收入，即2021年销售收入。

(2) 当企业销售退回事项发生在企业会计报表报出之前，属资产调整日后事项，则应调整上一年度收入，即2020年销售收入。

(3)《企业会计准则第14号——收入》第三十二条规定，对于附有销售退回条款的销售，企业应当在客户取得相关商品控制权时，按照因向客户转让商品而预期有权收取的对价金额（即不包含预期因销售退回将退还的金额）确认收入，按照预期因销售退回将退还的金额确认负债。同时，按照预期将退回商品转让时的账面价值，扣除收回该商品预计发生的成本（包括退回商品的价值减损）后的余额，确认为一项资产，按照所转让商品转让时的账面价值，扣除上述资产成本的净额结转成本。

每一资产负债表日，企业应当重新估计未来销售退回情况，如有变化，应当作为会计估计变更进行会计处理。

企业发生附有销售退回条款的销售的，应在客户取得相关商品控制权时：

(1) 确认收入。

借：银行存款

　　贷：主营业务收入

　　　　预计负债——应付退货款等科目

　　　　应交税费——应交增值税(销项税额)等科目

每一资产负债表日，企业应当重新估计未来销售退回情况，如有变化，应当作为会计估计变更进行会计处理。

(2) 结转相关成本。

借：主营业务成本

　　贷：库存商品

会计上在销售年度确认的收入是不含预期因销售退回将退还的金额，当年所得税上应该全额确认收入；次年发生销售退回时，会计上通过“应收退货成本”“预计负债——应付退货款”等科目核算，退回金额和预计不一致的，直接冲减或确认当期销售商品收入，而所得税上，退货年度应按照退货金额冲减退货年度的收入。

政策链接

一、除企业所得税法及实施条例另有规定外，企业销售收入的确认，必须遵循权责发生制原则和实质重于形式原则。

(一) 企业销售商品同时满足下列条件的，应确认收入的实现：

1. 商品销售合同已经签订，企业已将商品所有权相关的主要风险和报酬转移给购货方。

2. 企业对已售出的商品既没有保留通常与所有权相联系的继续管理权，也没有实施有效控制。

3. 收入的金额能够可靠地计量。

4. 已发生或将发生的销售方的成本能够可靠地核算。

(二) 符合上款收入确认条件，采取下列商品销售方式的，应按以下规定确认收入实现时间：

1. 销售商品采用托收承付方式的，在办妥托收手续时确认收入。

2. 销售商品采取预收款方式的，在发出商品时确认收入。

3. 销售商品需要安装和检验的，在购买方接受商品以及安装和检验完毕时确认收入。如果安装程序比较简单，可在发出商品时确认收入。

4. 销售商品采用支付手续费方式委托代销的，在收到代销清单时确认收入。

(三) 采用售后回购方式销售商品的，销售的商品按售价确认收入，回购的商品作为购进商品处理。有证据表明不符合销售收入确认条件的，如以销售商品方式进行融资，收到的款项应确认为负债，回购价格大于原售价的，差额应在回购期间确认为利息费用。

（四）销售商品以旧换新的，销售商品应当按照销售商品收入确认条件确认收入，回收的商品作为购进商品处理。

（五）企业为促进商品销售而在商品价格上给予的价格扣除属于商业折扣，商品销售涉及商业折扣的，应当按照扣除商业折扣后的金额确定销售商品收入金额。

债权人为鼓励债务人在规定的期限内付款而向债务人提供的债务扣除属于现金折扣，销售商品涉及现金折扣的，应当按扣除现金折扣前的金额确定销售商品收入金额，现金折扣在实际发生时作为财务费用扣除。

企业因售出商品的质量不合格等原因而在售价上给的减让属于销售折让；企业因售出商品质量、品种不符合要求等原因而发生的退货属于销售退回。企业已经确认销售收入的售出商品发生销售折让和销售退回，应当在发生当期冲减当期销售商品收入。

【《国家税务总局关于确认企业所得税收入若干问题的通知》(国税函〔2008〕875号)第一条】

1.1.5 发生商业折扣如何进行财税处理

【案例1-5】 A公司销售某品牌的分体式空调，2020年国庆节期间出台促销方案，客户购买金额在10 000元以上的，可以获得1 000元优惠。如果这款空调折扣前的打包价(含税)10 000元，其中含货款9 000元和1 000元安装费，货物成本(不含税价)8 000元，安装成本800元，请问A公司这笔销售业务应确认收入是多少？(注：A公司选择不区分安装收入，按13%缴纳增值税)

A公司销售某品牌的分体式空调，出台促销方案，客户购买金额在10 000元以上的，可以获得1 000元优惠，实际上商家出台促销方案即为给商品打折。按现行税收政策的规定，企业为促进商品销售而在商品价格上给予的价格扣除属于商业折扣，商品销售涉及商业折扣的，应当按照扣除商业折扣后的金额确定销售商品收入金额，A公司应确认销售收入为9 000元。《国家税务总局关于确认企业所得税收入若干问题的通知》(国税函〔2008〕875号)规定，企业以"买一赠一"等方式组合销售本企业商品的，不属于捐赠，应将总的销售金额按各项商品的公允价值的比例来分摊确认各项的销售收入。对于该项交易事项，A公司既有销售行为又有安装行为，应按比例分别确认销售空调与安装空调两项收入，同时结转相关成本。

按现行《企业会计准则第14号——收入》的规定，销售商品涉及商业折扣的，应当按照扣除商业折扣后的金额确定销售商品收入金额。

2017年修改后的《企业会计准则第14号——收入》第二十三条对合同折扣又做了进一步明确规定，对于合同折扣，企业应当在各单项履约义务之间按比例分摊。

需要注意的是，按新修订的收入准则的规定，对于折扣商家应按各单项履约义务之间比例分摊。

A公司商家销售货物收入应摊销的折扣＝1 000×9 000÷10 000＝900(元)。

安装收入应摊销的折扣＝1 000×1 000÷10 000＝100(元)。

开具发票时,要在发票金额栏标明折扣金额1 000元。

会计处理：

借:银行存款	9 000.00	
贷:主营业务收入——货款收入		7 168.14
其他业务收入——安装收入		796.46
应交税费——应缴增值税(销项税额)		1 035.40

同时结转成本：

借:主营业务成本——销货成本	8 000.00	
其他业务成本——安装成本	800.00	
贷:库存商品——××空调器		8 000.00
银行存款		800.00

风险提示

会计准则要求对企业已确认销售商品收入,若商品发生销售退回的,应在发生时冲减当期销售收入。企业发生属于报告年度资产负债表日后调整事项的销售退回,应将留存收益调整确认在报告年度;税法上企业发生的属于资产负债表日后调整事项的销售退回,所涉及的应纳税所得额的调整,不应在报告年度确认,应在销售退回实际发生年度确认。

政策链接

一、除企业所得税法及实施条例另有规定外,企业销售收入的确认,必须遵循权责发生制原则和实质重于形式原则。

(一)企业销售商品同时满足下列条件的,应确认收入的实现：

1. 商品销售合同已经签订,企业已将商品所有权相关的主要风险和报酬转移给购货方。

2. 企业对已售出的商品既没有保留通常与所有权相联系的继续管理权,也没有实施有效控制。

3. 收入的金额能够可靠地计量。

4. 已发生或将发生的销售方的成本能够可靠地核算。

(二)符合上款收入确认条件,采取下列商品销售方式的,应按以下规定确认收入实现时间：

1. 销售商品采用托收承付方式的,在办妥托收手续时确认收入。

2. 销售商品采取预收款方式的,在发出商品时确认收入。

3. 销售商品需要安装和检验的,在购买方接受商品以及安装和检验完毕时确认收入。如果安装程序比较简单,可在发出商品时确认收入。

4. 销售商品采用支付手续费方式委托代销的,在收到代销清单时确认收入。

(三)采用售后回购方式销售商品的,销售的商品按售价确认收入,回购的商品作为购进商品处理。有证据表明不符合销售收入确认条件的,如以销售商品方式进行融资,收到的款项应确认为负债,回购价格大于原售价的,差额应在回购期间确认为利息费用。

(四)销售商品以旧换新的,销售商品应当按照销售商品收入确认条件确认收入,回收的商品作为购进商品处理。

(五)企业为促进商品销售而在商品价格上给予的价格扣除属于商业折扣,商品销售涉及商业折扣的,应当按照扣除商业折扣后的金额确定销售商品收入金额。

债权人为鼓励债务人在规定的期限内付款而向债务人提供的债务扣除属于现金折扣,销售商品涉及现金折扣的,应当按扣除现金折扣前的金额确定销售商品收入金额,现金折扣在实际发生时作为财务费用扣除。

企业因售出商品的质量不合格等原因而在售价上给的减让属于销售折让;企业因售出商品质量、品种不符合要求等原因而发生的退货属于销售退回。企业已经确认销售收入的售出商品发生销售折让和销售退回,应当在发生当期冲减当期销售商品收入。

三、企业以"买一赠一"等方式组合销售本企业商品的,不属于捐赠,应将总的销售金额按各项商品的公允价值的比例来分摊确认各项的销售收入。

【《国家税务总局关于确认企业所得税收入若干问题的通知》(国税函〔2008〕875号)第一条、第三条】

1.1.6 视同销售会计与税收上如何进行处理

1.1.6.1 企业将自产货物发放给职工是否应按视同销售进行处理

【案例1-6】 A食品公司(以下简称A公司)2020年中秋节将本公司生产的月饼100盒发放给企业职工。每盒月饼成本150元,市场零售价为每盒200元。请问A公司是否应视同销售进行处理?

按现行税收政策的规定,企业发生非货币性资产交换,以及将货物、财产、劳务用于捐赠、偿债、赞助、集资、广告、样品、职工福利或者利润分配等用途的,应视同销售货物、转让财产或者提供劳务。会计上对于非货币性资产交换,以及将货物、财产、劳务用于捐赠、偿债、赞助、集资、广告、样品、职工福利或者利润分配等用途的应分为为两类情况来进行处理:第一类是将货物、劳务用于捐赠、赞助、广告、样品不具备准则确认收入条件,不确认收入,需纳税调整;第二类是将货物、劳务用于偿债、集资、职工福利、利润分配具备准则确认收入条件,已确认收入,不需进行纳税调整。

【案例1-7】 A食品公司(一般纳税人)2020年中秋节将本公司生产的月饼100

盒发放给企业职工作为福利,每盒月饼成本150元,市场零售价为每盒200元。

会计处理:

借:应付职工薪酬——非货币性福利 22 600
　　贷:主营业务收入 20 000
　　　　应交税费——应交增值税(销项税额) 2 600

同时结转相关成本:

借:主营业务成本 15 000
　　贷:库存商品 15 000

由此可看出,A食品公司在会计上已确认收入,税收上就没有必要进行纳税调整,税会没有差异。

【案例1-8】 A食品公司(一般纳税人)2020年中秋节将本公司生产的月饼100盒捐赠给福利院。每盒月饼成本150元,市场零售价为每盒200元。

会计处理:

借:营业外支出 17 600
　　贷:库存商品 15 000
　　　　应交税费——应交增值税(销项税额) 2 600

会计上没有做收入,税收上则应视同销售收入。

通过两者对比,会计上应特别注意如果资产所有权属已发生改变不属于内部处置资产,应按规定视同销售确定收入,且应当按照公允价值确定收入额。

1.1.6.2 企业采取"买一赠一"销售本企业的产品,计算企业所得税时是否应视同销售收入

按照现行企业所得税政策的规定,企业发生非货币性资产交换,以及将货物、财产、劳务用于捐赠、偿债、赞助、集资、广告、样品、职工福利或者利润分配等用途的,应当视同销售货物、转让财产或者提供劳务,但国务院财政、税务主管部门另有规定的除外。

《国家税务总局关于确认企业所得税收入若干问题的通知》(国税函〔2008〕875号)规定,企业以"买一赠一"等方式组合销售本企业商品的,不属于捐赠,应将总的销售金额按各项商品的公允价值的比例来分摊确认各项的销售收入。

政策链接

二、企业将资产移送他人的下列情形,因资产所有权属已发生改变而不属于内部处置资产,应按规定视同销售确定收入。

(一)用于市场推广或销售。

(二)用于交际应酬。

(三)用于职工奖励或福利。

(四)用于股息分配。

(五)用于对外捐赠。

(六)其他改变资产所有权属的用途。

【《国家税务总局关于企业处置资产所得税处理问题的通知》(国税函〔2008〕828号)第二条】

二、企业移送资产所得税处理问题

企业发生《国家税务总局关于企业处置资产所得税处理问题的通知》(国税函〔2008〕828号)第二条规定情形的,除另有规定外,应按照被移送资产的公允价值确定销售收入。

【《国家税务总局关于企业所得税有关问题的公告》(国家税务总局公告2016年第80号)第二条】

1.1.7 依法成立的工会组织工会经费返还部分是否要缴纳企业所得税

1.1.7.1 工会组织登记为法人,收到补助是否需要缴纳企业所得税

【案例1-9】 A公司是一般纳税人,现有职工5 000人,依《中华人民共和国工会法》成立工会组织,且该工会登记为法人组织,并从事经营活动,此外该组织由于工会经费不够,需要企业行政部门资助。请问该工会组织是否要申报缴纳企业所得税?A公司如何进行会计处理?

《企业所得税法》规定,在中华人民共和国境内,企业和其他取得收入的组织(以下统称企业)为企业所得税的纳税人,依照本法的规定缴纳企业所得税。企业分为居民企业和非居民企业。《企业所得税法实施条例》进一步明确规定,企业所得税法第二条所称依法在中国境内成立的企业,包括依照中国法律、行政法规在中国境内成立的企业、事业单位、社会团体及其他取得收入的组织。依法成立的工会组织,属于独立法人,可以开设基本账户,企业行政部门在向工会拨款时,应通过银行转款办理,工会应给企业开具相关收据。工会组织应申报缴纳企业所得税。

根据《企业所得税法实施条例》第四十一条的规定,企业拨缴的工会经费,不超过工资、薪金总额2%的部分,准予扣除。超过规定比例的工会经费支出,不得税前扣除,需要进行纳税调增。

风险提示

(1)工会经费计提后挂往来账没有实际拨缴上级部门或支付给母公司工会组织的部门,应视为没有实际给上级工会组织,不得税前扣除。

(2)工会经费税前扣除数是按拨缴的全额数在企业所得税税前扣除,无需扣减上级工会返还的工会经费的部分。

1.1.7.2 小微企业按工资的2%缴纳的工会经费返还部分是否应计入收入总额

根据中国工会第十七次全国代表大会对工会经费收缴改革的总体部署和工作安排,自2020年1月1日至2021年12月31日,对小微企业工会经费实行全额返还的

支持政策。

《企业所得税法》将销售货物收入，提供劳务收入，转让财产收入，股息、红利等权益性投资收益，利息收入，租金收入，特许权使用费收入，接受捐赠收入，其他收入等企业以货币形式和非货币形式从各种来源取得的收入均列为收入总额。

根据上述规定，小微企业按工资的2%缴纳的工会经费返还部分应计入收入总额。

政策链接

一、自2010年7月1日起，企业拨缴的职工工会经费，不超过工资、薪金总额2%的部分，凭工会组织开具的《工会经费收入专用收据》在企业所得税税前扣除。

【《国家税务总局关于工会经费企业所得税税前扣除凭据问题的公告》(国家税务总局公告2010年第24号)第一条】

自2010年1月1日起，在委托税务机关代收工会经费的地区，企业拨缴的工会经费，也可凭合法、有效的工会经费代收凭据依法在税前扣除。

【《国家税务总局关于税务机关代收工会经费企业所得税税前扣除凭据问题的公告》(国家税务总局公告2011年第30号)】

一、严格小微企业划型标准

小型企业和微型企业界定标准执行工业和信息化部、中华全国总工会办公厅、国家统计局、国家发展改革委、财政部2011年6月18日印发的《中小企业划型标准规定》(工信部联企业〔2011〕300号)确定的小微企业划型标准。

二、明确支持政策实施时限

根据中国工会十七大对工会经费收缴改革的总体部署和工作安排，对小微企业工会经费实行全额返还的支持政策实施时限，自2020年1月1日起，至2021年12月31日止。全国总工会将视基层工会组织建设和工会经费收缴改革的进展情况确定支持政策的后续时限。

三、规范全额返还操作流程

建立工会组织的小微企业要按照《工会法》的有关规定，按照全部职工工资总额的2%及时足额拨缴工会经费。上级工会要建立小微企业工会经费收缴台账，健全管理制度，落实小微企业工会经费全额返还政策，定期全额返还其缴交的工会经费。

暂未建立工会组织已缴交建会筹备金的小微企业，上级工会要建立建会筹备金收缴台账，详细记录缴交建会筹备金小微企业的相关信息，加大建会工作力度，积极组织小微企业职工开展各类活动，确保未建会小微企业建会筹备金规范使用。小微企业工会组建后，要全额返还其建会筹备金余额部分。

四、加强对小微企业工会财务工作的指导服务

上级工会要加强对小微企业工会财务工作的指导，加大对《工会法》和《基层工会

经费收支管理办法》的宣传力度,定期开展针对小微企业的工会财务知识培训,通过编制财务制度汇编、操作手册、案例课程等多种方式,运用工会网站、微信公众号、小程序等手段,加强资源共享和合作,有效促进小微企业工会建起来、转起来、活起来。

上级工会要创新服务手段和服务方式,解决小微企业工会财务工作中的突出问题,为小微企业工会独立开设工会经费银行账户、独立进行财务核算提供指导服务;对暂不具备独立核算条件的小微企业工会,上级工会可实行“上代下”财务集中核算模式,所需工作经费由上级工会解决;建立健全小微企业工会报账制度,定期向小微企业通报工会经费收支情况;要加强对小微企业工会预(决)算工作的指导,不断扩大小微企业工会预(决)算工作覆盖面。

【《中华全国总工会办公厅关于实施小微企业工会经费支持政策的通知》(厅字〔2019〕32号)第一条、第二条、第三条、第四条】

1.1.8 取得政府补助用于研发活动如何处理更有利

【案例 1-10】 海星电子有限公司因从事嵌入式集成电路研发,2020年6月从市科技局取得符合不征税收入条件补助资金500万元。假设海星电子公司将500万元投入研发,按现行税收政策的规定,作为不征税收入对应研发费用不得加计扣除。请问该公司应将此笔收入作为应税收入还是不征税收入对企业更有利?

企业从县级以上各级人民政府财政部门及其他部门取得的应计入收入总额的财政性资金,凡符合一定条件的,可以作为不征税收入,在计算应纳税所得额时从收入总额中减除,但作为不征税收入用于支出所形成的费用,不得在计算应纳税所得额时扣除;用于支出所形成的资产,其计算的折旧、摊销不得在计算应纳税所得额时扣除。

企业开展研发活动中实际发生的研发费用未形成无形资产计入当期损益的,在按规定据实扣除的基础上,在2018年1月1日至2020年12月31日再按照实际发生额的75%在税前加计扣除;形成无形资产的,在上述期间按照无形资产成本的175%在税前摊销。

企业从市科技局取得补助资金500万元,如果企业将其作为不征税收入,其对应的研发费用不得加计扣除,如果作为应税收入其对应的研发费用可以加计扣除。当取得一笔政府补助是否作为应税收入还是作为不征税收入,应根据企业的情况进行具体分析。

假设海星电子有限公司2020年实现收入为10 000万元(补助资金500万元作为应税收入),成本和各项费用扣除为8 375万元(含研发费用加计扣除),当年利润为1 625万元,应纳企业所得税406.25万元。如果该公司将其作为不征税收入,2020年实现收入为9 500万元,当年成本和各项费用扣除为7 500万元,当年利润为2 000万元,应纳企业所得税500万元。因此,企业选择将补助资金500万元作为应税收入更为有利。

综上所述,企业应根据自身情况选择处理方式。

风险提示

企业取得来自政府财政性资金如果符合《财政部　国家税务总局关于专项用途财政性资金企业所得税处理问题的通知》(财税〔2011〕70 号)规定的条件可以为不征税收入。不征税收入与免税是两个不同的概念。不征税收入，通俗说是一种税收的递延；免税则是一种税收优惠。不征税收入用于支出所形成的费用，不得在计算应纳税所得额时扣除；不征税收入用于支出所形成的资产，其计算的折旧、摊销不得在计算应纳税所得额时扣除。

政策链接

一、企业从县级以上各级人民政府财政部门及其他部门取得的应计入收入总额的财政性资金，凡同时符合以下条件的，可以作为不征税收入，在计算应纳税所得额时从收入总额中减除：

（一）企业能够提供规定资金专项用途的资金拨付文件。

（二）财政部门或其他拨付资金的政府部门对该资金有专门的资金管理办法或具体管理要求。

（三）企业对该资金以及以该资金发生的支出单独进行核算。

二、根据实施条例第二十八条的规定，上述不征税收入用于支出所形成的费用，不得在计算应纳税所得额时扣除；用于支出所形成的资产，其计算的折旧、摊销不得在计算应纳税所得额时扣除。

三、企业将符合本通知第一条规定条件的财政性资金作不征税收入处理后，在 5 年(60 个月)内未发生支出且未缴回财政部门或其他拨付资金的政府部门的部分，应计入取得该资金第六年的应税收入总额；计入应税收入总额的财政性资金发生的支出，允许在计算应纳税所得额时扣除。

【《财政部　国家税务总局关于专项用途财政性资金企业所得税处理问题的通知》(财税〔2011〕70 号)第一条、第二条、第三条】

一、研发活动及研发费用归集范围。

本通知所称研发活动，是指企业为获得科学与技术新知识，创造性运用科学技术新知识，或实质性改进技术、产品(服务)、工艺而持续进行的具有明确目标的系统性活动。

（一）允许加计扣除的研发费用。

企业开展研发活动中实际发生的研发费用，未形成无形资产计入当期损益的，在按规定据实扣除的基础上，按照本年度实际发生额的 50%，从本年度应纳税所得额中扣除；形成无形资产的，按照无形资产成本的 150%在税前摊销……

【《财政部　国家税务总局　科学技术部关于完善研究开发费用税前加计扣除政策的通知》(财税〔2015〕119 号)第一条】

一、企业开展研发活动中实际发生的研发费用,未形成无形资产计入当期损益的,在按规定据实扣除的基础上,在2018年1月1日至2020年12月31日,再按照实际发生额的75%在税前加计扣除;形成无形资产的,在上述期间按照无形资产成本的175%在税前摊销。

【《财政部 税务总局 科技部关于提高研究开发费用税前加计扣除比例的通知》(财税〔2018〕99号)第一条】

1.1.9 高新技术企业收入总额与研发费用加计扣除享受税收优惠收入总额有何不同

企业所得税收入总额是计算企业所得税应纳税所得额的基础,同时也是判断企业能否享受税收优惠的重要指标,下面将现行企业所得税涉及收入总额内容归纳。

表1-1 享受税收优惠收入总额比较

类别	政策内容
基本规定	《企业所得税法》第六条规定,企业以货币形式和非货币形式从各种来源取得的收入,为收入总额。包括: (1) 销售货物收入。 (2) 提供劳务收入。 (3) 转让财产收入。 (4) 股息、红利等权益性投资收益。 (5) 利息收入。 (6) 租金收入。 (7) 特许权使用费收入。 (8) 接受捐赠收入。 (9) 其他收入。
基本规定	《企业所得税法》第七条规定,收入总额中的下列收入为不征税收入: (1) 财政拨款。 (2) 依法收取并纳入财政管理的行政事业性收费、政府性基金。 (3) 国务院规定的其他不征税收入。
高新技术企业认定	高新技术企业认定条件中明确要求,近一年高新技术产品(服务)收入占企业同期总收入的比例不低于60%,高新技术产品(服务)收入占比是指高新技术产品(服务)收入与同期总收入的比值。总收入是指收入总额减去不征税收入。收入总额与不征税收入按照《企业所得税法》及《企业所得税法实施条例》的规定计算。
软件集成电路企业优惠享受	享受软件企业"二免三减半"税收优惠要求汇算清缴年度: (1) 集成电路封装、测试企业。 集成电路封装、测试销售(营业)收入占企业收入总额的比例不低于60%。 (2) 集成电路关键专用材料生产企业或集成电路专用设备生产企业。 集成电路关键专用材料或专用设备销售收入占企业销售(营业)收入总额的比例不低于30%。 (3) 集成电路生产企业(以单片集成电路、多芯片集成电路、混合集成电路制造为主营业务)。 汇算清缴年度集成电路制造销售(营业)收入占企业收入总额的比例不低于60%。

（续表）

类别	政策内容
软件集成电路企业优惠享受	(4) 集成电路设计企业(以集成电路设计为主营业务)。 汇算清缴年度集成电路设计销售(营业)收入占企业收入总额的比例不低于60%,其中集成电路自主设计销售(营业)收入占企业收入总额的比例不低于50%。 (5) 软件企业[以软件产品开发销售(营业)为主营业务]。 汇算清缴年度软件产品开发销售(营业)收入占企业收入总额的比例不低于50%[嵌入式软件产品和信息系统集成产品开发销售(营业)收入占企业收入总额的比例不低于40%],其中,软件产品自主开发销售(营业)收入占企业收入总额的比例不低于40%[嵌入式软件产品和信息系统集成产品开发销售(营业)收入占企业收入总额的比例不低于30%]。 (6) 国家规划布局内重点集成电路设计企业。 汇算清缴年度集成电路设计销售(营业)收入占企业收入总额的比例不低于60%,其中集成电路自主设计销售(营业)收入占企业收入总额的比例不低于50%。 (7) 国家规划布局内重点软件企业。 汇算清缴年度软件出口收入总额不低于800万美元,软件出口收入总额占本企业年度收入总额比例不低于50%,研究开发人员占企业月平均职工总数的比例不低于25%。
研发费加计扣除行业判断	不适用税前加计扣除政策的行业包括烟草制造业、住宿和餐饮业、批发和零售业、房地产业、租赁和商务服务业、娱乐业、财政部和国家税务总局规定的其他行业。上述行业以《国民经济行业分类与代码(GB/4754—2011)》为准,并随之更新。这些行业的企业是指以上述所列行业业务为主营业务,其研发费用发生当年的主营业务收入占企业按《企业所得税法》第六条规定计算的收入总额减除不征税收入和投资收益的余额50%(不含)以上的企业。
加速折旧企业所属行业判断	生物药品制造业,专用设备制造业,铁路、船舶、航空航天和其他运输设备制造业,计算机、通信和其他电子设备制造业,仪器仪表制造业,信息传输、软件和信息技术服务业等六大行业企业(以下简称六大行业),以及对轻工、纺织、机械、汽车等四个领域重点行业(以下简称四个领域重点行业),允许按不低于《企业所得税法》规定折旧年限的60%缩短折旧年限,或选择采取双倍余额递减法或年数总和法进行加速折旧。自2019年1月1日起,财政部和国家税务总局将六大行业以及四个领域重点行业规定固定资产加速折旧优惠的行业范围,扩大至全部制造业领域。 制造业企业是指以制造业行业业务为主营业务,固定资产投入使用当年的主营业务收入占企业收入总额50%(不含)以上的企业。收入总额是指《企业所得税法》第六条规定的收入总额。
西部大开发优惠行业判断	自2021年1月1日至2030年12月31日,对设在西部地区的鼓励类产业企业减按15%的税率征收企业所得税。上述所称鼓励类产业企业是指以《西部地区鼓励类产业目录》中规定的产业项目为主营业务,且其主营业务收入占企业收入总额60%以上的企业。
支持新型冠状病毒感染的肺炎疫情防控	受疫情影响较大的困难行业企业2020年度发生的亏损,最长结转年限由5年延长至8年。困难行业企业,包括交通运输、餐饮、住宿、旅游(指旅行社及相关服务、游览景区管理两类)四大类,具体判断标准按照现行《国民经济行业分类》执行。困难行业企业2020年度主营业务收入须占收入总额(剔除不征税收入和投资收益)的50%以上。
海南自由贸易港	对注册在海南自由贸易港并实质性运营的鼓励类产业企业,减按15%的税率征收企业所得税。 上述所称鼓励类产业企业,是指以海南自由贸易港鼓励类产业目录中规定的产业项目为主营业务,且其主营业务收入占企业收入总额60%以上的企业。

通过上述表格比较可以发现高新技术收入总额的口径是指《企业所得税法》第六条规定的内容减去不征税收入的金额，研发费用加计扣除收入总额的口径是指企业按《企业所得税法》第六条规定计算的收入总额减除不征税收入和投资收益的金额。

政策链接

第三章 认定条件与程序

第十一条 认定为高新技术企业须同时满足以下条件：

(一) 企业申请认定时须注册成立一年以上。

(二) 企业通过自主研发、受让、受赠、并购等方式，获得对其主要产品(服务)在技术上发挥核心支持作用的知识产权的所有权。

(三) 对企业主要产品(服务)发挥核心支持作用的技术属于《国家重点支持的高新技术领域》规定的范围。

(四) 企业从事研发和相关技术创新活动的科技人员占企业当年职工总数的比例不低于10%。

(五) 企业近三个会计年度(实际经营期不满三年的按实际经营时间计算，下同)的研究开发费用总额占同期销售收入总额的比例符合如下要求：

1. 最近一年销售收入小于5 000万元(含)的企业，比例不低于5%。

2. 最近一年销售收入在5 000万元至2亿元(含)的企业，比例不低于4%。

3. 最近一年销售收入在2亿元以上的企业，比例不低于3%。

其中，企业在中国境内发生的研究开发费用总额占全部研究开发费用总额的比例不低于60%。

(六) 近一年高新技术产品(服务)收入占企业同期总收入的比例不低于60%。

(七) 企业创新能力评价应达到相应要求。

(八) 企业申请认定前一年内未发生重大安全、重大质量事故或严重环境违法行为。

【《财政部 国家税务总局 科学技术部关于修订印发〈高新技术企业认定管理办法〉的通知》(国科发火〔2016〕32号)】

一、研发活动及研发费用归集范围。

本通知所称研发活动，是指企业为获得科学与技术新知识，创造性运用科学技术新知识，或实质性改进技术、产品(服务)、工艺而持续进行的具有明确目标的系统性活动。

(一) 允许加计扣除的研发费用。

企业开展研发活动中实际发生的研发费用，未形成无形资产计入当期损益的，在按规定据实扣除的基础上，按照本年度实际发生额的50%，从本年度应纳税所得额中扣除；形成无形资产的，按照无形资产成本的150%在税前摊销。研发费用的具体范围包括：

1. 人员人工费用。

直接从事研发活动人员的工资薪金、基本养老保险费、基本医疗保险费、失业保险费、工伤保险费、生育保险费和住房公积金，以及外聘研发人员的劳务费用。

2. 直接投入费用。

(1) 研发活动直接消耗的材料、燃料和动力费用。

(2) 用于中间试验和产品试制的模具、工艺装备开发及制造费，不构成固定资产的样品、样机及一般测试手段购置费，试制产品的检验费。

(3) 用于研发活动的仪器、设备的运行维护、调整、检验、维修等费用，以及通过经营租赁方式租入的用于研发活动的仪器、设备租赁费。

3. 折旧费用。

用于研发活动的仪器、设备的折旧费。

4. 无形资产摊销。

用于研发活动的软件、专利权、非专利技术(包括许可证、专有技术、设计和计算方法等)的摊销费用。

5. 新产品设计费、新工艺规程制定费、新药研制的临床试验费、勘探开发技术的现场试验费。

6. 其他相关费用。

与研发活动直接相关的其他费用，如技术图书资料费、资料翻译费、专家咨询费、高新科技研发保险费，研发成果的检索、分析、评议、论证、鉴定、评审、评估、验收费用，知识产权的申请费、注册费、代理费，差旅费、会议费等。此项费用总额不得超过可加计扣除研发费用总额的10%。

7. 财政部和国家税务总局规定的其他费用。

(二) 下列活动不适用税前加计扣除政策。

1. 企业产品(服务)的常规性升级。

2. 对某项科研成果的直接应用，如直接采用公开的新工艺、材料、装置、产品、服务或知识等。

3. 企业在商品化后为顾客提供的技术支持活动。

4. 对现存产品、服务、技术、材料或工艺流程进行的重复或简单改变。

5. 市场调查研究、效率调查或管理研究。

6. 作为工业(服务)流程环节或常规的质量控制、测试分析、维修维护。

7. 社会科学、艺术或人文学方面的研究。

二、特别事项的处理

1. 企业委托外部机构或个人进行研发活动所发生的费用，按照费用实际发生额的80%计入委托方研发费用并计算加计扣除，受托方不得再进行加计扣除。委托外部研究开发费用实际发生额应按照独立交易原则确定。

委托方与受托方存在关联关系的,受托方应向委托方提供研发项目费用支出明细情况。

企业委托境外机构或个人进行研发活动所发生的费用,不得加计扣除。

注:根据《财政部 税务总局 科技部关于企业委托境外研究开发费用税前加计扣除有关政策问题的通知》(财税〔2018〕64号)的规定,本条款已废止,内容改为:委托境外进行研发活动所发生的费用,按照费用实际发生额的80%计入委托方的委托境外研发费用。委托境外研发费用不超过境内符合条件的研发费用2/3的部分,可以按规定在企业所得税前加计扣除。

2. 企业共同合作开发的项目,由合作各方就自身实际承担的研发费用分别计算加计扣除。

3. 企业集团根据生产经营和科技开发的实际情况,对技术要求高、投资数额大,需要集中研发的项目,其实际发生的研发费用,可以按照权利和义务相一致、费用支出和收益分享相配比的原则,合理确定研发费用的分摊方法,在受益成员企业间进行分摊,由相关成员企业分别计算加计扣除。

4. 企业为获得创新性、创意性、突破性的产品进行创意设计活动而发生的相关费用,可按照本通知规定进行税前加计扣除。

创意设计活动是指多媒体软件、动漫游戏软件开发,数字动漫、游戏设计制作;房屋建筑工程设计(绿色建筑评价标准为三星)、风景园林工程专项设计;工业设计、多媒体设计、动漫及衍生产品设计、模型设计等。

三、会计核算与管理

1. 企业应按照国家财务会计制度要求,对研发支出进行会计处理;同时,对享受加计扣除的研发费用按研发项目设置辅助账,准确归集核算当年可加计扣除的各项研发费用实际发生额。企业在一个纳税年度内进行多项研发活动的,应按照不同研发项目分别归集可加计扣除的研发费用。

2. 企业应对研发费用和生产经营费用分别核算,准确、合理归集各项费用支出,对划分不清的,不得实行加计扣除。

四、不适用税前加计扣除政策的行业

1. 烟草制造业。

2. 住宿和餐饮业。

3. 批发和零售业。

4. 房地产业。

5. 租赁和商务服务业。

6. 娱乐业。

7. 财政部和国家税务总局规定的其他行业。

上述行业以《国民经济行业分类与代码(GB/4754—2011)》为准,并随之更新。

五、管理事项及征管要求

1. 本通知适用于会计核算健全、实行查账征收并能够准确归集研发费用的居民企业。

2. 企业研发费用各项目的实际发生额归集不准确、汇总额计算不准确的，税务机关有权对其税前扣除额或加计扣除额进行合理调整。

3. 税务机关对企业享受加计扣除优惠的研发项目有异议的，可以转请地市级（含）以上科技行政主管部门出具鉴定意见，科技部门应及时回复意见。企业承担省部级（含）以上科研项目的，以及以前年度已鉴定的跨年度研发项目，不再需要鉴定。

4. 企业符合本通知规定的研发费用加计扣除条件而在 2016 年 1 月 1 日以后未及时享受该项税收优惠的，可以追溯享受并履行备案手续，追溯期限最长为 3 年。

5. 税务部门应加强研发费用加计扣除优惠政策的后续管理，定期开展核查，年度核查面不得低于 20%。

【《财政部　税务总局　科技部关于完善研究开发费用税前加计扣除政策的通知》（财税〔2015〕119 号）】

一、委托境外进行研发活动所发生的费用，按照费用实际发生额的 80%计入委托方的委托境外研发费用。委托境外研发费用不超过境内符合条件的研发费用 2/3 的部分，可以按规定在企业所得税前加计扣除。

上述费用实际发生额应按照独立交易原则确定。委托方与受托方存在关联关系的，受托方应向委托方提供研发项目费用支出明细情况。

二、委托境外进行研发活动应签订技术开发合同，并由委托方到科技行政主管部门进行登记。相关事项按技术合同认定登记管理办法及技术合同认定规则执行。

【《财政部　税务总局　科技部关于企业委托境外研究开发费用税前加计扣除有关政策问题的通知》（财税〔2018〕64 号）第一条、第二条】

1.1.10　取得政策性搬迁补偿收入，在计算企业所得税时是否要在收到时一次性确认收入

恒祥纺织有限公司 2020 年因修建高铁站而进行搬迁，取得政府补助 1.5 亿元，恒祥纺织有限公司拟将取得收入分期计入当期损益，请问是否妥当？

不妥。在税收处理上，在政府主导下企业进行整体或部分搬迁，符合一定条件的搬迁行为才可作为政策性搬迁。政策性搬迁采取的是在搬迁期间取得收入和支出暂不计入当期应纳税所得额，在完成搬迁的年度对搬迁收入和支出进行汇总清算。

在会计处理上，企业可执行《企业会计准则第 16 号——政府补助准则》，根据有关情况选择适用总额法与净额法政府补助进行会计处理。总额法是在确认政府补助时，将其全额确认为收益，而不是作为相关资产账面余额或者费用的扣减。净额法是将政府补助确认为相关资产账面余额或者所补偿费用扣减。在此基础上，进一步区分为与资产相关的政府补助和与收益相关政府补助进行处理。下面通过[案例 1-11]进一步

分析。

【案例1-11】 M公司2018年5月因修建高铁,需整体搬迁,搬迁中发生下列业务:

1. 收到财政部门补偿款1 200万元。

2. 采取置换形式取得一新地,补置换土地使用权原价为1 000万元,累计摊销300万元,换入土地使用前发生各项费用100万元。

3. 处置固定资产A,原值1 000万元,累计折旧800万元,处置价款100万元。

4. 搬迁中报废固定资产B,原值500万元,累计折旧450万元,收到保险赔款30万元。

5. 以财政拨付款项重置固定资产C,价款1 000万元。

6. 搬迁固定资产发生费用化支付50万元,资本化支出500万元。

7. 搬迁过程中销售以前存货,不含税价200万元,成本150万元。

2022年年底搬迁完成。

(一) 会计处理(单位:万元,采用总额法):

1. 收到财政拨付补偿款。

借:银行存款	1 200	
贷:专项应付款		1 200

2. 置换土地。

借:无形资产——土地使用权(新)	800	
累计摊销	300	
贷:无形资产——土地使用权(旧)		1 000
银行存款		100

3. 处置固定资产A。

借:固定资产清理	200	
累计折旧	800	
贷:固定资产A		1 000
借:银行存款	100	
贷:固定资产清理		100
借:营业外支出	100	
贷:固定资产清理		100

4. 处置固定资产B。

借:固定资产清理	50	
累计折旧	450	
贷:固定资产B		500

借：银行存款　　30
　　贷：固定资产清理　　30

借：营业外支出　　20
　　贷：固定资产清理　　20

处置固定资产A、B的损失用财政拨款补偿：

借：专项应付款　　120
　　贷：递延收益　　120

由于损失已发生，同时做如下处理：

借：递延收益　　120
　　贷：营业外收入　　120

5. 购置固定资产C。

借：固定资产　　1 000
　　贷：银行存款　　1 000

借：专项应付款　　1 000
　　贷：递延收益　　1 000

投入使用后计提折旧时应将递延收益按折旧金额转入其他收益。

6. 搬迁固定资产后续支出。

(1) 费用化支出。

借：管理费用　　50
　　贷：银行存款　　50

(2)资本化支出。

借：在建工程　　500
　　贷：银行存款　　500

完工后转入固定资产。

7. 搬迁过程中销售以前年度存货。

借：银行存款　　232
　　贷：主营业务收入　　200
　　　　应交税费——应交增值税(销项税额)(税率用16%)　　32

借：主营业务成本　　150
　　贷：库存商品　　150

(二) 税务处理。

政策性搬迁收入：

M公司应计入政策性搬迁收入为 2 030 万元,包括从政府取得搬迁补助 1 200 万元、被征用土地非货币收入 700 万元、固定资产 A 处置收入 100 万元、固定资产 B 保险赔款收入 30 万元。

政策性搬迁支出:

M公司应计入政策性搬迁支出为 1 000 万元,包括土地置换中被征用土地处置支出 700 万元、固定资产 A 处置支出 200 万元、固定资产 B 处置支出 50 万元、搬迁固定资产费用化支出 50 万元。

搬迁中应税所得:

按照《国家税务总局关于发布〈企业政策性搬迁所得税管理办法〉的公告》(国家税务总局公告 2012 年第 40 号)的规定,企业在搬迁期间发生的搬迁收入和搬迁支出,可以暂不计入当期应纳税所得额,而在完成搬迁的年度,对搬迁收入和支出进行汇总清算。从搬迁开始,搬迁时间满 5 年时,无论搬迁是否完成,都视为搬迁完成年度。

通过税收会计处理比较发现两者存在差异,税收上取得补助可暂不确认收入,会计则应按《企业会计准则第 16 号——政府补助》的规定进行处理。企业处置存货取得收入,应按正常经营活动取得收入进行所得税处理,不作为企业搬迁收入。

根据上述规定,取得政策性搬迁收入不应当分期计入当期损益,而是可以暂不计入当期应纳税所得额,而在完成搬迁的年度,对搬迁收入和支出进行汇总清算。

风险提示

(1) 企业取得政策性搬迁补偿收入,应在搬迁完成年度将搬迁收入扣除搬迁支出后计算出余额。如余额为正数,属于搬迁所得,应在搬迁完成年度一次性计入当年度企业应纳税所得额,不得分期确认所得;如余额为负数,属于搬迁损失,可以由企业自行选择在搬迁完成年度一次性扣除或自搬迁完成年度起分 3 个年度均匀扣除,一经选定不得变更。

(2) 在政策性搬迁中,企业处理存货取得收入,应按正常经营活动取得收入进行所得税处理,不作为企业搬迁收入。

(3) 政策性搬迁是由于社会公共利益的需要,在政府主导下进行的。突出公共利益,否则是非政策性搬迁。

政策链接

第五条　企业的搬迁收入,包括搬迁过程中从本企业以外(包括政府或其他单位)取得的搬迁补偿收入,以及本企业搬迁资产处置收入等。

第六条　企业取得的搬迁补偿收入,是指企业由于搬迁取得的货币性和非货币性补偿收入。具体包括:

(一) 对被征用资产价值的补偿。

(二) 因搬迁、安置而给予的补偿。

（三）对停产停业形成的损失而给予的补偿。

（四）资产搬迁过程中遭到毁损而取得的保险赔款。

（五）其他补偿收入。

第十五条 企业在搬迁期间发生的搬迁收入和搬迁支出，可以暂不计入当期应纳税所得额，而在完成搬迁的年度，对搬迁收入和支出进行汇总清算。

第十六条 企业的搬迁收入，扣除搬迁支出后的余额，为企业的搬迁所得。

企业应在搬迁完成年度，将搬迁所得计入当年度企业应纳税所得额计算纳税。

第十八条 企业搬迁收入扣除搬迁支出后为负数的，应为搬迁损失。搬迁损失可在下列方法中选择其一进行税务处理：

（一）在搬迁完成年度，一次性作为损失进行扣除。

（二）自搬迁完成年度起分 3 个年度，均匀在税前扣除。

上述方法由企业自行选择，但一经选定，不得改变。

【《国家税务总局关于发布〈企业政策性搬迁所得税管理办法〉的公告》（国家税务总局公告 2012 年第 40 号）第五条、第六条、第十五条、第十六条、第十八条】

1.1.11 向境外投资者派发股息、红利用于直接投资是否要缴纳企业所得税

【案例 1-12】 华润电子发展有限公司是外商投资企业，1998 年在深圳设厂，主要生产高端投影设备。因该公司生产高端投影设备具有广阔市场前景，2020 年该公司将按章程约定向境外投资者分配股息、红利 1 000 万元用于直接投资，请问这部分派发股息、红利用于直接投资是否应缴纳企业所得税？

《企业所得税法》《企业所得税法实施条例》对非居民企业取得境内居民企业（含在境内及境外上市企业及非上市企业）股息分红应按 10％税率征收企业所得税。同时对符合税收协定（安排）待遇取得股息、红利，可按照税收协定的规定执行。向境外投资者派发股息、红利用于直接投资其实分为两种行为：首先是按章程约定向境外投资者分配股息、红利，之后境外投资者又将取得这部分股息、红利又进行投资。按照《企业所得税法》《企业所得税法实施条例》的规定，应按 10％缴纳企业所得税，即 1 000×10％＝100（万元）。

为了鼓励扩大境外投资者再投资，2018 年国家出台的《财政部 国家发展和改革委员会 国家税务总局 商务部关于扩大境外投资者以分配利润直接投资暂不征收预提所得税政策适用范围的通知》（财税〔2018〕102 号）规定，对境外投资者从中国境内居民企业分配的利润，用于境内直接投资暂不征收预提所得税。因此，华润电子发展有限公司派发股息红利用于直接投资暂不征收企业所得税。

政策链接

一、对境外投资者从中国境内居民企业分配的利润，用于境内直接投资暂不征

收预提所得税政策的适用范围，由外商投资鼓励类项目扩大至所有非禁止外商投资的项目和领域。

二、境外投资者暂不征收预提所得税须同时满足以下条件：

（一）境外投资者以分得利润进行的直接投资，包括境外投资者以分得利润进行的增资、新建、股权收购等权益性投资行为，但不包括新增、转增、收购上市公司股份（符合条件的战略投资除外）。具体是指：

1. 新增或转增中国境内居民企业实收资本或者资本公积。

2. 在中国境内投资新建居民企业。

3. 从非关联方收购中国境内居民企业股权。

4. 财政部、税务总局规定的其他方式。

境外投资者采取上述投资行为所投资的企业统称为被投资企业。

（二）境外投资者分得的利润属于中国境内居民企业向投资者实际分配已经实现的留存收益而形成的股息、红利等权益性投资收益。

（三）境外投资者用于直接投资的利润以现金形式支付的，相关款项从利润分配企业的账户直接转入被投资企业或股权转让方账户，在直接投资前不得在境内外其他账户周转；境外投资者用于直接投资的利润以实物、有价证券等非现金形式支付的，相关资产所有权直接从利润分配企业转入被投资企业或股权转让方，在直接投资前不得由其他企业、个人代为持有或临时持有。

三、境外投资者符合本通知第二条规定条件的，应按照税收管理要求进行申报并如实向利润分配企业提供其符合政策条件的资料。利润分配企业经适当审核后认为境外投资者符合本通知规定的，可暂不按照企业所得税法第三十七条规定扣缴预提所得税，并向其主管税务机关履行备案手续。

四、税务部门依法加强后续管理。境外投资者已享受本通知规定的暂不征收预提所得税政策，经税务部门后续管理核实不符合规定条件的，除属于利润分配企业责任外，视为境外投资者未按照规定申报缴纳企业所得税，依法追究延迟纳税责任，税款延迟缴纳期限自相关利润支付之日起计算。

五、境外投资者按照本通知规定可以享受暂不征收预提所得税政策但未实际享受的，可在实际缴纳相关税款之日起三年内申请追补享受该政策，退还已缴纳的税款。

六、境外投资者通过股权转让、回购、清算等方式实际收回享受暂不征收预提所得税政策待遇的直接投资，在实际收取相应款项后7日内，按规定程序向税务部门申报补缴递延的税款。

七、境外投资者享受本通知规定的暂不征收预提所得税政策待遇后，被投资企业发生重组符合特殊性重组条件，并实际按照特殊性重组进行税务处理的，可继续享受暂不征收预提所得税政策待遇，不按本通知第六条规定补缴递延的税款。

八、本通知所称“境外投资者”，是指适用《企业所得税法》第三条第三款规定的非居民企业；本通知所称“中国境内居民企业”，是指依法在中国境内成立的居民企业。

【《财政部 国家发展和改革委员会 国家税务总局 商务部关于扩大境外投资者以分配利润直接投资暂不征收预提所得税政策适用范围的通知》（财税〔2018〕102 号）第一条、第二条、第三条、第四条、第五条、第六条、第七条、第八条】

1.1.12 企业股权如何处理税收成本较低

山水生物制造有限公司的税收会计最近正为一事发愁，该公司主管税收的领导要她设计一方案将该公司所控制的某公司的部分股份进行转让，如何处理其税负最低？

股权转让收益通俗一点说就是转让收入扣除成本、费用的金额即为转让所得，其存在的问题是如何解决企业留存收益中所持股息部分，如果企业在转让过程中能扣除股息，其税收成本能进一步降低。顺着这一思路来看一下现行税收政策规定。《国家税务总局关于贯彻落实企业所得税法若干税收问题的通知》（国税函〔2010〕79 号）规定，企业转让股权收入，应于转让协议生效、且完成股权变更手续时，确认收入的实现。转让股权收入扣除为取得该股权所发生的成本后，为股权转让所得。企业在计算股权转让所得时，不得扣除被投资企业未分配利润等股东留存收益中按该项股权所可能分配的金额。居民企业直接投资于其他居民企业之间的股息、红利免征企业所得税。下面通过[案例 1-13]进一步分析。

【案例 1-13】 甲、乙两个公司共同投资设立 M 公司投资总额为 1 000 万元。其中，甲公司投资 600 万元，持股比例为 60%；乙公司投资 400 万元，持股比例为 40%。M 公司评估后净资产为 2 000 万元。

M 公司期末账面未分配利润 500 万元，现乙公司拟将其持有的 M 公司的股份全部转给丙公司，并通过 M 公司代收代付转让款。

（一）会计处理：

1. 根据股权转让协议入账。

借：实收资本——原股东

　　贷：实收资本——新股东

2. 通过公司账户。

新股东交款时：

借：银行存款

　　贷：其他应付款——代收股权转让款

支付原股东：

借：其他应付款——代收股权转让款

　　贷：银行存款

（二）利润分配以及转让方案如何选择？

方案一：先转让股权再分红。

1. 转让收入＝2000×40％＝800(万元)。

2. 转让收益＝800－400＝400(万元)。

3. 企业所得税＝400×25％＝100(万元)。

方案一中企业在转让过程没有扣除股息的部分。

方案二：先分红再转让。

若M公司将未分配利润先进行分配，乙公司可分到股息为500×40％＝200(万元)，这部分股息、红利属于免税项目，由于M公司分红，导致评估后净资产为1 500万元。

1. 转让价格＝1 500×40％＝600(万元)。

2. 转让收益＝600－400＝200(万元)。

3. 企业所得税＝200×25％＝50(万元)。

由此可见，M公司采用方案二(即先分配再转让税收成本)的税负较方案一(即先转让再分配)的税负低，建议企业采取先分红再转让方式。

政策链接

三、关于股权转让所得确认和计算问题

企业转让股权收入，应于转让协议生效、且完成股权变更手续时，确认收入的实现。转让股权收入扣除为取得该股权所发生的成本后，为股权转让所得。企业在计算股权转让所得时，不得扣除被投资企业未分配利润等股东留存收益中按该项股权所可能分配的金额。

【《国家税务总局关于贯彻落实企业所得税法若干税收问题的通知》(国税函〔2010〕79号)第三条】

一、企业取得财产(包括各类资产、股权、债权等)转让收入、债务重组收入、接受捐赠收入、无法偿付的应付款收入等，不论是以货币形式，还是非货币形式体现，除另有规定外，均应一次性计入确认收入的年度计算缴纳企业所得税。

【《国家税务总局关于企业取得财产转让等所得企业所得税处理问题的公告》(国家税务总局公告2010年第19号)第一条】

1.1.13 取得出口退税、稳岗补贴等是否确认收入，何时确认

1.1.13.1 企业按照合同约定收取的违约金，是否需要确认收入

《企业所得税法》第六条第(九)项所称其他收入，是指企业取得的除《企业所得税法》第六条第(一)项至第(八)项规定的收入外的其他收入，包括企业资产溢余收入、逾期未退包装物押金收入、确实无法偿付的应付款项、已作坏账损失处理后又收回的应收款项、债务重组收入、补贴收入、违约金收入、汇兑收益等。

因此，企业按照合同约定收取的违约金需要确认收入。

1.1.13.2　企业取得的接受捐赠收入是否可以分期确认收入

《国家税务总局关于企业取得财产转让等所得企业所得税处理问题的公告》（国家税务总局公告 2010 年第 19 号）第一条规定，企业取得财产（包括各类资产、股权、债权等）转让收入、债务重组收入、接受捐赠收入、无法偿付的应付款收入等，不论是以货币形式，还是非货币形式体现，除另有规定外，均应一次性计入确认收入的年度计算缴纳企业所得税。

因此，企业取得的接受捐赠收入应一次性确认收入，按照实际收到捐赠资产的日期确认收入的实现。

1.1.13.3　收到稳岗补贴是否需要缴纳企业所得税，会计如何处理

（1）税收处理。

稳岗补贴是政府针对社会特殊时期采取的一项特殊政策，如 2020 年新型冠状病毒感染的肺炎疫情突发，为稳定就业，政府出台相关补助资金，其资金来源于各级政府财政部门。按现行税收政策的规定，取得的来源为县级以上各级人民政府财政部门及其他部门，应计入收入总额的财政性资金，凡符合一定规定条件（即企业能够提供规定资金专项用途的资金拨付文件、财政部门或其他拨付资金的政府部门对该资金有专门的资金管理办法或具体管理要求、企业对该资金及以该资金发生的支出单独进行核算）的，可以作为不征税收入，在计算应纳税所得额时从收入总额中减除。需要注意的是，如果作为不征税收入处理，不征税收入对应的支出不能在企业所得税税前扣除。

因此，收到政府拨入的稳岗补贴应区分不同情况进行处理，符合不征税收入条件可以按不征税收入规定处理，不符合的应当一次性计入当期损益。

（2）会计处理。

在会计处理上，稳岗补贴属于政府补助，应执行《企业会计准则第 16 号——政府补助》的相关规定。

稳岗补贴属于同资产相关的补助，应当冲减相关资产的账面价值或确认为递延收益。稳岗补贴属于同收益相关的补助，如果用于补偿企业以后期间的相关成本费用或损失的，确认为递延收益，并在确认相关成本费用或损失的期间，计入当期损益或冲减相关成本；如果用于补偿企业已发生的相关成本费用或损失的，直接计入当期损益或冲减相关成本。

按照会计准则要求，与企业日常活动相关的政府补助，应当计入其他收益或冲减相关成本费用。与企业日常活动无关的政府补助，应当计入营业外收支。稳岗补贴属于与日常活动相关的补助，在核算时应计入其他收益科目，不计入营业外收入科目。

会计分录：

① 用于补偿企业以后发生的相关费用或损失。

收到补贴款时：

借：银行存款

　　贷：递延收益

若发生培训支出和社保支出等支出时：

借：管理费用等

　　贷：银行存款

借：递延收益

　　贷：其他收益

② 用于补偿企业已经发生的相关费用或损失。

收到补贴款：

借：银行存款

　　贷：其他收益

如果采用净额法的，冲减相关费用：

借：银行存款

　　贷：管理费用等

1.1.13.4 企业收到先征后退等税款是否需要缴纳企业所得税，何时缴纳

先征后退(返)，是对纳税人按税法规定缴纳的税款先由税务机关征收入库后，再由税务机关或财政部门按规定程序给予部分或全部退税或者返还。先征后退与先征后返的区别在于，先征后退是由税务机关退税，先征后返是由财政部分返还。为了扶持某行业的发展，国家在国民经济发展阶段对特殊行业给予先征后退(返)政策，以达到促进企业发展的目的。

按现行税收政策的规定，企业取得各类财政性资金，除属于国家投资和资金使用后要求归还本金外，均应计入企业当年收入总额。企业收到先征后退等税款应于取得时确认收入。因此，企业收到先征后退等税款在收到当期计入当期损益，缴纳企业所得税。

1.1.13.5 企业收到出口退税税款是否需要缴纳企业所得税，何时缴纳

出口退税是指对商品已征收的国内税部分或者全部退还给出口商的一种措施，主要是通过退还出口货物的国内已纳税款来平衡国内产品的税收负担，使本国产品以不含税成本进入国际市场，与国外产品在同等条件下进行竞争，从而增强竞争力。出口退税不属于收入，不应缴纳企业所得税。

1.1.13.6　应付账款 3 年内未支付是否需要确认收入

《企业所得税法实施条例》规定，其他收入包括企业资产溢余收入、确实无法偿付的应付款项、已作坏账损失处理后又收回的应收款项、债务重组收入、补贴收入、违约金收入、汇兑收益等。现行税收政策并没有对应付账款进行一个量化，企业因债权人原因确实无法支付的应付账款，应并入当期应纳税所得额缴纳企业所得税。企业若能够提供确凿证据（指债权人承担法律责任的书面声明，或债权人主管税务机关的证明等能够证明债权人没有按规定确认损失并在税前扣除的有效证据及法律诉讼文书）证明债权人没有确认损失并在税前扣除的，可以不并入当期应纳税所得额。

风险提示

企业应注意收集和保存债权人催款、诉讼等记录以确保自身的权益。

1.1.13.7　企业取得政府返还土地出让金是否为应税收入

【案例 1-14】　A 公司是纺织企业，2019 年为扩大再生产购入一宗土地，支付 1.8 亿元，2020 年收到政府购地返还土地出让金 5 000 万元，是否要将返还土地出让金计入当期损益？

财政性资金是指企业取得的来源于政府及其有关部门的财政补助、补贴、贷款贴息，以及其他各类财政专项资金，包括直接减免的增值税和即征即退、先征后退、先征后返的各种税收，但不包括企业按规定取得的出口退税款。A 公司 2020 年收到政府购地返还土地出让金 5 000 万元是政府为招商引资所给予企业的一项财政优惠，没有规定的专门用途，对于企业取得这部分返还的土地出让金，应计入当期损益。

1.1.13.8　从税务机关取得的代扣代缴、委托代征等各项税费返还的手续费是否应缴纳企业所得税

根据《企业所得税法》第六条的规定，企业以货币形式和非货币形式从各种来源取得的收入为收入总额。包括销售货物收入；提供劳务收入；转让财产收入；股息、红利等权益性投资收益；利息收入；租金收入；特许权使用费收入；接受捐赠收入；其他收入。

因此，代扣代缴、委托代征各项税费返还的手续费应并入当年的应纳税所得额，缴纳企业所得税。

1.1.13.9　从税务机关取得的即征即退的增值税税额，是否需要缴纳企业所得税

根据《财政部　国家税务总局关于财政性资金　行政事业性收费　政府性基金有关企业所得税政策问题的通知》（财税〔2008〕151 号）的规定，财政性资金是指企业取得的来源于政府及其有关部门的财政补助、补贴、贷款贴息，以及其他各类财政专项资金，包括直接减免的增值税和即征即退、先征后退、先征后返的各种税收，但不包括企业按规定取得的出口退税款。

根据《财政部　国家税务总局关于专项用途财政性资金企业所得税处理问题的通

知》(财税〔2011〕70号)的规定,企业从县级以上各级人民政府财政部门及其他部门取得的应计入收入总额的财政性资金,若同时符合企业能够提供规定资金专项用途的资金拨付文件、财政部门或其他拨付资金的政府部门对该资金有专门的资金管理办法或具体管理要求、企业对该资金以及以该资金发生的支出单独进行核算三个条件可以作为不征税收入。

根据《财政部 国家税务总局关于进一步鼓励软件产业和集成电路产业发展企业所得税政策的通知》(财税〔2012〕27号)第五条的规定,符合条件的软件企业按照《财政部 国家税务总局关于软件产品增值税政策的通知》(财税〔2011〕100号)规定取得的即征即退增值税款,由企业专项用于软件产品研发和扩大再生产并单独进行核算,可以作为不征税收入,在计算应纳税所得额时从收入总额中减除。

因此,收到税务机关即征即退的增值税额除上述情况外,应按规定并入当期损益,申报缴纳企业所得税。

1.1.13.10 增值税加计抵减的部分是否需要缴纳企业所得税

根据《企业所得税法》的规定,企业以货币形式和非货币形式从各种来源取得的收入,为收入总额。包括特许权使用费收入、接受捐赠收入、其他收入等。

根据《财政部 国家税务总局关于专项用途财政性资金企业所得税处理问题的通知》(财税〔2011〕70号)的规定,企业从县级以上各级人民政府财政部门及其他部门取得的应计入收入总额的财政性资金,凡能同时符合能够提供规定资金专项用途的资金拨付文件、财政部门或其他拨付资金的政府部门对该资金有专门的资金管理办法或具体管理要求、企业对该资金以及以该资金发生的支出单独进行核算三个条件的,可以作为不征税收入在计算应纳税所得额时从收入总额中减除,同时要求该资金以及以该资金发生的支出单独进行核算。

因此,增值税加计抵减优惠部分属于政府补助,不符合不征税收入的条件,应按规定缴纳企业所得税。

1.1.13.11 企业收到税务机关退还的增值税留抵税额,是否需要缴纳企业所得税

根据《财政部 国家税务总局关于财政性资金 行政事业性收费 政府性基金有关企业所得税政策问题的通知》(财税〔2008〕151号)的规定,财政性资金是指企业取得的来源于政府及其有关部门的财政补助、补贴、贷款贴息,以及其他各类财政专项资金,包括直接减免的增值税和即征即退、先征后退、先征后返的各种税收,但不包括企业按规定取得的出口退税款。

企业取得的增值税期末留抵税额退还款将导致未来可抵扣的增值税进项减少,实质上未给企业带来经济利益流入,不涉及收入确认。因此,不需要缴纳企业所得税。①

---

① 注:1.1.13.8至1.1.13.11摘自上海市税务局网站。

政策链接

企业所得税法第六条第(九)项所称其他收入,是指企业取得的除企业所得税法第六条第(一)项至第(八)项规定的收入外的其他收入,包括企业资产溢余收入、逾期未退包装物押金收入、确实无法偿付的应付款项、已作坏账损失处理后又收回的应收款项、债务重组收入、补贴收入、违约金收入、汇兑收益等。

【《中华人民共和国企业所得税法实施条例》第二十二条】

一、企业从县级以上各级人民政府财政部门及其他部门取得的应计入收入总额的财政性资金,凡同时符合以下条件的,可以作为不征税收入,在计算应纳税所得额时从收入总额中减除:

(一) 企业能够提供规定资金专项用途的资金拨付文件。

(二) 财政部门或其他拨付资金的政府部门对该资金有专门的资金管理办法或具体管理要求。

(三) 企业对该资金以及以该资金发生的支出单独进行核算。

二、根据实施条例第二十八条的规定,上述不征税收入用于支出所形成的费用,不得在计算应纳税所得额时扣除;用于支出所形成的资产,其计算的折旧、摊销不得在计算应纳税所得额时扣除。

三、企业将符合本通知第一条规定条件的财政性资金作不征税收入处理后,在5年(60个月)内未发生支出且未缴回财政部门或其他拨付资金的政府部门的部分,应计入取得该资金第六年的应税收入总额;计入应税收入总额的财政性资金发生的支出,允许在计算应纳税所得额时扣除。

【《财政部 国家税务总局关于专项用途财政性资金企业所得税处理问题的通知》(财税〔2011〕70号)第一条、第二条、第三条】

一、财政性资金

(一) 企业取得的各类财政性资金,除属于国家投资和资金使用后要求归还本金的以外,均应计入企业当年收入总额。

(二) 对企业取得的由国务院财政、税务主管部门规定专项用途并经国务院批准的财政性资金,准予作为不征税收入,在计算应纳税所得额时从收入总额中减除。

(三) 纳入预算管理的事业单位、社会团体等组织按照核定的预算和经费报领关系收到的由财政部门或上级单位拨入的财政补助收入,准予作为不征税收入,在计算应纳税所得额时从收入总额中减除,但国务院和国务院财政、税务主管部门另有规定的除外。

本条所称财政性资金,是指企业取得的来源于政府及其有关部门的财政补助、补贴、贷款贴息,以及其他各类财政专项资金,包括直接减免的增值税和即征即退、先征后退、先征后返的各种税收,但不包括企业按规定取得的出口退税款;所称国家投资,是指国家以投资者身份投入企业,并按有关规定相应增加企业实收资本(股本)的直接投资。

【《财政部 国家税务总局关于财政性资金行政事业性收费政府性基金有关企业所得税政策问题的通知》(财税〔2008〕151号)第一条】

延伸阅读①

收入准则应用案例——基于客户销售额的可变对价

【例】 甲公司与乙公司签订合同,为其提供电力能源节约设备。甲公司向乙公司仅提供设备购置安装,不参与乙公司电力能源供应的运营和管理,不提供其他服务,但是需要根据法定要求提供质量保证,该合同仅包含一项履约义务。

在设备安装完成投入运营后,乙公司向甲公司支付固定价款,总金额为5 000万元(等于甲公司对于设备生产安装的实际成本),5 000万元固定价款付清后,设备所有权移交给乙公司。在设备投入运营后的4年内,乙公司于每年结束后,按电力能源实际节约费用的20%支付给甲公司。假定不考虑其他因素。

本例中,该合同的对价金额由两部分组成,即5 000万元的固定价格以及在4年内按乙公司电力能源实际节约费用的20%计算的可变对价。对于固定价格,甲公司应当将5 000万元直接计入交易价格。对于可变对价,甲公司应当按照期望值或最可能发生金额确定该可变对价的最佳估计数,计入交易价格的可变对价金额,还应该满足准则规定的限制条件(即包含可变对价的交易价格,应当不超过在相关不确定性消除时,累计已确认的收入极可能不会发生重大转回的金额)。为此,甲公司需要根据电力能源节约设备相关合同约定、项目可行性报告、乙公司的供电运营与管理历史情况、建设项目的最佳供电能力等因素,综合分析评估项目在合同约定的未来4年内预计电力能源节约成本,据此确定可变对价的最佳估计数。同时,计入交易价格的可变对价金额还应该满足准则规定的限制条件,并在不确定性消除之前的每一资产负债表日重新评估该可变对价的金额。

分析依据:《企业会计准则第14号——收入》第十四条至第十六条等相关规定;《〈企业会计准则第14号——收入〉应用指南2018》第53-60页等相关内容。

收入准则应用案例——合同变更与可变对价的判断

【例1】 甲公司与客户乙公司签订合同,在一年内以固定单价100元向乙公司交付120件标准配件,无折扣、折让等金额可变条款,且根据甲公司已公开宣布的政策、特定声明或者以往的习惯做法等相关事实和情况,甲公司不会提供价格折让等可能导致对价金额可变的安排。甲公司向乙公司交付60件配件后,市场新出现一款竞

① 延伸阅读中的案例均摘自财政部网站。

争产品，单价为每件 65 元。为了维系客户关系，甲公司与乙公司达成协议，将剩余 60 件配件的价格降为每件 60 元，已转让的 60 件配件与未转让的 60 件配件可明确区分。假定不考虑亏损合同等其他因素。

本例中，由于合同无折扣、折让等金额可变条款，且根据甲公司已公开宣布的政策、特定声明或者以往的习惯做法等相关事实和情况，甲公司不会提供价格折让等可能导致对价金额可变的安排，该价格折让是市场条件的变化引发，这种变化是甲公司在合同开始日根据其所获得的相关信息无法合理预期的，由此导致的合同各方达成协议批准对原合同价格做出的变更，不属于可变对价，应作为合同变更进行会计处理。该合同变更未增加可明确区分的商品，甲公司已转让的商品(已转让的 60 件配件)与未转让的商品(未转让的 60 件配件)之间可明确区分，因此，该合同变更应作为原合同终止及新合同订立进行会计处理，甲公司向乙公司交付剩余 60 件配件时，确认收入 3 600 元(60×60)。本案例不涉及亏损合同的相关会计处理分析。

分析依据：《企业会计准则第 14 号——收入》第八条、第十四条至第十六条等相关规定;《〈企业会计准则第 14 号——收入〉应用指南 2018》第 19-24 页、第 53-54 页、第 68-72 页等相关内容。

【例 2】 2×20 年 1 月 1 日，甲公司与客户乙公司签订合同，在一年内以固定单价 100 元向乙公司交付 120 件标准配件。甲公司以往的习惯做法表明，在该商品出现瑕疵时，将根据商品的具体瑕疵情况给予客户价格折让，企业综合考虑相关因素后认为会向客户提供一定的价格折让。合同开始日，甲公司估计将提供 300 元价格折让。2×20 年 1 月 30 日，甲公司向乙公司交付 60 件配件，假定乙公司已取得 60 件配件的控制权，甲公司确认收入 5 850 元(100×60－300×60÷120)。2×20 年 1 月 31 日，乙公司发现配件存在质量瑕疵，需要返工，甲公司返工处理后，乙公司对返工后的配件表示满意。甲公司对存在质量瑕疵配件提供的返工服务是为了保证销售的配件符合既定标准，属于保证类质量保证，不构成单项履约义务，甲公司已根据《企业会计准则第 13 号——或有事项》的规定对相关的质保义务进行了会计处理。2×20 年 1 月 31 日，为了维系客户关系，甲公司按以往的习惯做法主动提出对合同中 120 件配件给予每件 3 元的价格折让，共计 360 元，该折让符合甲公司以往的习惯做法。甲公司与乙公司达成协议，通过调整剩余 60 件配件价格的形式提供价格折让，即将待交付的 60 件配件的单价调整为 94 元。

本例中，对于配件存在的质量瑕疵，甲公司已进行返工处理，且乙公司对返工后的配件表示满意，甲公司的质保义务已经履行。为维系客户关系，甲公司提供了质保之外的价格折让，并且在合同开始日，根据甲公司以往的习惯，可以预期如果商品不符合合同约定的质量标准，甲公司将给予乙公司一定的价格折让，而后续实际给予的折扣与初始预计的折扣差异属于相关不确定性消除而发生的可变对价的变化，而非合同变更导致的，应作为合同可变对价的后续变动进行会计处理。由于并无证据表明甲公司给予的价格折让与某部分履约义务相关,因此甲公司给予的价格折让与整个合同相关,应当分摊至合同中的各项履约义务。其中,已交付的60件配件的履约义务已经完成,其控制权已经转移,因此,甲公司在交易价格发生变动的当期,将价格折让增加额60元(360—300)分摊至已交付的60件配件,冲减当期收入30元(60×60÷120)。甲公司在乙公司取得剩余60件配件控制权时,相应确认收入。

分析依据:《企业会计准则第14号——收入》第八条、第十四条至第十六条、第二十三条、第二十四条等相关规定;《〈企业会计准则第14号——收入〉应用指南2018》第19-24页、第53-54页、第68-72页、第85-87页等相关内容。

【例3】 甲公司与客户乙公司签订合同,为其提供广告投放服务,广告投放时间为2×20年1月1日至6月30日,投放渠道为一个灯箱,合同金额为60万元。合同中无折扣、折让等金额可变条款,也未约定投放效果标准,且根据甲公司已公开宣布的政策、特定声明或者以往的习惯做法等相关事实和情况,甲公司不会提供价格折让等安排。双方约定,2×20年1月至6月,乙公司于每月月底支付10万元,广告投放内容由乙公司决定。对于甲公司而言,该广告投放为一系列实质相同且转让模式相同的、可明确区分的商品。广告投放以后,由于出现外部突发原因,周边人流量骤减,乙公司对广告投放效果不满意。2×20年3月31日,甲公司与乙公司达成了广告投放服务补充协议,且双方已批准执行,假定分以下三种情形:

情形一:对后续广告服务打五折处理,即2×20年4月至6月客户于每月月底支付5万元。

情形二:增加广告投放时间,即合同期限延长至2×20年8月31日,但合同总价60万元不变,客户于4月至8月,每月月底支付6万元。

情形三:增加广告投放媒体,即从2×20年4月1日起到2×20年6月30日,甲公司为乙公司提供两个灯箱来投放广告,在新增的灯箱上提供的广告服务本身是可明确区分的,合同总价60万元和付款情况不变。

假设甲公司为提供广告服务而占用的灯箱不构成租赁,不考虑其他因素和相关税费。本案例不涉及亏损合同的相关会计处理分析。

本例中,由于甲公司与乙公司签订合同时并没有约定可变对价,且根据甲公司已公开宣布的政策、特定声明或者以往的习惯做法等相关事实和情况,甲公司不会提供折扣或折让等安排,甲乙公司的合同中不存在可变对价,对于2×20年3月31日的补充协议,三种情形均应当作为合同变更进行会计处理。

对于情形一,甲乙双方批准对合同价格做出变更,合同变更并没有增加可明确区分的商品及合同价款,且合同变更日已提供的广告服务与未提供的广告服务之间可明确区分,所以甲公司应当将合同变更作为原合同终止及新合同订立进行会计处理。新合同的服务时间为2×20年4月1日至2×20年6月30日,交易价格为15万元(原合同交易价格中未确认为收入的部分30万元与合同变更中客户已承诺的对价金额—15万元之和)。

对于情形二,甲乙双方批准对合同范围做出变更,合同变更增加的广告投放时间本身可明确区分,甲公司承诺的增加的服务时间与原服务时间并未形成组合产出,不存在重大修改和定制、高度关联等情况。因此,合同变更增加了可明确区分的广告投放服务时间,没有新增合同价款,所以甲公司应当将合同变更作为原合同终止及新合同订立进行会计处理。新合同的服务时间为2×20年4月1日至2×20年8月31日,交易价格为30万元(原合同交易价格中未确认为收入的部分30万元与合同变更中客户已承诺的对价金额0元之和)。

对于情形三,甲乙双方批准对合同范围做出变更,合同变更增加了广告投放服务的范围,在新增的灯箱上提供的广告服务本身是可明确区分的,因此合同变更增加了可明确区分的广告投放服务,但是没有新增合同价款,甲公司应当将合同变更作为原合同终止及新合同订立进行会计处理。新合同(两个灯箱)的服务时间为2×20年4月1日至2×20年6月30日,交易价格为30万元(原合同交易价格中未确认为收入的部分30万元与合同变更中客户已承诺的对价金额0元之和)。

分析依据:《企业会计准则第14号——收入》第八条、第十条、第十五条、第十六条等相关规定;《〈企业会计准则第14号——收入〉应用指南2018》第19-24页、第26-33页、第53-60页等相关内容。

收入准则应用案例——主要责任人和代理人的判断

【例1】 甲公司是一家经营高端品牌的百货公司,采用与品牌服装供应商合作的经营模式。某高端品牌供应商乙公司在甲公司指定区域设立专柜(或专卖店)提供约定品牌商品,并委派营业员销售商品,假定本案例不包含租赁。乙公司负责专柜内的商品保管、出售、调配或下架,承担丢失和毁损风险,拥有未售商品的所有权。乙公司负责实际定价销售,甲公司负责对百货公司内销售的商品统一收款,开具发票。甲公司将收到客户款项扣除10%后支付给乙公司。

甲公司通过各种促销活动以提高百货公司的总体业绩。促销活动分为甲公司主导的促销活动和乙公司自行打折活动。甲公司主导的相关促销活动费用,有些由甲公司自行承担,有些由甲公司与乙公司共同承担。乙公司自行开展的打折活动需要获得甲公司同意,甲公司会要求其打折的幅度和范围符合甲公司的定位。例如,打折幅度不能过大,保证不打折的新品的比例不能过低等。如果需办理退换货的,甲公司可自行决定为客户办理退换货、赔偿等事项,之后可向乙公司追偿。假定客户丙购买商品,向甲公司支付价款1 000元,甲公司扣除100元后支付给乙公司900元。假定不考虑其他因素。

本例中,企业应当根据其在向客户转让商品前是否拥有对该商品的控制权,来判断其从事交易时的身份是主要责任人还是代理人。在客户付款购买商品之前,乙公司能够主导商品的使用,如出售、调配或下架,并从中获得其几乎全部的经济利益,因此拥有对该商品的控制权,是主要责任人,在客户丙取得商品控制权时确认收入1 000元。甲公司在商品转移给客户之前,不能自行或者要求乙公司把这些商品用于其他用途,也不能禁止乙公司把商品用于其他用途,因此,甲公司没有获得对该商品的控制权,只是负责协助乙公司进行商品销售,是代理人,在客户丙取得商品控制权时确认收入100元。

另外需要说明的是,本例中对于与控制权相关的三个迹象:一是从客户的角度,甲公司承担退换货和赔偿的主要责任;二是乙公司承担了该商品的存货风险;三是销售商品价格主要是由供应商乙公司确定,但甲公司对于商品的定价权有一定的影响力。与控制权相关的三个迹象的分析,并不能明确区分主要责任人和代理人,这些相关事实和情况的迹象仅为支持对控制权的评估,不能取代控制权的评估,也不能凌驾于控制权评估之上,更不是单独或额外的评估。

综上,企业应当根据其在向客户转让商品前是否拥有对该商品的控制权,来判断其从事交易时的身份是主要责任人还是代理人。在客户付款购买商品之前,乙公司拥有对该商品的控制权,是主要责任人,甲公司没有获得对该商品的控制权,是代理人。

分析依据:《企业会计准则第14号——收入》第四条、三十四条等相关规定;《〈企业会计准则第14号——收入〉应用指南2018》第12页、87-93页等相关内容。

【例2】 甲公司是一家经营高端品牌的百货公司,采用自主选择品牌直营模式。甲公司根据品牌定位,挑选某高端品牌乙公司作为其供应商之一,乙公司提供约定品牌商品,并与其他品牌同类商品统一摆放在甲公司指定位置。甲公司委派营业员销售该品牌商品,并负责专柜内的商品保管、出售、调配或下架,承担丢失和毁损风险,拥有未售商品的所有权。甲公司对百货公司内商品统一定价,统一收款。如果需办理退换货的,甲公司可自行决定为客户办理退换货、赔偿等事项,如属商品质量问题,可向乙公司追偿。假定不考虑其他因素。

本例中,企业应当根据其在向客户转让商品前是否拥有对该商品的控制权,来判断其从事交易时的身份是主要责任人还是代理人。在客户付款购买商品之前,甲公司能够主导商品的使用,如出售、调配或下架,并从中获得其几乎全部的经济利益,拥有对该商品的控制权,是主要责任人,在客户取得商品控制权时确认收入。

分析依据:《企业会计准则第14号——收入》第四条、三十四条等相关规定;《〈企业会计准则第14号——收入〉应用指南2018》第12页、87-93页等相关内容。

【例3】 甲公司是一家知名服装品牌生产零售商,拥有数百家直营连锁店。小型服装生产商乙公司向甲公司供应服装,乙公司将按照甲公司选定《供货清单》的要求将商品发送到甲公司指定的直营门店。商品收到后,甲公司组织验货,按照《供货清单》核对商品,确保没有短溢、货不对板等情形。甲公司将从乙公司采购的服装与其自产的服装一起管理并负责实际销售，其商标为甲公司商标，对外宣传为联名款。

甲乙双方协商确定吊牌价，甲公司在吊牌价 7 折以上可自行对外销售并制定相应的促销策略，7 折以下需得到乙公司的许可。甲乙双方根据销售收入每月五五分成。

如果商品自上架陈列 30 日仍未售出，甲公司有权将未出售的商品全部退回给乙公司，但在甲公司决定将商品退回前，乙公司不得取回、调换或移送商品。如果需办理退换货的，甲公司可自行决定为客户办理退换货、赔偿等事项，之后可向乙公司追偿。假定不考虑其他因素。

本例中，企业应当根据其在向客户转让商品前是否拥有对该商品的控制权，来判断其从事交易时的身份是主要责任人还是代理人。在客户付款购买商品之前，甲公司能够主导商品的使用，如出售、调配或下架，并从中获得其几乎全部的经济利益，因此拥有对该商品的控制权，是主要责任人。

另外需要说明的是，本例中对于与控制权相关的三个迹象：一是从客户的角度，甲公司承担销售、退换货和赔偿的主要责任；二是在转让商品之前，甲乙公司均承担了该商品的存货风险，转让商品之后，乙公司承担了该商品的存货风险；三是双方协商确定吊牌价，甲乙双方均无权自主决定所交易商品的价格。与控制权相关的三个迹象的分析，并不能明确区分主要责任人和代理人，这些相关事实和情况的迹象仅为支持对控制权的评估，不能取代控制权的评估，也不能凌驾于控制权评估之上，更不是单独或额外的评估。

综上，企业应当根据其在向客户转让商品前是否拥有对该商品的控制权，来判断其从事交易时的身份是主要责任人还是代理人。商品的控制权在转移给客户之前，甲公司拥有对该商品的控制权，是主要责任人。

另外，乙公司将商品发送到甲公司指定的直营门店并经甲公司验收后（假定该时点为商品控制权转移的时点）应该确认销售收入。由于 30 日未售出的商品或消费者退回的商品，甲公司有权退回给乙公司或向乙公司追偿，乙公司应当按照附有销售退回条款的销售进行会计处理。

分析依据：《企业会计准则第 14 号——收入》第四条、第三十二、第三十四条等相关规定；《〈企业会计准则第 14 号——收入〉应用指南 2018》第 12 页、第 81-85 页、第 87-93 页等相关内容。

收入准则应用案例——保荐服务的收入确认

【例】　甲公司与乙公司签订合同，在乙公司申请首次公开发行股票时，提供包括依法对乙公司申请文件、证券发行募集文件进行核查，出具保荐意见等保荐服务。乙公司在签订合同后支付 10%保荐费，在首次公开发行股票申请被受理后再支付 50%保荐费，其余 40%保荐费在首次公开发行股票完成后支付，已支付的费用无需返还。

如果因乙公司或其他方原因终止合同时(如乙公司首次公开发行股票申请未被受理),甲公司无权收取剩余款项,但可就其发生的差旅费等直接费用获取补偿。根据相关监管要求,保荐人应当结合尽职调查过程中获得的信息对发行人进行审慎核查,对其提供的资料和披露的内容进行独立判断,保荐人的工作底稿应当独立保存至少10年,如果乙公司更换保荐机构,新的保荐机构需要重新执行原保荐机构已完成的保荐工作,并且乙公司需要重新履行申报程序。假定该合同不涵盖承销服务及上市后的持续督导等其他服务。

本例中,除非甲公司完成乙公司上市前的全部保荐服务,乙公司不能从甲公司提供的各项服务本身获益,或将其与其他易于获得的资源一起使用并受益,即该保荐服务中的各项服务本身是不能够明确区分的。同时,该合同所约定的各项服务具有高度关联性,即合同中承诺的各项服务在合同层面是不可单独区分的。因此,甲公司提供的保荐服务属于单项履约义务。

本例中,如果乙公司在首次发行股票申请过程中更换保荐机构,新的保荐公司需要重新执行原保荐机构已完成的保荐工作,乙公司在甲公司履约的同时并未取得并消耗甲公司提供服务所带来的经济利益。甲公司按照相关监管要求独立进行核查并出具保荐意见,工作底稿归甲公司所有且应当独立保存至少10年,乙公司不能控制甲公司正在履行的保荐服务。虽然甲公司是针对乙公司的具体情况提供保荐服务,该服务具有不可替代用途,但是,该合同约定首付款仅10%,后续进度款直到首发申请被受理及首发完成才支付,并且由于乙公司或其他方原因终止合同时,甲公司无权收取剩余款项,仅可就发生的差旅费等直接费用获取补偿。因此,上述情况表明甲公司并不能在整个合同期间内任一时点就累计至今已完成的履约部分收取能够补偿其已发生成本和合理利润的款项。综合上述情况,甲公司提供的保荐服务不满足在某一时段内履行履约义务的条件,属于在某一时点履行的履约义务。

分析依据:《企业会计准则第14号——收入》第四条、第十条,第十一条等相关规定;《〈企业会计准则第14号——收入〉应用指南2018》第26-30页、第33-40页等相关内容。

收入准则应用案例——药品实验服务的收入确认

【例】 甲公司与乙公司签订合同,为其进行某新药的药理药效实验。合同约定,甲公司按照乙公司预先确定的实验测试的材料、方式和次数进行实验并记录实验结果,且需向乙公司实时汇报和提交实验过程中所获取的数据资料,实验完成后应向乙公司提交一份药理药效实验报告,用于乙公司后续的临床医药实验。假定该合同仅包含一项履约义务。该项实验工作的流程和所使用的技术相对标准化,如果甲公司中途被更换,乙公司聘请另一家实验类企业(以下简称新聘企业)可以在甲公司已完成的工作基础上继续进行药理药效实验并提交实验报告,新聘企业在继续履行剩余履约义务时将不会享有甲公司目前已控制的、且在将剩余履约义务转移给该企业后仍然控制的任何资产的利益。

本例中，甲公司在判断其他企业是否实质上无需重新执行甲公司累计至今已经完成的工作时，应当基于下列两个前提：一是不考虑可能会使甲公司无法将剩余履约义务转移给其他企业的合同限制或实际可行性限制；二是假设新聘企业将不享有甲公司目前已控制的、且在将剩余履约义务转移给该新聘企业后仍然控制的任何资产的利益。由于甲公司实验过程中的资料和数据已实时提交给乙公司，且如果在甲公司履约的过程中更换其他企业继续进行药理药效实验，其他企业可以在甲公司已完成的工作基础上继续进行药理药效实验并提交实验报告，实质上无需重复执行甲公司累计已经完成的工作，因此，乙公司在甲公司履约的同时即取得并消耗了甲公司履约所带来的经济利益，甲公司提供的实验服务属于在某一时段内履行的履约义务。

分析依据：《企业会计准则第 14 号——收入》第十一条等相关规定；《〈企业会计准则第 14 号——收入〉应用指南 2018》第 33-34 页等相关内容。

收入准则应用案例——定制软件开发服务的收入确认

【例】 甲公司与乙公司签订合同，为其开发一套定制化软件系统。合同约定，为确保信息安全及软件开发完成后能够迅速与乙公司系统对接，甲公司需在乙公司办公现场通过乙公司的内部模拟系统进行软件开发，开发过程中所形成的全部电脑程序、代码等应存储于乙公司的内部模拟系统中，开发人员不得将程序代码等转存至其他电脑中，开发过程中形成的程序、文档等所有权和知识产权归乙公司所有。如果甲公司被中途更换，其他供应商无法利用甲公司已完成工作，而需要重新执行软件定制工作。乙公司对甲公司开发过程中形成的代码和程序没有合理用途，乙公司并不能够利用开发过程中形成的程序、文档，并从中获取经济利益。乙公司将组织里程碑验收和终验，并按照合同约定分阶段付款。其中，预付款比例为合同价款的 5%，里程碑验收时付款比例为合同价款的 65%，终验阶段付款比例为合同价款的 30%。如果乙公司违约，需支付合同价款 10%的违约金。

本例中，如果甲公司被中途更换，新供应商需要重新执行软件定制工作，所以乙公司在甲公司履约的同时并未取得并消耗甲公司软件开发过程中所带来的经济利益。甲公司虽然在乙公司的办公场地的模拟系统中开发软件产品，乙公司也拥有软件开发过程中形成的所有程序、文档等所有权和知识产权，可以主导其使用，但上述安排主要是基于信息安全的考虑，乙公司并不能够合理利用开发过程中形成的程序、文档，并从中获得几乎全部的经济利益，所以乙公司不能够控制甲公司履约过程中在建的商品。甲公司履约过程中产出的商品为定制软件，具有不可替代用途。但是，乙公司按照合同约定分阶段付款，预付款仅 5%，后续进度款仅在相关里程碑达到及终验时才支付，且如果乙公司违约，仅需支付合同价款 10%的违约金，表明甲公司并不能在整个合同期内任一时点就累计至今已完成的履约部分收取能够补偿其已发生成本和合理利润的款项。因此,该定制软件开发业务不满足属于在某一时段内履行履约义务的条件,属于在某一时点履行的履约义务。

分析依据:《企业会计准则第14号——收入》第四条、第十一条等相关规定;《〈企业会计准则第14号——收入〉应用指南2018》第12页、33-40页等相关内容。

收入准则应用案例——亏损合同案例

【例】 甲建筑公司(以下简称甲公司)与其客户签订一项总金额为580万元的固定造价合同,该合同不可撤销。甲公司负责工程的施工及全面管理,客户按照第三方工程监理公司确认的工程完工量每年与甲公司结算一次。该工程已于2×18年2月开工,预计2×21年6月完工,预计可能发生的工程总成本为550万元。到2×19年年底,由于材料价格上涨等因素,甲公司将预计工程总成本调整为600万元。2×20年年末根据工程最新情况将预计工程总成本调整为610万元。假定该建造工程整体构成单项履约义务,并属于在某一时段内履行的履约义务,该公司采用成本法确定履约进度,不考虑其他相关因素。

按照合同约定,工程质保金30万元需等到客户于2×22年年底保证期结束且未发生重大质量问题方能收款。上述价款均为不含税价款,不考虑相关税费的影响。

会计处理:

1. 2×18年账务处理如下:

(1) 实际发生合同成本。

借:合同履约成本　　1 540 000
　　贷:原材料、应付职工薪酬等　　1 540 000

(2) 确认计量当年的收入并结转成本。

履约进度=1 540 000÷(1 540 000+3 960 000)=28%。

合同收入=5 800 000×28%=1 624 000(元)。

借:合同结算——收入结转　　1 624 000
　　贷:主营业务收入　　1 624 000

借:主营业务成本　　1 540 000
　　贷:合同履约成本　　1 540 000

(3) 结算合同价款。

借:应收账款　　1 740 000
　　贷:合同结算——价款结算　　1 740 000

(4) 实际收到合同价款。

借：银行存款　　　　1 700 000
　　贷：应收账款　　　　1 700 000

2018年12月31日，“合同结算”科目的余额为贷方11.6万元(174－162.4)，表明甲公司已经与客户结算但尚未履行履约义务的金额为11.6万元，由于甲公司预计该部分履约义务将在2×19年内完成，因此，应在资产负债表中作为合同负债列示。

2. 2×19年的账务处理如下：

(1)实际发生合同成本。

借：合同履约成本　　　　1 460 000
　　贷：原材料、应付职工薪酬等　　　　1 460 000

(2) 确认计量当年的收入并结转成本，同时，确认合同预计损失。

履约进度＝3 000 000÷(3 000 000＋3 000 000)＝50%。

合同收入＝5 800 000×50%－1 624 000＝1 276 000(元)。

借：合同结算——收入结转　　　　1 276 000
　　贷：主营业务收入　　　　1 276 000

借：主营业务成本　　　　1 460 000
　　贷：合同履约成本　　　　1 460 000

借：主营业务成本　　　　100 000
　　贷：预计负债　　　　100 000

合同预计损失＝(3 000 000＋3 000 000－5 800 000)×(1－50%)＝100 000(元)。

在2×19年年底，由于该合同预计总成本(600万元)大于合同总收入(580万元)，预计发生损失总额为20万元，由于其中10万元(20×50%)已经反映在损益中，因此应将剩余的、未完成工程将发生的预计损失10万元确认为当期损失。

根据《企业会计准则第13号——或有事项》的相关规定，待执行合同变成亏损合同的，该亏损合同产生的义务满足相关条件的，则应当对亏损合同确认预计负债。因此，为完成工程将发生的预计损失10万元应当确认为预计负债。

(3) 结算合同价款。

借：应收账款　　　　1 960 000
　　贷：合同结算——价款结算　　　　1 960 000

(4) 实际收到合同价款。

借：银行存款　　　　1 900 000
　　贷：应收账款　　　　1 900 000

2×19年12月31日，“合同结算”科目的余额为贷方80万元(11.6＋196－127.6)，表明甲公司已经与客户结算但尚未履行履约义务的金额为80万元，由于甲公司预计该部分履约义务将在2×20年内完成，因此，应在资产负债表中作为合同负债列示。

3. 2×20年的账务处理如下：

(1) 实际发生的合同成本。

借：合同履约成本	1 880 000	
贷：原材料、应付职工薪酬等		1 880 000

(2) 确认计量当年的合同收入并结转成本，同时调整合同预计损失。

履约进度＝4 880 000÷(4 880 000＋1 220 000)＝80%。

合同收入＝5 800 000×80%－1 624 000－1 276 000＝1 740 000(元)。

合同预计损失＝(4 880 000＋1 220 000－5 800 000)×(1－80%)－100 000＝－40 000(元)。

借：合同结算——收入结转	1 740 000	
贷：主营业务收入		1 740 000
借：主营业务成本	1 880 000	
贷：合同履约成本		1 880 000
借：预计负债	40 000	
贷：主营业务成本		40 000

在2×20年年底，由于该合同预计总成本(610万元)大于合同总收入(580万元)，预计发生损失总额为30万元，由于其中24万元(30×80%)已经反映在损益中，因此预计负债的余额为30－24＝6(万元)，反映剩余的、未完成工程将发生的预计损失，因此，本期应转回合同预计损失4万元。

(3) 结算合同价款。

借：应收账款	1 800 000	
贷：合同结算——价款结算		1 800 000

(4) 实际收到合同价款。

借：银行存款	1 900 000	
贷：应收账款		1 900 000

2×20年12月31日，"合同结算"科目的余额为贷方86万元(80＋180－174)，表明甲公司已经与客户结算但尚未履行履约义务的金额为86万元，由于该部分履约义务将在2×21年6月底前完成，因此，应在资产负债表中作为合同负债列示。

4. 2×21年1～6月的账务处理如下：

(1) 实际发生合同成本。

借：合同履约成本	1 220 000	
贷：原材料、应付职工薪酬等		1 220 000

(2) 确认计量当期的合同收入并结转成本及已计提的合同损失。

2×21年1～6月确认的合同收入＝合同总金额－截至目前累计已确认的收入＝5 800 000－1 624 000－1 276 000－1 740 000＝1 160 000(元)。

借：合同结算——收入结转　　1 160 000

　贷：主营业务收入　　1 160 000

借：主营业务成本　　1 220 000

　贷：合同履约成本　　1 220 000

借：预计负债　　60 000

　贷：主营业务成本　　60 000

2×21年6月30日，“合同结算”科目的余额为借方30万元(116－86)，是工程质保金，需等到客户于2×22年年底保质期结束且未发生重大质量问题后方能收款，应当资产负债表中作为合同资产列示。

5. 2×22年的账务处理：

(1) 保质期结束且未发生重大质量问题。

借：应收账款　　300 000

　贷：合同结算　　300 000

(2)实际收到合同价款。

借：银行存款　　300 000

　贷：应收账款　　300 000

分析依据：《企业会计准则第14号——收入》第二十六条、第二十九条，《企业会计准则第13号——或有负债》第八条等相关规定；《〈企业会计准则第14号——收入〉应用指南2018》第75-80页、《企业会计准则讲解(2010)》第209页等相关内容。

收入准则应用案例——合同负债(涉及不同增值税率的储值卡)

【例】 甲公司经营一家连锁超市，以主要责任人的身份销售商品给客户。甲公司销售的商品适用不同的增值税税率，如零食等适用税率为16%，粮食等适用税率为10%等①。2×18年，甲公司向客户销售了5 000张不可退的储值卡，每张卡的面值为200元，总额为1 000 000元。客户可在甲公司经营的任意一家门店使用该储值卡进行消费。根据历史经验，甲公司预期客户购买的储值卡金额将全部被消费。甲公司为增值税一般纳税人，在客户使用该储值卡消费时发生增值税纳税义务。

本例中，甲公司经营一家连锁超市，销售适用不同税率的各种商品，并收取商品价款及相应的增值税。因此甲公司销售储值卡收取的款项1 000 000元中，仅商品价

① 本例摘自财政部网站原文，现税率已经更改，请读者按现行税率进行计算。

款部分代表甲公司已收客户对价而应向客户转让商品的义务,应当确认合同负债。其中增值税部分,因不符合合同负债的定义,不应确认为合同负债。甲公司应根据历史经验(如公司以往年度类似业务的综合税率等)估计客户使用该类储值卡购买不同税率商品的情况,将估计的储值卡款项中的增值税部分确认为应交税费——待转销项税额,将剩余的商品价款部分确认为合同负债。在实际消费情况与预计不同时,根据实际情况进行调整,后续每个资产负债表日根据最新信息对合同负债和应交税费的金额进行重新估计。

分析依据:《企业会计准则第 14 号——收入》第四十一条、《企业会计准则第 28 号——会计政策、会计估计变更和差错更正》第八条等相关规定;《〈企业会计准则第 14 号——收入〉应用指南 2018》第 112 页等相关内容。

收入准则应用案例——合同负债(电商平台预售购物卡)

【例】 甲公司经营一家电商平台,平台商家自行负责商品的采购、定价、发货以及售后服务,甲公司仅提供平台供商家与消费者进行交易并负责协助商家和消费者结算货款,甲公司按照货款的 5%向商家收取佣金,并判断自己在商品买卖交易中是代理人。2×18 年,甲公司向平台的消费者销售了 1 000 张不可退的电子购物卡,每张卡的面值为 200 元,总额 200 000 元。假设不考虑相关税费的影响。

本例中,考虑到甲公司在商品买卖交易中为代理人,仅为商家和消费者提供平台及结算服务,并收取佣金,因此,甲公司销售电子购物卡收取的款项 200 000 元中,仅佣金部分 10 000 元(200 000×5%,不考虑相关税费)代表甲公司已收客户(商家)对价而应在未来消费者消费时作为代理人向商家提供代理服务的义务,应当确认合同负债。对于其余部分(即 190 000 元),为甲公司代商家收取的款项,作为其他应付款,待未来消费者消费时支付给相应的商家。

分析依据:《企业会计准则第 14 号——收入》第三十四条、第四十一条等相关规定;《〈企业会计准则第 14 号——收入〉应用指南 2018》第 92 页、第 112 页等相关内容。

收入准则应用案例——合同履约成本(酒店等服务行业的合同成本)

【例】 甲公司经营一家酒店,该酒店是甲公司的自有资产。甲公司在进行会计核算时,除发生的餐饮、商品材料等成本外,还需要计提与酒店经营相关的固定资产折旧(如酒店、客房及客房内的设备家具等)、无形资产摊销(如酒店土地使用权等)费用等,应如何对这些折旧、摊销进行会计处理?

本例中,甲公司经营一家酒店,主要通过提供客房服务赚取收入,而客房服务的提供直接依赖于酒店物业(包含土地)及家具等相关资产,即与客房服务相关的资产折旧和摊销属于甲公司为履行与客户的合同而发生的服务成本。该成本需先考虑是否满足《企业会计准则第 14 号——收入》第二十六条规定的资本化条件,如果满足,应作为合同履约成本进行会计处理，并在收入确认时对合同履约成本进行摊销，计入营业成本。此外，这些酒店物业等资产中与客房服务不直接相关的，如财务部门相关的资产折旧等费用或者销售部门相关的资产折旧等费用，则需要按功能将相关费用计入管理费用或销售费用等科目。

分析依据：《企业会计准则第 14 号——收入》第二十六条、第二十七条、第二十九条等相关规定；《〈企业会计准则第 14 号——收入〉应用指南 2018》第 75-76 页等相关内容。

收入准则应用案例——运输服务

【例 1】 甲公司与乙公司签订合同，向其销售一批产品，并负责将该批产品运送至乙公司指定的地点，甲公司承担相关的运输费用。假定销售该产品属于在某一时点履行的履约义务，且控制权在出库时转移给乙公司。

本例中，甲公司向乙公司销售产品，并负责运输。该批产品在出库时，控制权转移给乙公司。在此之后，甲公司为将产品运送至乙公司指定的地点而发生的运输活动，属于为乙公司提供了一项运输服务。如果该运输服务构成单项履约义务，且甲公司是运输服务的主要责任人。甲公司应当按照分摊至该运输服务的交易价格确认收入。

分析依据：《企业会计准则第 14 号——收入》第九条、第十条、第二十六条等相关规定；《〈企业会计准则第 14 号——收入〉应用指南 2018》第 31 页最后一段、第 79 页等相关内容。

【例 2】 甲公司与乙公司签订合同，向其销售一批产品，并负责将该批产品运送至乙公司指定的地点，甲公司承担相关的运输费用。假定销售该产品属于在某一时点履行的履约义务，且控制权在送达乙公司指定地点时转移给乙公司。

本例中，甲公司向乙公司销售产品，并负责运输。该批产品在送达乙公司指定地点时，控制权转移给乙公司。由于甲公司的运输活动是在产品的控制权转移给客户之前发生的，因此不构成单项履约义务，而是甲公司为履行合同发生的必要活动。

分析依据：《企业会计准则第 14 号——收入》第九条、第十条、第十四条、第二十六条等相关规定；《〈企业会计准则第 14 号——收入〉应用指南 2018》第 31 页最后一段等相关内容。

1.2 扣除

1.2.1 公益性捐赠税前扣除

1.2.1.1 如何区分全额扣除和限额扣除的公益性捐赠

《中华人民共和国公益事业捐赠法》规定向公益事业的捐赠支出，具体范围包括救助灾害、救济贫困、扶助残疾人等困难的社会群体和个人的活动;教育、科学、文化、卫生、体育事业;环境保护、社会公共设施建设;促进社会发展和进步的其他社会公共和福利事业。《企业所得税法》规定,企业发生公益性捐赠支出,在年度利润总额12%以内的部分,准予在计算应纳税所得额时扣除。超过年度利润总额12%的部分,准予结转以后3年内在计算应纳税所得额时扣除。

针对社会出现的特殊情况,为了鼓励捐赠,国家又陆续出台可全额扣除相关规定。例如,2020年对支持新型冠状病毒感染的肺炎疫情防控,通过公益性组织或县级以上人民政府用于应对新型冠状病毒感染的肺炎疫情的现金和物品,允许在计算应纳税所得额时全额扣除。下面将公益性捐赠适用类型归纳,如表1-2所示。

表1-2 公益性捐赠一览表

序号	捐赠项目		税前扣除规定	政策文件号	注意事项
1	特殊规定	支持新型冠状病毒感染的肺炎疫情防控	(1)企业和个人通过公益性社会组织或者县级以上人民政府及其部门等国家机关,捐赠用于应对新型冠状病毒感染的肺炎疫情的现金和物品,允许在计算应纳税所得额时全额扣除。 (2)企业和个人直接向承担疫情防治任务的医院捐赠用于应对新型冠状病毒感染的肺炎疫情的物品,允许在计算应纳税所得额时全额扣除。	财政部 税务总局公告2020年第9号	企业和个人直接向承担疫情防治任务的医院捐赠必须是物品。
2	特殊规定	扶贫捐赠	自2019年1月1日至2022年12月31日,企业通过公益性社会组织或者县级(含县级)以上人民政府及其组成部门和直属机构,用于目标脱贫地区的扶贫捐赠支出,准予在计算企业所得税应纳税所得额时据实扣除。在政策执行期限内,目标脱贫地区实现脱贫的,可继续适用上述政策。	财政部 税务总局 国务院扶贫办公告2019年第49号	企业在2015年1月1日至2018年12月31日已发生的符合条件的扶贫捐赠支出,可执行《财政部 税务总局 国务院扶贫办关于企业扶贫捐赠所得税税前扣除政策的公告》(财政部 税务总局 国务院扶贫办公告2019年第49号)企业所得税政策。
3	特殊规定	北京2022年冬奥会和冬残奥会	对企业、社会组织和团体赞助、捐赠北京2022年冬奥会、冬残奥会、测试赛的资金、物资、服务支出,在计算企业应纳税所得额时予以全额扣除。	财税〔2017〕60号	

（续表）

序号	捐赠项目		税前扣除规定	政策文件号	注意事项
4	特殊规定	公益股权捐赠	（1）企业向公益性社会团体实施的股权捐赠，应按规定视同转让股权，股权转让收入额以企业所捐赠股权取得时的历史成本确定。 （2）企业实施股权捐赠后，以其股权历史成本为依据确定捐赠额，并依此按照企业所得税法有关规定在所得税前予以扣除。公益性社会团体接受股权捐赠后，应按照捐赠企业提供的股权历史成本开具捐赠票据。	财税〔2016〕45 号	
5	一般规定		企业发生公益性捐赠支出，在年度利润总额 12%以内的部分，准予在计算应纳税所得额时扣除。超过年度利润总额 12%的部分，准予结转以后 3 年内在计算应纳税所得额时扣除。	《企业所得税法》第九条	

1.2.1.2　公益性捐赠支出税前扣除具体如何计算

企业发生公益性捐赠支出，在年度利润总额 12%以内的部分，准予在计算应纳税所得额时扣除。超过年度利润总额 12%的部分，准予结转以后 3 年内在计算应纳税所得额时扣除。这里要把握的是，在利润总额 12%的部分可以扣除。如果发生公益性捐赠当年没有利润则不允许税前扣除。同时应注意超利润总额 12%在当年应进行纳税调增，以后年度可以扣除则应进行纳税调减。

【案例 1-15】 A 公司成立于 2015 年 6 月，注册资本 1 500 万元，主要从事药品生产和销售业务。2020 年 A 公司实现利润 2 000 万元。同时，该公司积极从事公益事业，2020 年向县教育局捐款 200 万元，用于建立某希望小学，取得了公益事业捐赠统一票据 200 万元。

A 公司 2020 年公益性捐赠税前扣除限额＝2 000×12%＝240（万元），2020 年向县教育局捐款 200 万元未超限额，可全额扣除。

【案例 1-16】 接［案例 1-15］，假设 A 公司 2020 年实现利润为 200 万元，其余条件不变。

A 公司 2020 年公益性捐赠税前扣除限额＝200×12%＝24（万元），2020 年向县教育局捐款 200 万元已超过可扣除限额，应纳税调增 176 万元。可准予结转以后 3 年内在计算应纳税所得额时扣除。企业发生的公益性捐赠支出未在当年税前扣除的部分，准予向以后年度结转扣除，但结转年限自捐赠发生年度的次年起计算最长不得超过 3 年。企业在对公益性捐赠支出计算扣除时，应先扣除以前年度结转的捐赠支出，再扣除当年发生的捐赠支出。

1.2.1.3　《财政部　税务总局　民政部关于公益性捐赠税前扣除有关事项的公告》（财政部公告 2020 年第 27 号）的主要内容是什么

《财政部　国家税务总局　民政部关于公益性捐赠税前扣除有关问题的通知》（财

税〔2008〕160号)为规范公益性捐赠组织税前扣除,促进公益性捐赠的发展起了积极作用,但在实务中存在一些争议。为此,财政部、税务总局、民政部出台了《财政部 税务总局 民政部关于公益性捐赠税前扣除有关事项的公告》(财政部公告2020年第27号,以下简称27号公告),对相关内容进一步规范,其主要内容:

(1) 明确了公益性社会组织。

27号公告明确,企业或个人通过公益性社会组织,用于符合法律规定的公益慈善事业捐赠支出,在年度利润总额12%以内的部分,准予在计算应纳税所得额时扣除;超过年度利润总额12%的部分,准予结转以后3年内在计算应纳税所得额时扣除。公益性社会组织,应当依法取得公益性捐赠税前扣除资格。公益性社会组织包括依法设立或登记并按规定条件和程序取得公益性捐赠税前扣除资格的慈善组织、其他社会组织和群众团体。同时明确了慈善组织和其他社会组织取得公益性捐赠税前扣除资格应该满足的条件和程序。

(2) 取得公益性捐赠税前扣除资格的公益性社会组织。

公益性社会组织,包括依法设立或登记并按规定条件和程序取得公益性捐赠税前扣除资格的慈善组织、其他社会组织和群众团体。

(3) 公益性捐赠税前扣除资格有效期。

27号公告第六条规定,公益性捐赠税前扣除资格在全国范围内有效,有效期为3年。

公益性捐赠税前扣除资格3年有效期具体计算如下:

① 公益性捐赠税前扣除资格将于当年年末到期的公益性社会组织,其公益性捐赠税前扣除资格自发布名单公告的次年1月1日起算。

② 已被取消公益性捐赠税前扣除资格但又重新符合条件的社会组织,其公益性捐赠税前扣除资格自发布公告的当年1月1日起算。

③ 登记设立后尚未取得公益性捐赠税前扣除资格的社会组织,其公益性捐赠税前扣除资格自发布公告的当年1月1日起算。

(4) 企业或个人进行公益性捐赠税前扣除的凭证。

27号公告第十一条规定,公益性社会组织、县级以上人民政府及其部门等国家机关在接受捐赠时,应当按照行政管理级次分别使用由财政部或省、自治区、直辖市财政部门监(印)制的公益事业捐赠票据,并加盖本单位的印章。企业或个人将符合条件的公益性捐赠支出进行税前扣除,应当留存相关票据备查。

① 企业或个人通过公益性社会组织进行公益性捐赠,凭加盖受赠公益性社会组织印章的公益事业捐赠票据(财政部或省、自治区、直辖市财政部门印制)税前扣除。

② 企业或个人通过公益性社会组织进行公益性捐赠,凭加盖受赠公益性社会组织印章的《非税收入一般缴款书》收据联税前扣除。

③ 企业和个人直接向承担疫情防治任务的医院捐赠用于应对新型冠状病毒感

染的肺炎疫情的物品,捐赠人凭承担疫情防治任务的医院开具的捐赠接收函税前扣除。

(5) 明确日常税务管理程序。

根据27号公告的规定,公益性社会组织满足主体要求后,其日常税务管理还须遵循一些新规定,包括扣除资格的取得、确认和取消。27号公告第四条明确规定,社会组织须同时符合8个条件方能税前扣除。同时,27号公告在《财政部 国家税务总局 民政部关于公益性捐赠税前扣除有关问题的通知》(财税〔2008〕160号)的基础上,更新了取得扣除资格的一些条件。对符合取得资格后,公益性社会组织还须进行扣除资格的确认。取得税前扣除资格,如果公益性社会组织未按规定进行管理,很可能面临被取消扣除资格的问题。27号公告除明确取消资格的7种情形外,还根据情形严重程度,将取消资格进一步分为取消且3年内不得重新确认、取消且永久不再取得两种情况。27号公告第七条明确规定,未按时间、要求报送专项信息,最近一年度用于公益性事业支出、管理费用支出不符合比例要求等7种情形,应取消公益性捐赠税前扣除资格。同时,27号公告第八条规定,违反规定捐赠、组织章程活动、捐赠中存在关联关系等3种情形,不仅取消其公益性捐赠税前扣除资格,且取消资格的当年及之后3个年度内不得重新确认资格。27号公告第九条规定,存在从事非法政治活动或从事、资助危害国家安全或者社会公共利益活动时,永久不再取得公益性捐赠税前扣除资格。

风险提示

公益性捐赠税前扣除资格在全国范围内有效,有效期为3年。公益性社会组织,包括依法设立或登记并按规定条件和程序取得公益性捐赠税前扣除资格的慈善组织、其他社会组织和群众团体。依法登记的慈善组织和其他社会组织的公益性捐赠税前扣除资格确认及管理按27号公告执行。

公益性群众团体的公益性捐赠税前扣除资格确认及管理按照现行规定执行,不执行27号公告。

1.2.1.4 中华红十字会捐赠资格与××县红十字会捐赠资格是否一样

【案例1-17】 A企业2020年向××县红十字会捐赠100万元,该县红十字会没有在该省联合确定具有公益性捐赠税前扣除资格的社会组织名单内,2020年汇算清缴结束后,税务机关在后续管理中发现企业存在问题,企业以财政部、税务总局公告的中华红十字会具有公益性捐赠税前扣除资格认为该县红十字会具备了公益性捐赠税前扣除资格,请问企业观点是否正确?

27号公告规定,公益性捐赠税前扣除资格的确认按以下规定执行:

(1) 在民政部登记注册的社会组织,由民政部结合社会组织公益活动情况和日常监督管理、评估等情况,对社会组织的公益性捐赠税前扣除资格进行核实,提出初步意见。根据民政部初步意见,财政部、税务总局和民政部对照27号公告相关规定,联合确定具有公益性捐赠税前扣除资格的社会组织名单,并发布公告。

(2) 在省级和省级以下民政部门登记注册的社会组织,由省、自治区、直辖市和计划单列市财政、税务、民政部门参照上述第(1)项规定执行。

(3) 公益性捐赠税前扣除资格的确认对象包括:

① 公益性捐赠税前扣除资格将于当年年末到期的公益性社会组织。

② 已被取消公益性捐赠税前扣除资格但又重新符合条件的社会组织。

③ 登记设立后尚未取得公益性捐赠税前扣除资格的社会组织。

(4) 每年年底前,省级以上财政、税务、民政部门按权限完成公益性捐赠税前扣除资格的确认和名单发布工作,并按上述第(3)项规定的不同审核对象,分别列示名单及其公益性捐赠税前扣除资格起始时间。

由此可见,公益性捐赠税前扣除资格应根据民政部门登记注册的社会组织层级来确认,A企业以中华红十字会具备的资格来确认××县红十字会有此资格显然存在错误。同时,中华红十字会与××县红十字会并不是统一法人,是两个不同组织,其资格应在该省重新确认。

1.2.1.5 企业以外购商品对外公益性捐赠,其企业所得税应如何处理

企业以外购商品对外公益性捐赠,也就是企业将非货币性资产用于公益性捐赠支出,应分成三部分来进行处理。第一步是以公允价值对非货币性资产视同销售。第二步是调整捐赠支出的税会差异,《国家税务总局关于修订企业所得税年度纳税申报表的公告》(国家税务总局公告2020年第24号)的《纳税调整项目明细表》(A105000)填报说明规定,第30行"(十七)其他":填报其他因会计处理与税收规定有差异需纳税调整的扣除类项目金额,企业将货物、资产、劳务用于捐赠、广告等用途时,进行视同销售纳税调整后,对应支出的会计处理与税收规定有差异需纳税调整的金额填报在本行。若第1列≥第2列,第3列"调增金额"填报第1－2列金额。若第1列<第2列,第4列"调减金额"填报第1－2列金额的绝对值。第三步是在利润总额12%内计算公益性捐赠扣除额,并按照公益性捐赠税前扣除政策规定进行企业所得税税前扣除。以外购的商品用于捐赠,应以不含税价的购买价确认企业所得税应税收入,以含税价格确认捐赠支出。

1.2.1.6 企业向已实现脱贫的目标脱贫地区捐赠,能否在企业所得税税前扣除

自2019年1月1日至2022年12月31日,企业通过公益性社会组织或者县级(含县级)以上人民政府及其组成部门和直属机构,用于目标脱贫地区的扶贫捐赠支出,准予在计算企业所得税应纳税所得额时据实扣除。在政策执行期限内,目标脱贫地区实现脱贫的,可继续适用上述政策。

根据上述规定,在政策执行期限内,向已目标脱贫地区实现脱贫的捐赠可以税前

扣除。

1.2.1.7　定向捐赠能否税前扣除

企业发生的公益性捐赠支出，在年度利润总额 12％以内的部分，准予在计算应纳税所得额时扣除；超过年度利润总额 12％的部分，准予结转以后 3 年内在计算应纳税所得额时扣除。企业通过公益性社会组织或者县级（含县级）以上人民政府及其组成部门和直属机构对外捐赠是税前扣除的前提和途径，企业定向捐赠应符合公益性捐赠条件，其定向捐赠途径为县级（含县级）以上人民政府及其组成部门和直属机构或者接受捐赠公益性社会组织必须在经财政、税务、民政部门联合公布的名单内的单位，并以协议方式约定定向捐赠对象方可税前扣除。

1.2.1.8　如何确认受赠资产的价值

【案例 1-18】　A 公司 2020 年购买一批图书价值 20 万元，通过市教育局向希望小学捐赠，请问该小学应如何确认该批图书的价值？

《财政部　税务总局　民政部关于公益性捐赠税前扣除有关事项的公告》（财政部公告 2020 年第 27 号）规定，除另有规定外，公益性社会组织、县级以上人民政府及其部门等国家机关在接受企业或个人捐赠时，按以下原则确认捐赠额：接受的非货币性资产捐赠，以其公允价值确认捐赠额。捐赠方在向公益性社会组织、县级以上人民政府及其部门等国家机关捐赠时，应当提供注明捐赠非货币性资产公允价值的证明；不能提供证明的，接受捐赠方不得向其开具捐赠票据。因此，该小学应以公允价值确定这批图书的价值，A 公司应提供捐赠非货币性资产公允价值的证明取得公益性捐赠票据。

政策链接

企业发生公益性捐赠支出，在年度利润总额 12％以内的部分，准予在计算应纳税所得额时扣除；超过年度利润总额 12％的部分，准予结转以后三年内在计算应纳税所得额时扣除。

【《中华人民共和国企业所得税法》第九条】

一、企业和个人通过公益性社会组织或者县级以上人民政府及其部门等国家机关，捐赠用于应对新型冠状病毒感染的肺炎疫情的现金和物品，允许在计算应纳税所得额时全额扣除。

二、企业和个人直接向承担疫情防治任务的医院捐赠用于应对新型冠状病毒感染的肺炎疫情的物品，允许在计算应纳税所得额时全额扣除。

捐赠人凭承担疫情防治任务的医院开具的捐赠接收函办理税前扣除事宜。

三、单位和个体工商户将自产、委托加工或购买的货物，通过公益性社会组织和县级以上人民政府及其部门等国家机关，或者直接向承担疫情防治任务的医院，无偿捐赠用于应对新型冠状病毒感染的肺炎疫情的,免征增值税、消费税、城市维护建设税、教育费附加、地方教育附加。

【《财政部 税务总局关于支持新型冠状病毒感染的肺炎疫情防控有关捐赠税收政策的公告》(财政部 税务总局公告2020年第9号)第一条、第二条、第三条】

一、自2019年1月1日至2022年12月31日,企业通过公益性社会组织或者县级(含县级)以上人民政府及其组成部门和直属机构,用于目标脱贫地区的扶贫捐赠支出,准予在计算企业所得税应纳税所得额时据实扣除。在政策执行期限内,目标脱贫地区实现脱贫的,可继续适用上述政策。

"目标脱贫地区"包括832个国家扶贫开发工作重点县、集中连片特困地区县(新疆阿克苏地区6县1市享受片区政策)和建档立卡贫困村。

二、企业同时发生扶贫捐赠支出和其他公益性捐赠支出,在计算公益性捐赠支出年度扣除限额时,符合上述条件的扶贫捐赠支出不计算在内。

三、企业在2015年1月1日至2018年12月31日已发生的符合上述条件的扶贫捐赠支出,尚未在计算企业所得税应纳税所得额时扣除的部分,可执行上述企业所得税政策。

【《财政部 税务总局 国务院扶贫办关于企业扶贫捐赠所得税税前扣除政策的公告》(财政部 税务总局 国务院扶贫办公告2019年第49号)】

四、在民政部门依法登记的慈善组织和其他社会组织(以下统称社会组织),取得公益性捐赠税前扣除资格应当同时符合以下规定:

(一)符合企业所得税法实施条例第五十二条第一项到第八项规定的条件。

(二)每年应当在3月31日前按要求向登记管理机关报送经审计的上年度专项信息报告。报告应当包括财务收支和资产负债总体情况、开展募捐和接受捐赠情况、公益慈善事业支出及管理费用情况(包括本条第三项、第四项规定的比例情况)等内容。

首次确认公益性捐赠税前扣除资格的,应当报送经审计的前两个年度的专项信息报告。

(三)具有公开募捐资格的社会组织,前两年度每年用于公益慈善事业的支出占上年总收入的比例均不得低于70%。计算该支出比例时,可以用前三年收入平均数代替上年总收入。

不具有公开募捐资格的社会组织,前两年度每年用于公益慈善事业的支出占上年年末净资产的比例均不得低于8%。计算该比例时,可以用前三年年末净资产平均数代替上年年末净资产。

(四)具有公开募捐资格的社会组织,前两年度每年支出的管理费用占当年总支出的比例均不得高于10%。

不具有公开募捐资格的社会组织，前两年每年支出的管理费用占当年总支出的比例均不得高于 12%。

（五）具有非营利组织免税资格，且免税资格在有效期内。

（六）前两年度未受到登记管理机关行政处罚（警告除外）。

（七）前两年度未被登记管理机关列入严重违法失信名单。

（八）社会组织评估等级为 3A 以上（含 3A）且该评估结果在确认公益性捐赠税前扣除资格时仍在有效期内。

公益慈善事业支出、管理费用和总收入的标准和范围，按照《民政部　财政部　国家税务总局关于印发〈关于慈善组织开展慈善活动年度支出和管理费用的规定〉的通知》（民发〔2016〕189 号）关于慈善活动支出、管理费用和上年总收入的有关规定执行。

按照《中华人民共和国慈善法》新设立或新认定的慈善组织，在其取得非营利组织免税资格的当年，只需要符合本条第一项、第六项、第七项条件即可。

五、公益性捐赠税前扣除资格的确认按以下规定执行：

（一）在民政部登记注册的社会组织，由民政部结合社会组织公益活动情况和日常监督管理、评估等情况，对社会组织的公益性捐赠税前扣除资格进行核实，提出初步意见。根据民政部初步意见，财政部、税务总局和民政部对照本公告相关规定，联合确定具有公益性捐赠税前扣除资格的社会组织名单，并发布公告。

（二）在省级和省级以下民政部门登记注册的社会组织，由省、自治区、直辖市和计划单列市财政、税务、民政部门参照本条第一项规定执行。

（三）公益性捐赠税前扣除资格的确认对象包括：

1. 公益性捐赠税前扣除资格将于当年年末到期的公益性社会组织。

2. 已被取消公益性捐赠税前扣除资格但又重新符合条件的社会组织。

3. 登记设立后尚未取得公益性捐赠税前扣除资格的社会组织。

（四）每年年底前，省级以上财政、税务、民政部门按权限完成公益性捐赠税前扣除资格的确认和名单发布工作，并按本条第三项规定的不同审核对象，分别列示名单及其公益性捐赠税前扣除资格起始时间。

六、公益性捐赠税前扣除资格在全国范围内有效，有效期为三年。

本公告第五条第三项规定的第一种情形，其公益性捐赠税前扣除资格自发布名单公告的次年 1 月 1 日起算。本公告第五条第三项规定的第二种和第三种情形，其公益性捐赠税前扣除资格自发布公告的当年 1 月 1 日起算。

七、公益性社会组织存在以下情形之一的，应当取消其公益性捐赠税前扣除资格：

（一）未按本公告规定时间和要求向登记管理机关报送专项信息报告的。

（二）最近一个年度用于公益慈善事业的支出不符合本公告第四条第三项规

定的。

(三)最近一个年度支出的管理费用不符合本公告第四条第四项规定的。

(四)非营利组织免税资格到期后超过六个月未重新获取免税资格的。

(五)受到登记管理机关行政处罚(警告除外)的。

(六)被登记管理机关列入严重违法失信名单的。

(七)社会组织评估等级低于3A或者无评估等级的。

八、公益性社会组织存在以下情形之一的,应当取消其公益性捐赠税前扣除资格,且取消资格的当年及之后3个年度内不得重新确认资格:

(一)违反规定接受捐赠的,包括附加对捐赠人构成利益回报的条件、以捐赠为名从事营利性活动、利用慈善捐赠宣传烟草制品或法律禁止宣传的产品和事项、接受不符合公益目的或违背社会公德的捐赠等情形。

(二)开展违反组织章程的活动,或者接受的捐赠款项用于组织章程规定用途之外的。

(三)在确定捐赠财产的用途和受益人时,指定特定受益人,且该受益人与捐赠人或公益性社会组织管理人员存在明显利益关系的。

九、公益性社会组织存在以下情形之一的,应当取消其公益性捐赠税前扣除资格且不得重新确认资格:

(一)从事非法政治活动的。

(二)从事、资助危害国家安全或者社会公共利益活动的。

十、对应当取消公益性捐赠税前扣除资格的公益性社会组织,由省级以上财政、税务、民政部门核实相关信息后,按权限及时向社会发布取消资格名单公告。自发布公告的次月起,相关公益性社会组织不再具有公益性捐赠税前扣除资格。

十一、公益性社会组织、县级以上人民政府及其部门等国家机关在接受捐赠时,应当按照行政管理级次分别使用由财政部或省、自治区、直辖市财政部门监(印)制的公益事业捐赠票据,并加盖本单位的印章。

企业或个人将符合条件的公益性捐赠支出进行税前扣除,应当留存相关票据备查。

十二、公益性社会组织登记成立时的注册资金捐赠人,在该公益性社会组织首次取得公益性捐赠税前扣除资格的当年进行所得税汇算清缴时,可按规定对其注册资金捐赠额进行税前扣除。

十三、除另有规定外,公益性社会组织、县级以上人民政府及其部门等国家机关在接受企业或个人捐赠时,按以下原则确认捐赠额:

(一)接受的货币性资产捐赠,以实际收到的金额确认捐赠额。

(二)接受的非货币性资产捐赠,以其公允价值确认捐赠额。捐赠方在向公益性社会组织、县级以上人民政府及其部门等国家机关捐赠时,应当提供注明捐赠非货币性资产公允价值的证明；不能提供证明的，接受捐赠方不得向其开具捐赠票据。

【《财政部　税务总局　民政部关于公益性捐赠税前扣除有关事项的公告》(财政部公告 2020 年第 27 号)第四条、第五条、第六条、第七条、第八条、第九条、第十条、第十一条、第十二条、第十三条】

一、企业通过公益性社会组织或者县级(含县级)以上人民政府及其组成部门和直属机构，用于慈善活动、公益事业的捐赠支出，在年度利润总额 12%以内的部分，准予在计算应纳税所得额时扣除；超过年度利润总额 12%的部分，准予结转以后 3 年内在计算应纳税所得额时扣除。

本条所称公益性社会组织，应当依法取得公益性捐赠税前扣除资格。

本条所称年度利润总额，是指企业依照国家统一会计制度的规定计算的大于零的数额。

二、企业当年发生及以前年度结转的公益性捐赠支出，准予在当年税前扣除的部分，不能超过企业当年年度利润总额的 12%。

三、企业发生的公益性捐赠支出未在当年税前扣除的部分，准予向以后年度结转扣除，但结转年限自捐赠发生年度的次年起计算最长不得超过 3 年。

四、企业在对公益性捐赠支出计算扣除时，应先扣除以前年度结转的捐赠支出，再扣除当年发生的捐赠支出。

【《财政部　国家税务总局关于公益性捐赠支出企业所得税税前结转扣除有关政策的通知》(财税〔2018〕15 号)】

企业发生《国家税务总局关于企业处置资产所得税处理问题的通知》(国税函〔2008〕828 号)第二条规定情形的，除另有规定外，应按照被移送资产的公允价值确定销售收入。

【《国家税务总局关于企业所得税有关问题的公告》(国家税务总局公告 2016 年第 80 号)第二条】

二、企业将资产移送他人的下列情形，因资产所有权属已发生改变而不属于内部处置资产，应按规定视同销售确定收入。

(一) 用于市场推广或销售。

(二) 用于交际应酬。

(三) 用于职工奖励或福利。

(四) 用于股息分配。

(五) 用于对外捐赠。

(六) 其他改变资产所有权属的用途。

三、企业发生本通知第二条规定情形时，属于企业自制的资产，应按企业同类资产同期对外销售价格确定销售收入；属于外购的资产，可按购入时的价格确定销售收入。

【《国家税务总局关于企业处置资产所得税处理问题的通知》(国税函〔2008〕828 号)第二条、第三条】

1.2.2 疫情防控

1.2.2.1 我企业属于《财政部 税务总局关于支持新型冠状病毒感染的肺炎疫情防控有关税收政策的公告》(财政部 税务总局公告2020年第8号)中的疫情防控重点保障物资生产企业,为扩大产能新购置的相关设备,主要生产保障物资,同时也生产与疫情无关的一些其他物资,是否允许一次性计入当期成本费用在企业所得税税前扣除

可以一次性计入当期成本费用在企业所得税前扣除。

1.2.2.2 疫情期间,我公司给员工发放的购买口罩的费用,能否允许进行企业所得税税前扣除

公司给员工发放的购买口罩的费用,可以在企业所得税税前扣除。如果发放现金补贴,可以作为职工福利费税前扣除。

1.2.2.3 我公司是一家餐饮企业,受疫情影响,部分年前预定的酒席被退订,已经采购的食材无法售出并已经变质,请问能否作为损失在企业所得税税前扣除

食材属于餐饮企业的存货,发生变质的情况,可以根据《国家税务总局关于发布〈企业资产损失所得税税前扣除管理办法〉的公告》(国家税务总局公告2011年第25号)的相关规定进行税前扣除。并且,根据《国家税务总局关于企业所得税资产损失资料留存备查有关事项的公告》(国家税务总局公告2018年第15号)的规定,企业发生资产损失,仅需填报企业所得税年度纳税申报表《资产损失税前扣除及纳税调整明细表》,不再报送资产损失相关资料。相关资料由企业留存备查。

1.2.2.4 企业因受疫情影响,2020年产生较大亏损,弥补亏损的结转年限是否可以延长

根据《财政部 税务总局关于支持新型冠状病毒感染的肺炎疫情防控有关税收政策的公告》(财政部 税务总局公告2020年第8号,以下简称8号公告)第四条的规定,受疫情影响较大的困难行业企业2020年度发生的亏损,最长结转年限由5年延长至8年。困难行业企业,包括交通运输、餐饮、住宿、旅游(指旅行社及相关服务、游览景区管理两类)四大类,具体判断标准按照现行《国民经济行业分类》执行。困难行业企业2020年度主营业务收入须占收入总额(剔除不征税收入和投资收益)的50%以上。

根据《财政部 税务总局关于延续实施应对疫情部分税费优惠政策的公告》(财政部 税务总局公告2021年第7号)规定,8号公告规定的优惠政策执行至2021年3月31日。

1.2.2.5 受疫情影响较大的困难行业企业如何判定

根据《财政部 税务总局关于支持新型冠状病毒感染的肺炎疫情防控有关税收政

策的公告》(财政部 税务总局公告 2020 年第 8 号)第四条的规定,困难行业企业,包括交通运输、餐饮、住宿、旅游(指旅行社及相关服务、游览景区管理两类)四大类,具体判断标准按照现行《国民经济行业分类》执行。困难行业企业 2020 年度主营业务收入须占收入总额(剔除不征税收入和投资收益)的 50%以上。

1.2.2.6 企业和个人通过公益性社会组织或者县级以上人民政府及其部门等国家机关捐赠用于应对新型冠状病毒感染的肺炎疫情的现金和物品,是否可以在计算应纳税所得额时全额扣除

根据《财政部 税务总局关于支持新型冠状病毒感染的肺炎疫情防控有关捐赠税收政策的公告》(财政部 税务总局公告 2020 年第 9 号,以下简称 9 号公告)第一条的规定,企业和个人通过公益性社会组织或者县级以上人民政府及其部门等国家机关,捐赠用于应对新型冠状病毒感染的肺炎疫情的现金和物品,允许在计算应纳税所得额时全额扣除。

根据《财政部 税务总局关于延续实施应对疫情部分优惠政策的公告》(财政部 税务总局公告 2021 年第 7 号)规定,9 号公告规定的优惠政策执行至 2021 年 3 月 31 日。

1.2.2.7 企业和个人直接向承担疫情防治任务的医院捐赠用于应对新型冠状病毒感染的肺炎疫情的物品,是否可以在计算应纳税所得额时全额扣除

根据《财政部 税务总局关于支持新型冠状病毒感染的肺炎疫情防控有关捐赠税收政策的公告》(财政部 税务总局公告 2020 年第 9 号,以下简称 9 号公告)第二条的规定,企业和个人直接向承担疫情防治任务的医院捐赠用于应对新型冠状病毒感染的肺炎疫情的物品,允许在计算应纳税所得额时全额扣除。捐赠人凭承担疫情防治任务的医院开具的捐赠接收函办理税前扣除事宜。

根据《财政部 税务总局关于延续实施应对疫情部分优惠政策的公告》(财政部 税务总局公告 2021 年第 7 号)规定,9 号公告规定的优惠政策执行至 2021 年 3 月 31 日。

1.2.2.8 疫情防控重点保障物资生产企业新购置生产设备的,可以适用什么税收优惠政策

为有效应对疫情,鼓励企业扩大产能,政策规定对疫情防控重点保障物资生产企业为扩大产能新购置的相关设备,允许一次性计入当期成本费用在企业所得税税前扣除。

1.2.2.9 疫情防控重点保障物资生产企业如何确定

疫情防控重点保障物资生产企业名单,由省级及以上发展改革部门、工业和信息化部门确定。

1.2.2.10 疫情防控重点保障物资生产企业享受一次性扣除政策的,如何填报纳税申报表

疫情防控重点保障物资生产企业享受一次性税前扣除政策的,在现行企业所得税纳税申报表中"固定资产一次性扣除"行次填报相关数据。

1.2.2.11 疫情防控重点保障物资生产企业享受一次性扣除政策的,需办理什么手续

为贯彻落实税务系统"放管服"改革,优化税收环境,有效落实企业所得税各项优惠政策,税务总局于2018年发布《国家税务总局关于发布修订后的〈企业所得税优惠政策事项办理办法〉的公告》(国家税务总局公告2018年23号),修订完善《企业所得税优惠政策事项办理办法》。新的《企业所得税优惠政策事项办理办法》规定,企业所得税优惠事项全部采用"自行判别、申报享受、相关资料留存备查"的办理方式。因此,疫情防控重点保障物资生产企业享受一次性扣除政策的,无需履行相关手续,按规定归集和留存备查资料即可。留存备查资料暂可参照《国家税务总局关于设备器具扣除有关企业所得税政策执行问题的公告》(国家税务总局公告2018年第46号)的规定执行。

1.2.2.12 此次出台的对受疫情影响较大的困难行业企业支持政策的具体内容是什么

当前,新型冠状病毒感染的肺炎疫情防控形势严峻,部分行业企业经营受到了较大冲击。为了缓解这些困难行业企业的经营困难,政策规定对受疫情影响较大的困难行业企业2020年度发生的亏损,最长结转年限由5年延长至8年。

1.2.2.13 受疫情影响较大的困难行业企业包括哪几类

这次政策规定,困难行业企业,包括交通运输、餐饮、住宿、旅游(指旅行社及相关服务、游览景区管理两类)四大类,具体判断标准按照现行《国民经济行业分类》执行。在政策执行过程中,企业可参考《国民经济行业分类》(GB/T4754－2017)中的行业分类标准进行判定。

1.2.2.14 对困难行业企业主营业务收入占比有何要求

困难行业企业享受此项政策的,2020年主营收入占收入总额扣除不征税收入和投资收益后余额的比例,应在50%(不含)以上。

1.2.2.15 此次支持疫情防控捐赠所得税政策有哪些亮点

相较于现行政策,为鼓励企业、个人等社会力量积极向疫情防控事业捐赠,尽快战胜疫情,这次出台的疫情捐赠所得税政策主要有两个方面的突破。

第一个方面主要是突破了比例的限制。政策明确规定,企业和个人通过公益性社会组织或者县级以上人民政府及其部门等国家机关,捐赠应对疫情的现金和物品,允许在计算应纳税所得额时全额扣除。

第二个方面主要是突破了程序的限制。考虑到疫情紧急,政策规定,企业和个人直接向承担疫情防控任务的医院捐赠用于应对疫情的物品,允许在计算应纳税所得

额时全额扣除。

1.2.2.16　企业月(季)度预缴申报时能否享受疫情防控捐赠支出全额扣除政策

《企业所得税法》及其实施条例规定,企业分月或分季预缴企业所得税时,原则上应当按照月度或者季度的实际利润额预缴。企业在计算会计利润时,按照会计核算相关规定,疫情防控捐赠支出已经全额列支,企业按实际会计利润进行企业所得税预缴申报,疫情防控捐赠支出在税收上也实现了全额据实扣除。因此,企业月(季)度预缴申报时就能享受到该政策。

1.2.2.17　对受疫情影响生产经营发生严重困难的企业是否可以申请延期缴纳税款

《国家税务总局关于充分发挥税收职能作用助力打赢疫情防控阻击战若干措施的通知》(税总发〔2020〕14 号)规定,依法办理延期缴纳税款。对受疫情影响生产经营发生严重困难的企业特别是小微企业,税务机关要依法及时核准其延期缴纳税款申请,积极帮助企业缓解资金压力。

1.2.2.18　《财政部　税务总局关于支持新型冠状病毒感染的肺炎疫情防控有关捐赠税收政策的公告》(财政部　税务总局公告 2020 年第 9 号)第一条所称"公益性社会组织"指什么

《国家税务总局关于支持新型冠状病毒感染的肺炎疫情防控有关税收征收管理事项的公告》(国家税务总局公告 2020 年第 4 号)第十二条规定,《财政部　税务总局关于支持新型冠状病毒感染的肺炎疫情防控有关捐赠税收政策的公告》(财政部　税务总局公告 2020 年第 9 号)第一条所称"公益性社会组织",是指依法取得公益性捐赠税前扣除资格的社会组织。

1.2.2.19　企业和个人应如何享受《财政部　税务总局关于支持新型冠状病毒感染的肺炎疫情防控有关捐赠税收政策的公告》(财政部　税务总局公告 2020 年第 9 号)规定的全额税前扣除政策

《国家税务总局关于支持新型冠状病毒感染的肺炎疫情防控有关税收征收管理事项的公告》(国家税务总局公告 2020 年第 4 号)第十二条规定,《财政部　税务总局关于支持新型冠状病毒感染的肺炎疫情防控有关捐赠税收政策的公告》(财政部　税务总局公告 2020 年第 9 号)第一条所称"公益性社会组织",是指依法取得公益性捐赠税前扣除资格的社会组织。

企业享受《财政部　税务总局关于支持新型冠状病毒感染的肺炎疫情防控有关捐赠税收政策的公告》(财政部　税务总局公告 2020 年第 9 号)规定的全额税前扣除政策的,采取"自行判别、申报享受、相关资料留存备查"的方式,并将捐赠全额扣除情况填入企业所得税纳税申报表相应行次。个人享受《财政部　税务总局关于支持新型冠状病毒感染的肺炎疫情防控有关捐赠税收政策的公告》(财政部　税务总局公告

2020年第9号)规定的全额税前扣除政策的,按照《财政部 税务总局关于公益慈善事业捐赠个人所得税政策的公告》(财政部 税务总局公告2019年第99号)有关规定执行;其中,适用《财政部 税务总局关于支持新型冠状病毒感染的肺炎疫情防控有关捐赠税收政策的公告》(财政部 税务总局公告2020年第9号)第二条规定的,在办理个人所得税税前扣除、填写《个人所得税公益慈善事业捐赠扣除明细表》时,应当在备注栏注明"直接捐赠"。企业和个人取得承担疫情防治任务的医院开具的捐赠接收函,作为税前扣除依据自行留存备查。

1.2.2.20 疫情防控重点保障物资生产企业按照《财政部 税务总局关于支持新型冠状病毒感染的肺炎疫情防控有关税收政策的公告》(财政部 税务总局公告2020年第8号)第一条规定,适用一次性企业所得税税前扣除政策的,如何申报享受优惠

《国家税务总局关于支持新型冠状病毒感染的肺炎疫情防控有关税收征收管理事项的公告》(国家税务总局公告2020年第4号)第九条规定,疫情防控重点保障物资生产企业按照《财政部 税务总局关于支持新型冠状病毒感染的肺炎疫情防控有关税收政策的公告》(财政部 税务总局公告2020年第8号)第一条的规定,适用一次性企业所得税税前扣除政策的,在优惠政策管理等方面参照《国家税务总局关于设备器具扣除有关企业所得税政策执行问题的公告》(国家税务总局公告2018年第46号)的规定执行。企业在纳税申报时将相关情况填入企业所得税纳税申报表"固定资产一次性扣除"行次。

1.2.2.21 《财政部 税务总局关于支持新型冠状病毒感染的肺炎疫情防控有关捐赠税收政策的公告》(财政部 税务总局公告2020年第9号)第一、二、三条中提到的物品和货物是否有具体范围

根据《财政部 税务总局关于支持新型冠状病毒感染的肺炎疫情防控有关捐赠税收政策的公告》(财政部 税务总局公告2020年第9号)的规定,企业和个人只要通过符合条件的公益性社会组织、国家机关捐赠,或者直接向承担疫情防治任务的医院捐赠,并且这些捐赠的用途是用于应对新型冠状病毒感染的肺炎疫情的,即可享受全额扣除政策。即税收政策只强调捐赠的用途,而不限制捐赠了什么物品和货物。

1.2.2.22 如果企业本身是批发医疗用品的,如进价10万元,售价是15万元,现在将这批外购的商品作为捐赠给定点医院,视同销售在企业所得税税前扣除上是按10万元还是15万元

企业所得税政策明确规定,企业将资产移送他人用于对外捐赠,因资产所有权属发生改变,而不属于内部处置资产,应按规定确定收入。具体操作上,按照被移动资产的公允价值确定销售收入,成本按正常销售确定,捐赠扣除金额按公允价值确定。

1.2.2.23　在第一季度申报企业所得税时就可以申报享受《财政部　税务总局关于支持新型冠状病毒感染的肺炎疫情防控有关捐赠税收政策的公告》(财政部　国家税务总局公告 2020 年第 9 号)第一条规定吗

《财政部　税务总局关于支持新型冠状病毒感染的肺炎疫情防控有关捐赠税收政策的公告》(财政部　国家税务总局公告 2020 年第 9 号)第一条规定,企业和个人通过公益性社会组织或者县级以上人民政府及其部门等国家机关,捐赠用于应对新型冠状病毒感染的肺炎疫情的现金和物品,允许在计算应纳税所得额时全额扣除。企业可在第一季度申报享受,并根据《国家税务总局关于支持新型冠状病毒感染的肺炎疫情防控有关税收征收管理事项的公告》(国家税务总局公告 2020 年第 4 号)的有关要求,将捐赠全额扣除情况填入企业所得税纳税申报表相应行次,相关资料留存备查。

1.2.2.24　通过县级以上人民政府及其部门捐赠,怎么理解?向政府哪个部门捐赠都可以吗

根据《财政部　税务总局关于支持新型冠状病毒感染的肺炎疫情防控有关捐赠税收政策的公告》(财政部　税务总局公告 2020 年第 9 号)的规定,企业和个人通过公益性社会组织或者县级以上人民政府及其部门等国家机关,捐赠用于应对新型冠状病毒感染的肺炎疫情的现金和物品,允许在计算应纳税所得额时全额扣除。因此,不论哪个政府部门(如民政局、卫生局等),只要符合县级及以上的条件且属于国家机关范围,捐赠者通过他们捐赠就可以享受全额扣除的优惠政策。

1.2.2.25　请问这次疫情定点医院发生的与新冠肺炎有关的支出,如人工费、消毒费、新建专门通道、隔断 CT 室等支出是否可以单独立项,在企业所得税汇算清缴时按研究开发费用加计 75%扣除

定点医院发生的与疫情相关的支出,如属于研发费用范畴的,可以按相关规定适用研发费用加计扣除政策,如不属于现行规定可加计扣除的费用范围(研发费用、残疾人员工资)的,暂不能适用加计扣除政策。因此,就目前政策而言,定点医院发生的人工费、消毒费、新建专门通道、隔断 CT 室等支出,可以作为与企业生产经营有关的费用进行税前扣除,但不能实行加计扣除。

1.2.2.26　请问企业购买的防护物资如口罩、防护服、消毒液等,无法取得发票的,能在税前扣除吗

根据《国家税务总局关于发布〈企业所得税税前扣除凭证管理办法〉的公告》(国家税务总局公告 2018 年第 28 号)的规定,企业在境内发生的支出项目属于增值税应税项目的,对方为已办理税务登记的增值税纳税人,其支出以发票(包括按照规定由税务机关代开的发票)作为税前扣除凭证;对方为依法无需办理税务登记的单位或者从事小额零星经营业务的个人,其支出以税务机关代开的发票或者收款凭证及内部凭证作为税前扣除凭证,收款凭证应载明收款单位名称、个人姓名及身份证号、支出

项目、收款金额等相关信息。

1.2.2.27 请问对疫情防控重点物资生产企业扩大产能购置设备允许企业所得税税前一次性扣除政策中,购置设备的扣除金额受 500 万元限制吗

根据《财政部 税务总局关于支持新型冠状病毒感染的肺炎疫情防控有关税收政策的公告》(财政部 税务总局公告 2020 年第 8 号)的规定,疫情防控重点保障物资生产企业为扩大产能而新购置的相关设备,无论单位价值是否超过 500 万元,均能在税前一次扣除。

1.2.2.28 请问定点医院为支持此次疫情防控工作发生的一些特定支出是否可以享受企业所得税加计扣除政策

目前尚未针对定点医院为疫情防控工作发生的支出出台特殊的加计扣除优惠政策。但定点医院等单位为支持疫情防控工作发生的研发费用等支出,符合现行研发费用加计扣除优惠政策规定的,可以享受加计扣除优惠政策。

1.2.2.29 疫情防控重点物资生产企业一次性扣除政策,如果企业是通过融资租赁方式取得的设备,这个是否能适用一次性扣除政策

根据《财政部 税务总局关于支持新型冠状病毒感染的肺炎疫情防控有关税收政策的公告》(财政部 税务总局公告 2020 年第 8 号)的规定,对疫情防控重点保障物资生产企业为扩大产能新购置的相关设备,允许一次性计入当期成本费用在企业所得税税前扣除。"购置"包括以货币形式购进或自行建造两种形式,与单位价值 500 万元以下设备、器具一次性税前扣除政策口径保持统一。融资租赁不属于上述两种形式,因此不能适用疫情防控重点保障物资生产企业一次性税前扣除政策。

1.2.2.30 我公司是一家药化设备制造安装公司,专门制造药物提取、浓缩设备,如果我公司现在能够申请疫情防控重点保障物资生产企业的话,是否可以享受相关疫情政策

按照《财政部 税务总局关于支持新型冠状病毒感染的肺炎疫情防控有关税收政策的公告》(财政部 税务总局公告 2020 年第 8 号)的规定,疫情防控重点保障物资生产企业名单,由省级及以上发展改革部门、工业和信息化部门确定。如你公司由省级及以上发展改革部门、工业和信息化部门确定为疫情防控重点保障物资生产企业,为扩大产能新购置的相关设备,允许一次性计入当期成本费用在企业所得税税前扣除。

1.2.2.31 请问受疫情影响较大的困难行业,需要企业提供什么证明材料,以证明其受到疫情较大影响

根据《国家税务总局关于支持新型冠状病毒感染的肺炎疫情防控有关税收征收管理事项的公告》(国家税务总局公告 2020 年第 4 号)的规定,纳税人应自行判断是否属于困难行业企业，且主营业务收入占比符合要求。2020 年度发生亏损享受亏损结转年限由 5 年延长至 8 年政策的，应在 2020 年度企业所得税汇算清缴时，通过电子税务局提交《适用延长亏损结转年限政策声明》。纳税人应在《适用延长亏损结转年限政策声明》填入纳税人名称、纳税人识别号（统一社会信用代码）、所属的具体行业三项信息，并对其符合政策规定、主营业务收入占比符合要求、勾选的所属困难行业等信息的真实性、准确性、完整性负责。

1.2.2.32　我在当月发生疫情相关的捐赠，可不可以选择捐赠当月先不扣除，等以后自主选择相关月份再扣除

可以。根据《财政部　税务总局关于公益慈善事业捐赠个人所得税政策的公告》（财政部　税务总局公告 2019 年第 99 号）的规定，纳税人的捐赠可以在当月的分类所得中扣除，以及在当年的综合所得、经营所得的应纳税所得额中扣除。因此，在综合所得、经营所得中扣除捐赠的，可以选择当年的以后月份扣除。在分类所得中扣除捐赠的，则不可以选择到以后的月份扣除。

1.2.2.33　我公司外购酒精进行分装，然后直接向承担疫情防治任务的医院捐赠用于应对新型冠状病毒感染的肺炎疫情，并且制作了宣传横幅。请问，酒精分装费和制作宣传横幅的费用能否按照财政部、税务总局公告 2020 年第 9 号文件在计算应纳税所得额时全额扣除

公司外购酒精进行分装，然后直接向承担疫情防治任务的医院捐赠用于应对新型冠状病毒感染的肺炎疫情，并且制作了宣传横幅。酒精分装与宣传横幅所发生的费用，凡包含在捐赠物价值内的，可以作为捐赠全额扣除。不能计入捐赠物价值的，则应计入企业相关费用，按照税法规定处理。但不能重复扣除。

1.2.2.34　非居民企业和非居民个人是否可以享受国家支持疫情防控的税收优惠政策

凡符合规定条件的非居民企业和非居民个人，都可以同等享受财政部、税务总局发布的支持疫情防控有关税收优惠政策和便利办税措施。具体条件可按照相关文件的规定执行。

1.2.2.35　疫情防控期间，境外投资者用境内企业分配的利润再投资于防疫物资生产企业，是否有税收优惠政策

根据《财政部　税务总局　国家发展改革委　商务部关于扩大境外投资者以分配利润直接投资暂不征收预提所得税政策适用范围的通知》（财税〔2018〕102 号）的规定，境外投资者从中国境内居民企业分配的利润，直接投资境内非禁止外商投资的项目和领域，可以享受暂不征收预提所得税政策。《国家税务总局关于扩大境外投资者以分配利润直接投资暂不征收预提所得税政策适用范围有关问题的公告》（国家税务总局公告 2018 年第 53 号）进一步明确了相应条件。因此，境外投资者用境内企业分配的利润再

投资于境内防疫物资生产企业,可以按照上述规定享受暂不征收预提所得税政策。

1.2.2.36 为了支持社会经济发展,税务总局出台了延缴所得税政策的国家税务总局公告 2020 年第 10 号文件。如果我单位 2020 年第二季度盈利需要缴纳所得税款,第三、四季度亏损,2020 年全年度累计也是亏损,那延缓到次年首个申报期是否需要缴纳第二季度的税额

根据企业所得税相关政策的规定,企业预缴税款按照累计金额计算。因此,企业在第 4 季度预缴申报时,应按照第 1～4 季度累计情况计算应纳税所得额和应缴税款,如企业累计计算的应纳税所得额为亏损,当期无需预缴企业所得税,也无需预缴第 2 季度延缓缴纳的税款。

1.2.2.37 我在总局网站上看到近期有个延期缴纳所得税的文件,文件规定小型微利企业可以到 2021 年首个申报期内再缴纳今年后几期的企业所得税,请问 2021 年首个申报期是指 2021 年 1 月还是 2021 年 4 月

根据《国家税务总局关于小型微利企业和个体工商户延缓缴纳 2020 年所得税有关事项的公告》(国家税务总局公告 2020 年第 10 号)第一条的规定,2020 年 5 月 1 日至 2020 年 12 月 31 日,小型微利企业在 2020 年剩余申报期按规定办理预缴申报后,可以暂缓缴纳当期的企业所得税,延迟至 2021 年首个申报期内一并缴纳。具体是指,小型微利企业在 2020 年 7 月、10 月办理第二、三季度企业所得税预缴申报时,只申报不缴税,应缴税款延缓至 2021 年 1 月,同 2020 年第四季度的税款一并缴纳。

1.2.2.38 新型冠状病毒核酸检测费用是在管理费用列支还是在福利费列支

2020 年突发新型冠状病毒感染的肺炎疫情,为了企业复工复产,各地出台政策要求员工出差需要核酸检测,这笔费用既可以在管理费用列支还可以在福利费列支。

《财政部关于企业加强职工福利费财务管理的通知》(财企〔2009〕242 号)规定,企业职工福利费是指企业为职工提供的除职工工资、奖金、津贴、纳入工资总额管理的补贴、职工教育经费、社会保险费和补充养老保险费(年金)、补充医疗保险费及住房公积金以外的福利待遇支出,包括发放给职工或为职工支付的以下各项现金补贴和非货币性集体福利:

(1) 为职工卫生保健、生活等发放或支付的各项现金补贴和非货币性福利,包括职工因公外地就医费用、暂未实行医疗统筹企业职工医疗费用、职工供养直系亲属医疗补贴、职工疗养费用、自办职工食堂经费补贴或未办职工食堂统一供应午餐支出、符合国家有关财务规定的供暖费补贴、防暑降温费等。

(2) 企业尚未分离的内设集体福利部门所发生的设备、设施和人员费用,包括职工食堂、职工浴室、理发室、医务所、托儿所、疗养院、集体宿舍等集体福利部门设备、设施的折旧、维修保养费用,以及集体福利部门工作人员的工资、薪金,社会保险费,住房公积金,劳务费等人工费用。

(3) 职工困难补助,或者企业统筹建立和管理的专门用于帮助、救济困难职工的基金支出。

(4) 离退休人员统筹外费用,包括离休人员的医疗费及离退休人员其他统筹外费用。企业重组涉及的离退休人员统筹外费用,按照《财政部关于企业重组有关职工安置费用财务管理问题的通知》(财企〔2009〕117 号)执行。国家另有规定的,从其规定。

(5) 按规定发生的其他职工福利费,包括丧葬补助费、抚恤费、职工异地安家费、独生子女费、探亲假路费,以及符合企业职工福利费定义但没有包括在本通知各条款项目中的其他支出。

《国家税务总局关于企业工资薪金及职工福利费扣除问题的通知》(国税函〔2009〕3 号)规定,企业职工福利费,包括以下内容:

(1) 尚未实行分离办社会职能的企业,其内设福利部门所发生的设备、设施和人员费用,包括职工食堂、职工浴室、理发室、医务所、托儿所、疗养院等集体福利部门的设备、设施及维修保养费用和福利部门工作人员的工资、薪金,社会保险费,住房公积金,劳务费等。

(2) 为职工卫生保健、生活、住房、交通等所发放的各项补贴和非货币性福利,包括企业向职工发放的因公外地就医费用、未实行医疗统筹企业职工医疗费用、职工供养直系亲属医疗补贴、供暖费补贴、职工防暑降温费、职工困难补贴、救济费、职工食堂经费补贴、职工交通补贴等。

(3) 按照其他规定发生的其他职工福利费,包括丧葬补助费、抚恤费、安家费、探亲假路费等。

由此可见,核酸检测费用可以在福利费科目中核算。同时出于企业复工复产的要求或者是职工出差的需要,该笔费用也可以在管理费用科目下进行核算。

1.2.2.39　企业直接向承担疫情防治任务的医院捐赠现金,是否可以在企业所得税税前扣除

根据《财政部　税务总局关于支持新型冠状病毒感染的肺炎疫情防控有关捐赠税收政策的公告》(财政部　税务总局公告 2020 年第 9 号)第二条的规定,企业和个人直接向承担疫情防治任务的医院捐赠用于应对新型冠状病毒感染的肺炎疫情的物品,允许在计算应纳税所得额时全额扣除。捐赠人凭承担疫情防治任务的医院开具的捐赠接收函办理税前扣除事宜。因此,企业直接向承担疫情防治任务的医院捐赠现金,不可以在企业所得税税前扣除。

1.2.2.40　电影行业企业 2020 年度发生的亏损,最长结转年限由 5 年延长至 8 年是否有限制条件

《财政部　税务总局关于电影等行业税费支持政策的公告》(财政部　税务总局公

告 2020 年第 25 号)规定,对电影行业企业 2020 年度发生的亏损,最长结转年限由 5 年延长至 8 年。电影行业企业限于电影制作、发行和放映等企业,不包括通过互联网、电信网、广播电视网等信息网络传播电影的企业。

1.2.2.41 享受复工复业增值税减免税优惠是否应纳企业所得税

为支持加快复工复业,财政部、税务总局发布的《财政部 税务总局关于支持个体工商户复工复业增值税政策的公告》(财政部 税务总局公告 2020 年第 13 号)规定,自 2020 年 3 月 1 日至 5 月 31 日,对湖北省增值税小规模纳税人,适用 3%征收率的应税销售收入,免征增值税。除湖北省外,其他省、自治区、直辖市的增值税小规模纳税人,适用 3%征收率的应税销售收入,减按 1%征收率征收增值税。增值税小规模纳税人取得应税销售收入,纳税义务发生时间在 2020 年 3 月 1 日至 5 月 31 日,适用减按 1%征收率征收增值税的,按照 1%征收率开具增值税发票。对这部分减免增值税,《财政部关于印发〈增值税会计处理规定〉的通知》(财会〔2016〕22 号)规定,小微企业在取得销售收入时,应当按照税法的规定计算应交增值税,并确认为应交税费,在达到增值税制度规定的免征增值税条件时,将有关应交增值税转入当期损益。由此可见,对于这部分减免的增值税应缴纳企业所得税的会计处理如下:

(1) 免征增值税行为发生时,无论小规模纳税人是否开具了发票,都要按照 3%的征收率计算出增值税额,并做如下会计处理:

借:银行存款(应收账款)
　　贷:营业税入
　　　　应交税费——应交增值税

期末结转免征的增值税:

借:应交税费——应交增值税
　　贷:营业收入

(2) 享受减征增值税优惠的账务处理。

湖北省外的其他省、自治区、直辖市的增值税小规模纳税人,适用 3%征收率的应税销售收入,减按 1%征收率征收增值税,并且按照 1%征收率开具增值税发票。并做如下的会计处理:

借:银行存款(应收账款)
　　贷:营业税入
　　　　应交税费——应交增值税

对于免征的 2%增值税部分,不需要做账务处理,只是在申报增值税时要计算填报相应栏次。

1.2.2.42 我公司是疫情防控重点保障物资生产企业，向主管税务机关申请全额退还的增值税增量留抵税额是否需要计入企业收入缴纳企业所得税

退还的增值税增量留抵税额不需要计入收入总额，不需要缴纳企业所得税。

1.2.2.43 按照支持疫情防控相关政策，除湖北省外，其他省、自治区、直辖市的增值税小规模纳税人，适用 3%征收率的应税销售收入，减按 1%征收率征收增值税。那么，优惠 2%的增值税需要并入营业外收入缴纳企业所得税

小规模纳税人减按 1%征收增值税。由于纳税人在开具增值税发票时是按 1%征收率换算为不含税收入，并按 1%计算增值税额的，增值税给予 2%的减免税实际上已经包含在企业所得税应税收入中。因此，对增值税给予 2%的减免税，不应重复作为收入申报缴纳企业所得税。

以 2020 年二季度含税销售额为 100 万元的情况为例，其不含税的销售收入为 99.01 万元[100÷(1+1%)]，应纳增值税额为 0.99 万元(99.01×1%)。从企业所得税来看，企业收到 100 万元(含税)，应纳增值税额 0.99 万元(按 1%征收率计算)，企业所得税应申报收入为 99.01 万元，相当于增值税 2%减征部分 1.98 万元已经包含在企业所得税应税收入中。因此，2%减征部分不应重复作为收入申报缴纳企业所得税。

1.2.2.44 在新型冠状病毒感染的肺炎疫情防控期间，有些企业或个人向方舱医院、医疗隔离点等机构进行的物品捐赠，是否可以在计算应纳税所得额时扣除

《财政部　税务总局关于支持新型冠状病毒感染的肺炎疫情防控有关捐赠税收政策的公告》(财政部　税务总局公告 2020 年第 9 号)规定，企业和个人直接向承担疫情防治任务的医院捐赠用于应对新型冠状病毒感染的肺炎疫情的物品，允许在计算应纳税所得额时全额扣除。企业或个人向方舱医院、医疗隔离点捐赠物品，如果该方舱医院或医疗隔离点被地方卫生健康部门确定为“承担疫情防治任务的医院”，可以按上述规定享受所得税税前扣除政策。

1.2.2.45 因疫情紧急，有些企业或个人向定点医院捐赠时，医院开具的接收函有的未注明捐赠物品的金额，请问可否凭这样的接收函在计算应纳税所得额时扣除

《财政部　税务总局关于支持新型冠状病毒感染的肺炎疫情防控有关捐赠税收政策的公告》(财政部　税务总局公告 2020 年第 9 号)规定，企业和个人直接向承担疫情防治任务的医院捐赠用于应对新型冠状病毒感染的肺炎疫情的物品，允许在计算应纳税所得额时全额扣除。对于承担疫情防治任务的医院接收捐赠物品未及时在捐赠接收函注明金额的情况，可允许医院向捐赠的企业或个人补充填开金额，或由捐赠的企业或个人提供相关证明材料(如购买捐赠物品的发票)等方式，由捐赠的企业或个人按上述规定享受所得税税前扣除政策。

1.2.2.46 在新型冠状病毒感染的肺炎疫情防控期间,企业或个人直接向援鄂医疗队捐赠物品,能否享受所得税前全额扣除政策

援鄂医疗队大多由当地卫生健康部门派出,企业或个人向援鄂医疗队捐赠,一般情况下会联系当地卫生健康部门进行,因此,可以由卫生健康部门开具相应的公益事业捐赠票据,企业或个人凭公益事业捐赠票据,按照《财政部 税务总局关于支持新型冠状病毒感染的肺炎疫情防控有关捐赠税收政策的公告》(财政部 税务总局公告2020年第9号)的规定,享受全额税前扣除政策。如果捐赠的企业或个人已取得援鄂医疗队的接收函而未取得卫生健康部门开具的公益事业捐赠票据,卫生健康部门为其补开公益事业捐赠票据后,也可按规定享受税前全额扣除政策。[①]

政策链接

2020年5月1日至2020年12月31日,小型微利企业在2020年剩余申报期按规定办理预缴申报后,可以暂缓缴纳当期的企业所得税,延迟至2021年首个申报期内一并缴纳。在预缴申报时,小型微利企业通过填写预缴纳税申报表相关行次,即可享受小型微利企业所得税延缓缴纳政策。

本公告所称小型微利企业是指符合《国家税务总局关于实施小型微利企业普惠性所得税减免政策有关问题的公告》(国家税务总局公告2019年第2号)规定条件的企业。

【《国家税务总局关于小型微利企业和个体工商户延缓缴纳2020年所得税有关事项的公告》(国家税务总局公告2020年第10号)第一条】

九、疫情防控重点保障物资生产企业按照8号公告第一条规定,适用一次性企业所得税税前扣除政策的,在优惠政策管理等方面参照《国家税务总局关于设备器具扣除有关企业所得税政策执行问题的公告》(国家税务总局公告2018年第46号)的规定执行。企业在纳税申报时将相关情况填入企业所得税纳税申报表"固定资产一次性扣除"行次。

十、受疫情影响较大的困难行业企业按照8号公告第四条规定,适用延长亏损结转年限政策的,应当在2020年度企业所得税汇算清缴时,通过电子税务局提交《适用延长亏损结转年限政策声明》(注:该声明见本公告附件)。

【《国家税务总局关于支持新型冠状病毒感染的肺炎疫情防控有关税收征收管理事项的公告》(国家税务总局公告2020年第4号)第九条、第十条】

四、受疫情影响较大的困难行业企业2020年度发生的亏损,最长结转年限由5年延长至8年。

困难行业企业,包括交通运输、餐饮、住宿、旅游(指旅行社及相关服务、游览景区管理两类)四大类,具体判断标准按照现行《国民经济行业分类》执行。困难行业企业

---

① 1.2.2.1至1.2.2.46来自国家税务总局网站。

2020年度主营业务收入须占收入总额(剔除不征税收入和投资收益)的50%以上。

五、对纳税人提供公共交通运输服务、生活服务,以及为居民提供必需生活物资快递收派服务取得的收入,免征增值税。

公共交通运输服务的具体范围,按照《营业税改征增值税试点有关事项的规定》(财税〔2016〕36号印发)执行。

生活服务、快递收派服务的具体范围,按照《销售服务、无形资产、不动产注释》(财税〔2016〕36号印发)执行。

【《财政部　税务总局关于支持新型冠状病毒感染的肺炎疫情防控有关税收政策的公告》(财政部　税务总局公告2020年第8号)第四条、第五条】

一、企业和个人通过公益性社会组织或者县级以上人民政府及其部门等国家机关,捐赠用于应对新型冠状病毒感染的肺炎疫情的现金和物品,允许在计算应纳税所得额时全额扣除。

二、企业和个人直接向承担疫情防治任务的医院捐赠用于应对新型冠状病毒感染的肺炎疫情的物品,允许在计算应纳税所得额时全额扣除。

捐赠人凭承担疫情防治任务的医院开具的捐赠接收函办理税前扣除事宜。

三、单位和个体工商户将自产、委托加工或购买的货物,通过公益性社会组织和县级以上人民政府及其部门等国家机关,或者直接向承担疫情防治任务的医院,无偿捐赠用于应对新型冠状病毒感染的肺炎疫情的,免征增值税、消费税、城市维护建设税、教育费附加、地方教育附加。

四、国家机关、公益性社会组织和承担疫情防治任务的医院接受的捐赠,应专项用于应对新型冠状病毒感染的肺炎疫情工作,不得挪作他用。

【《财政部　税务总局关于支持新型冠状病毒感染的肺炎疫情防控有关捐赠税收政策的公告》(财政部　税务总局公告2020年第9号)第一条、第二条、第三条、第四条】

一、企业向税务机关申报扣除资产损失,仅需填报企业所得税年度纳税申报表《资产损失税前扣除及纳税调整明细表》,不再报送资产损失相关资料。相关资料由企业留存备查。

二、企业应当完整保存资产损失相关资料,保证资料的真实性、合法性。

【《国家税务总局关于企业所得税资产损失资料留存备查有关事项的公告》(国家税务总局公告2018年第15号)第一条、第二条】

(十)关于小微企业免征增值税的会计处理规定。

小微企业在取得销售收入时,应当按照税法的规定计算应交增值税,并确认为应交税费,在达到增值税制度规定的免征增值税条件时,将有关应交增值税转入当期损益。

【《财政部关于印发〈增值税会计处理规定〉的通知》(财会〔2016〕22号)第二条第(十)项】

1.2.3 金融企业准备金扣除问题

1.2.3.1 农商银行执行财税〔2015〕9号文件，按规定提取准备金，该规定到期后应如何处理

《企业所得税法》明确规定，未经核定的准备金支出不得税前扣除。《财政部 国家税务总局关于金融企业贷款损失准备金企业所得税税前扣除有关政策的通知》(财税〔2015〕9号)的执行有效期为2014年1月1日至2018年12月31日，对其涉农贷款和中小企业贷款进行风险分类后，按照规定比例计提的贷款损失准备金，准予在计算应纳税所得额时扣除。该文到时期后国家又出台了《财政部 税务总局关于延续实施普惠金融有关税收优惠政策的公告》(财政部 税务总局公告2020年第22号)延续了《财政部 国家税务总局关于金融企业贷款损失准备金企业所得税税前扣除有关政策的通知》(财税〔2015〕9号)文件精神，A农商行2021年金融企业涉农贷款和中小企业贷款损失准备金按《贷款风险分类指导原则》(银发〔2001〕416号)的规定执行，对其涉农贷款和中小企业贷款进行风险分类后，按照以下比例计提的贷款损失准备金，准予在计算应纳税所得额时扣除：

(1) 关注类贷款，计提比例为2%。

(2) 次级类贷款，计提比例为25%。

(3) 可疑类贷款，计提比例为50%。

(4) 损失类贷款，计提比例为100%。

1.2.3.2 金融企业的委托贷款提取损失准备金能否在企业所得税税前扣除

《财政部 税务总局关于金融企业贷款损失准备金企业所得税税前扣除有关政策的公告》(财政部 税务总局公告2019年第86号)规定，金融企业的委托贷款、代理贷款、国债投资、应收股利、上交央行准备金，以及金融企业剥离的债权和股权、应收财政贴息、央行款项等不承担风险和损失的资产，以及除本公告第一条列举资产之外的其他风险资产，不得提取贷款损失准备金在税前扣除。因此，金融企业的委托贷款不得提取损失准备金在企业所得税税前扣除。

1.2.3.3 A公司是市金融管理部门批准的小额贷款公司，2020年按年末贷款金额的1%计提贷款损失准备金500万元，2021年6月税务部门日常检查要求其进行纳税调整，请问税务部门作法是否正确

《企业所得税法》明确规定，未经核定的准备金支出不得税前扣除。为引导小额贷款公司在小微企业和“三农”方面发挥积极作用，更好服务实体经济，2017年国家出台《财政部 税务总局关于小额贷款公司有关税收政策的通知》(财税〔2017〕48号)对经省级金融管理部门批准成立小额贷款公司按年末余额的1%计提的贷款准备金准予在企业所得税税前扣除，有效期为2017年1月1日至2019年12月31日。该文到时期后，国家又出台的《财政部 税务总局关于延续实施普惠金融有关税收优惠

政策的公告》(财政部 税务总局公告2020年第22号)延续了《财政部 税务总局关于小额贷款公司有关税收政策的通知》(财税〔2017〕48号)精神。A公司是经市金融管理部门批准成立的小额贷款公司,不符合《财政部 税务总局关于延续实施普惠金融有关税收优惠政策的公告》(财政部 税务总局公告2020年第22号)的规定,税务部门要求其进行纳税调整是正确。

1.2.3.4 金融企业按低于税收上规定的比例范围提取的准备金是否要进行纳税调减

《国家税务总局关于企业所得税应纳税所得额若干税务处理问题的公告》(国家税务总局公告2012年第15号)明确,对企业依据财务会计制度规定,并实际在财务会计处理上已确认的支出,凡没有超过《企业所得税法》和有关税收法规规定的税前扣除范围和标准的,可按企业实际会计处理确认的支出,在企业所得税前扣除,计算其应纳税所得额。因此,金融企业按低于税收上规定的比例范围提取的准备金应按实际发生数进行申报扣除。

风险提示

(1)银行企业提取准备金可选择适用《财政部 税务总局关于金融企业涉农贷款和中小企业贷款损失准备金税前扣除有关政策的公告》(财政部 税务总局公告2019年第85号,以下简称85号公告)对其涉农贷款和中小企业贷款计税比例计提进行税前扣除,正常类涉农、中小企业贷款及其他可按《财政部 税务总局关于金融企业贷款损失准备金企业所得税税前扣除有关政策》(财政部 税务总局公告2019年第86号,以下简称86号公告)规定按10%进行计提并税前扣除,但不能将已按85号公告计提的又按86号公告进行计提扣除。

(2)如果企业只选择适用86号公告,则所有可税前计提准备金的贷款风险资产按10%比例进行计提并税前扣除。

(3)小额贷款公司享受减计和贷款损失准备金税前扣除政策的前提条件必须是经省级金融管理部门批准成立的小额贷款公司。

政策链接

一、准予税前提取贷款损失准备金的贷款资产范围包括:

(一)贷款(含抵押、质押、保证、信用等贷款)。

(二)银行卡透支、贴现、信用垫款(含银行承兑汇票垫款、信用证垫款、担保垫款等)、进出口押汇、同业拆出、应收融资租赁款等具有贷款特征的风险资产。

(三)由金融企业转贷并承担对外还款责任的国外贷款,包括国际金融组织贷款、外国买方信贷、外国政府贷款、日本国际协力银行不附条件贷款和外国政府混合贷款等资产。

二、金融企业准予当年税前扣除的贷款损失准备金计算公式如下:

$$\text{准予当年税前扣除的贷款损失准备金}=\text{本年末准予提取贷款损失准备金的贷款资产余额}\times 1\%-\text{截至上年末已在税前扣除的贷款损失准备金的余额}$$

金融企业按上述公式计算的数额如为负数,应当相应调增当年应纳税所得额。

三、金融企业的委托贷款、代理贷款、国债投资、应收股利、上交央行准备金以及金融企业剥离的债权和股权、应收财政贴息、央行款项等不承担风险和损失的资产,以及除本公告第一条列举资产之外的其他风险资产,不得提取贷款损失准备金在税前扣除。

四、金融企业发生的符合条件的贷款损失,应先冲减已在税前扣除的贷款损失准备金,不足冲减部分可据实在计算当年应纳税所得额时扣除。

五、金融企业涉农贷款和中小企业贷款损失准备金的税前扣除政策,凡按照《财政部 税务总局关于金融企业涉农贷款和中小企业贷款损失准备金税前扣除有关政策的公告》(财政部 税务总局公告2019年第85号)的规定执行的,不再适用本公告第一条至第四条的规定。

【《财政部 税务总局关于金融企业贷款损失准备金企业所得税税前扣除有关政策的公告》(财政部 税务总局公告2019年第86号)第一条、第二条、第三条、第四条、第五条】

三、自2017年1月1日至2019年12月31日,对经省级金融管理部门(金融办、局等)批准成立的小额贷款公司按年末贷款余额的1%计提的贷款损失准备金准予在企业所得税税前扣除。具体政策口径按照《财政部 国家税务总局关于金融企业贷款损失准备金企业所得税税前扣除有关政策的通知》(财税〔2015〕9号)执行。

四、本通知所称农户,是指长期(一年以上)居住在乡镇(不包括城关镇)行政管理区域内的住户,还包括长期居住在城关镇所辖行政村范围内的住户和户口不在本地而在本地居住一年以上的住户,国有农场的职工和农村个体工商户。位于乡镇(不包括城关镇)行政管理区域内和在城关镇所辖行政村范围内的国有经济的机关、团体、学校、企事业单位的集体户;有本地户口,但举家外出谋生一年以上的住户,无论是否保留承包耕地均不属于农户。农户以户为统计单位,既可以从事农业生产经营,也可以从事非农业生产经营。农户贷款的判定应以贷款发放时的承贷主体是否属于农户为准。

本通知所称小额贷款,是指单笔且该农户贷款余额总额在10万元(含本数)以下的贷款。

【《财政部 税务总局关于小额贷款公司有关税收政策的通知》(财税〔2017〕48号)第三条、第四条】

《财政部 税务总局关于延续支持农村金融发展有关税收政策的通知》(财税〔2017〕44号)、《财政部 税务总局关于小额贷款公司有关税收政策的通知》(财税〔2017〕48号)、《财政部 税务总局关于支持小微企业融资有关税收政策的通知》(财税〔2017〕77号)、《财政部 税务总局关于租入固定资产进项税额抵扣等增值税政策的通知》(财税〔2017〕90号)中规定于2019年12月31日执行到期的税收优惠政策,实施期限延长至2023年12月31日。

【《财政部 税务总局关于小额贷款公司有关税收政策的通知》(财政部 税务总局公告2020年第22号)】

六、关于以前年度发生应扣未扣支出的税务处理问题

根据《中华人民共和国税收征收管理法》的有关规定，对企业发现以前年度实际发生的、按照税收规定应在企业所得税前扣除而未扣除或者少扣除的支出，企业做出专项申报及说明后，准予追补至该项目发生年度计算扣除，但追补确认期限不得超过5年。

企业由于上述原因多缴的企业所得税税款，可以在追补确认年度企业所得税应纳税款中抵扣，不足抵扣的，可以向以后年度递延抵扣或申请退税。

亏损企业追补确认以前年度未在企业所得税前扣除的支出，或盈利企业经过追补确认后出现亏损的，应首先调整该项支出所属年度的亏损额，然后再按照弥补亏损的原则计算以后年度多缴的企业所得税款，并按前款规定处理。

七、关于企业不征税收入管理问题

企业取得的不征税收入，应按照《财政部　国家税务总局关于专项用途财政性资金企业所得税处理问题的通知》(财税〔2011〕70号，以下简称《通知》)的规定进行处理。凡未按照《通知》规定进行管理的，应作为企业应税收入计入应纳税所得额，依法缴纳企业所得税。

八、关于税前扣除规定与企业实际会计处理之间的协调问题

根据《企业所得税法》第二十一条规定，对企业依据财务会计制度规定，并实际在财务会计处理上已确认的支出，凡没有超过《企业所得税法》和有关税收法规规定的税前扣除范围和标准的，可按企业实际会计处理确认的支出，在企业所得税前扣除，计算其应纳税所得额。

【《国家税务总局关于企业所得税应纳税所得额若干税务处理问题的公告》(国家税务总局公告2012年第15号)第六条、第七条、第八条】

1.2.4　债券、利息等扣除问题

1.2.4.1　从事股权投资业务的企业，其从被投资企业所分配的股息、红利及股权转让收入，能否作为广告宣传费的扣除基数

《国家税务总局关于贯彻落实企业所得税法若干税收问题的通知》(国税函〔2010〕79号)规定，对从事股权投资业务的企业(包括集团公司总部、创业投资企业等)，其从被投资企业所分配的股息、红利及股权转让收入，可以按规定的比例计算业务招待费扣除限额。该文件没有明确从事股权投资业务的企业，其从被投资企业所分配的股息、红利及股权转让收入，可作为广告宣传费的扣除基数，仅明确了可以作为计算业务招待费扣除限额基数。根据相关税理，可以认为从事股权投资业务的企业，其从被投资企业所分配的股息、红利及股权转让收入，可以作为广告宣传费的扣除基数。

1.2.4.2 关联企业间发生的股权激励能否税前扣除

【案例1-19】 A公司为上市公司,B公司为其子公司,2020年B公司员工签订书面协议约定,3年后实际行权时,由母公司A公司发行100万股股票期权,子公司B部分员工可以以每股50元的价格购买母公司A公司股票,那么,B公司用A公司股票进行股权激励能否在B公司扣除?B公司用A公司股票进行股权激励能否在A公司扣除?

企业股权激励支出实质属于工资、薪金支出。工资、薪金,是指企业每一纳税年度支付给在本企业任职或者受雇的员工的所有现金形式或者非现金形式的劳动报酬,包括基本工资、奖金、津贴、补贴、年终加薪、加班工资,以及与员工任职或者受雇有关的其他支出。对于用母公司股票向员工进行股权激励的,属于子公司向员工支付的非现金形式的劳动报酬,可作为企业发生的工资、薪金支出,在激励对象实际行权时按照有关规定税前扣除。B公司用A公司股票进行股权激励可以在B公司扣除。但A、B公司为母、子公司,为两个独立的法人,B公司用A公司股票进行股权激励不能在A公司扣除。

1.2.4.3 永续债利息能否税前扣除

企业发行的永续债,可以适用股息、红利企业所得税政策,也可以按照债券利息适用企业所得税政策。当适用股息、红利企业所得税政策时,发行方和投资方均为居民企业的,永续债利息收入可以适用《企业所得税法》规定的居民企业之间的股息、红利等权益性投资收益免征企业所得税的规定;同时发行方支付的永续债利息支出不得在企业所得税税前扣除。当适用按照债券利息适用企业所得税政策时,发行方支付的永续债利息支出准予在其企业所得税税前扣除,投资方取得的永续债利息收入应当依法纳税。

1.2.4.4 企业与企业之间的借款利息能否税前扣除

《企业所得税法实施条例》第三十八条规定,企业在生产经营活动中发生的下列利息支出,准予扣除:

(1)非金融企业向金融企业借款的利息支出、金融企业的各项存款利息支出和同业拆借利息支出、企业经批准发行债券的利息支出。

(2)非金融企业向非金融企业借款的利息支出,不超过按照金融企业同期同类贷款利率计算的数额的部分。

同期同类贷款利率在《国家税务总局关于企业所得税若干问题的公告》(国家税务总局公告2011年第34号)给予明确规定,企业在按照合同要求首次支付利息并进行税前扣除时,应提供"金融企业的同期同类贷款利率情况说明",以证明其利息支出的合理性。"金融企业的同期同类贷款利率情况说明"中,应包括在签订该借款合同当时,本省任何一家金融企业提供同期同类贷款利率情况。该金融企业应为经政府有关部门批准成立的可以从事贷款业务的企业,包括银行、财务公司、信托公司等金融机构。"同期同类贷款利率"是指在贷款期限、贷款金额、贷款担保,以及企业信誉等条件基本相同下，金融企业提供贷款的利率。既可以是金融企业公布的同期同类平均利率，也可以是金融企业对某些企业提供的实际贷款利率。也就是说，企业向非金融企业借款的利息支出，不超过按照金融企业同期同类贷款利率计算的数额的部分，准予税前扣除。其应留存“金融企业的同期同类贷款利率情况说明”，以证明利息支出的合理性。

在实务操作中，主要存在企业向企业间借款支付利息要不要发票的问题，答案是很明确的。《财政部　国家税务总局关于全面推开营业税改征增值税试点的通知》（财税〔2016〕36 号）附件 1《销售服务、无形资产、不动产注释》明确规定，贷款是指将资金贷与他人使用而取得利息收入的业务活动。各种占用、拆借资金取得的收入，包括金融商品持有期间（含到期）利息（保本收益、报酬、资金占用费、补偿金等）收入、信用卡透支利息收入、买入返售金融商品利息收入、融资融券收取的利息收入，以及融资性售后回租、押汇、罚息、票据贴现、转贷等业务取得的利息及利息性质的收入，按照贷款服务缴纳增值税。《国家税务总局关于发布〈企业所得税税前扣除凭证管理办法〉的公告》（国家税务总局公告 2018 年第 28 号）规定，企业在境内发生的支出项目属于增值税应税项目的，对方为已办理税务登记的增值税纳税人，其支出以发票（包括按照规定由税务机关代开的发票）作为税前扣除凭证。企业应在汇算清缴结束前取得发票方能扣除，否则不得税前扣除。

1.2.4.5　“统借统还”利息能否税前扣除？一级子公司“统借统还”的资金给二级公司使用是否还属于“统借统还”

统借统还业务是指：(1)企业集团或者企业集团中的核心企业向金融机构借款或对外发行债券取得资金后，将所借资金分拨给下属单位（包括独立核算单位和非独立核算单位，下同），并向下属单位收取用于归还金融机构或债券购买方本息的业务。(2)企业集团向金融机构借款或对外发行债券取得资金后，由集团所属财务公司与企业集团或者集团内下属单位签订统借统还贷款合同并分拨资金，并向企业集团或者集团内下属单位收取本息，再转付企业集团，由企业集团统一归还金融机构或债券购买方的业务。

对于“统借统还”利息能否扣除，只有《国家税务总局关于印发房地产开发经营业务企业所得税处理办法的通知》（国税发〔2009〕31 号）有明确规定，允许企业所得税税前扣除，但该文件仅针对房地产开发企业制订，对于其他企业则没有明确规定。

依据《财政部　国家税务总局关于全面推开营业税改征增值税试点的通知》（财税〔2016〕36 号）的规定，企业集团或企业集团中的核心企业及集团所属财务公司按不高于支付给金融机构的借款利率水平或者支付的债券票面利率水平，向企业集团或者集团内下属单位收取的利息免征增值税；统借方向资金使用单位收取的利息，高于支付给金融机构的借款利率水平或者支付的债券票面利率水平的，应全额缴纳增值税。依据《国家税务总局关于企业所得税若干问题的公告》(国家税务总局公告2011年第34号)的规定,非金融企业向非金融企业借款的利息支出,不超过按照金融企业同期同类贷款利率计算的数额的部分,准予税前扣除。对实行统借统还办法的企业集团,支付利息方向统借方支付的利息支出,凭统借方开具的利息发票准予在企业所得税税前扣除。

一级子公司"统借统还"的资金给二级公司使用与上述统借统还业务情况不符,不属于统借统还的情况。

风险提示

关联企业之间提供无息或低于银行同期贷款利率的借款,其利息收入低于(或高于)银行同期贷款利息的部分应进行纳税调整。

1.2.4.6 安装大型设备,支付应付工程款未付而产生的利息,能否税前扣除?

【案例1-20】 A公司是大型安装企业,2020年与B公司签订一合同,合同总价为1.45亿元,合同约定A公司给B公司安装一大型钢架桥,因B公司资金困难,A公司需代垫前期工程款,前期代垫工程款产生利息按银行同期利率由B公司按工程进度支付给A公司,请问B公司支付的利息能否税前扣除?

《企业所得税法》规定,企业实际发生的与取得收入有关的、合理的支出,包括成本、费用、税金、损失和其他支出,准予在计算应纳税所得额时扣除。B公司资金困难由A公司代垫资金,其承担按合同期的银行贷款利率也是合乎常理的,可以税前扣除。值得注意的是,按《企业所得税税前扣除凭证管理办法》的规定,企业在境内发生的支出项目属于增值税应税项目的,对方为已办理税务登记的增值税纳税人,其支出以发票(包括按照规定由税务机关代开的发票)作为税前扣除凭证。

1.2.4.7 关联企业之间借款是否要进行纳税调整

关联企业之间相互借款存在两种形式:一是相互间的借款需要支付利息,一方作收入另一方作扣除处理,属有偿占用对方资金;二是相互间的借款不需要支付利息,属于无偿占用对方的资金。

对于第一种情况,一方收到另一方按合同约定的日期确认利息收入缴纳企业所得税;另一方企业利息支出则可税前扣除。但应注意两种情况:一是根据《财政部 国家税务总局关于企业关联方利息支出税前扣除标准有关税收政策问题的通知》(财税〔2008〕121号)的规定,企业从其关联方接受的债权性投资与权益性投资的比例不能超过规定标准(一般企业2∶1,金融企业5∶1),超过标准发生的利息支出,不得在计算应纳税所得额时扣除;二是借款方支付的不超出金融企业同期同类贷款的利息可以凭发票在企业所得税税前扣除,超出部分不得扣除。

对于第二种情况,企业与关联企业之间无偿拆借资金,纳税人与其关联企业之间融通资金所支付或者收取的利息超过或者低于没有关联关系的企业之间所能同意的数额，或者利率超过或者低于同类业务的正常利率，税务机关可以调整其应纳税额。《国家税务总局关于发布〈特别纳税调查调整及相互协商程序管理办法〉的公告》（国家税务总局公告2017年第6号）规定，实际税负相同的境内关联方之间的交易，只要该交易没有直接或间接导致国家总体税收收入的减少，原则上不做特别纳税调整。对此，如果对方有享受税收优惠或存在弥补亏损的问题则会导致一方少缴或免于缴纳税款，则存在涉税风险。

《财政部关于做好执行会计准则企业2008年年报工作的通知》（财会函〔2008〕60号）规定，企业接受的捐赠和债务豁免，按照会计准则规定符合确认条件的，通常应当确认为当期收益。如果接受控股股东或控股股东的子公司直接或间接的捐赠，从经济实质上判断属于控股股东对企业的资本性投入，应作为权益性交易，相关利得计入所有者权益。

子公司收到母公司无偿借款时：

借：银行存款

　　贷：其他应付款——母公司

若子公司收到母公司无偿划转资金：

借：银行存款

　　贷：资本公积

1.2.4.8　银行将款借给个人，再由个人转借给企业，企业支付给个人的利息能否扣除

【案例1-21】 A公司因故无法从银行取得贷款，为了生产经营的需要，2020年该公司以股东甲的名义向银行贷款500万元，再由股东甲转借给A公司使用，同时A公司与股东甲签订协议，A公司按同期银行贷款利率支付给股东甲利息，请问A公司支付给股东甲的利息能否税前扣除？

从目前社会上存在情况来看，小微企业由于信用等问题很难向银行贷到款，为了维持经营通常采取了由股东向银行贷款，再转借给企业使用，由企业支付利息给借款人后再转给银行的模式进行操作。《企业所得税法》明确规定，企业实际发生的与取得收入有关的、合理的支出，包括成本、费用、税金、损失和其他支出，准予在计算应纳税所得额时扣除。A公司这种模式支付的利息可以税前扣除，同时应保存好合同等相关资料，以便备查。

特别提醒的是，在扣除时应注意扣除凭证的问题。《国家税务总局关于发布〈企业所得税税前扣除凭证管理办法〉的公告》（国家税务总局公告2018年第28号）规定，企业在境内发生的支出项目属于增值税应税项目（以下简称应税项目）的，对方为已办理税务登记的增值税纳税人，其支出以发票（包括按照规定由税务机关代开的发票）作为税前扣除凭证；对方为依法无需办理税务登记的单位或者从事小额零星经营业务的个人，其支出以税务机关代开的发票或者收款凭证及内部凭证作为税前扣除

凭证,收款凭证应载明收款单位名称、个人姓名及身份证号、支出项目、收款金额等相关信息。小额零星经营业务的判断标准是个人从事应税项目经营业务的销售额不超过增值税相关政策规定的起征点。税务总局对应税项目开具发票另有规定的,以规定的发票或者票据作为税前扣除凭证。企业在境内发生的支出项目不属于应税项目的,对方为单位的,以对方开具的发票以外的其他外部凭证作为税前扣除凭证;对方为个人的,以内部凭证作为税前扣除凭证。

1.2.4.9 企业利息涉税风险有哪些

资金是企业经营中最活跃的分子,资金在运行中从资金的流入、流出常涉及利息等财务费用问题,处理稍有不慎,就会引发涉税有关利息的税风险。将企业所得税涉及利息规定进行归纳如下:

(1) 涉税有关利息的基本规定。

《企业所得税法实施条例》第三十八条规定,企业在生产经营活动中发生的下列利息支出,准予扣除:

① 非金融企业向金融企业借款的利息支出、金融企业的各项存款利息支出和同业拆借利息支出、企业经批准发行债券的利息支出。

② 非金融企业向非金融企业借款的利息支出,不超过按照金融企业同期同类贷款利率计算的数额的部分。

《财政部 国家税务总局关于企业关联方利息支出税前扣除标准有关税收政策问题的通知》(财税〔2008〕121号)第一条规定,在计算应纳税所得额时,企业实际支付给关联方的利息支出,不超过以下规定比例和税法及其实施条例有关规定计算的部分,准予扣除,超过的部分不得在发生当期和以后年度扣除。企业实际支付给关联方的利息支出,除符合本通知第二条规定外,其接受关联方债权性投资与其权益性投资比例为:

① 金融企业,为5∶1。

② 其他企业,为2∶1。

《财政部 国家税务总局关于企业关联方利息支出税前扣除标准有关税收政策问题的通知》(财税〔2008〕121号)第二条规定,企业如果能够按照《企业所得税法》及其实施条例的有关规定提供相关资料,并证明相关交易活动符合独立交易原则的;或者该企业的实际税负不高于境内关联方的,其实际支付给境内关联方的利息支出,在计算应纳税所得额时准予扣除。

《财政部 国家税务总局关于企业关联方利息支出税前扣除标准有关税收政策问题的通知》(财税〔2008〕121号)第三条规定,企业同时从事金融业务和非金融业务,其实际支付给关联方的利息支出,应按照合理方法分开计算;没有按照合理方法分开计算的,一律按本通知第一条有关其他企业的比例计算准予税前扣除的利息支出。

《国家税务总局关于企业投资未到位而发生的利息支出企业所得税税前扣除问题的批复》(国税函〔2009〕312 号)规定，关于企业由于投资者投资未到位而发生的利息支出扣除问题，根据《企业所得税法实施条例》第二十七条规定，凡企业投资者在规定期限内未缴足其应缴资本额的，该企业对外借款所发生的利息，相当于投资者实缴资本额与在规定期限内应缴资本额的差额应计付的利息，其不属于企业合理的支出，应由企业投资者负担，不得在计算企业应纳税所得额时扣除。

具体计算不得扣除的利息，应以企业一个年度内每一账面实收资本与借款余额保持不变的期间作为一个计算期，每一计算期内不得扣除的借款利息按该期间借款利息发生额乘以该期间企业未缴足的注册资本占借款总额的比例计算，公式为：

$$\text{企业每一计算期不得扣除的借款利息}=\text{该期间借款利息额}\times\text{该期间未缴足注册资本额}\div\text{该期间借款额}$$

企业一个年度内不得扣除的借款利息总额为该年度内每一计算期不得扣除的借款利息额之和。

《国家税务总局关于企业向自然人借款的利息支出企业所得税税前扣除问题的通知》(国税函〔2009〕777 号)第一条规定，企业向股东或其他与企业有关联关系的自然人借款的利息支出，应根据《企业所得税法》第四十六条及《财政部　国家税务总局关于企业关联方利息支出税前扣除标准有关税收政策问题的通知》(财税〔2008〕121 号)规定的条件，计算企业所得税扣除额。

《国家税务总局关于企业向自然人借款的利息支出企业所得税税前扣除问题的通知》(国税函〔2009〕777 号)第二条规定，企业向除本通知第一条规定以外的内部职工或其他人员借款的利息支出，其借款情况同时符合以下条件的，其利息支出在不超过按照金融企业同期同类贷款利率计算的数额的部分，根据《企业所得税法》第八条和《企业所得税法实施条例》第二十七条规定，准予扣除。

① 企业与个人之间的借贷是真实、合法、有效的，并且不具有非法集资目的或其他违反法律、法规的行为。

② 企业与个人之间签订了借款合同。

《国家税务总局关于印发〈特别纳税调整实施办法(试行)〉的通知》(国税发〔2009〕2 号)第八十五条规定，《企业所得税法》第四十六条所称不得在计算应纳税所得额时扣除的利息支出应按以下公式计算：

$$\text{不得扣除利息支出}=\text{年度实际支付的全部关联方利息}\times(1-\text{标准比例}\div\text{关联债资比例})$$

其中：

标准比例是指《财政部　国家税务总局关于企业关联方利息支出税前扣除标准有关税收政策问题的通知》(财税〔2008〕121 号)规定的比例。

关联债资比例是指根据《企业所得税法》第四十六条及《企业所得税法实施条例》第

一百一十九条的规定,企业从其全部关联方接受的债权性投资(以下简称关联债权投资)占企业接受的权益性投资(以下简称权益投资)的比例,关联债权投资包括关联方以各种形式提供担保的债权性投资。

《国家税务总局关于印发〈特别纳税调整实施办法(试行)〉的通知》(国税发〔2009〕2号)第八十六条规定,关联债资比例的具体计算方法如下:

关联债资比例=年度各月平均关联债权投资之和÷年度各月平均权益投资之和

其中:

各月平均关联债权投资=(关联债权投资月初账面余额+月末账面余额)÷2

各月平均权益投资=(权益投资月初账面余额+月末账面余额)÷2

权益投资为企业资产负债表所列示的所有者权益金额。如果所有者权益小于实收资本(股本)与资本公积之和,则权益投资为实收资本(股本)与资本公积之和;如果实收资本(股本)与资本公积之和小于实收资本(股本)金额,则权益投资为实收资本(股本)金额。

《国家税务总局关于印发〈特别纳税调整实施办法(试行)〉的通知》(国税发〔2009〕2号)第八十七条规定,《企业所得税法》第四十六条所称的利息支出包括直接或间接关联债权投资实际支付的利息、担保费、抵押费和其他具有利息性质的费用。

《国家税务总局关于印发〈特别纳税调整实施办法(试行)〉的通知》(国税发〔2009〕2号)第八十八条规定,《企业所得税法》第四十六条规定不得在计算应纳税所得额时扣除的利息支出,不得结转到以后纳税年度,应按照实际支付给各关联方利息占关联方利息总额的比例,在各关联方之间进行分配。其中,分配给实际税负高于企业的境内关联方的利息准予扣除;直接或间接实际支付给境外关联方的利息应视同分配的股息,按照股息和利息分别适用的所得税税率差补征企业所得税,如已扣缴的所得税税款多于按股息计算应征所得税税款,多出的部分不予退税。

(2) 涉税风险分析。

① 非金融企业向非金融企业借款的利息支出,不超过按照金融企业同期同类贷款利率计算的数额的部分,可以扣除,否则不得税前扣除。

关于金融企业同期同类贷款利率确定问题。根据《企业所得税法实施条例》第三十八条的规定,非金融企业向非金融企业借款的利息支出,不超过按照金融企业同期同类贷款利率计算的数额的部分,准予税前扣除。鉴于目前我国对金融企业利率要求的具体情况,企业在按照合同要求首次支付利息并进行税前扣除时,应提供"金融企业的同期同类贷款利率情况说明",以证明其利息支出的合理性。

"金融企业的同期同类贷款利率情况说明"中,应包括在签订该借款合同当时,本省任何一家金融企业提供同期同类贷款利率情况。该金融企业应为经政府有关部门批准成立的可以从事贷款业务的企业,包括银行、财务公司、信托公司等金融机构。"同期同类贷款利率"是指在贷款期限、贷款金额、贷款担保及企业信誉等条件基本相同下,金融企业提供贷款的利率。既可以是金融企业公布的同期同类平均利率，也可以是金融企业对某些企业提供的实际贷款利率。这里主要留存好能证明“同期同类贷款利率”合理性证明材料。

② 企业向自然人借款，是真实、合法、有效的，支付给自然人股东或其他与企业有关联关系的自然人的利息不超过规定的比例。向个人借款还应注意凭证问题。

只要企业与个人之间的借贷是真实、合法、有效的，不具有非法集资目的或其他违反法律、法规的行为，并且企业与个人之间签订了借款合同，其利息支出在不超过按照金融企业同期同类贷款利率计算的数额的部分，就可以按照相关规定在企业所得税前扣除。支付给自然人股东或其他与企业有关联关系的自然人的利息不超过规定比例和《企业所得税法》及其实施条例有关规定计算的部分，准予扣除，超过的部分不得在发生当期和以后年度扣除。

③ 关联企业借款的利息支出，必须考虑不超过同期银行贷款利率和关联方债权性投资与其权益性投资比例问题。

关联企业借款首先应考虑同期同类贷款利率计算的数额，企业如果能够按照《企业所得税法》及其实施条例的有关规定提供相关资料，并证明相关交易活动符合独立交易原则的，或者该企业的实际税负不高于境内关联方的，其实际支付给境内关联方的利息支出，在计算应纳税所得额时准予扣除。如果无法提供证明相关交易活动符合独立交易原则的，或者该企业的实际税负高于境内关联方的，在同期贷款利率基础上还要再考虑关联方债权性投资与其权益性投资比例，其中有符合双限的条件的利息才能税前扣除。

④ 统借统贷资金要符合规定。

《国家税务总局关于印发〈房地产开发经营业务企业所得税处理办法〉的通知》(国税发〔2009〕31号)规定，企业集团或其成员企业统一向金融机构借款分摊集团内部其他成员企业使用的，借入方凡能出具从金融机构取得借款的证明文件，可以在使用借款的企业间合理的分摊利息费用，使用借款的企业分摊的合理利息准予在税前扣除。统借统贷利息税前列支需满足的条件有：有属于同一个企业集团的证明、要有金融机构取得贷款的证明文件、统借统还利率不高于支付给金融机构的借款利率水平。

⑤ 永续债利息可以选择使用股息、红利企业所得税政策，也可按照债券利息适用企业所得税政策。投资方选择适用股息、红利企业所得税政策，发行方支付的永续债利息支出不得税前扣除；投资方选择按照债券利息适用企业所得税政策，发行方支付的永续债利息支出可以税前扣除。

政策链接

一、企业发行的永续债，可以适用股息、红利企业所得税政策，即：投资方取得的永续债利息收入属于股息、红利性质，按照现行企业所得税政策相关规定进行处理，其中，发行方和投资方均为居民企业的，永续债利息收入可以适用企业所得税法规定的居民企业之间的股息、红利等权益性投资收益免征企业所得税规定；同时发行方支付的永续债利息支出不得在企业所得税税前扣除。

二、企业发行符合规定条件的永续债,也可以按照债券利息适用企业所得税政策,即:发行方支付的永续债利息支出准予在其企业所得税税前扣除;投资方取得的永续债利息收入应当依法纳税。

三、本公告第二条所称符合规定条件的永续债,是指符合下列条件中5条(含)以上的永续债:

(一)被投资企业对该项投资具有还本义务。

(二)有明确约定的利率和付息频率。

(三)有一定的投资期限。

(四)投资方对被投资企业净资产不拥有所有权。

(五)投资方不参与被投资企业日常生产经营活动。

(六)被投资企业可以赎回,或满足特定条件后可以赎回。

(七)被投资企业将该项投资计入负债。

(八)该项投资不承担被投资企业股东同等的经营风险。

(九)该项投资的清偿顺序位于被投资企业股东持有的股份之前。

四、企业发行永续债,应当将其适用的税收处理方法在证券交易所、银行间债券市场等发行市场的发行文件中向投资方予以披露。

五、发行永续债的企业对每一永续债产品的税收处理方法一经确定,不得变更。企业对永续债采取的税收处理办法与会计核算方式不一致的,发行方、投资方在进行税收处理时须作出相应纳税调整。

六、本公告所称永续债是指经国家发展改革委员会、中国人民银行、中国银行保险监督管理委员会、中国证券监督管理委员会核准,或经中国银行间市场交易商协会注册、中国证券监督管理委员会授权的证券自律组织备案,依照法定程序发行、附赎回(续期)选择权或无明确到期日的债券,包括可续期企业债、可续期公司债、永续债务融资工具(含永续票据)、无固定期限资本债券等。

【《财政部 税务总局关于永续债企业所得税政策问题的公告》(财政部 税务总局公告2019年第64号)第一条、第二条、第三条、第四条、第五条、第六条】

第十二章 借款合同

第六百六十七条 借款合同是借款人向贷款人借款,到期返还借款并支付利息的合同。

第六百六十八条 借款合同应当采用书面形式,但是自然人之间借款另有约定的除外。

借款合同的内容一般包括借款种类、币种、用途、数额、利率、期限和还款方式等条款。

第六百六十九条 订立借款合同,借款人应当按照贷款人的要求提供与借款有关的业务活动和财务状况的真实情况。

第六百七十条　借款的利息不得预先在本金中扣除。利息预先在本金中扣除的，应当按照实际借款数额返还借款并计算利息。

第六百七十一条　贷款人未按照约定的日期、数额提供借款，造成借款人损失的，应当赔偿损失。

借款人未按照约定的日期、数额收取借款的，应当按照约定的日期、数额支付利息。

第六百七十二条　贷款人按照约定可以检查、监督借款的使用情况。借款人应当按照约定向贷款人定期提供有关财务会计报表或者其他资料。

第六百七十三条　借款人未按照约定的借款用途使用借款的，贷款人可以停止发放借款、提前收回借款或者解除合同。

第六百七十四条　借款人应当按照约定的期限支付利息。对支付利息的期限没有约定或者约定不明确，依据本法第五百一十条的规定仍不能确定，借款期间不满一年的，应当在返还借款时一并支付；借款期间一年以上的，应当在每届满一年时支付，剩余期间不满一年的，应当在返还借款时一并支付。

第六百七十五条　借款人应当按照约定的期限返还借款。对借款期限没有约定或者约定不明确，依据本法第五百一十条的规定仍不能确定的，借款人可以随时返还；贷款人可以催告借款人在合理期限内返还。

第六百七十六条　借款人未按照约定的期限返还借款的，应当按照约定或者国家有关规定支付逾期利息。

第六百七十七条　借款人提前返还借款的，除当事人另有约定外，应当按照实际借款的期间计算利息。

第六百七十八条　借款人可以在还款期限届满前向贷款人申请展期；贷款人同意的，可以展期。

第六百七十九条　自然人之间的借款合同，自贷款人提供借款时成立。

第六百八十条　禁止高利放贷，借款的利率不得违反国家有关规定。

借款合同对支付利息没有约定的，视为没有利息。

借款合同对支付利息约定不明确，当事人不能达成补充协议的，按照当地或者当事人的交易方式、交易习惯、市场利率等因素确定利息；自然人之间借款的，视为没有利息。

【《中华人民共和国民法典》第三编第十二章】

1.2.5　工资、职工教育经费、工会经费等扣除问题

1.2.5.1　请问职工教育经费税前扣除哪些可全额扣除，哪些为限额扣除

【案例 1-22】 2021 年，A 公司会计在办理企业所得税汇算清缴时常被职工教育经费税前列支比例困扰，请问哪些可全额扣除，哪些为限额扣除？

企业所得税汇算清缴职工教育经费税前扣除涉及多种扣除比例,有限额、有全额,且又分有特定行业。这困扰了很多企业,引起很多企业关注,现归纳如表1-5所示。

表1-5 职工教育经费扣除比例明细表

序号	类别	内容	扣除比例	政策依据
1	基本规定	除国务院财政、税务主管部门另有规定外,企业发生的职工教育经费支出,不超过工资、薪金总额2.5%的部分,准予扣除;超过部分,准予在以后纳税年度结转扣除。	2.5%	《企业所得税法实施条例》第四十二条
2	集成电路设计企业和符合条件软件企业、经认定的自主开发、生产动漫产品的动漫企业、航空企业以及核力发电企业发生的相关职工培训费可以全额在企业所得税前扣除	1. 集成电路设计企业和符合条件软件企业的职工培训费用,应单独进行核算并按实际发生额在计算应纳税所得额时扣除。 2. 经认定的动漫企业自主开发、生产动漫产品,可申请享受国家现行鼓励软件产业发展的所得税优惠政策。 3. 航空企业实际发生的飞行员养成费、飞行训练费、乘务训练费、空中保卫员训练费等空勤训练费用,根据《企业所得税法实施条例》第二十七条的规定,可以作为航空企业运输成本在税前扣除。 4. 核力发电企业为培养核电厂操纵员发生的培养费用,可作为企业的发电成本在税前扣除。企业应将核电厂操纵员培养费与员工的职工教育经费严格区分,单独核算,员工实际发生的职工教育经费支出不得计入核电厂操纵员培养费直接扣除。 特别注意:集成电路设计企业和符合条件软件企业等上述行业的职工培训费用必须与职工教育经费严格区分,单独核算。	全额税前扣除	1.《财政部 国家税务总局关于进一步鼓励软件产业和集成电路产业发展企业所得税政策的通知》(财税〔2012〕27号) 2.《财政部 国家税务总局关于扶持动漫产业发展有关税收政策问题的通知》(财税〔2009〕65号) 3.《国家税务总局关于企业所得税若干问题的公告》(国家税务总局公告2011年第34号) 4.《国家税务总局关于企业所得税应纳税所得额若干问题的公告》(国家税务总局公告2014年第29号)
3	高新技术企业	企业发生的职工教育经费支出,不超过工资、薪金额8%的部分,准予在计算企业所得税应纳税所得额时扣除;超过部分,准予在以后纳税年度结转扣除。自2015年1月1日起执行。	8%	《财政部 税务总局关于高新技术企业职工教育经费税前扣除政策的通知》(财税〔2015〕63号)
4	各类企业	企业发生的职工教育经费支出,不超过工资、薪金额8%的部分,准予在计算企业所得税应纳税所得额时扣除;超过部分,准予在以后纳税年度结转扣除。自2018年1月1日超执行。	8%	《财政部 国家税务总局关于企业职工教育经费税前扣除政策的通知》(财税〔2018〕51号)
5	各类企业	职工教育经费的列支范围: 上岗和转岗培训;各类岗位适应性培训;岗位培训、职业技术等级培训、高技能人才培训;专业技术人员继续教育;特种作业人员培训;企业组织的职工外送培训的经费支出;职工参加的职业技能鉴定、职业资格认证等经费支出;购置教学设备与设施;职工岗位自学成才奖励费用;职工教育培训管理费用;有关职工教育的其他开支。		《关于企业职工教育经费提取与使用管理的意见》(财建〔2006〕317号)

1.2.5.2 企业计提职工教育经费能否结转到以后年度扣除

【案例1-23】 A公司系高新技术企业，2020年计提职工教育经费100万元，实际发生50万元，本年度工资、薪金总额1 000万元，请问企业计提的职工教育经费超过限额部分能否结转以后年度扣除？

《企业所得税法实施条例》第八条规定，企业实际发生的与取得收入有关的、合理的支出，包括成本、费用、税金、损失和其他支出，准予在计算应纳税所得额时扣除。《企业所得税法实施条例》第四十二条规定，除国务院财政、税务主管部门另有规定外，企业发生的职工教育经费支出，不超过工资、薪金总额2.5%的部分，准予扣除；超过部分，准予在以后纳税年度结转扣除。从2018年1月1日起，企业发生的职工教育经费支出，不超过工资、薪金总额8%的部分，准予在计算企业所得税应纳税所得额时扣除；超过部分，准予在以后纳税年度结转扣除。企业所得税法强调是实际发生可以税前扣除，职工教育经费超过限额部分可以结转以后年度扣除指的是必须是实际发生的金额超过限额才能结转扣除。A公司2020年职工教育经费扣除限额为80万元，实际发生额为50万元，可结转以后年度扣除金额为0，不是20万元。

1.2.5.3 职工出外培训发生的住宿费、车船费、餐费、会议费等是否可以在职工教育经费列支

【案例1-24】 A公司系高新技术企业，为提高员工的操作技能，2020年组织员工到高校培训，发生了住宿费、差旅费、餐费、会议费650万元，该公司会计将其列入职工教育经费列支，请问其作法是否正确？

2006年，财政部、全国总工会等部门出台的《关于企业职工教育经费提取与使用管理的意见》(财建〔2006〕317号)明确了职工教育经费的列支范围：上岗和转岗培训；各类岗位适应性培训；岗位培训、职业技术等级培训、高技能人才培训；专业技术人员继续教育；特种作业人员培训；企业组织的职工外送培训的经费支出；职工参加的职业技能鉴定、职业资格认证等经费支出；购置教学设备与设施；职工岗位自学成才奖励费用；职工教育培训管理费用；有关职工教育的其他开支。该文件没有将住宿费、车船费、餐费、会议费列入职工教育经费支出范围，A公司的会计处理不正确。

风险提示

(1) 企业职工参加社会上的学历教育及个人为取得学位而参加的在职教育，所需用应由个人承担，不能挤占企业的职工教育培训经费。企业职员读MBA的学费不能在职工教育经费列支。

(2) 核电厂操纵员培养费、航空企业空勤训练费可以列入成本进行扣除。

(3) 可以税前扣除的职工教育经费必须是实际发生的，且在工资、薪金总额8%以内的部分。

1.2.5.4 职工福利费是否作为缴纳工会经费的基数

《企业会计准则第9号——职工薪酬》明确职工薪酬定义,即职工薪酬是指企业为获得职工提供的服务或解除劳动关系而给予的各种形式的报酬或补偿。职工薪酬包括短期薪酬、离职后福利、辞退福利和其他长期职工福利。企业提供给职工配偶、子女、受赡养人、已故员工遗属及其他受益人等的福利,也属于职工薪酬。《企业所得税法实施条例》规范企业发生的职工福利费支出,不超过工资、薪金总额14%的部分,准予扣除;企业拨缴的工会经费,不超过工资、薪金总额2%的部分,准予扣除。《关于工资总额组成的规定》(国家统计局第1号令)第四条明确工资总额由六个部分组成:计时工资;计件工资;奖金;津贴和补贴;加班加点工资;特殊情况下支付的工资。职工福利费不作为缴纳工会经费的基数。

1.2.5.5 购买工作服发生的费用能否按福利费项目在税前扣除

【案例1-25】 A市农商银行为了提高服务质量展示企业文化,2020年与某知名品牌签订合同,购入服饰一批,总价250万元,请问该农商银行能否按福利费项目在税前扣除该笔费用?

《国家税务总局关于企业所得税若干问题的公告》(国家税务总局公告2011年第34号)第二条规定,企业根据其工作性质和特点,由企业统一制作并要求员工工作时统一着装所发生的工作服饰费用,根据《企业所得税法实施条例》第二十七条的规定,可以作为企业合理的支出给予税前扣除。由此可见,企业给员工购买工服发生的工服费用,按企业合理的支出全额在税前扣除。即不受福利费14%税前扣除的限制。

1.2.5.6 集团内部"上挂下派"人员费用能否在不同企业间扣除

【案例1-26】 A公司与B公司为母、子公司,2020年A公司向B公司派一技术人员帮助该公司解决生产产品存在的质量问题,期限暂定2年,请问该技术员工资能否在A公司计算企业所得税税前扣除?

A公司与B公司为母、子公司,A公司向B公司派一技术人员帮助该公司解决生产产品存在质量问题,派遣人员管理方式及工资发放方式存在不同的情况:

情况1:如果A公司仅是派出人员,员工具体的工作安排及业绩考核是由B公司负责,即相应的责任和风险是由B公司承担。在这种情况下,B公司向此类人员支付的费用,不论是直接支付还是通过A公司转支付,应视为是B公司内部人员工资、薪金支出,该员工的工资在B公司列支。

情况2:如果被委派人员虽然是到B公司工作,但实际仍然是由A公司指定或安排工作,并对其工作成效负责。在这种情况下,B公司所支付的委派人员费用,不论是直接支付给委派人员还是支付给A公司,实质就是B公司购买A公司所提供服务而支付的费用,该员工的工资在A公司列支。

情况3:如果被委派人员到B公司工作,但相关的工资、社保等仍由A公司承担，即A公司派人无偿帮助B公司工作。在这种情况下，该员工的工资在A公司列支。

1.2.5.7 企业自愿为员工承担本该由员工个人承担的部分社保费可以作为职工福利费在企业所得税税前扣除吗

如果企业为员工承担本该由员工个人承担的部分社保费，是代扣代缴性质，是企业实际为员工支付的报酬，属于工资、薪金，在企业所得税税前扣除。凡单独作为企业管理费列支的，在计算企业所得税时不得税前扣除。

1.2.5.8 给职工在中国人寿公司购买的补充医疗保险，是否可以税前扣除

针对目前医疗费用不断上涨，企业为转嫁经济损失，向中国人寿购买补充医疗保险。《财政部 国家税务总局关于补充养老保险费补充医疗保险费有关企业所得税政策问题的通知》(财税〔2009〕27号)规定，自2008年1月1日起，企业根据国家有关政策规定，为在本企业任职或者受雇的全体员工支付的补充养老保险费、补充医疗保险费，分别在不超过职工工资总额5%标准内的部分，在计算应纳税所得额时准予扣除；超过的部分，不予扣除。

1.2.5.9 企业通过第三方公司发放工资、扣缴个人所得税、代缴社保费或由用工单位直接支付给员工，能否作为工资在计算应纳税所得额时扣除

(1) 企业按照协议(合同)约定直接支付给第三方公司的费用，应作为劳务费支出，凭合同或协议以及合法凭证在税前扣除。

(2) 企业与员工签订劳动合同，并直接支付给员工个人的费用，应作为工资、薪金支出和职工福利费支出处理。

风险提示

(1) 工资、薪金总额问题(各项费用扣除基数)：“工资、薪金总额”是指企业按照《国家税务总局关于企业工资薪金及职工福利费扣除问题的通知》(国税函〔2009〕3号)第一条规定，实际发放的工资、薪金总和，不包括企业的职工福利费、职工教育经费、工会经费，以及养老保险费、医疗保险费、失业保险费、工伤保险费、生育保险费等社会保险费和住房公积金。属于国有性质的企业，其工资、薪金，不得超过政府有关部门给予的限定数额；超过部分，不得计入企业工资、薪金总额，也不得在计算企业应纳税所得额时扣除。

(2) 不合理工资、薪金不能税前扣除：“合理工资、薪金”，是指企业按照股东大会、董事会、薪酬委员会或相关管理机构制订的工资、薪金制度规定实际发放给员工的工资、薪金。可以从以下原则来掌握：

① 企业制定了较为规范的员工工资、薪金制度。

② 企业所制定的工资、薪金制度符合行业及地区水平。

③ 企业在一定时期所发放的工资、薪金是相对固定的,工资、薪金的调整是有序进行的。

④ 企业对实际发放的工资、薪金,已依法履行了代扣代缴个人所得税义务。

⑤ 有关工资、薪金的安排,不以减少或逃避税款为目的。

1.2.5.10 提取的补充养老保险费、补充医疗保险费可否税前扣除

【案例 1-27】 2020 年,A 公司根据《财政部 国家税务总局关于补充养老保险费补充医疗保险费有关企业所得税政策问题的通知》(财税〔2009〕27 号)的规定按职工工资总额 5%提取补充养老保险费、补充医疗保险费 450 万元,请问 A 公司提取补充养老保险费、补充医疗保险费 450 万元能否税前扣除?

《企业所得税法》规定,企业实际发生的与取得收入有关的、合理的支出,包括成本、费用、税金、损失和其他支出,准予在计算应纳税所得额时扣除。A 公司采取预提方式提取补充养老保险费、补充医疗保险费没有实际发生,不得税前扣除。建议企业补充医疗保险资金要单独建账,单独管理,不得划入基本医疗保险个人账户,也不得另行建立个人账户或变相用于职工其他方面的开支。企业可以自行管理也可委托商业保险公司承办企业补充医疗保险业务。企业发生的补充医疗保险费用,应按照《财政部 国家税务总局关于补充养老保险费补充医疗保险费有关企业所得税政策问题的通知》(财税〔2009〕27 号)的规定在企业所得税税前扣除。

风险提示

(1) 企业为管理层专门支付的各类医疗,养老等商业保险不得税前扣除,企业为员工支付的补充养老保险费、补充医疗保险费,必须惠及全体员工,才能税前扣除。

(2) 企业自行管理的补充养老保险,没有向第三方保险机构支付,资金的所有权仍保留在企业内部不得税前扣除。

(3) 企业为退休人员缴纳的补充养老保险、补充养老支付这部分费用不得税前扣除。

1.2.5.11 企业为职工提供住宿而发生的租金要在税前扣除应注意什么

企业为职工提供住宿而发生的租金要在税前扣除应注意保存房屋租赁合同、合法凭证(发票),应在职工福利费中列支。

1.2.5.12 企业与职工解除劳动合同支付的一次性补偿金能否在企业所得税税前扣除

《企业会计准则第 9 号——职工薪酬》规定,职工薪酬是指企业为获得职工提供的服务或解除劳动关系而给予的各种形式的报酬或补偿。职工薪酬包括短期薪酬、离职后福利、辞退福利和其他长期职工福利。企业提供给职工配偶、子女、受赡养人、已故员工遗属及其他受益人等的福利,也属于职工薪酬。

辞退福利,是指企业在职工劳动合同到期之前解除与职工的劳动关系,或者为鼓

励职工自愿接受裁减而给予职工的补偿。解除合同一次性支付的补偿金辞退福利的一种。

企业与受雇人员解除劳动合同，支付给职工的一次性补偿金，在不超过《中华人民共和国劳动合同法》规定的标准的部分，可以在税前扣除。

计提时：

借：生产成本（制造费用、管理费用）——受益对象
　贷：应付职工薪酬——辞退福利

支付时：

借：应付职工薪酬——辞退福利
　贷：银行存款

1.2.5.13 企业发生工伤、意外伤害等支付的一次性补偿如何进行税前扣除

企业员工发生工伤、意外伤害等事故，由企业通过银行转账方式向其支付的经济补偿，凭生效的法律文书和银行划款凭证、收款人收款凭证，可在税前扣除。

1.2.5.14 企业发生的通讯费、职工交通补贴如何进行税前扣除

企业为职工提供的通讯、交通待遇，实行货币化改革的，按月按标准发放或支付的通讯、交通补贴，应纳入职工工资总额准予扣除；尚未实行货币化改革的，企业发生的相关支出作为职工福利费管理。

1.2.5.15 企业发生的取暖费、防暑降温费如何进行税前扣除

企业发放的冬季取暖补贴、集中供热采暖补助费、防暑降温费，在职工福利费中列支。若按职务或职称发放的集中供热采暖补贴应纳入职工工资总额扣除。

1.2.5.16 企业发生的劳务派遣用工支出能否作为工资、薪金支出？能否作为三项经费的计提基数

劳务派遣用工支付的工资分两种情况：一种是将工资支付给劳务派遣公司；另一种是将工资直接支付给员工。依据《国家税务总局关于企业工资薪金和职工福利费等支出税前扣除问题的公告》（国家税务总局公告 2015 年第 34 号）的规定，应分两种情况按规定在税前扣除：

（1）按照协议（合同）约定直接支付给劳务派遣公司的费用，应作为劳务费支出。

（2）直接支付给员工个人的费用，应作为工资、薪金支出和职工福利费支出。其中，属于工资、薪金支出的费用，准予计入企业工资、薪金总额的基数，作为计算其他各项相关费用扣除的依据。

1.2.5.17 特殊工种职工人身安全保险费、责任保险费和国务院财政、税务部门规定可以扣除的其他商业保险费的具体口径

特殊工种指容易发生人员伤亡事故，对操作本人、他人及周围设施的健康或安全

有重大危害的工种，如焊工、电工、锅炉工、驾驶员、起重工等从事特种作业人员岗位类别的统称。此类保险费范围的大小、保险费率的高低、投保对象的多少等都是有国家法律法规依据的。例如，《中华人民共和国建筑法》第四十八条规定，建筑施工企业必须为从事危险作业的职工办理意外伤害保险，支付保险费。又如，《中华人民共和国煤炭法》第四十四条规定，煤矿企业必须为煤矿井下作业职工办理意外伤害保险，支付保险费。

《企业所得税法实施条例》第三十六条规定，除企业依照国家有关规定为特殊工种职工支付的人身安全保险费和国务院财政、税务主管部门规定可以扣除的其他商业保险费外，企业为投资者或者职工支付的商业保险费，不得扣除。特殊工种职工人身安全保险费、责任保险费和国务院财政、税务部门规定可以扣除的其他商业保险费的具体口径如下：

(1) 特殊工种职工支付的人身安全保险费。企业依照国家有关规定为特殊工种职工支付的人身安全保险费准予税前扣除。企业为特殊工种职工支付的保险费应符合政府有关部门的相关规定。

(2) 雇主责任险、公众责任险。按照《国家税务总局关于责任保险费企业所得税税前扣除有关问题的公告》(国家税务总局公告2018年第52号)的规定，企业参加雇主责任险、公众责任险等责任保险，按照规定缴纳的保险费，准予在企业所得税税前扣除。

(3) 可以扣除的其他商业保险费。国务院财政、税务部门规定可以扣除的其他商业保险费。按照《国家税务总局关于企业所得税有关问题的公告》(国家税务总局公告2016年第80号)的规定，企业职工因公出差乘坐交通工具发生的人身意外保险费支出，准予企业在计算应纳税所得额时扣除。

1.2.5.18 企业只为高级管理人员支付的补充养老保险费和补充医疗保险费能否税前扣除

《财政部 国家税务总局关于补充养老保险费补充医疗保险费有关企业所得税政策问题的通知》(财税〔2009〕27号)规定，企业为在本企业任职或受雇的全体员工支付的补充养老保险、补充医疗保险费，分别在不超过职工工资总额5%标准内的部分，在计算应纳税所得额时准予扣除，超过的部分不予扣除。这里强调了为全体员工支付的补充养老保险、补充医疗保险费可以扣除。这里所说的必须是“全体员工”，只是为公司高管而购买的补充养老保险和补充医疗保险不符合文件规定，不能予以税前扣除。

1.2.5.19 企业为职工体检产生的费用能否税前扣除

《国家税务总局关于企业工资薪金及职工福利费扣除问题的通知》(国税函〔2009〕3号)规定，企业职工福利费，包括为职工卫生保健、生活、住房、交通等所发放的各项补贴和非货币性福利。企业为员工进行体检实际发生的费用可作为企业职工福利费在税前扣除。

1.2.5.20 企业职工食堂的涉税问题是什么

企业职工食堂涉税问题主要有三种情况：

(1) 企业自办职工食堂经费补贴或未办职工食堂统一供应午餐支出，在职工福利费中列支。

(2) 未统一供餐而按月发放的午餐费补贴，应纳入职工工资总额，准予扣除。

(3) 企业未采取经费补助而是列入管理费用科目进行核算的自办食堂采购食材，其采购食材取得凭证应按《企业所得税税前扣除凭证管理办法》处理，根据对应的情况确定是否应当取得发票。

1.2.5.21 企业发生的差旅费支出能否税前扣除

企业根据生产经营实际情况，自行制定本企业的差旅费报销制度。企业发生的与其经营活动有关的合理的差旅费，应能够提供证明其真实性的有效凭证和相关证明材料，否则，不得在税前扣除。差旅费的证明材料应包括出差人员姓名、地点、时间、工作任务、支付凭证等。

1.2.5.22 用工单位给劳务派遣员工发放礼品，能否在企业所得税税前扣除

《国家税务总局关于企业工资薪金和职工福利费等支出税前扣除问题的公告》(国家税务总局公告2015年第34号)规定，企业接受外部劳务派遣用工所实际发生的费用，应分两种情况按规定在税前扣除：

(1) 按照协议(合同)约定直接支付给劳务派遣公司的费用，应作为劳务费支出。

(2) 直接支付给员工个人的费用，应作为工资、薪金支出和职工福利费支出。其中，属于工资、薪金支出的费用，准予计入企业工资薪金总额的基数，作为计算其他各项相关费用扣除的依据。

《企业所得税法实施条例》规定，企业发生的职工福利费支出，不超过工资、薪金总额14%的部分，准予扣除。用工单位给劳务派遣员工发放礼品，应作为职工福利费，不超过工资、薪金总额14%的部分，可以在企业所得税税前扣除。

1.2.5.23 高温津贴与防暑降温费在税务处理上有何区别

(1) 高温津贴与防暑降温费的定义及两者区别。

高温津贴。根据《关于印发〈防暑降温措施管理办法〉的通知》(安监总安健〔2012〕89号)的规定，劳动者从事高温作业的，依法享受岗位津贴。用人单位安排劳动者在35℃以上高温天气从事室外露天作业及不能采取有效措施将工作场所温度降低到33℃以下的，应当向劳动者发放高温津贴，并纳入工资总额。高温津贴标准由省级人力资源社会保障行政部门会同有关部门制定，并根据社会经济发展状况适

时调整。能够领取高温津贴者必须是在高温下工作的岗位职工,高温补贴并非每个劳动者都有,劳动者在高温天气下露天工作及不能采取有效措施将工作场所温度降低到33℃以下的,才能获得高温津贴。

防暑降温费。企业为夏季在岗的员工以现金或实物形式发放用于防暑降温的福利。防暑降温费和高温津贴属于两个不同的费用,防暑降温费不能充抵高温津贴。

高温津贴与防暑降温费的区别。高温津贴是为在高温下工作的人提供的津贴,是工资的一部分,只能以现金发放,不得借故以实物如饮料等发放。而且高温津贴不是所有人都能领取,只有那些在35℃以上高温天气下从事室外露天作业,或者虽然人在室内,但工作场所温度在33℃及以上的职工,才能拿到高温津贴。防暑降温饮料不得充抵高温津贴,就是说高温津贴不得以福利支出抵扣。防暑降温费是福利的一种,目的是"防暑降温",对工作环境是否高温没有特别要求,可以以现金发放,也可以以实物如饮料等发放。只要用人单位愿意提供这项福利,每个工作人员都可以领取获得,不像高温津贴那样有严格的温度要求。

(2) 企业所得税高温津贴与防暑降温费涉税处理。

《企业所得税法实施条例》第三十四条规定,企业发生的合理的工资、薪金支出,准予扣除。上述所称工资、薪金,是指企业每一纳税年度支付给在本企业任职或者受雇的员工的所有现金形式或者非现金形式的劳动报酬,包括基本工资、奖金、津贴、补贴、年终加薪、加班工资,以及与员工任职或者受雇有关的其他支出。用人单位向劳动者发放纳入工资总额计算的高温补贴可以直接在企业所得税税前扣除。

根据《国家税务总局关于企业工资薪金及职工福利费扣除问题的通知》(国税函〔2009〕3号)第三条"关于职工福利费扣除问题"的相关规定,企业职工福利费包括以下内容:为职工卫生保健、生活、住房、交通等所发放的各项补贴和非货币性福利,包括企业向职工发放的因公外地就医费用、未实行医疗统筹企业职工医疗费用、职工供养直系亲属医疗补贴、供暖费补贴、职工防暑降温费、职工困难补贴、救济费、职工食堂经费补贴、职工交通补贴等。企业为职工支付的具有福利性质的职工防暑降温费不能直接在企业所得税税前扣除,应当按照职工福利费扣除限额标准在税前列支扣除,即企业发生的职工福利费支出,不超过工资、薪金总额14%的部分,准予扣除。因此,防暑降温费在职工福利费内列支。

1.2.5.24 企业支付给劳动者的竞业限制补偿金能否税前扣除

竞业限制是用人单位对负有保守用人单位商业秘密的劳动者,在劳动合同、知识产权权利归属协议或技术保密协议中约定的竞业限制条款,即劳动者在终止或解除劳动合同后的一定期限内不得在生产同类产品、经营同类业务或有其他竞争关系的用人单位任职,也不得自己生产与原单位有竞争关系的同类产品或经营同类业务。限制时间由当事人事先约定,但不得超过两年。当事人在劳动合同或者保密协议中约定竞业限制条款的,必须同时约定经济补偿的内容。用人单位应当在终止或解除劳动者劳动合同后,给予劳动者经济补偿。用人单位根据《中华人民共和国劳动合同法》的相关规定,实际支付给负有保密义务劳动者的竞业补偿金,按照合同约定,可凭内部凭证和相关证明材料在税前扣除。

1.2.5.25 银行以预付卡支付给员工的洗衣款何时扣除

【案例1-28】 为提高员工形象,A银行给员工发放统一制作的服饰并按月支付每人每月300元的洗衣款,该洗衣款采用预付卡方式支付,当期没有用完的可以延期到本年度任何一个月使用,请问该银行这笔费用何时扣除?

该银行支付这笔费用分为充值、发放、使用三个环节。对于企业购买、充值预付卡,应在业务实际发生时税前扣除。按照购买或充值、发放和使用等不同情形进行以下税务处理:

(1) 在购买或充值环节,预付卡应作为企业的资产进行管理,购买或充值时发生的相关预付卡(购物卡)支出不得税前扣除。

(2) 在发放环节,凭相关内外部凭证,证明预付卡所有权已发生转移的,根据使用用途进行归类,按照税法规定进行税前扣除(如发放给职工的可作为工资、福利费,用于交际应酬的作为业务招待费进行税前扣除)。

(3) 本企业内部使用的预付卡,在相关支出实际发生时,凭相关凭证在税前扣除。

1.2.5.26 企业以现金形式发放给员工的"五险一金"能否税前扣除

【案例1-29】 A制糖厂雇佣一些季节工从事于生产经营,没有给这些季节工缴纳社保等"五险一金",而是以现金方式发放,请问以现金形式发放的"五险一金"能否税前扣除?

企业所得税政策规定,企业发生的合理的工资、薪金支出,准予扣除。企业依照国务院有关部门或省级人民政府规定的范围和标准为职工缴纳的基本养老保险费、基本医疗保险费、失业保险费、生育保险费等基本社会保险费和住房公积金,准予税前扣除。由此可见,企业只有按规定上缴至有关部门的"五险一金"才能扣除。在合理范围、标准采取现金形式发放给员工的"五险一金"可以作为工资、薪金全额在税前扣除。

1.2.5.27 实行股权激励的上市公司,将未发放的股权列入资本公积是否能税前扣除

《国家税务总局关于我国居民企业实行股权激励计划有关企业所得税处理问题的公告》(国家税务总局公告2012年第18号)规定,上市公司依照《上市公司股权激励管理办法(试行)》要求建立职工股权激励计划,并按我国企业会计准则的有关规定,在股权激励计划授予激励对象时,按照该股票的公允价格及数量,计算确定作为上市公司相关年度的成本或费用,作为换取激励对象提供服务的对价。上述企业建

立的职工股权激励计划，其企业所得税的处理，按以下规定执行：

(1) 对股权激励计划实行后立即可以行权的，上市公司可以根据实际行权时该股票的公允价格与激励对象实际行权支付价格的差额和数量，计算确定作为当年上市公司工资、薪金支出，依照税法规定进行税前扣除。

(2) 对股权激励计划实行后，需待一定服务年限或者达到规定业绩条件(以下简称等待期)方可行权的。上市公司等待期内会计上计算确认的相关成本费用，不得在对应年度计算缴纳企业所得税时扣除。在股权激励计划可行权后，上市公司方可根据该股票实际行权时的公允价格与当年激励对象实际行权支付价格的差额及数量，计算确定作为当年上市公司工资、薪金支出，依照税法规定进行税前扣除。

(3) 所指股票实际行权时的公允价格，以实际行权日该股票的收盘价格确定。

因此，上市公司在等待期间，会计上已根据股票的公允价格、数量计算出总额确认相关的成本，其对应科目为待结转“其他资本公积”，不得在对应年度税前扣除。

风险提示

(1) 以权益结算的股份支付在等待期内计入当期损益的管理费用是不能直接扣除的，只能以行权时股份公允价值减去员工支付金额的差额及数量计算税前扣除额进行扣除。

(2) 股权激励授予集团内其他企业人员的股份支付，在会计处理上与授予本企业员工是一样的，但非本企业的员工授予的股权激励不得在本企业扣除。

1.2.5.28 企业为员工代付的个人所得税能否税前扣除

【案例 1-30】 A 公司为生物制药企业，2020 年引入高端人才，与引入人员签订聘用合同，合同约定应由个人缴纳的个人所得税由企业负担，请问企业代缴个人所得税能否税前扣除?

《国家税务总局关于雇主为雇员承担全年一次性奖金部分税款有关个人所得税计算方法问题的公告》(国家税务总局公告 2011 年第 28 号)规定，雇主为雇员负担的个人所得税款，应属于个人工资、薪金的一部分。凡单独作为企业管理费列支的，在计算企业所得税时不得税前扣除。由此可见，A 公司为员工负担个人所得税不得税前扣除。

1.2.5.29 企业提取的工会经费没有拨缴能否税前扣除

企业在计算应纳税所得额以权责发生制为原则，属于当期的收入和费用，不论款项是否收付，均作为当期的收入和费用；不属于当期的收入和费用，均不作为当期的收入和费用。企业拨缴的职工工会经费，不超过工资、薪金总额 2%的部分，凭工会组织开具的《工会经费收入专用收据》在企业所得税税前扣除。因此，企业提取的工会经费没有拨缴不能税前扣除。

1.2.5.30　企业举办质量评监会发生费用如何税前列支

【案例 1-31】　A 公司为高新技术企业，2020 年就开发一项新产品，邀请全公司中层人员、高校教师听取各方面的意见，于 2020 年举办评监会，会议分为两个阶段，前一阶段由公司中层人员参加，第二阶段邀请了有关部门和高校老师等参加。请问发生费用是在会议费还是销售费用、业务招待费列支？

会议开支范围包括住宿费、伙食费、会议室租金、交通费、文件印刷费、医药费等。企业所得税政策规定，企业实际发生的与取得收入有关的、合理的支出，包括成本、费用、税金、损失和其他支出，准予在计算应纳税所得额时扣除。因此，A 公司前一阶段由公司中层人员参加可以作为会议费在税前列支。第二阶段邀请了有关部门和高校老师等发生费用若为推销产品的可作为销售费用列支，如果是符合业务招待费范畴的，可以在业务招待费中列支。

1.2.5.31　企业补缴的社保费在计算应纳税所得额时能否税前扣除

企业应纳税所得额的计算，以权责发生制为原则，属于当期的收入和费用，不论款项是否支付，均作为当期的收入和费用；不属于当期的收入和费用，即使款项已经在当期收付，均不作为当期的收入和费用。

《国家税务总局关于企业所得税应纳税所得额若干税务处理问题的公告》（国家税务总局公告 2012 年第 15 号）规定，对企业发现以前年度实际发生的、按照税收规定应在企业所得税前扣除而未扣除或者少扣除的支出，企业做出专项申报及说明后，准予追补至该项目发生年度计算扣除，但追补确认期限不得超过 5 年。

企业由于上述原因多缴的企业所得税税款，可以在追补确认年度企业所得税应纳税款中抵扣，不足抵扣的，可以向以后年度递延抵扣或申请退税。

亏损企业追补确认以前年度未在企业所得税前扣除的支出，或盈利企业经过追补确认后出现亏损的，应首先调整该项支出所属年度的亏损额，然后再按照弥补亏损的原则计算以后年度多缴的企业所得税款，并按上述规定处理。

因此，企业补缴的社保费应做专项申报及说明后追补至该年度税前扣除，追补确认期限不得超过 5 年。

1.2.5.32　员工离职补偿是否可作为计提三项经费的基数

《企业所得税法》规定，企业发生福利费支出，不超过工资、薪金总额部分 14%，拨缴的工会经费，不超过工资、薪金总额 2%的部分，准予在计算应纳税所得额时扣除；职工教育经费支出不超过工资、薪金总额 2.5%的部分，准予在计算应纳税所得额时扣除，超过的部分准予结转扣除。《企业所得税法》所称“工资、薪金总额”是指企业实际发放的工资、薪金总和，不包括企业的职工福利费、职工教育经费、工会经费，以及养老保险金、医疗保险费、失业保险费、工伤保险费、生育保险费和住房公积金。属于国有性质的企业，其工资、薪金，不得超过政府有关部门给予的限定数额；超过部分,不得计入企业工资、薪金总额,也不得在计算企业应纳税所得额。员工离职补偿是会计核算职工薪酬范围,不属于《企业所得税法》工资、薪金总额的范畴,不能作为计提三项经费的基数。

1.2.5.33 筹建期间企业能否提取三项经费

筹建期间是指企业被批准筹建之日起至开始生产、经营(包括试生产、试营业)之日的期间。《企业会计准则》明确"管理费用"科目核算内容包括核算在筹建期间内发生的开办费、董事会和行政管理部门在企业的经营管理中发生的或者应由企业统一负担的公司经费。筹建期间发生费用应归纳管理费用核算,企业在筹建期间不提取三项经费。

政策链接

第四十条 企业发生的职工福利费支出,不超过工资、薪金总额14%的部分,准予扣除。

第四十一条 企业拨缴的工会经费,不超过工资、薪金总额2%的部分,准予扣除。

第四十二条 除国务院财政、税务主管部门另有规定外,企业发生的职工教育经费支出,不超过工资、薪金总额2.5%的部分,准予扣除;超过部分,准予在以后纳税年度结转扣除。

【《中华人民共和国企业所得税法实施条例》第四十条、四十一条、四十二条】

三、关于职工福利费扣除问题

《实施条例》第四十条规定的企业职工福利费,包括以下内容:

(一)尚未实行分离办社会职能的企业,其内设福利部门所发生的设备、设施和人员费用,包括职工食堂、职工浴室、理发室、医务所、托儿所、疗养院等集体福利部门的设备、设施及维修保养费用和福利部门工作人员的工资薪金、社会保险费、住房公积金、劳务费等。

(二)为职工卫生保健、生活、住房、交通等所发放的各项补贴和非货币性福利,包括企业向职工发放的因公外地就医费用、未实行医疗统筹企业职工医疗费用、职工供养直系亲属医疗补贴、供暖费补贴、职工防暑降温费、职工困难补贴、救济费、职工食堂经费补贴、职工交通补贴等。

(三)按照其他规定发生的其他职工福利费,包括丧葬补助费、抚恤费、安家费、探亲假路费等。

四、关于职工福利费核算问题

企业发生的职工福利费,应该单独设置账册,进行准确核算。没有单独设置账册准确核算的,税务机关应责令企业在规定的期限内进行改正。逾期仍未改正的,税务机关可对企业发生的职工福利费进行合理的核定。

【《国家税务总局关于企业工资薪金及职工福利费扣除问题的通知》(国税函〔2009〕3 号)第三条、第四条】

一、自 2010 年 7 月 1 日起，企业拨缴的职工工会经费，不超过工资、薪金总额 2%的部分，凭工会组织开具的《工会经费收入专用收据》在企业所得税税前扣除。

【《国家税务总局关于工会经费企业所得税税前扣除凭据问题的公告》(国家税务总局公告 2010 年第 24 号)第一条】

一、企业福利性补贴支出税前扣除问题

列入企业员工工资、薪金制度，固定与工资、薪金一起发放的福利性补贴，符合《国家税务总局关于企业工资薪金及职工福利费扣除问题的通知》(国税函〔2009〕3 号)第一条规定的，可作为企业发生的工资、薪金支出，按规定在税前扣除。

不能同时符合上述条件的福利性补贴，应作为国税函〔2009〕3 号文件第三条规定的职工福利费，按规定计算限额税前扣除。

二、企业年度汇算清缴结束前支付汇缴年度工资、薪金税前扣除问题

企业在年度汇算清缴结束前向员工实际支付的已预提汇缴年度工资、薪金，准予在汇缴年度按规定扣除。

三、企业接受外部劳务派遣用工支出税前扣除问题

企业接受外部劳务派遣用工所实际发生的费用，应分两种情况按规定在税前扣除：按照协议(合同)约定直接支付给劳务派遣公司的费用，应作为劳务费支出；直接支付给员工个人的费用，应作为工资、薪金支出和职工福利费支出。其中属于工资、薪金支出的费用，准予计入企业工资、薪金总额的基数，作为计算其他各项相关费用扣除的依据。

【《国家税务总局关于企业工资薪金和职工福利费等支出税前扣除问题的公告》(国家税务总局公告 2015 年第 34 号)第一条、第二条、第三条】

一、企业发生的职工教育经费支出，不超过工资、薪金总额 8%的部分，准予在计算企业所得税应纳税所得额时扣除；超过部分，准予在以后纳税年度结转扣除。

【《财政部　税务总局关于企业职工教育经费税前扣除政策的通知》(财税〔2018〕51 号)第一条】

自 2008 年 1 月 1 日起，企业根据国家有关政策规定，为在本企业任职或者受雇的全体员工支付的补充养老保险费、补充医疗保险费，分别在不超过职工工资总额 5%标准内的部分，在计算应纳税所得额时准予扣除；超过的部分，不予扣除。

【《财政部　税务总局关于补充养老保险费、补充医疗保险费有关企业所得税政策问题的通知》(财税〔2009〕27 号)】

一、本公告所称股权激励，是指《管理办法》中规定的上市公司以本公司股票为标的，对其董事、监事、高级管理人员及其他员工(以下简称激励对象)进行的长期性激励。股权激励实行方式包括授予限制性股票、股票期权以及其他法律法规规定的方式。

限制性股票，是指《管理办法》中规定的激励对象按照股权激励计划规定的条件，从上市公司获得的一定数量的本公司股票。

股票期权，是指《管理办法》中规定的上市公司按照股权激励计划授予激励对象在未来一定期限内，以预先确定的价格和条件购买本公司一定数量股票的权利。

二、上市公司依照《管理办法》要求建立职工股权激励计划，并按我国企业会计准则的有关规定，在股权激励计划授予激励对象时，按照该股票的公允价格及数量，计算确定作为上市公司相关年度的成本或费用，作为换取激励对象提供服务的对价。上述企业建立的职工股权激励计划，其企业所得税的处理，按以下规定执行：

（一）对股权激励计划实行后立即可以行权的，上市公司可以根据实际行权时该股票的公允价格与激励对象实际行权支付价格的差额和数量，计算确定作为当年上市公司工资、薪金支出，依照税法规定进行税前扣除。

（二）对股权激励计划实行后，需待一定服务年限或者达到规定业绩条件（以下简称等待期）方可行权的。上市公司等待期内会计上计算确认的相关成本费用，不得在对应年度计算缴纳企业所得税时扣除。在股权激励计划可行权后，上市公司方可根据该股票实际行权时的公允价格与当年激励对象实际行权支付价格的差额及数量，计算确定作为当年上市公司工资、薪金支出，依照税法规定进行税前扣除。

（三）本条所指股票实际行权时的公允价格，以实际行权日该股票的收盘价格确定。

三、在我国境外上市的居民企业和非上市公司，凡比照《管理办法》的规定建立职工股权激励计划，且在企业会计处理上，也按我国会计准则的有关规定处理的，其股权激励计划有关企业所得税处理问题，可以按照上述规定执行。

【《国家税务总局关于我国居民企业实行股权激励计划有关企业所得税处理的公告》(国家税务总局公告 2012 第 18 号)第一条、第二条、第三条】

1.2.6 房地产税前扣除问题

1.2.6.1 以公允价值计量的投资性房地产提取的折旧能否税前扣除

《国家税务总局关于企业所得税应纳税所得额若干税务处理问题的公告》(国家税务总局公告 2012 年第 15 号)第八条规定，根据《企业所得税法》第二十一条的规定，对企业依据财务会计制度规定，并实际在财务会计处理上已确认的支出，凡没有超过《企业所得税法》和有关税收法规规定的税前扣除范围和标准的，可按企业实际会计处理确认的支出，在企业所得税税前扣除，计算其应纳税所得额。

对于以成本模式计量的投资性房地产，由于会计处理已计算折旧或摊销，因此可以按照税法关于固定资产或无形资产(土地使用权)的相关规定计算折旧或摊销从税前扣除。

以公允价值模式计量的投资性房地产是企业的投资资产，不需要通过折旧或摊销的方式予以补偿，因此会计核算不计算折旧或摊销。在税务处理时遵从会计处理方式，按照《国家税务总局关于企业所得税应纳税所得额若干税务处理问题的公告》（国家税务总局公告2012年第15号）第八条的规定，其不属于"实际在财务会计处理上已确认的支出"，因此，以公允价值模式计量的投资性房地产计算折旧或摊销不得从税前扣除。

1.2.6.2 企业购置房产缴纳的房屋维修基金能否一次性计入当期损益

企业发生的支出应分为资本性支出和收益性支出。收益性支出在发生的当期直接扣除；资本性支出应分期扣除，或者计入有关资产成本分期扣除。企业购置房产缴纳的房屋维修基金应作为资本性支出，随同房产一并计算，确定该资产的计税成本及计提折旧或摊销扣除。

1.2.6.3 房地产企业地下停车场所作为公共产品扣除条件是什么，出售地下车位如何进行企业所得税处理

房地产开发企业修建地下停车场所，在税务处理问题上，如果是单独建造的停车场所，应作为成本对象单独核算扣除；如果是利用地下基础设施形成的停车场所，应作为公共配套设施进行处理。出售地下车位按以下方法进行企业所得税处理：

（1）地下停车场所由房地产开发企业自身管理列入其企业固定资产的，作为单独建造的停车场所，成本对象单独核算，按照税法规定的年限提取折旧。房地产开发企业取得的出售地下停车场所收入，无论是一次性收取，或采取收取租金方式收取，按照配比原则，分期计算收入。

（2）地下停车场所是利用地下基础设施形成的，应作为公共配套设施进行处理。房地产开发企业取得的出售地下停车场所收入，无论采取一次性收取，或租金方式收取，均应按照合同（协议）约定的应收取款项日期确认收入的实现。

（3）计算企业所得税时，可售车位的开发成本应与其他开发产品一样，正常分摊共同成本，分摊方法可以按照《房地产开发经营业务企业所得税处理办法》（国税发〔2009〕31号印发）第二十九条、第三十条的规定进行分摊。利用地下基础设施形成的停车场所，作为公共配套设施进行处理，其成本费用由可售面积承担。

风险提示

房地产企业通常将业务招待费计入"开发间接成本"科目，按《国家税务总局关于印发〈房地产开发经营业务企业所得税处理办法〉的通知》（国税发〔2009〕31号）的规定，开发间接费主要归集的是直接组织与管理开发管理项目所发生的且不能将其归属于特定成本对象费用性支出，主要包括管理人员工资、职工福利费、折旧费、修理费、办公费、水电费、劳保费、工程管理费、周转房摊销及项目营销设施建造费等，并不含业务招待费。因此，房地产开发经营企业在进行会计核算时不应将业务招待入"开发间接成本"，若有计入的则应进行调整。

政策链接

第三十三条　企业单独建造的停车场所,应作为成本对象单独核算。利用地下基础设施形成的停车场所,作为公共配套设施进行处理。

【《国家税务总局关于印发〈房地产开发经营业务企业所得税处理办法〉的通知》(国税发〔2009〕31号)第三十三条】

1.2.7　资产、资产折旧等扣除问题

1.2.7.1　企业通过法院拍卖取得的资产如何确定计税基础

【案例1-32】　A公司2020年通过法院拍卖取得B公司的一块土地,该块土地原在银行抵押价款为500万元,法院拍卖价款为800万元,支付税费为50万元(含原应当由转让方缴纳的),请问A公司取得该土地计税基础是多少?

按现行税法规定,企业的各项资产包括固定资产、生物资产、无形资产、长期待摊费用、投资资产、存货等,以历史成本为计税基础。历史成本是指企业取得该项资产时实际发生的支出。企业持有各项资产期间资产增值或者减值,除国务院财政、税务主管部门规定可以确认损益外,不得调整该资产的计税基础。企业在法院拍卖资产过程中竞拍购置资产,凡拍卖公告中约定由买受人承担相关税费才能办理过户手续的,买受人缴纳的税费可计入该资产计税基础,计算折旧或摊销扣除。A公司2020年通过法院拍卖取得B公司的一块土地应以法院拍卖价款为800万元和支付税费为50万元为计税基础。

1.2.7.2　企业购入已使用固定资产其折旧如何扣除

【案例1-33】　A公司2020年年底向B公司购入一台机器,购入价为400万元,发生税费10万元。B公司购入该机器购入价为500万元,至2020年年底已提折旧80万元,账面价值为420万元,请问在计算应纳所得税额其折旧如何扣除?

《企业所得税法》明确规定,企业的各项资产包括固定资产、生物资产、无形资产、长期待摊费用、投资资产、存货等,以历史成本为计税基础。企业持有各项资产期间资产增值或者减值,除国务院财政、税务主管部门规定可以确认损益外,不得调整该资产的计税基础。企业购入是已使用过的固定资产,购入资产的计税基础以购入时的价值确认,对于折旧年限如何确认应区分各种情况分别进行处理:

(1)企业购买已使用过的固定资产,如果出售方能够提供该项资产原始资料(复印件)的,可按税法规定该项资产的剩余年限计算折旧。

(2)企业购买已使用过的固定资产,出售方不能提供该项资产原始资料,也不能提供有资质的中介机构对该项资产评估报告的,应按照税法规定的折旧年限计算折旧。在实际操作中,有许多企业采取了设备几成新与税法规定折旧年限相乘作为计提折旧计算年限。

(3) 企业购买已使用过的固定资产，如符合《财政部 国家税务总局关于完善固定资产加速折旧企业所得税政策的通知》(财税〔2014〕75号)、《财政部 国家税务总局关于进一步完善固定资产加速折旧企业所得税政策的通知》(财税〔2015〕106号)、《财政部 税务总局关于设备 器具扣除有关企业所得税政策的通知》(财税〔2018〕54号)和《财政部 税务总局关于扩大固定资产加速折旧优惠政策适用范围的公告》(财政部 税务总局公告2019年第66号)规定条件的，可以选择一次性扣除或缩短折旧年限。其中，采取缩短折旧年限加速折旧的，其最低折旧年限不得低于《企业所得税法实施条例》规定的最低折旧年限减去已使用年限后剩余年限的60%。最低折旧年限一经确定，一般不得变更。A公司购入B公司机器，应以购入价和相关税费作为计税基础，可根据实际情况，依上述三种情况自行选择折旧年限。

1.2.7.3 《资产损失所得税税前扣除管理办法》将资产损失的证据分为外部证据、内部证据，外部证据有一要求提供专业技术部门鉴定报告，请问2020年汇算清缴时企业税前扣除资产损失是否还需留存备查专业技术鉴定意见(报告)或法定资质中介机构出具的专项报告

为贯彻落实党中央、国务院关于减证便民、优化服务的部署要求，国家税务总局出台的《国家税务总局关于取消20项税务证明事项的公告》(国家税务总局公告2018年第65号)规定，企业税前扣除资产损失不再留存专业技术鉴定意见(报告)或法定资质中介机构出具的专项报告。改为纳税人留存备查自行出具的有法定代表人、主要负责人和财务负责人签章证实有关损失的书面申明。

1.2.7.4 整批购入大型设备超过500万元，但单位价值低于500万元，可以选择在一次性税前扣除吗

【案例1-34】 A公司2020年6月份整批购入大型设备总价为1.4亿元，但单位价值均低于500万元，请问能否选择一次性扣除政策？

《财政部 税务总局关于设备、器具扣除有关企业所得税政策的通知》(财税〔2018〕54号)规定，企业在2018年1月1日至2020年12月31日新购进的设备、器具，单位价值不超过500万元的，允许一次性计入当期成本费用在计算应纳税所得额时扣除，不再分年度计算折旧；单位价值超过500万元的，仍按《企业所得税法实施条例》《财政部 国家税务总局关于完善固定资产加速折旧企业所得税政策的通知》(财税〔2014〕75号)、《财政部 国家税务总局关于进一步完善固定资产加速折旧企业所得税政策的通知》(财税〔2015〕106号)等相关规定执行。这里所称设备、器具，是指除房屋、建筑物以外的固定资产。公司整批购入大型设备总价为1.4亿元，但单位价值均低于500万元可选择一次性税前扣除政策。

1.2.7.5 购入大型设备单位价值低于500万元，可以选择分年度税前扣除吗

《国家税务总局关于设备器具扣除有关企业所得税政策执行问题的公告》(国家

税务总局公告2018年第46号)规定,企业在2018年1月1日至2020年12月31日新购进的设备、器具,单位价值不超过500万元的,允许一次性计入当期成本费用在计算应纳税所得额时扣除,不再分年度计算折旧。固定资产在投入使用月份的次月所属年度一次性税前扣除。

这里的"一次性计入"是允许,而非强制,企业可以根据自身实际情况决定选择一次性税前扣除或按规定计提折旧分年度扣除。但一旦选择一次性税前扣除,则必须在投入使用月份的次月所属年度一次性税前扣除,而不能随意分年度扣除。

1.2.7.6 企业融资经营方式取得固定资产(设备),单位价值低于500万元的可以选择一次性税前扣除政策吗

企业采用融资租赁方式租入的固定资产,在法律形式上资产的所有权在租赁期间仍然属于出租人,但由于资产的租赁期基本上包括了资产的有效使用期限,承租企业实质上获得了租赁资产所能提供的主要经济利益,同时承担了与资产所有权有关风险。承租企业将融资租入资产作为一项固定资产入账,同时确认相应的负债,并采用与自有应计提折旧资产相一致的折旧政策计提折旧。

《国家税务总局关于设备 器具扣除有关企业所得税政策执行问题的公告》(国家税务总局公告2018年第46号)规定,企业在2018年1月1日至2020年12月31日新购进的设备、器具,单位价值不超过500万元的,允许一次性计入当期成本费用在计算应纳税所得额时扣除,不再分年度计算折旧。所称设备、器具,是指除房屋、建筑物以外的固定资产。所称购进,包括以货币形式购进或自行建造,其中以货币形式购进的固定资产包括购进的使用过的固定资产。以货币形式购进的固定资产,以购买价款和支付的相关税费及直接归属于使该资产达到预定用途发生的其他支出确定单位价值;自行建造的固定资产,以竣工结算前发生的支出确定单位价值。

固定资产购进时点按以下原则确认:以货币形式购进的固定资产,除采取分期付款或赊销方式购进外,按发票开具时间确认;以分期付款或赊销方式购进的固定资产,按固定资产到货时间确认;自行建造的固定资产,按竣工结算时间确认。

融资租赁方式租入的固定资产不符合《国家税务总局关于设备 器具扣除有关企业所得税政策执行问题的公告》(国家税务总局公告2018年第46号)列举购入资产的方式,不得选择一次性税前扣除政策。

1.2.7.7 查账征收的个人独资企业购买设备能选择一次性税前扣除政策吗

《企业所得税法》第一条规定,在中华人民共和国境内,企业和其他取得收入的组织为企业所得税的纳税人,依照本法的规定缴纳企业所得税。个人独资企业、合伙企业不适用本法。

《财政部 税务总局关于设备 器具扣除有关企业所得税政策的通知》(财税〔2018〕54号)规定,企业在2018年1月1日至2020年12月31日新购进的设备、器

具，单位价值不超过500万元的，允许一次性计入当期成本费用在计算应纳税所得额时扣除，不再分年度计算折旧。

个人独资企业不缴纳企业所得税，不属于缴纳企业所得税的企业，不适用于《财政部　税务总局关于设备 器具扣除有关企业所得税政策的通知》(财税〔2018〕54号)。

1.2.7.8　燃气公司的地下输气管道，在税法上折旧年限为几年

《企业所得税法实施条例》第六十条规定，除国务院财政、税务主管部门另有规定外，固定资产计算折旧的最低年限如下：

(1) 房屋、建筑物，为20年。

(2) 飞机、火车、轮船、机器、机械和其他生产设备，为10年。

(3) 与生产经营活动有关的器具、工具、家具等，为5年。

(4) 飞机、火车、轮船以外的运输工具，为4年。

(5) 电子设备，为3年。

在固定资产分类与代码中，输油管道、输气管道属于"3030000 石油和化学工业专用设备"。燃气公司的地下输气管道属于其他生产设备，在税法上最低折旧年限为10年。

1.2.7.9　企业初次购置增值税税控系统专用设备支付的费用和技术维护费用可否税前扣除

按照《财政部　国家税务总局关于增值税税控系统专用设备和技术维护费用抵减增值税税额有关政策的通知》(财税〔2012〕15号)的规定，增值税纳税人2011年12月1日(含，下同)以后初次购买增值税税控系统专用设备(包括分开票机)支付的费用，可凭购买增值税税控系统专用设备取得的增值税专用发票，在增值税应纳税额中全额抵减(抵减额为价税合计额)，不足抵减的可结转下期继续抵减。增值税纳税人非初次购买增值税税控系统专用设备支付的费用，由其自行负担，不得在增值税应纳税额中抵减。因此，对增值税纳税人抵减增值税应纳税额的初次购买增值税税控系统专用设备支付的费用和技术维护费，已经在增值税应纳税额中全额抵减，不得在企业所得税税前扣除。

1.2.7.10　租赁期间融资租赁资产无法取得全额发票，税前如何扣除

融资租赁是指出租人根据承租人对租赁物件的特定要求和对供货人的选择，出资向供货人购买租赁物件，并租给承租人使用，承租人则分期向出租人支付租金。在租赁期内，租赁物件的所有权属于出租人所有，承租人拥有租赁物件的使用权。租期届满，租金支付完毕，并且承租人根据融资租赁合同的规定履行完全部义务后，对租赁物的归属没有约定的或者约定不明的，可以协议补充；不能达成补充协议的，按照合同有关条款或者交易习惯确定；仍然不能确定的，租赁物件所有权归出租人所有。

企业发生融资租赁业务,租赁期间无法取得全额发票,承租方在取得融资租赁资产时,以融资租赁协议中约定的总的支付金额和相关税费作为计税基础,凭融资租赁协议,按照税法有关规定计提的折旧,允许在税前扣除。

1.2.7.11 企业股东投资未到位,发生股权转让,其股权投资初始投资成本如何确认

按现行税法规定,企业对外投资期间,投资资产的成本在计算应纳税所得额时不得扣除。投资资产,是指企业对外进行权益性投资和债权性投资形成的资产。企业在转让或者处置投资资产时,投资资产的成本,准予扣除。投资资产按照以下方法确定成本:

(1) 通过支付现金方式取得的投资资产,以购买价款为成本。

(2) 通过支付现金以外的方式取得的投资资产,以该资产的公允价值和支付的相关税费为成本。

企业股东投资未到位,发生股权转让,其初始投资成本按照实际出资额确定。

1.2.7.12 企业发生装修费如何在税前扣除

【案例 1-35】 A农商银行2015年经批准成立,同年购入一地产作为营业厅使用,并对其进行装修,共花费200万元。该银行将装修费作为长期待摊费用进行摊销,摊销年限为10年。2020年因经营需要对该营业厅再次装修,请问没有摊销完的费用能否一次扣除?

按现行企业所得税政策的规定,企业对房屋、建筑物进行装修发生的支出,应作为长期待摊费用,自支出发生月份的次月起,分期摊销,摊销年限不得低于3年。A农商银行2015年对营业厅进行装修,2020年因经营需要对该营业厅再次装修,尚未摊销的装修费用与以后各期的收入无关,因此不需继续按照合同约定的剩余租赁期限分期摊销。企业可依据相关凭证,将剩余尚未摊销的装修费余额在停止使用当年一次性扣除。

1.2.7.13 制造业领域购置单价不超过500万元的办公楼能否享受加速折旧企业所得税政策,一次性扣除政策呢

自2019年1月1日起,适用《财政部 国家税务总局关于完善固定资产加速折旧企业所得税政策的通知》(财税〔2014〕75号)和《财政部 国家税务总局关于进一步完善固定资产加速折旧企业所得税政策的通知》(财税〔2015〕106号)规定的固定资产加速折旧优惠的行业范围,扩大至全部制造业领域。

《财政部 税务总局关于设备 器具扣除有关企业所得税政策的通知》(财税〔2018〕54号)规定,企业在2018年1月1日至2020年12月31日新购进的设备、器具,单位价值不超过500万元的,允许一次性计入当期成本费用在计算应纳税所得额时扣除,不再分年度计算折旧。本通知所称设备、器具,是指除房屋、建筑物以外的固定资产。

由此可见，购置单价不超过500万元的办公楼不能享受一次性在企业所得税前扣除的政策，但可以享受固定资产加速折旧的政策。

1.2.7.14 以预付款的形式购入单位价值不超过500万元的固定资产能否分期税前扣除

【案例1-36】 A纺织公司2020年6月与B公司签订合同，合同约定B公司在8月向A公司销售一机器设备单价450万元，约定合同签订之日A公司支付设备总价款10%，计45万元，剩余的价款到机器设备安装完毕验收后一次性付清。8月，A公司收到该设备，并将其作为固定资产入账并投入使用，但2021年5月才付清尾款并取得发票。请问能否在计算应纳税所得额时选择一次性扣除政策，并在2020年、2021年分期计入当期成本费用？

《国家税务总局关于设备 器具扣除有关企业所得税政策执行问题的公告》(国家税务总局公告2018年第46号)规定，企业在2018年1月1日至2020年12月31日新购进的设备、器具，单位价值不超过500万元的，允许一次性计入当期成本费用在计算应纳税所得额时扣除，不再分年度计算折旧。固定资产购进时点按以下原则确认：以货币形式购进的固定资产，除采取分期付款或赊销方式购进外，按发票开具时间确认；以分期付款或赊销方式购进的固定资产，按固定资产到货时间确认；自行建造的固定资产，按竣工结算时间确认。固定资产在投入使用月份的次月所属年度一次性税前扣除。

根据上述规定，企业采用分期付款方式购买固定资产，按固定资产到货时间确认购进时点。购置该设备的费用应在投入使用年度一次性税前扣除，即在2020年计算应纳税所得额时一次性计入当期成本费用。

1.2.7.15 会计折旧年限长于或者短于税法规定的最低折旧年限，汇算清缴时是否进行纳税调整

《国家税务总局关于企业所得税应纳税所得额若干问题的公告》(国家税务总局公告2014年第29号)规定，企业固定资产会计折旧年限如果短于税法规定的最低折旧年限，其按会计折旧年限计提的折旧高于按税法规定的最低折旧年限计提的折旧部分，应调增当期应纳税所得额；企业固定资产会计折旧年限已期满且会计折旧已提足，但税法规定的最低折旧年限尚未到期且税收折旧尚未足额扣除，其未足额扣除的部分准予在剩余的税收折旧年限继续按规定扣除。企业固定资产会计折旧年限如果长于税法规定的最低折旧年限，其折旧应按会计折旧年限计算扣除，税法另有规定除外。企业按会计规定提取的固定资产减值准备，不得税前扣除，其折旧仍按税法确定的固定资产计税基础计算扣除。企业按税法规定实行加速折旧的，其按加速折旧办法计算的折旧额可全额在税前扣除。

《国家税务总局关于企业所得税应纳税所得额若干税务处理问题的公告》(国家税

务总局公告 2012 年第 15 号)规定,企业依据财务会计制度规定,并在实际会计处理上已确认的支出,凡未超过《企业所得税法》和有关税收法规规定的税前扣除范围和标准的,可按企业实际会计处理确认的支出,在企业所得税前扣除,计算其应纳税所得额。

根据上述规定,如果会计折旧年限长于税法规定的最低折旧年限,汇算清缴时则不需要进行纳税调整;如果会计折旧年限短于税法规定的最低折旧年限,汇算清缴时则应进行纳税调整。

1.2.7.16 目前固定资产加速折旧税收政策具体有哪些

为提高企业加大设备投资、更新改造及科技创新的积极性,促进我国制造业实现转型升级,提高产业国际竞争力,国家陆续出台了固定资产加速折旧税收政策,现归纳如表 1-6 所示。

表 1-6 固定资产加速折旧税收政策明细表

序号	范围	内容	文号	执行时间
1	1. 由于技术进步,产品更新换代较快的 2. 常年处于强震动、高腐蚀状态的	1. 企业拥有并用于生产经营的主要或关键的固定资产,由于范围列示的原因确需加速折旧的,可以缩短折旧年限或者采取加速折旧的方法。 2. 企业采取固定资产加速折旧方法的,可以采用双倍余额递减法或者年数总和法。加速折旧方法一经确定,一般不得变更。 3. 企业采取缩短折旧年限方法的,对其购置的新固定资产,最低折旧年限不得低于《企业所得税法实施条例》第六十条规定的折旧年限的 60%;若为购置已使用过的固定资产,其最低折旧年限不得低于《企业所得税法实施条例》规定的最低折旧年限减去已使用年限后剩余年限的 60%。最低折旧年限一经确定,一般不得变更。	《国家税务总局关于企业固定资产加速折旧所得税处理有关问题的通知》(国税发〔2009〕81 号)	自 2008 年 1 月 1 日起执行
2	生物药品制造业,专用设备制造业,铁路、船舶、航空航天和其他运输设备制造业,计算机、通信和其他电子设备制造业,仪器仪表制造业,信息传输、软件和信息技术服务业等六个行业	1. 六个行业的小型微利企业 2014 年 1 月 1 日后新购进的研发和生产经营共用的仪器、设备,单位价值不超过 100 万元的,允许一次性计入当期成本费用在计算应纳税所得额时扣除,不再分年度计算折旧。 2. 单位价值超过 100 万元的,可缩短折旧年限或采取加速折旧的方法。 3. 对所有行业企业 2014 年 1 月 1 日后新购进的专门用于研发的仪器、设备,单位价值不超过 100 万元的,允许一次性计入当期成本费用在计算应纳税所得额时扣除,不再分年度计算折旧;单位价值超过 100 万元的,可缩短折旧年限或采取加速折旧的方法。 4. 对所有行业企业持有的单位价值不超过 5 000 元的固定资产,允许一次性计入当期成本费用在计算应纳税所得额时扣除,不再分年度计算折旧。	《财政部 国家税务总局关于完善固定资产加速折旧企业所得税政策的通知》(财税〔2014〕75 号)	2014 年 1 月 1 日起执行

（续表）

序号	范围	内容	文号	执行时间
3	对轻工、纺织、机械、汽车等四个领域重点行业的企业 2015 年 1 月 1 日后新购进的固定资产，可由企业选择缩短折旧年限或采取加速折旧的方法	1. 对轻工、纺织、机械、汽车等四个领域重点行业的企业 2015 年 1 月 1 日后新购进的固定资产，可由企业选择缩短折旧年限或采取加速折旧的方法。 2. 对轻工、纺织、机械、汽车行业的小型微利企业 2015 年 1 月 1 日后新购进的研发和生产经营共用的仪器、设备，单位价值不超过 100 万元的，允许一次性计入当期成本费用在计算应纳税所得额时扣除，不再分年度计算折旧；单位价值超过 100 万元的，可由企业选择缩短折旧年限或采取加速折旧的方法。 3. 企业按上述第 1 和 2 条规定缩短折旧年限的，最低折旧年限不得低于《企业所得税法实施条例》第六十条规定折旧年限的 60%；采取加速折旧方法的，可采取双倍余额递减法或者年数总和法。	《财政部 国家税务总局关于进一步完善固定资产加速折旧企业所得税政策的通知》（财税〔2015〕106 号）	2015 年 1 月 1 日起执行
4	2018 年 1 月 1 日至 2020 年 12 月 31 日新购进的设备、器具（除房屋、建筑物以外的固定资产）	1. 企业在 2018 年 1 月 1 日至 2020 年 12 月 31 日新购进的设备、器具，单位价值不超过 500 万元的，允许一次性计入当期成本费用在计算应纳税所得额时扣除，不再分年度计算折旧。 2. 单位价值超过 500 万元的，仍按《企业所得税法实施条例》《财政部 国家税务总局关于完善固定资产加速折旧企业所得税政策的通知》（财税〔2014〕75 号）、《财政部 国家税务总局关于进一步完善固定资产加速折旧企业所得税政策的通知》（财税〔2015〕106 号）等相关规定执行。	《财政部 税务总局关于设备、器具扣除有关企业所得税政策的通知》（财税〔2018〕54 号）	2018 年 1 月 1 日至 2020 年 12 月 31 日
5	全部制造业	自 2019 年 1 月 1 日起，适用《财政部 国家税务总局关于完善固定资产加速折旧企业所得税政策的通知》（财税〔2014〕75 号）和《财政部 国家税务总局关于进一步完善固定资产加速折旧企业所得税政策的通知》（财税〔2015〕106 号）规定固定资产加速折旧优惠的行业范围，扩大至全部制造业领域。	《财政部 税务总局关于扩大固定资产加速折旧优惠政策适用范围的公告》（财政部 税务总局公告 2019 年第 66 号）	自 2019 年 1 月 1 日起

1.2.7.17 企业向其关联方无偿借入机器设备所发生的维修费、运输费等费用能否税前扣除

【案例 1-37】 A 公司 2020 年因生产经营需要无偿向其关联方 B 公司借入一机器设备，发生运输费、装卸费、修理费能否在税前扣除？

企业所得税政策规定，企业发生与取得收入有关的、合理的支出，包括成本、费用、税金、损失和其他支出，准予在计算应纳税所得额时扣除。

A公司2020年因生产经营需要无偿向其关联方B公司借入一机器设备，发生运输费、装卸费、修理费可以税前扣除。

1.2.7.18 软件开发维护费能否一次性扣除

【案例1-38】 2019年A公司委托B软件开发公司(以下简称B公司)开发一自动化控制程序。根据合同约定，A公司从程序完成的次年开始分3年支付给B公司软件维护费20万元，请问A公司支付给B公司的软件维护费20万元能否一次性扣除?

会计上设立了“长期待摊费用”科目用于核算企业已发生但应由本期和以后年度各期负担分期摊销期限在1年以上的各项费用。税收上则将企业支出分为收益性支出和资本性支出，收益性支出在发生当期直接扣除；资本性支出应当分期或者计入有关资产成本，不得在发生当期直接扣除。企业应纳税所得额的计算，以权责发生制为原则，属于当期的收入和费用，不论款项是否收付，均作为当期的收入和费用；不属于当期的收入和费用，即使款项已经在当期收付，均不作为当期的收入和费用。

因此，按合同约定，A公司从完成程序的次年开始按年支付给B公司的软件维护费应计入当期损益扣除，不能将分3年支付的20万元维护费，一次性扣除。

1.2.7.19 企业按资产评估增值后的价值计提折旧能否税前扣除

《企业所得税法实施条例》规定，企业的各项资产，包括固定资产、生物资产、无形资产、长期待摊费用、投资资产、存货等，以历史成本为计税基础。上述所称历史成本，是指企业取得该项资产时实际发生的支出。

企业持有各项资产期间资产增值或者减值，除国务院财政、税务主管部门规定可以确认损益外，不得调整该资产的计税基础。因此，企业不得按评估增值后的价值计提折旧税前扣除，而应按历史成本计提的折旧税前扣除。

1.2.7.20 无法取得产权登记的房产能否计提折旧

【案例1-39】 A公司1990年利用自有的土地建造办公楼，因历史原因无法办理产权登记。2020年，税务机关在进行纳税评估发现此情况并对其已提折旧600万元进行调增，请问无法取得产权登记的房产能否计提折旧?

《企业所得税法》规定，企业实际发生的与取得收入有关的、合理的支出，包括成本、费用、税金、损失和其他支出，准予在计算应纳税所得额时扣除。在计算应纳税所得额时，企业按照规定计算的固定资产折旧，准予扣除。

下列固定资产不得计算折旧扣除：

(1) 房屋、建筑物以外未投入使用的固定资产。

(2) 以经营租赁方式租入的固定资产。

(3) 以融资租赁方式租出的固定资产。

(4) 已足额提取折旧仍继续使用的固定资产。

(5) 与经营活动无关的固定资产。

(6) 单独估价作为固定资产入账的土地。

(7) 其他不得计算折旧扣除的固定资产。

根据上述规定,企业为生产经营管理而持有的固定资产,无论其是否取得产权证书,企业按规定计提的折旧在计算企业所得税时可以税前扣除。

1.2.7.21 盘盈固定资产能否计提折旧

企业应当自固定资产投入使用月份的次月起计算折旧。停止使用的固定资产,应当自停止使用月份的次月起停止计算折旧。

企业应当根据固定资产的性质和使用情况,合理确定固定资产的预计净残值。固定资产的预计净残值一经确定,不得变更。盘盈的固定资产,以同类固定资产的重置完全价值为计税基础。企业盘盈固定资产是企业没有入账,在盘点后发现,可以以同类固定资产的重置完全价值为计税基础,并按税法规定计提折旧。

风险提示

《财政部关于印发〈企业会计准则——应用指南〉的通知》(财会〔2006〕18 号)附件《会计科目和主要账务处理》规定,待处理财产损溢科目,核算企业在清查财产过程中查明的各种财产盘盈、盘亏和毁损的价值。物资在运输途中发生的非正常短缺与损耗,也通过本科目核算。企业如有盘盈固定资产的,应作为前期差错记入"以前年度损益调整"科目。税法规定资产溢余收入属于当年应税收入,税会处理存在差异,很多会计在企业所得税申报时经常没有将盘盈的固定资产计入收入。

1.2.7.22 以分期付款或赊销方式购进的固定资产,能否享受固定资产一次性扣除政策

《国家税务总局关于设备 器具扣除有关企业所得税政策执行问题的公告》(国家税务总局公告 2018 年第 46 号)规定,企业在 2018 年 1 月 1 日至 2020 年 12 月 31 日新购进的设备、器具,单位价值不超过 500 万元的,允许一次性计入当期成本费用在计算应纳税所得额时扣除,不再分年度计算折旧。设备、器具,是指除房屋、建筑物以外的固定资产。购进,包括以货币形式购进或自行建造,其中以货币形式购进的固定资产包括购进的使用过的固定资产。以货币形式购进的固定资产,以购买价款和支付的相关税费及直接归属于使该资产达到预定用途发生的其他支出确定单位价值。自行建造的固定资产,以竣工结算前发生的支出确定单位价值。固定资产购进时点按以下原则确认:以货币形式购进的固定资产,除采取分期付款或赊销方式购进外,按发票开具时间确认;以分期付款或赊销方式购进的固定资产,按固定资产到货时间确认;自行建造的固定资产,按竣工结算时间确认。

因此,以分期付款或赊销方式购进的固定资产,单位价值不超过 500 万元的,可以享受一次性扣除政策。

1.2.7.23 单位价值不超过500万元的设备、器具,允许一次性计入当期成本费用在计算应纳税所得额时扣除,是否有行业限制

《财政部 税务总局关于设备、器具扣除有关企业所得税政策的通知》(财税〔2018〕54号)明确规定,企业在2018年1月1日至2020年12月31日新购进的设备、器具,单位价值不超过500万元的,允许一次性计入当期成本费用在计算应纳税所得额时扣除,不再分年度计算折旧;单位价值超过500万元的,仍按《企业所得税法实施条例》《财政部 国家税务总局关于完善固定资产加速折旧企业所得税政策的通知》(财税〔2014〕75号)、《财政部 国家税务总局关于进一步完善固定资产加速折旧企业所得税政策的通知》(财税〔2015〕106号)等相关规定执行。由此可见,单位价值不超过500万元的设备、器具,允许一次性计入当期成本费用在计算应纳税所得额时扣除,没有行业的限制,但应不属于国家禁止、限制行业。

1.2.7.24 2020年12月购入的固定资产,2021年1月开始计提折旧,请问能否允许一次性计入当期成本费用

《财政部 税务总局关于设备、器具扣除有关企业所得税政策的通知》(财税〔2018〕54号)明确规定,企业在2018年1月1日至2020年12月31日新购进的设备、器具,单位价值不超过500万元的,允许一次性计入当期成本费用在计算应纳税所得额时扣除,不再分年度计算折旧。因此,凡在此期间新购进的均可享受此项政策。

1.2.7.25 某企业购入单位价值不超过500万元的固定资产时为制造业企业,因生产经营主营业务收入发生了变化,行业已不符合制造业标准,请问该企业能否享受一次性计入当期成本费用在计算应纳税所得额时扣除政策

《财政部 国家税务总局关于设备器具扣除有关企业所得税政策的通知》(财税〔2018〕54号)规定,企业在2018年1月1日至2020年12月31日新购进的设备、器具,单位价值不超过500万元的,允许一次性计入当期成本费用在计算应纳税所得额时扣除,不再分年度计算折旧。《财政部 税务总局关于扩大固定资产加速折旧优惠政策适用范围的公告》(财政部 税务总局公告2019年第66号)规定,自2019年1月1日起,适用《财政部 国家税务总局关于完善固定资产加速折旧企业所得税政策的通知》(财税〔2014〕75号)和《财政部 国家税务总局关于进一步完善固定资产加速折旧企业所得税政策的通知》(财税〔2015〕106号)规定固定资产加速折旧优惠的行业范围,扩大至全部制造业领域。

判断企业是否属于制造业,是以固定资产投入使用当年的主营业务收入占企业收入总额50%(不含)以上的企业来进行判断,企业在生产经营过程中,主营业务收入占比可能会发生变化,应以新购置并使用固定资产当年数据为标准,判断是否享受优惠政策。以后年度发生变化的,不影响企业享受优惠政策。

风险提示

(1) 在计算应纳税所得额时，房屋、建筑物以外未投入使用的固定资产，以经营租赁方式租入的固定资产，以融资租赁方式租出的固定资产，已足额提取折旧仍继续使用的固定资产，与经营活动无关的固定资产，单独估价作为固定资产入账的土地，其他不得计算折旧扣除的固定资产不得计算折旧扣除。

(2) 在计算应纳税所得额时，自行开发的支出已在计算应纳税所得额时扣除的无形资产，自创商誉，与经营活动无关的无形资产，其他不得计算摊销费用扣除的无形资产不得计算摊销扣除。

(3) 不征税收入对应的支出不允许税前扣除。

(4) 企业持有各项资产期间增值或减值，除国务院财政、税务主管部门规定可以确认损益外，不得调整该资产的计算基础。

(5) 对于使用过固定资产应按尚可使用年限合理确认折旧年限。

(6) 国有企业改制上市过程中发生的资产评估增值，应缴纳的企业所得税可以不征收入库，作为国家投资直接转增该企业国有资本金(含资本公积)，但获得现金及其他非股权对价部分，应按规定缴纳企业所得税。

资产评估增值是指按同一口径计算的评估增值冲抵评估减值后的余额。

政策链接

一、企业在2018年1月1日至2020年12月31日新购进的设备、器具，单位价值不超过500万元的，允许一次性计入当期成本费用在计算应纳税所得额时扣除，不再分年度计算折旧；单位价值超过500万元的，仍按企业所得税法实施条例、《财政部 国家税务总局关于完善固定资产加速折旧企业所得税政策的通知》(财税〔2014〕75号)、《财政部 国家税务总局关于进一步完善固定资产加速折旧企业所得税政策的通知》(财税〔2015〕106号)等相关规定执行。

二、本通知所称设备、器具，是指除房屋、建筑物以外的固定资产。

【《财政部 税务总局关于设备、器具扣除有关企业所得税政策的通知》(财税〔2018〕54号)第一条、第二条】

一、企业在2018年1月1日至2020年12月31日新购进的设备、器具，单位价值不超过500万元的，允许一次性计入当期成本费用在计算应纳税所得额时扣除，不再分年度计算折旧(以下简称一次性税前扣除政策)。

(一) 所称设备、器具，是指除房屋、建筑物以外的固定资产(以下简称固定资产)；所称购进，包括以货币形式购进或自行建造，其中以货币形式购进的固定资产包括购进的使用过的固定资产；以货币形式购进的固定资产，以购买价款和支付的相关税费以及直接归属于使该资产达到预定用途发生的其他支出确定单位价值，自行建造的固定资产，以竣工结算前发生的支出确定单位价值。

(二)固定资产购进时点按以下原则确认:以货币形式购进的固定资产,除采取分期付款或赊销方式购进外,按发票开具时间确认;以分期付款或赊销方式购进的固定资产,按固定资产到货时间确认;自行建造的固定资产,按竣工结算时间确认。

二、固定资产在投入使用月份的次月所属年度一次性税前扣除。

三、企业选择享受一次性税前扣除政策的,其资产的税务处理可与会计处理不一致。

四、企业根据自身生产经营核算需要,可自行选择享受一次性税前扣除政策。未选择享受一次性税前扣除政策的,以后年度不得再变更。

【《国家税务总局关于设备 器具扣除有关企业所得税政策执行问题的公告》(国家税务总局公告2018年第46号)第一条、第二条、第三条、第四条】

一、增值税纳税人2011年12月1日(含,下同)以后初次购买增值税税控系统专用设备(包括分开票机)支付的费用,可凭购买增值税税控系统专用设备取得的增值税专用发票,在增值税应纳税额中全额抵减(抵减额为价税合计额),不足抵减的可结转下期继续抵减。增值税纳税人非初次购买增值税税控系统专用设备支付的费用,由其自行负担,不得在增值税应纳税额中抵减。

增值税税控系统包括:增值税防伪税控系统、货物运输业增值税专用发票税控系统、机动车销售统一发票税控系统和公路、内河货物运输业发票税控系统。

增值税防伪税控系统的专用设备包括金税卡、IC卡、读卡器或金税盘和报税盘;货物运输业增值税专用发票税控系统专用设备包括税控盘和报税盘;机动车销售统一发票税控系统和公路、内河货物运输业发票税控系统专用设备包括税控盘和传输盘。

二、增值税纳税人2011年12月1日以后缴纳的技术维护费(不含补缴的2011年11月30日以前的技术维护费),可凭技术维护服务单位开具的技术维护费发票,在增值税应纳税额中全额抵减,不足抵减的可结转下期继续抵减。技术维护费按照价格主管部门核定的标准执行。

三、增值税一般纳税人支付的二项费用在增值税应纳税额中全额抵减的,其增值税专用发票不作为增值税抵扣凭证,其进项税额不得从销项税额中抵扣。

【《财政部 国家税务总局关于增值税税控系统专用设备和技术维护费用抵减增值税税额有关政策的通知》(财税〔2012〕15号)第一条、第二条、第三条】

一、自2019年1月1日起,适用《财政部 国家税务总局关于完善固定资产加速折旧企业所得税政策的通知》(财税〔2014〕75号)和《财政部 国家税务总局关于进一步完善固定资产加速折旧企业所得税政策的通知》(财税〔2015〕106号)规定固定资产加速折旧优惠的行业范围,扩大至全部制造业领域。

二、制造业按照国家统计局《国民经济行业分类与代码(GB/4754—2017)》确定。今后国家有关部门更新国民经济行业分类与代码,从其规定。

【《财政部 税务总局关于扩大固定资产加速折旧优惠政策适用范围的公告》(财政部 税务总局公告2019年第66号)第一条、第二条】

五、固定资产折旧的企业所得税处理

（一）企业固定资产会计折旧年限如果短于税法规定的最低折旧年限，其按会计折旧年限计提的折旧高于按税法规定的最低折旧年限计提的折旧部分，应调增当期应纳税所得额；企业固定资产会计折旧年限已期满且会计折旧已提足，但税法规定的最低折旧年限尚未到期且税收折旧尚未足额扣除，其未足额扣除的部分准予在剩余的税收折旧年限继续按规定扣除。

（二）企业固定资产会计折旧年限如果长于税法规定的最低折旧年限，其折旧应按会计折旧年限计算扣除，税法另有规定除外。

（三）企业按会计规定提取的固定资产减值准备，不得税前扣除，其折旧仍按税法确定的固定资产计税基础计算扣除。

（四）企业按税法规定实行加速折旧的，其按加速折旧办法计算的折旧额可全额在税前扣除。

（五）石油天然气开采企业在计提油气资产折耗（折旧）时，由于会计与税法规定计算方法不同导致的折耗（折旧）差异，应按税法规定进行纳税调整。

【《国家税务总局关于企业所得税应纳税所得额若干问题的公告》（国家税务总局公告2014年第29号）第五条】

八、关于税前扣除规定与企业实际会计处理之间的协调问题

根据《企业所得税法》第二十一条规定，对企业依据财务会计制度规定，并实际在财务会计处理上已确认的支出，凡没有超过《企业所得税法》和有关税收法规规定的税前扣除范围和标准的，可按企业实际会计处理确认的支出，在企业所得税前扣除，计算其应纳税所得额。

【《国家税务总局关于企业所得税应纳税所得额若干税务处理问题的公告》（国家税务总局公告2012年第15号）第八条】

1.2.8 手续费、广告业务宣传费支出问题

1.2.8.1 保险企业2018年发生的手续费能否结转以后年度扣除

【案例1-40】 A保险企业2020年汇算清缴时，会计发生交接。在审计时，中介发现该公司有一笔手续费为2018年发生，结转到本年扣除。该笔手续费能否结转到2020年扣除发生争议，请问保险企业2018年发生的手续费能否结转以后年度扣除？

《财政部 税务总局关于保险企业手续费及佣金支出税前扣除政策的公告》（财政部 税务总局公告2019年第72号）规定，保险企业发生与其经营活动有关的手续费及佣金支出，不超过当年全部保费收入扣除退保金等后余额的18%（含本数）的部分，在计算应纳税所得额时准予扣除；超过部分，允许结转以后年度扣除。本公告自2019年1月1日起执行。《财政部 国家税务总局关于企业手续费及佣金支出税前扣除政策的通知》（财税〔2009〕29号）第一条中关于保险企业手续费及佣金税前扣除

的政策和第六条同时废止。保险企业2018年度汇算清缴按照本公告规定执行。由此可见,保险企业2018年发生的手续费可以结转以后年度扣除。

1.2.8.2 请问2021年1月1日后化妆品制造或销售、医药制造和饮料制造(不含酒类制造)企业发生的广告费和业务宣传费支出,扣除比例是否有变化

《财政部 税务总局关于广告费和业务宣传费支出税前扣除有关事项的公告》(财政部 税务总局公告2020年第43号)规定,对化妆品制造或销售、医药制造和饮料制造(不含酒类制造)企业发生的广告费和业务宣传费支出,不超过当年销售(营业)收入30%的部分,准予扣除;超过部分,准予在以后纳税年度结转扣除。该通知自2021年1月1日起至2025年12月31日止执行。

政策链接

一、保险企业发生与其经营活动有关的手续费及佣金支出,不超过当年全部保费收入扣除退保金等后余额的18%(含本数)的部分,在计算应纳税所得额时准予扣除;超过部分,允许结转以后年度扣除。

二、保险企业发生的手续费及佣金支出税前扣除的其他事项继续按照《财政部 国家税务总局关于企业手续费及佣金支出税前扣除政策的通知》(财税〔2009〕29号)中第二条至第五条相关规定处理。保险企业应建立健全手续费及佣金的相关管理制度,并加强手续费及佣金结转扣除的台账管理。

三、本公告自2019年1月1日起执行。《财政部 国家税务总局关于企业手续费及佣金支出税前扣除政策的通知》(财税〔2009〕29号)第一条中关于保险企业手续费及佣金税前扣除的政策和第六条同时废止。保险企业2018年度汇算清缴按照本公告规定执行。

【《财政部 税务总局关于保险企业手续费及佣金支出税前扣除政策的公告》(财政部 税务总局公告2019年第72号)第一条、第二条、第三条】

1.2.9 筹办期、预提费用等扣除问题

1.2.9.1 筹办期业务招待费税前如何扣除

【案例1-41】 A公司2020年新设立,筹办期发生业务招待费60万元,请问筹办期发生的业务招待费是按实际发生额的60%计入开办费扣除,还是实际发生额的60%计入开办费归集,等待有销售(营业)收入再按0.5%、60%孰小来结转扣除?

企业筹办期发生的业务招待费按实际发生额的60%计入开办费,不必考虑业务招待费按销售(营业)收入0.5%、60%孰小。按实际发生额的60%计入开办费,并按《国家税务总局关于企业所得税若干税务事项衔接问题的通知》(国税函〔2009〕98号)第九条关于筹办费的处理规定,可以在开始经营之日的当年一次性扣除,也可以按照税法有关长期待摊费用的处理规定处理,一经选定,不得改变。

1.2.9.2　如何理解企业筹办期间不计算为亏损年度

企业筹建期间，由于企业尚未进入正常的生产经营阶段，筹建期间开办费用与正常生产经营期间的税务与会计处理有所不同。开办费是指企业在筹建期间发生的费用，包括筹建期人员工资、办公费、培训费，差旅费、印刷费、注册登记费，以及不计入固定资产和无形资产购建成本的汇兑损益和利息支出。《企业会计准则》和《小企业会计准则》均明确，企业在筹建期间内发生的开办费，包括人员工资、办公费、培训费、差旅费、印刷费、注册登记费，以及不计入固定资产成本的借款费用等在实际发生时，借记“管理费用”(开办费)，贷记“银行存款”等科目。

《国家税务总局关于贯彻落实企业所得税法若干税收问题的通知》(国税函〔2010〕79号)规定，企业自开始生产经营的年度，为开始计算企业损益的年度。企业从事生产经营之前进行筹办活动期间发生筹办费用支出，不得计算为当期的亏损，应按照《国家税务总局关于企业所得税若干税务事项衔接问题的通知》(国税函〔2009〕98号)第九条规定执行。《国家税务总局关于企业所得税若干税务事项衔接问题的通知》(国税函〔2009〕98号)中“关于开(筹)办费的处理”规定，新税法中开(筹)办费未明确列作长期待摊费用，企业可以在开始经营之日的当年一次性扣除，也可以按照新税法有关长期待摊费用的处理规定处理，但一经选定，不得改变。

1.2.9.3　如何确认企业筹办期间结束

筹办期是企业的特殊阶段，其企业所得税处理规定与正常生产经营期间相比，存在以下方面的特殊规定：

(1) 关于开(筹)办费的摊销问题。新税法中开(筹)办费未明确列作长期待摊费用，企业可以在开始经营之日的当年一次性扣除，也可以按照新税法有关长期待摊费用的处理规定处理，但一经选定，不得改变。

(2) 关于企业筹办期间不计算为亏损年度问题。企业自开始生产经营的年度，为开始计算企业损益的年度。企业从事生产经营之前进行筹办活动期间发生筹办费用支出，不得计算为当期的亏损。

(3) 关于筹办期业务招待费等费用税前扣除问题。企业在筹建期间，发生的与筹办活动有关的业务招待费支出，可按实际发生额的60%计入企业筹办费，并按有关规定在税前扣除；发生的广告费和业务宣传费，可按实际发生额计入企业筹办费，并按有关规定在税前扣除。

如何确认筹办期时点显得较为重要，其会影响企业享受相关税收政策。目前国家税务总局对此没有明确的规定，可以参照《财政部　国家税务总局关于执行公共基础设施项目企业所得税优惠目录有关问题的通知》(财税〔2008〕46号)、《企业所得税法实施条例》中对国家重点扶持的公共基础设施项目和符合条件的环境保护、节能节水项目实施“三免三减半”优惠政策，即第一年至第三年免征企业所得税，第四年至第六年减半征收企业所得税。政策明确规定所谓“第一年”为自项目取得第一笔生产经营收入所属纳税年度起。因此,筹办期的开始计算损益年度可以参照此标准执行。在政策允许范围内,便于纳税人按筹办费相关税务处理规定充分扣除相关费用,同时可延后确认亏损年度,有利于降低税负。需补充说明的是,"第一笔生产经营收入"指的是主营业务收入,而非银行存款产生的利息收入或不计入资产的汇兑损益等其他收入。

1.2.9.4 按现行企业所得税政策规定,预提费用能税前扣除有几项

根据《企业所得税法》第八条的规定,企业实际发生的与取得收入有关的、合理的支出,包括成本、费用、税金、损失和其他支出,准予在计算应纳税所得额时扣除。除另有规定外,提取准备金或其他预提方式发生的费用均不得在税前扣除。按现行企业所得税政策的规定,预提费用能税前扣除的项目有:

(1) 企业按照法律、行政法规有关规定提取的用于环境保护、生态恢复等方面的专项资金,准予扣除。上述专项资金提取后改变用途的,不得扣除。

(2)《国家税务总局关于印发〈房地产开发经营业务企业所得税处理办法〉的通知》(国税发〔2009〕31号)第三十二条规定,除以下几项预提(应付)费用外,计税成本均应为实际发生的成本:

① 出包工程未最终办理结算而未取得全额发票的,在证明资料充分的前提下,其发票不足金额可以预提,但最高不得超过合同总金额的10%。

② 公共配套设施尚未建造或尚未完工的,可按预算造价合理预提建造费用。此类公共配套设施必须符合已在售房合同、协议或广告、模型中明确承诺建造且不可撤销,或按照法律法规规定必须配套建造的条件。

③ 应向政府上交但尚未上交的报批报建费用、物业完善费用可以按规定预提。物业完善费用是指按规定应由企业承担的物业管理基金、公建维修基金或其他专项基金。

1.2.9.5 企业发生的开办费在会计与税收处理上有何差异

开办费是指企业批准筹建之日起,到开始生产、经营之日止的产生的开办费。企业的开办费在会计处理上分为执行《企业会计准则》与执行《小企业会计准则》两种情况:

《企业会计准则》将开办费在"管理费用"进行核算,并统一了开办费的核算范围,即开办费包括筹办人员职工薪酬、办公费、培训费、差旅费、印刷费、注册登记费,以及不计入固定资产成本的借款费用等,改变了过去将开办费作为资产处理的作法。开办费不再是"长期待摊费用"或"递延资产",而是直接费用化,计入当期损益。

《小企业会计准则》明确了管理费用是指小企业为组织和管理生产经营发生的其他费用。包括小企业在筹建期间内发生的开办费、行政管理部门发生的费用(包括固定资产折旧费、修理费、办公费、水电费、差旅费、管理人员的职工薪酬等)、业务招待费、研究费用、技术转让费、相关长期待摊费用摊销、财产保险费、聘请中介机构费、咨

询费(含顾问费)、诉讼费等费用。执行《小企业会计准则》的企业发生开办费也是通过“管理费用”科目进行核算。

在企业所得税处理上,《国家税务总局关于企业所得税若干税务事项衔接问题的通知》(国税函〔2009〕98号)规定,新税法中开(筹)办费未明确列作长期待摊费用,企业可以在开始经营之日的当年一次性扣除,也可以按照新税法有关长期待摊费用的处理规定处理,但一经选定,不得改变。

《国家税务总局关于贯彻落实企业所得税法若干税收问题的通知》(国税函〔2010〕79号)规定,企业自开始生产经营的年度,为开始计算企业损益的年度。企业从事生产经营之前进行筹办活动期间发生筹办费用支出,不得计算为当期的亏损,应按照《国家税务总局关于企业所得税若干税务事项衔接问题的通知》(国税函〔2009〕98号)第九条的规定执行。

由此可见,执行《企业会计准则》和《小企业会计准则》在会计处理上,开办费计入管理费用,但在税务处理上则不得计算为当期的亏损,在企业开始经营之日的当年一次性扣除或分期摊销。

政策链接

第四十三条 企业发生的与生产经营活动有关的业务招待费支出,按照发生额的60%扣除,但最高不得超过当年销售(营业)收入的5‰。

【《中华人民共和国企业所得税法实施条例》第四十三条】

九、关于开(筹)办费的处理

新税法中开(筹)办费未明确列作长期待摊费用,企业可以在开始经营之日的当年一次性扣除,也可以按照新税法有关长期待摊费用的处理规定处理,但一经选定,不得改变。

企业在新税法实施以前年度的未摊销完的开办费,也可根据上述规定处理。

【《国家税务总局关于企业所得税若干税务事项衔接问题的通知》(国税函〔2009〕98号)第九条】

七、企业筹办期间不计算为亏损年度问题

企业自开始生产经营的年度,为开始计算企业损益的年度。企业从事生产经营之前进行筹办活动期间发生筹办费用支出,不得计算为当期的亏损,应按照《国家税务总局关于企业所得税若干税务事项衔接问题的通知》(国税函〔2009〕98号)第九条规定执行。

【《国家税务总局关于贯彻落实企业所得税法若干税收问题的通知》(国税函〔2010〕79号)第七条】

1.2.10 税前扣除凭证问题

1.2.10.1 《企业所得税税前扣除凭证管理办法》主要内容是什么

税前扣除凭证种类多、源头广、情形多,为了加强企业所得税税前扣除凭证(以下简称税前扣除凭证)管理，规范税收执法，优化营商环境，国家税务总局出台《企业所得税税前扣除凭证管理办法》(国家税务总局公告2018年第28号印发，以下简称《办法》)从统一认识、易于判断、利于操作出发，对税前扣除凭证的相关概念、适用范围、管理原则、种类、基本情形税务处理、特殊情形税务处理等予以明确。

《办法》始终贯穿了"放管结合，优化服务"的理念，对于深入贯彻税务系统"放管服"改革精神将起到积极促进作用。《办法》突出三方面内容：一是明确收款凭证、内部凭证、分割单等也可以作为税前扣除凭证，将减轻纳税人的办税负担。二是《办法》在税前扣除凭证的种类、填写内容、取得时间、补开、换开要求等方面进行了详细的规定，有利于企业加强自身财务管理和内控管理，减少税收风险。三是针对企业未取得外部凭证或者取得不合规定外部凭证的情形，《办法》规定了补救措施，保障了纳税人合法权益。为了让读者对《办法》全面了解，对《办法》内容进行归纳，如表1-7所示。

表1-7　企业所得税税前扣除凭证管理办法内容

序号	类别		内容
1	基本原则		1. 合法性：扣除凭证的形式、来源、填写要求符合法律、法规等相关规定。 2. 关联性：税前扣除凭证应与其反映的与收入有关的支出相关联且有证明力。 3. 真实性：若企业的经济业务及支出不具备真实性，取得的凭证不得作为税前扣除凭证。
2	凭证种类		1. 内部凭证：企业自制用于成本、费用、损失和其他支出核算的会计原始凭证。内部凭证的填制和使用应当符合国家会计法律、法规等相关规定。 2. 外部凭证：企业发生经营活动和其他事项时，从其他单位、个人取得的用于证明其支出发生的凭证，包括但不限于发票(包括纸质发票和电子发票)、财政票据、完税凭证、收款凭证、分割单等。
3	交易类型	境内应税行为	1. 销售方已进行税务登记的：只能以发票作为扣税凭证。 2. 销售方是依法无需办理税务登记的单位或者从事小额零星经营业务的个人的，可选择：①税务机关代开的发票；②收款凭证及内部凭证(收款凭证应载明收款单位名称、个人姓名及身份证号、支出项目、收款金额等相关信息)。 注：小额零星经营业务的判断标准是个人从事应税项目经营业务的销售额不超过增值税相关政策规定的起征点。这里的"个人"主要指自然人和未被认定为增值税一般纳税人的个体工商户。即自然人的零星交易：即按次纳税的，为每次(日)销售额500元(含本数)以下；未被认定为增值税一般纳税人的个体工商户的零星交易：月销售额3万元(按季纳税9万元)以下。 《财政部　税务总局关于实施小微企业普惠性税收减免政策的通知》(财税〔2019〕13号)规定，自2019年1月1日至2021年12月31日，对月销售额10万元以下(含本数)的增值税小规模纳税人，免征增值税。2021年3月5日，在第十三届全国人民代表大会第四次会议上，国务院总理李克强作政府工作报告。报告中提到将小规模纳税人增值税起征点从月销售额10万元，提高到15万元。

（续表）

序号	类别		内容
3	交易类型	境内非应税行为	1. 销售方是单位的，使用发票以外的其他外部凭证作为税前扣除凭证。 2. 销售方是个人的，以内部凭证作为税前扣除凭证。 注：企业在境内发生的支出项目虽不属于应税项目，但按税务总局规定可以开具发票的，可以以发票作为税前扣除凭证。
		境外购入货物或劳务	货物或劳务是境外购入的，以对方开具的发票或者具有发票性质的收款凭证、相关税费缴纳凭证作为税前扣除凭证。
4	不合规的发票		1. 企业取得私自印制、伪造、变造、作废、开票方非法取得、虚开、填写不规范等不符合规定的发票（以下简称不合规发票），以及取得不符合国家法律、法规等相关规定的其他外部凭证（以下简称不合规其他外部凭证），不得作为税前扣除凭证。 2. 企业在规定的期限未能补开、换开符合规定的发票、其他外部凭证，并且未能按照本办法第十四条的规定提供相关资料证实其支出真实性的，相应支出不得在发生年度税前扣除。
5	救济方法	汇算清缴前	支出真实且已实际发生，应当取得而未取得发票、其他外部凭证，取得不合规发票、不合规其他外部凭证的，应当年度汇算清缴期结束前，要求对方补开、换开发票、其他外部凭证。补开、换开后的发票、其他外部凭证符合规定的，可以作为税前扣除凭证。
		汇算清缴后	税务机关发现企业应当取得而未取得发票、其他外部凭证或者取得不合规发票、不合规其他外部凭证并且告知企业的，企业应当自被告知之日起60日内补开、换开符合规定的发票、其他外部凭证。
		特殊情况	补开、换开发票、其他外部凭证过程中，因对方注销、撤销、依法被吊销营业执照、被税务机关认定为非正常户等特殊原因无法补开、换开发票、其他外部凭证的，可凭以下资料证实支出真实性后，其支出允许税前扣除： 1. 无法补开、换开发票、其他外部凭证原因的证明资料（包括工商注销、机构撤销、列入非正常经营户、破产公告等证明资料）。 2. 相关业务活动的合同或者协议。 3. 采用非现金方式支付的付款凭证。 4. 货物运输的证明资料。 5. 货物入库、出库内部凭证。 6. 企业会计核算记录以及其他资料。 第1项至第3项为必备资料。
		追补扣除规定	除发生本办法第十五条规定的情形外，企业以前年度应当取得而未取得发票、其他外部凭证，且相应支出在该年度没有税前扣除的，在以后年度取得符合规定的发票、其他外部凭证或者按照本办法第十四条的规定提供可以证实其支出真实性的相关资料，相应支出可以追补至该支出发生年度税前扣除，但追补年限不得超过5年。最长5年的追补期限仅适用于企业在费用实际发生年度向后5年期间没有被税务机关发现。如果当年汇缴后，税务机关检查发现没有取得合法有效凭证的，则根据《办法》第十五条的规定，企业需自被告知之日起60日内补开、换开符合规定的发票、其他外部凭证。

（续表）

序号	类别		内容
6	分割单可以作为扣除凭证	“分割单”的基本规定	企业与其他企业(包括关联企业)、个人在境内共同接受应纳增值税劳务或非应税劳务发生的支出，采取分摊方式的，相关方可以以分割单作为税前扣除凭证；企业租用(包括企业作为单一承租方租用)办公、生产用房等资产发生的水、电、燃气、冷气、暖气、通讯线路、有线电视、网络等费用，采取分摊方式的，相关方可以以分割单作为税前扣除凭证。
		应税分割	企业与其他企业(包括关联企业)、个人在境内共同接受应纳增值税劳务(以下简称应税劳务)发生的支出，采取分摊方式的，应当按照独立交易原则进行分摊。 1. 保存发票的企业：以发票和分割单作为税前扣除凭证。 2. 共同接受应税劳务的其他企业：以保存发票的企业开具的分割单作为税前扣除凭证。
		非应税分割	企业与其他企业、个人在境内共同接受非应税劳务发生的支出，采取分摊方式的： 1. 保存外部凭证的企业：以发票外的其他外部凭证和分割单作为税前扣除凭证。 2. 共同接受非应税劳务的其他企业：以保存外部凭证的企业开具的分割单作为税前扣除凭证。

1.2.10.2 企业当年度实际发生的成本、费用，由于各种原因未能及时取得有效凭证，在计算企业所得税时应如何进行处理

【案例1-42】 A公司从事生物制药，是一般纳税人，2020年12月初向B公司购买一批原材料，材料于2020年12月底已验收入库，但一直没收到B公司开具发票，请问在2020年企业所得税汇算清缴时，该笔交易发生的成本能否税前扣除？

按现行企业所得税管理法规的规定，要求企业发生支出，应取得税前扣除凭证作为计算企业所得税应纳税所得额时扣除相关支出的依据。企业应在当年度企业所得税法规定的汇算清缴期结束前取得税前扣除凭证。企业应将与税前扣除凭证相关的资料，包括合同协议、支出依据、付款凭证等留存备查，以证实税前扣除凭证的真实性。《国家税务总局关于企业所得税若干问题的公告》(国家税务总局公告2011年第34号)规定，企业当年度实际发生的相关成本、费用，由于各种原因未能及时取得该成本、费用的有效凭证，企业在预缴季度所得税时，可暂按账面发生金额进行核算；但在汇算清缴时，应补充提供该成本、费用的有效凭证。A公司2020年12月初向B公司购买一批原材料，材料于2020年12月底已验收入库，但一直没收到B公司开具发票，在2020年汇算清缴结束前取得税前扣除凭证，方能扣除。

1.2.10.3 企业向银行贷款支付的利息没有发票能否扣除

【案例1-43】 A公司2020年向银行贷款500万元用于生产，每月都向银行支付利息5万元，银行都是用利息支付单作为发票给A公司，请问该银行出具的利息单能否作为税前扣除凭证？

在计算企业所得税应纳税所得额时，证明与取得收入有关的、合理的支出实际发生，并据以税前扣除的各类凭证为税前扣除凭证。企业发生支出，应取得税前扣除凭证，作为计算企业所得税应纳税所得额时扣除相关支出的依据。企业在境内发生的支出项目属于增值税应税项目(以下简称应税项目)的，对方为已办理税务登记的增值税纳税人，其支出以发票(包括按照规定由税务机关代开的发票)作为税前扣除凭证；对方为依法无需办理税务登记的单位或者从事小额零星经营业务的个人，其支出以税务机关代开的发票或者收款凭证及内部凭证作为税前扣除凭证，收款凭证应载明收款单位名称、个人姓名及身份证号、支出项目、收款金额等相关信息。企业向金融机构支付的借款利息和手续费等支出应以发票作为税前扣除凭证。企业向非银行金融机构借款发生的利息支出，凭发票在税前扣除。企业向非金融企业借款发生的利息支出，按照《国家税务总局关于企业所得税若干问题的公告》(国家税务总局公告 2011 年第 34 号)的规定，不超过金融企业同期同类贷款利率计算的数额，凭发票准予税前扣除。税务机关对于企业支付的，属于增值税应税范围的支出项目，一般都要求凭借取得的增值税发票在企业所得税税前扣除。而银行作为提供直接收费的金融机构，有义务开具增值税发票给客户。因此，企业应该要求银行在收取企业的贷款利息时开具增值税发票。但在实际操作中，企业向金融机构支付的借款利息大都采用利息支付单作为税前扣除凭证，大多数税务机关也默认了这一事实。

1.2.10.4　企业支付违约金是否应凭发票才能税前扣除

【案例 1-44】　A 公司是资源综合利用企业，2020 年与 B 公司签订一项销售合同，在 6 月应向 B 公司销售一批活性炭，因故无法向 B 公司按时交货，需支付违约金 5 万元，请问 A 公司凭合同能否税前扣除?

违约金是指按照当事人的约定或者法律直接规定，一方当事人违约的，应向另一方支付的金钱。当事人完全不履行或不适当履行约定时，必须按约定给付对方的一定数额的金钱或者金钱以外的其他财产。违约金是合同经济方式的一种，也是对违约的一种经济制裁。

属于增值税应税范围的违约金可凭发票、当事双方签订的合同协议在税前扣除。对方为依法无需办理税务登记的单位或者从事小额零星经营业务的个人，其支出以税务机关代开的发票或者收款凭证及内部凭证作为税前扣除凭证，收款凭证应载明收款单位名称、个人姓名及身份证号、支出项目、收款金额等相关信息。

不属于增值税应税范围的违约金可凭当事双方签订的合同协议、非现金支付凭证、收款方开具的收款凭证在税前扣除。对方为个人的，以内部凭证作为税前扣除凭证。

《中华人民共和国增值税暂行条例实施细则》第十二条规定:“条例第六条第一款所称价外费用，包括价外向购买方收取的手续费、补贴、基金、集资费、返还利润、奖励费、违约金、滞纳金、延期付款利息、赔偿金、代收款项、代垫款项、包装费、包装物租金、储备费、优质费、运输装卸费以及其他各种性质的价外收费。"因逾期交货支付的违约金属价外费用范围,A公司应凭B公司开具的发票方能税前扣除。

1.2.10.5 企业发生的境外费用是否需要凭发票才能税前扣除

发票是指一切单位和个人在购销商品、提供或接受服务及从事其他经营活动中,所开具和收取的业务凭证,是会计核算的原始依据,也是审计机关、税务机关执法检查的重要依据。税前扣除凭证是指企业在计算企业所得税应纳税所得额时,证明与取得收入有关的、合理的支出实际发生,并据以税前扣除的各类凭证。发票属税前扣除凭证的一种,企业发生支出,应取得税前扣除凭证,作为计算企业所得税应纳税所得额时扣除相关支出的依据。企业发生与经营有关的境外费用,必须与收入有关,并以对方开具的发票或者具有发票性质的收款凭证、相关税费缴纳凭证作为税前扣除凭证。

1.2.10.6 发行债券利息支出无法取得发票,能否税前扣除

《企业所得税法实施条例》规定,非金融企业向金融企业借款的利息支出、金融企业的各项存款利息支出和同业拆借利息支出、企业经批准发行债券的利息支出准予扣除。企业通过发行债券、取得贷款、吸收保户储金等方式融资而发生的合理的费用支出,符合资本化条件的,应计入相关资产成本;不符合资本化条件的,应作为财务费用,准予在企业所得税税前据实扣除。企业在证券市场发行债券,通过中国证券登记结算有限公司向投资者支付利息是法定要求,企业发行债券支付的利息支出无法取得发票,可凭中国证券登记结算有限公司开具的收息凭证、向投资者兑付利息证明、注册通知书、付款凭证、兑付通知书、兑付手续完成证明书等资料税前扣除。相关税前扣除资料留存备查。

1.2.10.7 企业丢失增值税发票,在计算应纳税所得额时能否税前扣除

【案例1-45】 A公司2020年6月向B公司销售一批价值300万元的货物,同时开具增值税专用发票。A公司通过快递公司将增值税专用发票寄给B公司,但B公司没有收到该发票,经过多方查询也没有查到发票下落,请问B公司没收到发票在计算应纳税所得额时能否税前扣除?

按现行《企业所得税税前凭证扣除管理办法》(国家税务总局公告2018年第28号印发)的规定,企业应当取得而未取得发票、其他外部凭证或者取得不合规发票、不合规其他外部凭证的,若支出真实且已实际发生,应当在当年度汇算清缴期结束前,要求对方补开、换开发票、其他外部凭证。补开、换开后的发票、其他外部凭证符合规定的,可以作为税前扣除凭证。企业在补开、换开发票、其他外部凭证过程中,因对方注销、撤销、依法被吊销营业执照、被税务机关认定为非正常户等特殊原因无法补开、换开发票、其他外部凭证的,可凭以下资料证实支出真实性后,其支出允许税前扣除:

(1) 无法补开、换开发票、其他外部凭证原因的证明资料(包括工商注销、机构撤销、列入非正常经营户、破产公告等证明资料)。

(2) 相关业务活动的合同或者协议。

(3) 采用非现金方式支付的付款凭证。

(4) 货物运输的证明资料。

(5) 货物入库、出库内部凭证。

(6) 企业会计核算记录及其他资料。

上述第(1)项至第(3)项为必备资料。

由此可见,B公司可以要求A公司补开发票,参照增值税处理办法,可凭加盖销售方发票专用章的相应发票记账联复印件,进行税前扣除。

在增值税处理方面可按《国家税务总局关于增值税发票综合服务平台等事项的公告》(国家税务总局公告2020年第1号)的规定,纳税人同时丢失已开具增值税专用发票或机动车销售统一发票的发票联和抵扣联,可凭加盖销售方发票专用章的相应发票记账联复印件,作为增值税进项税额的抵扣凭证、退税凭证或记账凭证。纳税人丢失已开具增值税专用发票或机动车销售统一发票的抵扣联,可凭相应发票的发票联复印件,作为增值税进项税额的抵扣凭证或退税凭证;纳税人丢失已开具增值税专用发票或机动车销售统一发票的发票联,可凭相应发票的抵扣联复印件,作为记账凭证。

1.2.10.8 2020年突发新型冠状病毒感染的肺炎疫情,企业购买的防护物资口罩、防护服、消毒液等,无法取得发票,请问能否税前扣除

《国家税务总局关于发布〈企业所得税税前扣除凭证管理办法〉的公告》(国家税务总局公告2018年第28号)规定,企业在境内发生的支出项目属于增值税应税项目的,对方为已办理税务登记的增值税纳税人,其支出以发票(包括按照规定由税务机关代开的发票)作为税前扣除凭证;对方为依法无需办理税务登记的单位或者从事小额零星经营业务的个人,其支出以税务机关代开的发票或者收款凭证及内部凭证作为税前扣除凭证,收款凭证应载明收款单位名称、个人姓名及身份证号、支出项目、收款金额等相关信息。企业购买的防护物资口罩、防护服、消毒液等,无法取得发票的,应按上述规定妥善处理。

1.2.10.9 善意取得虚开的发票能否在企业所得税税前扣除

【案例1-46】 A公司为从事电子生产的企业,是一般纳税人。2020年从B公司购入一批电子元件,按合同约定,该电子元件按时发货且已验收入库,货款通过银行转到B公司,但取得的增值税专用发票经税务机关确认为善意取得虚开增值税发票,请问A公司善意取得虚开的发票能否在企业所得税税前扣除?

《企业所得税税前扣除凭证管理办法》(国家税务总局公告2018年第28号印发)

规定,企业取得私自印制、伪造、变造、作废、开票方非法取得、虚开、填写不规范等不符合规定的发票(以下简称不合规发票),以及取得不符合国家法律、法规等相关规定的其他外部凭证(以下简称不合规其他外部凭证),不得作为税前扣除凭证。根据上述规定,企业善意取得虚开的普通发票不能在企业所得税税前扣除。

但《企业所得税税前扣除凭证管理办法》(国家税务总局公告2018年第28号印发)给纳税人一个补救的措施,纳税人可以采取以下方法进行处理:补开、换开发票、其他外部凭证过程中,因对方注销、撤销、依法被吊销营业执照、被税务机关认定为非正常户等特殊原因无法补开、换开发票、其他外部凭证的,可凭以下资料证实支出真实性后,其支出允许税前扣除:

(1) 无法补开、换开发票、其他外部凭证原因的证明资料(包括工商注销、机构撤销、列入非正常经营户、破产公告等证明资料)。

(2) 相关业务活动的合同或者协议。

(3) 采用非现金方式支付的付款凭证。

(4) 货物运输的证明资料。

(5) 货物入库、出库内部凭证。

(6) 企业会计核算记录以及其他资料。

第(1)项至第(3)项为必备资料。

1.2.10.10 电子普通发票上没有加盖企业发票专用章,在计算应纳税所得额能否税前扣除

【案例1-47】 A公司销售人员2020年到M市出差,住山水饭店,结账时该饭店给A公司销售人员开具电子签名的电子普通发票,在发票上没有加盖山水饭店发票专用章,请问在计算企业所得税时能否税前扣除?

为进一步优化税收营商环境,深化税务系统"放管服"改革,便利纳税人开具和使用增值税发票,《国家税务总局关于增值税发票综合服务平台等事项的公告》(国家税务总局公告2020年第1号)规定,纳税人通过增值税电子发票公共服务平台开具的增值税电子普通发票,属于税务机关监制的发票,采用电子签名代替发票专用章,其法律效力、基本用途、基本使用规定等与增值税普通发票相同。根据此规定,企业取得的电子签名的电子普通发票上没有发票专用章,是符合相关税收法规规定的发票的,可以在企业所得税前扣除。

1.2.10.11 使用费用分割单应注意什么

《企业所得税税前扣除凭证管理办法》(国家税务总局公告2018年第28号印发)明确规定,企业与其他企业(包括关联企业)、个人在境内共同接受应纳增值税劳务发生的支出,采取分摊方式的,应当按照独立交易原则进行分摊,企业以发票和分割单作为税前扣除凭证,共同接受应税劳务的其他企业以企业开具的分割单作为税前扣除凭证;企业租用(包括企业作为单一承租方租用)办公、生产用房等资产发生的水、

电、燃气、冷气、暖气、通讯线路、有线电视、网络等费用，出租方作为应税项目开具发票的，企业以发票作为税前扣除凭证；出租方采取分摊方式的，企业以出租方开具的其他外部凭证作为税前扣除凭证。由此可见，费用分割单可以作为税前扣除的依据，仅适用于企业之间发生的共同的增值税应税劳务费用，企业之间发生的共同的货物费用仅适用于房屋租赁情况下发生的水、电、燃气、冷气和暖气费用。非租赁情况下企业之间发生的共同的水电费等非劳务费用，不能使用费用分割单作为税前扣的凭证。

在使用分割单时应注意的事项：

(1) 据费用分割单入账的企业，符合《企业所得税税前扣除凭证管理办法》(国家税务总局公告2018年第28号印发)的规定，其费用可以在企业所得税前扣除，建议复印发票作为分割单扣除的佐证材料。

(2) 在增值税上进项税额抵扣的凭证不包括费用分割单，费用分割单可以作为税前扣除的依据，但不能作为进项税额抵扣的凭证。

1.2.10.12　航空运输电子客票行程单能否作为企业所得税税前扣除凭证

按照《国家税务总局　中国民用航空局关于印发〈航空运输电子客票行程单管理办法(暂行)〉的通知》(国税发〔2008〕54号)的规定，《航空运输电子客票行程单》(以下简称《行程单》)纳入发票管理范围，由国家税务总局负责统一管理，套印国家税务总局发票监制章。经国家税务总局授权，中国民用航空局负责全国《行程单》的日常管理工作。因此，航空运输电子客票行程单可以作为企业所得税税前扣除凭证。

1.2.10.13　企业聘用临时员工对水电进行维修，单次费用不会超过500元，每月结算，一个月结算金额有可能超500元，请问是否可以使用收款收据作为企业所得税税前扣除凭证

《国家税务总局关于发布〈企业所得税税前扣除凭证管理办法〉的公告》(国家税务总局公告2018年第28号)规定，企业在境内发生的支出项目属于增值税应税项目的，对方为已办理税务登记的增值税纳税人，其支出以发票(包括按照规定由税务机关代开的发票)作为税前扣除凭证；对方为依法无需办理税务登记的单位或者从事小额零星经营业务的个人，其支出以税务机关代开的发票或者收款凭证及内部凭证作为税前扣除凭证，收款凭证应载明收款单位名称、个人姓名及身份证号、支出项目、收款金额等相关信息。小额零星经营业务的判断标准是个人从事应税项目经营业务的销售额不超过增值税相关政策规定的起征点。

《财政部　国家税务总局关于全面推开营业税改征增值税试点的通知》(财税〔2016〕36号)规定，增值税起征点幅度如下：

(1) 按期纳税的，为月销售额5 000～20 000元(含本数)。

(2) 按次纳税的，为每次(日)销售额300～500元(含本数)。

因此，企业聘用临时员工对水电进行维修，单次费用不超过500元，每月结算，其支出可以用收款收据及内部凭证作为企业所得税税前扣除凭证。

1.2.10.14 取得的个人抬头的核酸检测票据能税前扣除吗

【案例 1-48】 2020 年发生新型冠状病感染的肺炎疫情,为了加强防范,某企业对全体员工进行核酸检测,请问其发生费用是作福利列支还是作管理费用列支?若员工取得的是个人名字抬头门诊收费票据,能否作为企业税前扣除凭证?

依据《国家税务总局关于企业工资薪金及职工福利费扣除问题的通知》(国税函〔2009〕3 号)的规定,为职工卫生保健、生活、住房、交通等所发放的各项补贴和非货币性福利,包括企业向职工发放的因公外地就医费用、未实行医疗统筹企业职工医疗费用、职工供养直系亲属医疗补贴、供暖费补贴、职工防暑降温费、职工困难补贴、救济费、职工食堂经费补贴、职工交通补贴等可在福利费中扣除。企业对全体员工进行核酸检测费用可作福利列支;员工取得的个人名字抬头的门诊收费票据,可以作为企业税前扣除凭证。

1.2.10.15 企业向自然人借款,是否一定要取得发票才能税前扣除

《财政部 国家税务总局关于全面推开营业税改征增值税试点的通知》(财税〔2016〕36 号)附件 1《营业税改征增值税试点实施办法》的《销售服务、无形资产、不动产注释》规定,贷款是指将资金贷与他人使用的行为。根据这一规定,不论金融机构还是其他单位,只要是发生将资金贷与他人使用的行为,均应视为发生贷款行为,按“金融服务”征收增值税。

《企业所得税税前扣除凭证管理办法》(国家税务总局公告 2018 年第 28 号印发)规定,企业在境内发生的支出项目属于增值税应税项目的,对方为依法无需办理税务登记的单位或者从事小额零星经营业务的个人,其支出以税务机关代开的发票或者收款凭证及内部凭证作为税前扣除凭证。

企业在境内发生的支出项目属于增值税应税项目的,对方为已办理税务登记的增值税纳税人,其支出以发票(包括按照规定由税务机关代开的发票)作为税前扣除凭证;对方为依法无需办理税务登记的单位或者从事小额零星经营业务的个人,其支出以税务机关代开的发票或者收款凭证及内部凭证作为税前扣除凭证,收款凭证应载明收款单位名称、个人姓名及身份证号、支出项目、收款金额等相关信息。小额零星经营业务的判断标准是个人从事应税项目经营业务的销售额不超过增值税相关政策规定的起征点。

支付给自然人的利息,如果超过小额零星业务的标准,需要个人去税务部门代开增值税发票作为税前扣除凭证。如果符合小额零星业务的标准,则可以以税务机关代开的发票或者收款凭证及内部凭证作为税前扣除凭证。

1.2.10.16 企业在税务机关的检查中被发现应取得而未取得发票作为扣除凭证,应如何处理

汇算清缴期结束后,税务机关发现企业应当取得而未取得发票、其他外部凭证或者取得不合规发票、不合规其他外部凭证并且告知企业的,企业应当自被告知之日起

60 日内补开、换开符合规定的发票、其他外部凭证。其中，因对方特殊原因无法补开、换开发票、其他外部凭证的，企业应当按照《企业所得税税前扣除凭证管理办法》（国家税务总局公告 2018 年第 28 号印发）第十四条的规定，自被告知之日起 60 日内提供可以证实其支出真实性的相关资料。

如果企业在规定的期限未能补开、换开符合规定的发票、其他外部凭证，并且未能按照《企业所得税税前扣除凭证管理办法》（国家税务总局公告 2018 年第 28 号印发）第十四条的规定提供相关资料证实其支出真实性的，相应支出不得在发生年度税前扣除。

1.2.10.17 企业取得的增值税普通发票没有开具纳税人识别号，销售方已经注销，相关支出应如何进行税前扣除

根据《企业所得税税前扣除凭证管理办法》（国家税务总局公告 2018 年第 28 号印发）第十四条的规定，企业在补开、换开发票、其他外部凭证过程中，因对方注销、撤销、依法被吊销营业执照、被税务机关认定为非正常户等特殊原因无法补开、换开发票、其他外部凭证的，可凭以下资料证实支出真实性后，其支出允许税前扣除：

（1）无法补开、换开发票、其他外部凭证原因的证明资料（包括工商注销、机构撤销、列入非正常经营户、破产公告等证明资料）。

（2）相关业务活动的合同或者协议。

（3）采用非现金方式支付的付款凭证。

（4）货物运输的证明资料。

（5）货物入库、出库内部凭证。

（6）企业会计核算记录以及其他资料。

上述第（1）项至第（3）项为必备资料。

1.2.10.18 企业以前年度的支出因未取得凭证而没有税前扣除，在今年取得了符合条件的凭证，还能否税前扣除

除《企业所得税税前扣除凭证管理办法》（国家税务总局公告 2018 年第 28 号印发）第十五条规定的情形外，企业以前年度应当取得而未取得发票、其他外部凭证，且相应支出在该年度没有税前扣除的，在以后年度取得符合规定的发票、其他外部凭证或者按照《企业所得税税前扣除凭证管理办法》（国家税务总局公告 2018 年第 28 号印发）第十四条的规定提供可以证实其支出真实性的相关资料，相应支出可以追补至该支出发生年度税前扣除，但追补年限不得超过 5 年。特别注意的是，不能在取得年度进行扣除，应追溯到发生的年度进行扣除。

1.2.10.19 A 公司与关联企业共同购买劳务，发生的支出采取分摊的方式，发票只能开给关联企业，A 公司应取得何种凭证进行税前扣除

企业与其他企业（包括关联企业）、个人在境内共同接受应纳增值税劳务（以下简

称应税劳务)发生的支出,采取分摊方式的,应当按照独立交易原则进行分摊,企业以发票和分割单作为税前扣除凭证,共同接受应税劳务的其他企业以企业开具的分割单作为税前扣除凭证。

企业与其他企业、个人在境内共同接受非应税劳务发生的支出,采取分摊方式的,企业以发票外的其他外部凭证和分割单作为税前扣除凭证,共同接受非应税劳务的其他企业以企业开具的分割单作为税前扣除凭证。①

1.2.10.20 集团内母子公司共同发生的支出,以什么凭证作为税前扣除

《企业所得税税前扣除凭证管理办法》(国家税务总局公告 2018 年第 28 号印发)明确规定,企业与其他企业(包括关联企业)、个人在境内共同接受应纳增值税劳务(以下简称应税劳务)发生的支出,采取分摊方式的,应当按照独立交易原则进行分摊,企业以发票和分割单作为税前扣除凭证,共同接受应税劳务的其他企业以企业开具的分割单作为税前扣除凭证。

集团内母子公司共同发生的支出,母公司以发票作为税前扣除凭证,子公司可以以发票复印件和分割单作为企业所得税税前扣除凭证。

1.2.10.21 企业向境外企业支付费用应以何种凭证税前扣除

《企业所得税税前扣除凭证管理办法》(国家税务总局公告 2018 年第 28 号印发)第四条规定,税前扣除凭证在管理中遵循真实性、合法性、关联性原则。真实性是指税前扣除凭证反映的经济业务真实,且支出已经实际发生;合法性是指税前扣除凭证的形式、来源符合国家法律、法规等相关规定;关联性是指税前扣除凭证与其反映的支出相关联且有证明力。

《企业所得税税前扣除凭证管理办法》(国家税务总局公告 2018 年第 28 号印发)第十一条规定,企业从境外购进货物或者劳务发生的支出,以对方开具的发票或者具有发票性质的收款凭证、相关税费缴纳凭证作为税前扣除凭证。

因此,企业支付境外费用,取得境外发票、凭证应按境外规定取得,并且保留相关的合同、银行支付凭证作为扣除凭证。若税务机关对此有疑义的,应提供境外公证机构或注册会计师的确认证明。

1.2.10.22 企业发生资产损失,凭法院的判决书能否税前扣除

《企业资产损失所得税税前扣除管理办法》(国家税务总局公告 2011 年 第 25 号印发)规定,企业实际资产损失,应当在其实际发生且会计上已作损失处理的年度申报扣除;法定资产损失,应当在企业向主管税务机关提供证据资料证明该项资产已符合法定资产损失确认条件,且会计上已作损失处理的年度申报扣除。企业资产损失相关的证据包括具有法律效力的外部证据和特定事项的企业内部证据;具有法律效力的外部证据,是指司法机关、行政机关、专业技术鉴定部门等依法出具的与本企业

---

① 1.2.10.16 至 1.2.10.19 来自湖南省税务局网站。

资产损失相关的具有法律效力的书面文件，主要包括：

（1）司法机关的判决或者裁定。

（2）公安机关的立案结案证明、回复。

（3）工商部门出具的注销、吊销及停业证明。

（4）企业的破产清算公告或清偿文件。

（5）行政机关的公文。

（6）专业技术部门的鉴定报告。

（7）具有法定资质的中介机构的经济鉴定证明。

（8）仲裁机构的仲裁文书。

（9）保险公司对投保资产出具的出险调查单、理赔计算单等保险单据。

（10）符合法律规定的其他证据。

一项资产损失要提供真实、合法的凭据，同时还要看企业交易事项是否属于增值税应税行为，若不属于增值税应税行为则凭法院的判决书可以税前扣除。

1.2.10.23 如何理解“小额零星业务”

《企业所得税税前扣除凭证管理办法》（国家税务总局公告2018年第28号印发）规定，企业在境内发生的支出项目属于增值税应税项目（以下简称应税项目）的，对方为已办理税务登记的增值税纳税人，其支出以发票（包括按照规定由税务机关代开的发票）作为税前扣除凭证；对方为依法无需办理税务登记的单位或者从事小额零星经营业务的个人，其支出以税务机关代开的发票或者收款凭证及内部凭证作为税前扣除凭证，收款凭证应载明收款单位名称、个人姓名及身份证号、支出项目、收款金额等相关信息。小额零星经营业务的判断标准是个人从事应税项目经营业务的销售额不超过增值税相关政策规定的起征点。

《国家税务总局关于小规模纳税人免征增值税政策有关征管问题的公告》（国家税务总局公告2019年第4号）规定，小规模纳税人发生增值税应税销售行为，合计月销售额未超过10万元（以1个季度为1个纳税期的，季度销售额未超过30万元，下同）的，免征增值税。小规模纳税人发生增值税应税销售行为，合计月销售额超过10万元，但扣除本期发生的销售不动产的销售额后未超过10万元的，其销售货物、劳务、服务、无形资产取得的销售额免征增值税。

因此，小额零星业务可按以下标准判断：按月纳税的，月销售额不超过10万元；按次纳税的，每次（日）销售额不超过300～500元。

注：2021年3月5日，在第十三届全国人民代表大会第四次会议上，国务院总理李克强作政府工作报告。报告中提到将小规模纳税人起征点从月销售额10万元提高到15万元。

1.2.10.24 房地产公司延迟交房支付给业主的违约金是否要凭发票才能税前扣除

《企业所得税税前扣除凭证管理办法》（国家税务总局公告2018年第28号印发）

规定,企业在境内发生的支出项目属于增值税应税项目的,对方为已办理税务登记的增值税纳税人,其支出以发票(包括按照规定由税务机关代开的发票)作为税前扣除凭证;对方为依法无需办理税务登记的单位或者从事小额零星经营业务的个人,其支出以税务机关代开的发票或者收款凭证及内部凭证作为税前扣除凭证,收款凭证应载明收款单位名称、个人姓名及身份证号、支出项目、收款金额等相关信息。因此,业主取得的违约金不属于增值税征税范围,房地产企业支付的违约金不需要取得发票,可凭双方的协议及收款收据在企业所得税前扣除。

风险提示

《企业所得税税前扣除凭证管理办法》(国家税务总局公告2018年第28号印发)的出台解决一些争议问题,但必须明确的是税前扣除不只是强调扣除凭证要符合规定,更应强调的是真实性、合理性、关联性原则。首先确认是否实际发生,且与取得收入有关;其次是确认是否符合该项支出的特殊政策要求;最后才是凭证是否符合规定。

真实性是基础,若企业的经济业务及支出不具备真实性,自然就不涉及税前扣除的问题。合法性和关联性是核心,只有当税前扣除凭证的形式、来源符合法律、法规等相关规定,并与支出相关联且有证明力时,才能作为企业支出在税前扣除的证明资料。

企业在经营活动、经济往来中常常伴生有合同协议、付款凭证等相关资料,在某些情形下,可以作为支出依据,如法院判决企业支付违约金而出具的裁判文书。以上资料不属于税前扣除凭证,但属于与企业经营活动直接相关且能够证明税前扣除凭证真实性的资料,企业也应按照法律、法规等相关规定,履行保管责任,以备包括税务机关在内的有关部门、机构或者人员核实。

政策链接

第四条　税前扣除凭证在管理中遵循真实性、合法性、关联性原则。真实性是指税前扣除凭证反映的经济业务真实,且支出已经实际发生;合法性是指税前扣除凭证的形式、来源符合国家法律、法规等相关规定;关联性是指税前扣除凭证与其反映的支出相关联且有证明力。

第五条　企业发生支出,应取得税前扣除凭证,作为计算企业所得税应纳税所得额时扣除相关支出的依据。

第六条　企业应在当年度企业所得税法规定的汇算清缴期结束前取得税前扣除凭证。

第七条　企业应将与税前扣除凭证相关的资料,包括合同协议、支出依据、付款凭证等留存备查,以证实税前扣除凭证的真实性。

第八条　税前扣除凭证按照来源分为内部凭证和外部凭证。

内部凭证是指企业自制用于成本、费用、损失和其他支出核算的会计原始凭证。内部凭证的填制和使用应当符合国家会计法律、法规等相关规定。

外部凭证是指企业发生经营活动和其他事项时,从其他单位、个人取得的用于证明其支出发生的凭证，包括但不限于发票（包括纸质发票和电子发票）、财政票据、完税凭证、收款凭证、分割单等。

第九条 企业在境内发生的支出项目属于增值税应税项目（以下简称应税项目）的，对方为已办理税务登记的增值税纳税人，其支出以发票（包括按照规定由税务机关代开的发票）作为税前扣除凭证；对方为依法无需办理税务登记的单位或者从事小额零星经营业务的个人，其支出以税务机关代开的发票或者收款凭证及内部凭证作为税前扣除凭证，收款凭证应载明收款单位名称、个人姓名及身份证号、支出项目、收款金额等相关信息。

小额零星经营业务的判断标准是个人从事应税项目经营业务的销售额不超过增值税相关政策规定的起征点。

税务总局对应税项目开具发票另有规定的，以规定的发票或者票据作为税前扣除凭证。

第十条 企业在境内发生的支出项目不属于应税项目的，对方为单位的，以对方开具的发票以外的其他外部凭证作为税前扣除凭证；对方为个人的，以内部凭证作为税前扣除凭证。

企业在境内发生的支出项目虽不属于应税项目，但按税务总局规定可以开具发票的，可以发票作为税前扣除凭证。

第十一条 企业从境外购进货物或者劳务发生的支出，以对方开具的发票或者具有发票性质的收款凭证、相关税费缴纳凭证作为税前扣除凭证。

第十二条 企业取得私自印制、伪造、变造、作废、开票方非法取得、虚开、填写不规范等不符合规定的发票（以下简称不合规发票），以及取得不符合国家法律、法规等相关规定的其他外部凭证（以下简称不合规其他外部凭证），不得作为税前扣除凭证。

第十三条 企业应当取得而未取得发票、其他外部凭证或者取得不合规发票、不合规其他外部凭证的，若支出真实且已实际发生，应当在当年度汇算清缴期结束前，要求对方补开、换开发票、其他外部凭证。补开、换开后的发票、其他外部凭证符合规定的，可以作为税前扣除凭证。

第十四条 企业在补开、换开发票、其他外部凭证过程中，因对方注销、撤销、依法被吊销营业执照、被税务机关认定为非正常户等特殊原因无法补开、换开发票、其他外部凭证的，可凭以下资料证实支出真实性后，其支出允许税前扣除：

（一）无法补开、换开发票、其他外部凭证原因的证明资料（包括工商注销、机构撤销、列入非正常经营户、破产公告等证明资料）。

（二）相关业务活动的合同或者协议。

（三）采用非现金方式支付的付款凭证。

（四）货物运输的证明资料。

（五）货物入库、出库内部凭证。

（六）企业会计核算记录以及其他资料。

前款第一项至第三项为必备资料。

第十五条　汇算清缴期结束后，税务机关发现企业应当取得而未取得发票、其他外部凭证或者取得不合规发票、不合规其他外部凭证并且告知企业的，企业应当自被告知之日起60日内补开、换开符合规定的发票、其他外部凭证。其中，因对方特殊原因无法补开、换开发票、其他外部凭证的，企业应当按照本办法第十四条的规定，自被告知之日起60日内提供可以证实其支出真实性的相关资料。

第十六条　企业在规定的期限未能补开、换开符合规定的发票、其他外部凭证，并且未能按照本办法第十四条的规定提供相关资料证实其支出真实性的，相应支出不得在发生年度税前扣除。

第十七条　除发生本办法第十五条规定的情形外，企业以前年度应当取得而未取得发票、其他外部凭证，且相应支出在该年度没有税前扣除的，在以后年度取得符合规定的发票、其他外部凭证或者按照本办法第十四条的规定提供可以证实其支出真实性的相关资料，相应支出可以追补至该支出发生年度税前扣除，但追补年限不得超过五年。

第十八条　企业与其他企业(包括关联企业)、个人在境内共同接受应纳增值税劳务(以下简称应税劳务)发生的支出，采取分摊方式的，应当按照独立交易原则进行分摊，企业以发票和分割单作为税前扣除凭证，共同接受应税劳务的其他企业以企业开具的分割单作为税前扣除凭证。

企业与其他企业、个人在境内共同接受非应税劳务发生的支出，采取分摊方式的，企业以发票外的其他外部凭证和分割单作为税前扣除凭证，共同接受非应税劳务的其他企业以企业开具的分割单作为税前扣除凭证。

第十九条　企业租用(包括企业作为单一承租方租用)办公、生产用房等资产发生的水、电、燃气、冷气、暖气、通讯线路、有线电视、网络等费用，出租方作为应税项目开具发票的，企业以发票作为税前扣除凭证；出租方采取分摊方式的，企业以出租方开具的其他外部凭证作为税前扣除凭证。

【《国家税务总局关于发布〈企业所得税税前扣除凭证管理办法〉的公告》(国家税务总局公告2018年第28号)第四条、第五条、第六条、第七条、第八条、第九条、第十条、第十一条、第十二条、第十三条、第十四条、第十五条、第十六条、第十七条、第十八条、第十九条】

二、纳税人通过增值税电子发票公共服务平台开具的增值税电子普通发票属于税务机关监制的发票，采用电子签名代替发票专用章，其法律效力、基本用途、基本使用规定等与增值税普通发票相同。

增值税电子普通发票版式文件格式为OFD格式。单位和个人可以登录全国增值税发票查验平台(https://inv-veri.chinatax.gov.cn)下载增值税电子发票版式文件阅读器查阅增值税电子普通发票。

三、纳税人办理增值税普通发票、增值税电子普通发票、收费公路通行费增值税电子普通发票、机动车销售统一发票、二手车销售统一发票票种核定事项，除税务机关按规定确定的高风险等情形外，主管税务机关应当即时办结。

四、纳税人同时丢失已开具增值税专用发票或机动车销售统一发票的发票联和抵扣联，可凭加盖销售方发票专用章的相应发票记账联复印件，作为增值税进项税额的抵扣凭证、退税凭证或记账凭证。

纳税人丢失已开具增值税专用发票或机动车销售统一发票的抵扣联，可凭相应发票的发票联复印件，作为增值税进项税额的抵扣凭证或退税凭证；纳税人丢失已开具增值税专用发票或机动车销售统一发票的发票联，可凭相应发票的抵扣联复印件，作为记账凭证。

【《国家税务总局关于增值税发票综合服务平台等事项的公告》(国家税务总局公告 2020 年第 1 号)第二条、第三条、第四条】

六、关于企业提供有效凭证时间问题

企业当年度实际发生的相关成本、费用，由于各种原因未能及时取得该成本、费用的有效凭证，企业在预缴季度所得税时，可暂按账面发生金额进行核算；但在汇算清缴时，应补充提供该成本、费用的有效凭证。

【《国家税务总局关于企业所得税若干问题的公告》(国家税务总局公告 2011 年第 34 号)第六条】

1.2.11　可结转以后年度扣除项目

1.2.11.1　企业所得税汇算清缴可结转以后年度扣除项目有哪些

现行《企业所得税法》中，有些支出项目在本年度企业所得税汇算清缴时超过扣除限额比例后可在以后年度结转扣除或是抵免，具体如表 1-8 所示。

表 1-8　企业所得税可结转以后年度扣除明细表

序号	项 目	主要内容	政策依据	风险提示
1	广告费和业务宣传费支出	企业发生的符合条件的广告费和业务宣传费支出，除国务院财政、税务主管部门另有规定外，不超过当年销售(营业)收入 30% 的部分，准予扣除；超过部分，准予在以后纳税年度结转扣除。	《财政部 税务总局关于广告费和业务宣传费支出税前扣除有关事项的公告》(财政部 税务总局公告 2020 年第 43 号)	(1) 对化妆品制造或销售、医药制造和饮料制造(不含酒类制造)企业发生的广告费和业务宣传费支出，不超过当年销售(营业)收入 30% 的部分，准予扣除；超过部分，准予在以后纳税年度结转扣除。 (2) 对签订广告费和业务宣传费分摊协议的关联企业，其中一方发生的不超过当年销售(营业)收入税前扣除限额比例内的广告费和业务宣传费支出可以在本企业扣除，也可以将其中的部分或全部按照分摊协议归集至另一方扣除。另一方在计算本企业广告费和业务宣传费支出企业所得税税前扣除限额时，可将按照上述办法归集至本企业的广告费和业务宣传费不计算在内。 (3) 烟草企业的烟草广告费和业务宣传费支出，一律不得在计算应纳税所得额时扣除。

(续表)

序号	项 目	主要内容	政策依据	风险提示
2	保险企业手续费及佣金支出	自2019年1月1日起,保险企业发生与其经营活动有关的手续费及佣金支出,不超过当年全部保费收入扣除退保金等后余额的18%(含本数)的部分,在计算应纳税所得额时准予扣除;超过部分,允许结转以后年度扣除。	《财政部 税务总局关于保险企业手续费及佣金支出税前扣除政策的公告》(财政部 税务总局公告2019年第72号)	保险企业应建立健全手续费及佣金的相关管理制度,并加强手续费及佣金结转扣除的台账管理。
3	公益性捐赠支出	自2017年1月1日起,企业通过公益性社会组织或者县级(含县级)以上人民政府及其组成部门和直属机构,用于慈善活动、公益事业的捐赠支出,在年度利润总额12%以内的部分,准予在计算应纳税所得额时扣除;超过年度利润总额12%的部分,准予结转以后3年内在计算应纳税所得额时扣除。	《财政部 税务总局关于公益性捐赠支出企业所得税税前结转扣除有关政策的通知》(财税〔2018〕15号)	在民政部门依法登记的慈善组织和其他社会组织(以下统称社会组织),取得公益性捐赠税前扣除资格应当同时符合以下规定: (1)符合《企业所得税法实施条例》第五十二条第一项到第八项规定的条件。 (2)每年应当在3月31日前按要求向登记管理机关报送经审计的上年度专项信息报告。报告应当包括财务收支和资产负债总体情况、开展募捐和接受捐赠情况、公益慈善事业支出及管理费用情况[包括下文第(3)项、第(4)项规定的比例情况]等内容。首次确认公益性捐赠税前扣除资格的,应当报送经审计的前两个年度的专项信息报告。 (3)具有公开募捐资格的社会组织,前两年度每年用于公益慈善事业的支出占上年总收入的比例均不得低于70%。计算该支出比例时,可以用前三年收入平均数代替上年总收入。不具有公开募捐资格的社会组织,前两年度每年用于公益慈善事业的支出占上年末净资产的比例均不得低于8%。计算该比例时,可以用前三年年末净资产平均数代替上年末净资产。 (4)具有公开募捐资格的社会组织,前两年度每年支出的管理费用占当年总支出的比例均不得高于10%。不具有公开募捐资格的社会组织,前两年每年支出的管理费用占当年总支出的比例均不得高于12%。 (5)具有非营利组织免税资格,且免税资格在有效期内。

（续表）

序号	项 目	主要内容	政策依据	风险提示
3				（6）前两年度未受到登记管理机关行政处罚（警告除外）。 （7）前两年度未被登记管理机关列入严重违法失信名单。 （8）社会组织评估等级为3A以上（含3A）且该评估结果在确认公益性捐赠税前扣除资格时仍在有效期内。 公益慈善事业支出、管理费用和总收入的标准和范围，按照《民政部　财政部　国家税务总局关于印发〈关于慈善组织开展慈善活动年度支出和管理费用的规定〉的通知》（民发〔2016〕189号）关于慈善活动支出、管理费用和上年总收入的有关规定执行。 按照《中华人民共和国慈善法》新设立或新认定的慈善组织，在其取得非营利组织免税资格的当年，只需要符合上述第（1）项、第（6）项、第（7）项条件即可。 公益性社会组织存在以下情形之一的，应当取消其公益性捐赠税前扣除资格： （1）未按《财政部　税务总局　民政部关于公益性捐赠税前扣除有关事项的公告》（财政部公告2020年第27号，以下简称27号公告）规定时间和要求向登记管理机关报送专项信息报告的。 （2）最近一个年度用于公益慈善事业的支出不符合27号公告第四条第三项规定的。 （3）最近一个年度支出的管理费用不符合27号公告第四条第四项规定的。 （4）非营利组织免税资格到期后超过6个月未重新获取免税资格的。 （5）受到登记管理机关行政处罚（警告除外）的。 （6）被登记管理机关列入严重违法失信名单的。 （7）社会组织评估等级低于3A或者无评估等级的。
4	职工教育经费支出	自2018年1月1日起，企业发生的职工教育经费支出，不超过工资、薪金总额8%的部分，准予在计算企业所得税应纳税所得额时扣除；超过部分，准予在以后纳税年度结转扣除。	《财政部　税务总局关于企业职工教育经费税前扣除政策的通知》（财税〔2018〕51号）	软件生产企业发生的职工教育经费中的职工培训费用，根据《财政部　国家税务总局关于企业所得税若干优惠政策的通知》（财税〔2008〕1号）的规定，可以全额在企业所得税前扣除。软件生产企业应准确划分职工教育经费中的职工培训费支出，对于不能准确划分的，以及准确划分后职工教育经费中扣除职工培训费用的余额，一律按照《企业所得税法实施条例》第四十二条规定的比例扣除。

(续表)

序号	项 目	主要内容	政策依据	风险提示
5	亏损弥补	(1)企业纳税年度发生的亏损,准予向以后年度结转,用以后年度的所得弥补,但结转年限最长不得超过5年。 (2)自2018年1月1日起,当年具备高新技术企业或科技型中小企业资格的企业,其具备资格年度之前5个年度发生的尚未弥补完的亏损,准予结转以后年度弥补,最长结转年限由5年延长至10年。 (3)受疫情影响较大的困难行业企业2020年度发生的亏损,最长结转年限由5年延长至8年。 (4)对电影行业企业2020年度发生的亏损,最长结转年限由5年延长至8年。 (5)国家鼓励的线宽小于130纳米(含)的集成电路生产企业,属于国家鼓励的集成电路生产企业清单年度之前5个纳税年度发生的尚未弥补完的亏损,准予向以后年度结转,总结转年限最长不得超过10年。	《企业所得税法》 《财政部 税务总局关于延长高新技术企业和科技型中小企业亏损结转年限的通知》(财税〔2018〕76号) 《财政部 税务总局关于支持新型冠状病毒感染的肺炎疫情防控有关税收政策的公告》(财政部 税务总局公告2020年第8号) 《财政部 税务总局关于电影等行业税费支持政策的公告》(财政部 税务总局公告2020年第25号) 《关于促进集成电路产业和软件产业高质量发展企业所得税政策的公告》(财政部 税务总局 发展改革委 工业和信息化部公告2020年第45号)	(1)《财政部 税务总局关于延长高新技术企业和科技型中小企业亏损结转年限的通知》(财税〔2018〕76号)第一条所称当年具备高新技术企业或科技型中小企业资格(以下统称资格)的企业,其具备资格年度之前5个年度发生的尚未弥补完的亏损,是指当年具备资格的企业,其前5个年度无论是否具备资格,所发生的尚未弥补完的亏损。 2018年具备资格的企业,无论2013年至2017年是否具备资格,其2013年至2017年发生的尚未弥补完的亏损,均准予结转以后年度弥补,最长结转年限为10年。2018年以后年度具备资格的企业,依此类推,进行亏损结转弥补税务处理。 (2)高新技术企业按照其取得的高新技术企业证书注明的有效期所属年度,确定其具备资格的年度。 科技型中小企业按照其取得的科技型中小企业入库登记编号注明的年度,确定其具备资格的年度。 (3)困难行业企业,包括交通运输、餐饮、住宿、旅游(指旅行社及相关服务、游览景区管理两类)四大类,具体判断标准按照现行《国民经济行业分类》执行。困难行业企业2020年度主营业务收入须占收入总额(剔除不征税收入和投资收益)的50%以上。 受疫情影响较大的困难行业企业按照《财政部 税务总局关于支持新型冠状病毒感染的肺炎疫情防控有关税收政策的公告》(财政部 税务总局公告2020年第8号)第四条规定,适用延长亏损结转年限政策的,应当在2020年度企业所得税汇算清缴时,通过电子税务局提交《适用延长亏损结转年限政策声明》。
6	创业投资企业应纳税所得额抵扣	创业投资企业采取股权投资方式投资于未上市的中小高新技术企业2年以上的,可以按照其投资额的70%在股权持有满2年的当年抵扣该创业投资企业的应纳税所得额;当年不足抵扣的,可以在以后纳税年度结转抵扣。	《企业所得税法实施条例》	

（续表）

序号	项 目	主要内容	政策依据	风险提示
7	已在境外缴纳的所得税税额抵免	企业取得的下列所得已在境外缴纳的所得税税额，可以从其当期应纳税额中抵免，抵免限额为该项所得依照《企业所得税法》规定计算的应纳税额；超过抵免限额的部分，可以在以后5个年度内，用每年度抵免限额抵免当年应抵税额后的余额进行抵补： （1）居民企业来源于中国境外的应税所得。 （2）非居民企业在中国境内设立机构、场所，取得发生在中国境外但与该机构、场所有实际联系的应税所得。	《企业所得税法实施条例》	
8	购置专用设备的应纳税额抵免	企业购置并实际使用《环境保护专用设备企业所得税优惠目录》《节能节水专用设备企业所得税优惠目录》和《安全生产专用设备企业所得税优惠目录》规定的环境保护、节能节水、安全生产等专用设备的，该专用设备的投资额的10%可以从企业当年的应纳税额中抵免；当年不足抵免的，可以在以后5个纳税年度结转抵免。	《企业所得税法实施条例》	（1）企业自2008年1月1日起购置并实际使用列入《安全生产专用设备企业所得税优惠目录》范围内的环境保护、节能节水和安全生产专用设备，可以按专用设备投资额的10%抵免当年企业所得税应纳税额；企业当年应纳税额不足抵免的，可以向以后年度结转，但结转期不得超过5个纳税年度。 （2）专用设备投资额，是指购买专用设备发票价税合计价格，但不包括按有关规定退还的增值税税款，以及设备运输、安装和调试等费用。 （3）当年应纳税额，是指企业当年的应纳税所得额乘以适用税率，扣除依照《企业所得税法》和国务院有关税收优惠规定及税收过渡优惠规定减征、免征税额后的余额。 （4）企业利用自筹资金和银行贷款购置专用设备的投资额，可以按《企业所得税法》的规定抵免企业应纳所得税额；企业利用财政拨款购置专用设备的投资额，不得抵免企业应纳所得税额。 （5）企业购置并实际投入适用、已开始享受税收优惠的专用设备，如从购置之日起5个纳税年度内转让、出租的，应在该专用设备停止使用当月停止享受企业所得税优惠，并补缴已经抵免的企业所得税税款。转让的受让方可以按照该专用

(续表)

序号	项 目	主要内容	政策依据	风险提示
8				设备投资额的10%抵免当年企业所得税应纳税额;当年应纳税额不足抵免的,可以在以后5个纳税年度结转抵免。 自2009年1月1日起,纳税人购进并实际使用《环境保护专用设备企业所得税优惠目录》《节能节水专用设备企业所得税优惠目录》和《安全生产专用设备企业所得税优惠目录》范围内的专用设备并取得增值税专用发票的,在按照《财政部 国家税务总局关于执行环境保护专用设备企业所得税优惠目录 节能节水专用设备企业所得税优惠目录和安全生产专用设备企业所得税优惠目录有关问题的通知》(财税〔2008〕48号)第二条规定进行税额抵免时,如增值税进项税额允许抵扣,其专用设备投资额不再包括增值税进项税额;如增值税进项税额不允许抵扣,其专用设备投资额应为增值税专用发票上注明的价税合计金额。企业购买专用设备取得普通发票的,其专用设备投资额为普通发票上注明的金额。

政策链接

一、对化妆品制造或销售、医药制造和饮料制造(不含酒类制造)企业发生的广告费和业务宣传费支出,不超过当年销售(营业)收入30%的部分,准予扣除;超过部分,准予在以后纳税年度结转扣除。

二、对签订广告费和业务宣传费分摊协议(以下简称分摊协议)的关联企业,其中一方发生的不超过当年销售(营业)收入税前扣除限额比例内的广告费和业务宣传费支出可以在本企业扣除,也可以将其中的部分或全部按照分摊协议归集至另一方扣除。另一方在计算本企业广告费和业务宣传费支出企业所得税税前扣除限额时,可将按照上述办法归集至本企业的广告费和业务宣传费不计算在内。

三、烟草企业的烟草广告费和业务宣传费支出,一律不得在计算应纳税所得额时扣除。

【《财政部 税务总局关于关于广告费和业务宣传费支出税前扣除有关事项的公告》(财政部 税务总局公告2020年第43号)第一条、第二条、第三条】

一、保险企业发生与其经营活动有关的手续费及佣金支出,不超过当年全部保费收入扣除退保金等后余额的18%(含本数)的部分,在计算应纳税所得额时准予扣除;超过部分,允许结转以后年度扣除。

二、保险企业发生的手续费及佣金支出税前扣除的其他事项继续按照《财政部 国家税务总局关于企业手续费及佣金支出税前扣除政策的通知》(财税〔2009〕29号)

中第二条至第五条相关规定处理。保险企业应建立健全手续费及佣金的相关管理制度，并加强手续费及佣金结转扣除的台账管理。

三、本公告自 2019 年 1 月 1 日起执行。《财政部　国家税务总局关于企业手续费及佣金支出税前扣除政策的通知》(财税〔2009〕29 号)第一条中关于保险企业手续费及佣金税前扣除的政策和第六条同时废止。保险企业 2018 年度汇算清缴按照本公告规定执行。

【《财政部　税务总局关于保险企业手续费及佣金支出税前扣除政策的公告》(财政部　税务总局公告 2019 年第 72 号)第一条、第二条、第三条】

第 2 章　税收优惠

2.1　免税收入

2.1.1　要取得非营利组织免税资格，应具备的条件是什么？如何办理认定相关事项

（1）应具备条件。

① 依照国家有关法律法规设立或登记的事业单位、社会团体、基金会、社会服务机构、宗教活动场所、宗教院校，以及财政部、税务总局认定的其他非营利组织。

② 从事公益性或者非营利性活动。

③ 取得的收入除用于与该组织有关的、合理的支出外，全部用于登记核定或者章程规定的公益性或者非营利性事业。

④ 财产及其孳息不用于分配，但不包括合理的工资、薪金支出。

⑤ 按照登记核定或者章程规定，该组织注销后的剩余财产用于公益性或者非营利性目的，或者由登记管理机关采取转赠给与该组织性质、宗旨相同的组织等处置方式，并向社会公告。

⑥ 投入人对投入该组织的财产不保留或者享有任何财产权利。投入人是指除各级人民政府及其部门外的法人、自然人和其他组织。

⑦ 工作人员工资福利开支控制在规定的比例内，不变相分配该组织的财产。其中，工作人员平均工资、薪金水平不得超过税务登记所在地的地市级（含地市级）以上地区的同行业同类组织平均工资水平的两倍，工作人员福利按照国家有关规定执行。

⑧ 对取得的应纳税收入及其有关的成本、费用、损失应与免税收入及其有关的成本、费用、损失分别核算。

（2）办理流程。

经省级（含省级）以上登记管理机关批准设立或登记的符合条件的非营利组织，凡符合规定条件的，应向其所在地省级税务主管机关提出免税资格申请并提供《财政部　国家税务总局关于非营利组织免税资格认定管理有关问题的通知》（财税〔2018〕13 号）规定的相关材料；经地市级或县级登记管理机关批准设立或登记的非营利组织，凡符合规定条件的，分别向其所在地的地市级或县级税务主管机关提出免税资格申请，并提供《财政部　国家税务总局关于非营利组织免税资格认定管理有关问题的通知》（财税〔2018〕13 号）规定的材料。

(3) 申请享受免税资格的非营利组织,需报送材料:

① 申请报告。

② 事业单位、社会团体、基金会、社会服务机构的组织章程或宗教活动场所、宗教院校的管理制度。

③ 非营利组织注册登记证件的复印件。

④ 上一年度的资金来源及使用情况、公益活动和非营利活动的明细情况。

⑤ 上一年度的工资、薪金情况专项报告,包括薪酬制度,工作人员整体平均工资、薪金水平,工资福利占总支出比例,重要人员工资、薪金信息(至少包括工资、薪金水平排名前 10 的人员)。

⑥ 具有资质的中介机构鉴证的上一年度财务报表和审计报告。

⑦ 登记管理机关出具的事业单位、社会团体、基金会、社会服务机构、宗教活动场所、宗教院校上一年度符合相关法律法规和国家政策的事业发展情况或非营利活动的材料。

⑧ 财政、税务部门要求提供的其他材料。

当年新设立或登记的非营利组织需提供上述第①项至第③项规定的材料及上述第④项、第⑤项规定的申请当年的材料,不需提供上述第⑥项、第⑦项规定的材料。

2.1.2 民间社会组织申请认定非营利组织免税资格,应提交哪些年度的认定资料

根据《财政部 国家税务总局关于非营利组织免税资格认定管理有关问题的通知》(财税〔2018〕13 号)的规定,符合条件的非营利组织申请享受免税资格时,应区分不同情况分别报送相关资料。

(1) 新办民间社会组织。

新办民间社会组织成立当年申请认定非营利组织免税资格时,应向税务机关提供其成立至申请认定时点的相关资料。

(2) 以前年度成立民间社会组织。

以前年度成立民间社会组织申请认定非营利组织免税资格时,应向税务机关提供其资格起始年度的上一年度相关资料。例如,社会团体申请 2020 年起开始享受免税资格,则应提供其 2019 年度的相关材料进行认定。

2.1.3 取得非营利组织免税资格的民间社会组织,其取得的收入都是免税收入吗

非营利组织取得免税资格后,并非所有收入均可以享受免税优惠。《财政部 国家税务总局关于非营利组织企业所得税免税收入问题的通知》(财税〔2009〕122 号)规定,非营利组织的下列收入为免税收入:

(1) 接受其他单位或者个人捐赠的收入。

(2) 除《企业所得税法》第七条规定的财政拨款以外的其他政府补助收入,但不

包括因政府购买服务取得的收入。

(3) 按照省级以上民政、财政部门规定收取的会费。

(4) 不征税收入和免税收入孳生的银行存款利息收入。

(5) 财政部、国家税务总局规定的其他收入。

2.1.4 对投资者从私募基金分配中取得的收入能否享受暂不征收企业所得税的税收优惠

2012年修订后的《中华人民共和国证券投资基金法》(以下简称《证券投资基金法》,从2013年6月1日起施行)将证券投资基金分为公开募集基金和非公开募集基金。公开募集基金简称公募基金,非公开募集基金简称私募基金。而修订前的《证券投资基金法》不包括私募基金。考虑到《财政部 国家税务总局关于企业所得税若干优惠政策的通知》(财税〔2008〕1号)出台时,是针对原《证券投资基金法》中规定的公募基金给予免税,政策出台时不包括私募基金。同时考虑到私募基金操作方式灵活,受监管程度低,且其投资者多为高净值人群,不适用于社会普通大众,大众参与度低。因此,从优惠取向和维护社会公平的角度,不应对投资者从私募基金取得的分红适用免税政策。因此,对投资者从私募基金取得的分红暂不享受免税政策。

因此,取得的私募基金分红不适用《财政部 国家税务总局关于企业所得税若干优惠政策的通知》(财税〔2008〕1号)规定的暂不征收企业所得税政策,需要并入应纳税所得额缴纳企业所得税。①

2.1.5 企业取得企业间自行发行永续债的利息,是否适用股息、红利企业所得税政策

《财政部 税务总局关于永续债企业所得税政策问题的公告》(财政部 税务总局公告2019年第64号)规定,企业发行的永续债,可以适用股息、红利企业所得税政策,即投资方取得的永续债利息收入属于股息、红利性质,按照现行企业所得税政策相关规定进行处理。其中,发行方和投资方均为居民企业的,永续债利息收入可以适用《企业所得税法》规定的居民企业之间的股息、红利等权益性投资收益免征企业所得税规定;同时发行方支付的永续债利息支出不得在企业所得税税前扣除。要符合该规定的永续债必须是指经国家发展改革委员会、中国人民银行、中国银行保险监督管理委员会、中国证券监督管理委员会核准,或经中国银行间市场交易商协会注册、中国证券监督管理委员会授权的证券自律组织备案,依照法定程序发行、附赎回(续期)选择权或无明确到期日的债券,包括可续期企业债、可续期公司债、永续债务融资工具(含永续票据)、无固定期限资本债券等,否则不适用免税政策。

---

① 2.1.4 摘自北京市税务局发布的《企业所得税实务操作政策指引》。

2.1.6 非营利组织为政府提供服务取得收入是否免征企业所得税

【案例2-1】 A公司是非营利组织,2020年代政府部门对任前公务员进行培训取得收入120万元,请问该收入是否能免企业所得税?

《财政部 国家税务总局关于非营利组织企业所得税免税收入问题的通知》(财税〔2009〕122号)规定,非营利组织企业取得下列收入免征企业所得税:

(1) 接受其他单位或者个人捐赠的收入。

(2) 除《企业所得税法》第七条规定的财政拨款以外的其他政府补助收入,但不包括因政府购买服务取得的收入。

(3) 按照省级以上民政、财政部门规定收取的会费。

(4) 不征税收入和免税收入孳生的银行存款利息收入。

(5) 财政部、国家税务总局规定的其他收入。

A公司2020年代政府部门对任前公务员进行培训取得120万元不属于《财政部 国家税务总局关于非营利组织企业所得税免税收入问题的通知》(财税〔2009〕122号)列举的范围,应征收企业所得税。

风险提示

(1) 非营利组织经过政府有关部门的审核确认,其享受免税优惠资格有效期为5年。

(2) 非营利组织应在免税优惠资格期满后6个月内提出复审申请,不提出复审申请或复审不合格的,其享受免税优惠的资格到期自动失效。非营利组织免税资格复审,按照初次申请免税优惠资格的规定办理。

(3) 非营利组织应正确区分免税收入和非免税收入。

2.1.7 企业取得超过投资比例的分红是否可以享受免征企业所得税优惠

按企业所得税政策的规定,直接投资于其他居民企业取得的投资收益可免征企业所得税。企业所得税申报表填报说明规定,表A107011第7列"依决定归属于本公司的股息、红利等权益性投资收益金额":填报纳税人按照投资比例或者其他方法计算的,实际归属于本公司的股息、红利等权益性投资收益金额。根据上述规定,企业取得超过投资比例的分红,若公司章程没有约定的,则不符合居民企业之间的股息、红利等权益性投资收益优惠条件,不能享受免征企业所得税税收优惠政策。

风险提示

居民企业直接投资于其他居民企业取得的投资收益免征企业所得税,这里不含间接投资和连续持有居民企业公开发行并上市流通的股票不足12个月取得的投资收益。

2.1.8 居民企业间接投资于其他居民企业取得收益能否享受免税优惠

居民企业直接投资于其他居民企业取得的投资收益免征企业所得税，居民企业间接投资于其他居民企业取得收益不属于符合条件的居民企业之间的股息、红利等权益性投资收益，不属于免税收入。

2.1.9 从被投资企业取得分红是否需要补税率差

【案例2-2】 A公司为从事林业种植企业，B公司为生物药品制造企业，2020年B公司从被投资企业A公司取得分红500万元，是否需要补税率差？

《企业所得税法》规定，符合条件的居民企业之间的股息、红利等权益性投资收益为免税收入。

《企业所得税法实施条例》规定，企业所得税法第二十六条第(二)项所称符合条件的居民企业之间的股息、红利等权益性投资收益，是指居民企业直接投资于其他居民企业取得的投资收益。企业所得税法第二十六条第(二)项和第(三)项所称股息、红利等权益性投资收益，不包括连续持有居民企业公开发行并上市流通的股票不足12个月取得的投资收益。因此，B公司从被投资的企业A公司取得分红免征企业所得税，不需要补税率差。

政策链接

一、依据本通知认定的符合条件的非营利组织，必须同时满足以下条件：

(一)依照国家有关法律法规设立或登记的事业单位、社会团体、基金会、社会服务机构、宗教活动场所、宗教院校，以及财政部、税务总局认定的其他非营利组织。

(二)从事公益性或者非营利性活动。

(三)取得的收入除用于与该组织有关的、合理的支出外，全部用于登记核定或者章程规定的公益性或者非营利性事业。

(四)财产及其孳息不用于分配，但不包括合理的工资、薪金支出。

(五)按照登记核定或者章程规定，该组织注销后的剩余财产用于公益性或者非营利性目的，或者由登记管理机关采取转赠给与该组织性质、宗旨相同的组织等处置方式，并向社会公告。

(六)投入人对投入该组织的财产不保留或者享有任何财产权利，本款所称投入人是指除各级人民政府及其部门外的法人、自然人和其他组织。

(七)工作人员工资福利开支控制在规定的比例内，不变相分配该组织的财产，其中：工作人员平均工资、薪金水平不得超过税务登记所在地的地市级(含地市级)以上地区的同行业同类组织平均工资水平的两倍，工作人员福利按照国家有关规定执行。

(八)对取得的应纳税收入及其有关的成本、费用、损失应与免税收入及其有关的成本、费用、损失分别核算。

二、经省级(含省级)以上登记管理机关批准设立或登记的非营利组织,凡符合规定条件的,应向其所在地省级税务主管机关提出免税资格申请,并提供本通知规定的相关材料;经地市级或县级登记管理机关批准设立或登记的非营利组织,凡符合规定条件的,分别向其所在地的地市级或县级税务主管机关提出免税资格申请,并提供本通知规定的相关材料。

财政、税务部门按照上述管理权限,对非营利组织享受免税的资格联合进行审核确认,并定期予以公布。

三、申请享受免税资格的非营利组织,需报送以下材料:

(一) 申请报告。

(二) 事业单位、社会团体、基金会、社会服务机构的组织章程或宗教活动场所、宗教院校的管理制度。

(三) 非营利组织注册登记证件的复印件。

(四) 上一年度的资金来源及使用情况、公益活动和非营利活动的明细情况。

(五) 上一年度的工资、薪金情况专项报告,包括薪酬制度,工作人员整体平均工资、薪金水平,工资福利占总支出比例,重要人员工资、薪金信息(至少包括工资、薪金水平排名前10的人员)。

(六) 具有资质的中介机构鉴证的上一年度财务报表和审计报告。

(七) 登记管理机关出具的事业单位、社会团体、基金会、社会服务机构、宗教活动场所、宗教院校上一年度符合相关法律法规和国家政策的事业发展情况或非营利活动的材料。

(八) 财政、税务部门要求提供的其他材料。

当年新设立或登记的非营利组织需提供本条第(一)项至第(三)项规定的材料及本条第(四)项、第(五)项规定的申请当年的材料,不需提供本条第(六)项、第(七)项规定的材料。

四、非营利组织免税优惠资格的有效期为五年。非营利组织应在免税优惠资格期满后六个月内提出复审申请,不提出复审申请或复审不合格的,其享受免税优惠的资格到期自动失效。

非营利组织免税资格复审,按照初次申请免税优惠资格的规定办理。

五、非营利组织必须按照《中华人民共和国税收征收管理法》及《中华人民共和国税收征收管理法实施细则》等有关规定,办理税务登记,按期进行纳税申报。取得免税资格的非营利组织应按照规定向主管税务机关办理免税手续,免税条件发生变化的,应当自发生变化之日起十五日内向主管税务机关报告;不再符合免税条件的,应当依法履行纳税义务;未依法纳税的,主管税务机关应当予以追缴。取得免税资格的非营利组织注销时,剩余财产处置违反本通知第一条第五项规定的,主管税务机关应追缴其应纳企业所得税款。

有关部门在日常管理过程中,发现非营利组织享受优惠年度不符合本通知规定的免税条件的,应提请核准该非营利组织免税资格的财政、税务部门,由其进行复核。

核准非营利组织免税资格的财政、税务部门根据本通知规定的管理权限,对非营利组织的免税优惠资格进行复核,复核不合格的,相应年度不得享受税收优惠政策。

六、已认定的享受免税优惠政策的非营利组织有下述情形之一的,应自该情形发生年度起取消其资格:

(一)登记管理机关在后续管理中发现非营利组织不符合相关法律法规和国家政策的。

(二)在申请认定过程中提供虚假信息的。

(三)纳税信用等级为税务部门评定的C级或D级的。

(四)通过关联交易或非关联交易和服务活动,变相转移、隐匿、分配该组织财产的。

(五)被登记管理机关列入严重违法失信名单的。

(六)从事非法政治活动的。

因上述第(一)项至第(五)项规定的情形被取消免税优惠资格的非营利组织,财政、税务部门自其被取消资格的次年起一年内不再受理该组织的认定申请;因上述第(六)项规定的情形被取消免税优惠资格的非营利组织,财政、税务部门将不再受理该组织的认定申请。

被取消免税优惠资格的非营利组织,应当依法履行纳税义务;未依法纳税的,主管税务机关应当自其存在取消免税优惠资格情形的当年起予以追缴。

【《财政部 国家税务总局关于非营利组织免税资格认定管理有关问题的通知》(财税〔2018〕13号)第一条、第二条、第三条、第四条、第五条、第六条】

二、关于鼓励证券投资基金发展的优惠政策

(一)对证券投资基金从证券市场中取得的收入,包括买卖股票、债券的差价收入,股权的股息、红利收入,债券的利息收入及其他收入,暂不征收企业所得税。

(二)对投资者从证券投资基金分配中取得的收入,暂不征收企业所得税。

(三)对证券投资基金管理人运用基金买卖股票、债券的差价收入,暂不征收企业所得税。

【《财政部 国家税务总局关于企业所得税若干优惠政策的通知》(财税〔2018〕1号)第二条】

一、企业发行的永续债,可以适用股息、红利企业所得税政策,即:投资方取得的永续债利息收入属于股息、红利性质,按照现行企业所得税政策相关规定进行处理,其中,发行方和投资方均为居民企业的,永续债利息收入可以适用企业所得税法规定的居民企业之间的股息、红利等权益性投资收益免征企业所得税规定;同时发行方支付的永续债利息支出不得在企业所得税税前扣除。

二、企业发行符合规定条件的永续债，也可以按照债券利息适用企业所得税政策，即：发行方支付的永续债利息支出准予在其企业所得税税前扣除；投资方取得的永续债利息收入应当依法纳税。

三、本公告第二条所称符合规定条件的永续债，是指符合下列条件中5条（含）以上的永续债：

（一）被投资企业对该项投资具有还本义务。

（二）有明确约定的利率和付息频率。

（三）有一定的投资期限。

（四）投资方对被投资企业净资产不拥有所有权。

（五）投资方不参与被投资企业日常生产经营活动。

（六）被投资企业可以赎回，或满足特定条件后可以赎回。

（七）被投资企业将该项投资计入负债。

（八）该项投资不承担被投资企业股东同等的经营风险。

（九）该项投资的清偿顺序位于被投资企业股东持有的股份之前。

四、企业发行永续债，应当将其适用的税收处理方法在证券交易所、银行间债券市场等发行市场的发行文件中向投资方予以披露。

五、发行永续债的企业对每一永续债产品的税收处理方法一经确定，不得变更。企业对永续债采取的税收处理办法与会计核算方式不一致的，发行方、投资方在进行税收处理时须作出相应纳税调整。

六、本公告所称永续债是指经国家发展改革委员会、中国人民银行、中国银行保险监督管理委员会、中国证券监督管理委员会核准，或经中国银行间市场交易商协会注册、中国证券监督管理委员会授权的证券自律组织备案，依照法定程序发行、附赎回（续期）选择权或无明确到期日的债券，包括可续期企业债、可续期公司债、永续债务融资工具（含永续票据）、无固定期限资本债券等。

【《财政部 税务总局关于永续债企业所得税政策问题的公告》（财政部 税务总局公告2019年第64号）第一条、第二条、第三条、第四条、第五条、第六条】

延伸阅读

国家税务总局厦门市税务局关于市十三届政协四次会议第1112号提案办理情况答复的函

厦税函〔2020〕125号

尊敬的周某某先生：

《关于降低厦门股权代持关系下实际出资人双重税负的提案》（市十三届政协四

次会议第1112号)收悉,该件由我局独办。现将办理情况答复如下:

一、办理工作背景

我局高度重视上述提案,在提案办理过程中,注重加强调查研究,深入了解当前股权代持关系实质,梳理分析股权代持关系税收政策。

二、办理情况

(一)关于显名股东纳税义务的认定

根据《中华人民共和国税收征收管理法实施细则》第三条第二款规定:"纳税人应当依照税收法律、行政法规的规定履行纳税义务;其签订的合同、协议等与税收法律、行政法规相抵触的,一律无效。"显名股东作为登记在股东名册上的股东,可以依股东名册主张行使股东权利,依据《中华人民共和国企业所得税法》《中华人民共和国个人所得税法》,是符合税法规定的转让股权和取得投资收益的纳税人,其取得股息红利所得、股权转让所得,应当依法履行纳税义务。

《公司注册资本登记管理规定》(国家工商行政管理总局令第64号)第八条"股东或者发起人必须以自己的名义出资",明确了行政管理的方式是要求股东以自己的名义出资。而《最高人民法院关于适用〈中华人民共和国公司法〉若干问题的规定(三)》第二十五条的相关规定,仅说明人民法院认可代持合同具有法律效力,规范的是代持当事人内部的民事法律关系,不属于对《公司注册资本登记管理规定》中关于股东出资规定的调整或变化。

(二)关于隐名股东纳税义务的认定

1. 隐名股东为自然人的情形。《中华人民共和国个人所得税法》第二条,明确了应当缴纳个人所得税的九种所得,显名股东将取得的税后股息红利所得、股权转让所得,转付给隐名股东(自然人),不属于法律规定应当缴纳个人所得税的所得。

2. 隐名股东为企业的情形。《中华人民共和国企业所得税法》第六条规定,企业以货币形式和非货币形式从各种来源取得的收入,为收入总额,包括其他收入;第七条、第二十六条,分别列明了法定的不征税收入和免税收入。据此,隐名股东(企业)从显名股东取得基于代持合同关系产生的所得,不属于法定的不征税收入和免税收入,应当按照企业所得税法规定缴纳企业所得税。

(三)其他

关于显名股东(企业)取得股息、红利后,转付给隐名股东(企业),隐名股东(企业)是否能够适用"符合条件的居民企业之间的股息、红利等权益性投资收益为免税收入"的问题,由于隐名股东(企业)和显名股东(企业)之间并未构成股权投资关系,隐名股东(企业)从显名股东(企业)取得的收入不符合股息、红利所得的定义,税法也未规定可以"穿透"作为隐名股东(企业)取得权益性投资收益对其免税。

关于提案提到的《国家税务总局关于企业转让上市公司限售股有关所得税问题

的公告》(国家税务总局公告 2011 年第 39 号),其适用情形仅限于限售股。

三、下一步工作思路

今后,我局将持续做好税收服务工作,严格落实各项税收优惠政策,同时,关于股权代持的税收管理方面的问题,我局也将积极向国家税务总局反映。

衷心感谢您对税收工作的关心和支持。

领导署名:黄某某

联系人:余某

联系电话:0592-2021 * * *

国家税务总局厦门市税务局

2020 年 7 月 28 日

2.2 研发费用加计扣除

2.2.1 不能享受研发费加计扣除企业所得税优惠政策的行业有哪些

《财政部 国家税务总局 科技部关于完善研究开发费用税前加计扣除政策的通知》(财税〔2015〕119 号)规定,不适用税前加计扣除政策的行业如下:

(1) 烟草制造业。

(2) 住宿和餐饮业。

(3) 批发和零售业。

(4) 房地产业。

(5) 租赁和商务服务业。

(6) 娱乐业。

(7) 财政部和国家税务总局规定的其他行业。

上述行业以《国民经济行业分类与代码(GB/4754—2011)》为准,并随之更新。

2.2.2 不能享受研发费加计扣除企业所得税优惠政策的行业是以税务登记证行业范围还是以实际经营情况来确定

【案例 2-3】 A 公司 1986 年成立,成立时营业执照登记行业为电子零售、租赁等,税务登记证行业经营范围与营业执照相同,2020 年税务机关在企业所得税后续管理中发现企业存在不应享受而享受研发费用加计扣除优惠政策的疑点,派员进行核实。经核实该企业目前主要从事于计算机软件研发工作,请问 A 公司能否享受企业所得税研发费用加计扣除优惠政策?

《财政部 国家税务总局 科技部关于完善研究开发费用税前加计扣除政策的通

知》(财税〔2015〕119 号)采取负面清单形式,不适用税前加计扣除政策的行业如下:

(1) 烟草制造业。

(2) 住宿和餐饮业。

(3) 批发和零售业。

(4) 房地产业。

(5) 租赁和商务服务业。

(6) 娱乐业。

(7) 财政部和国家税务总局规定的其他行业。

A 公司 1986 年成立,成立时营业执照登记行业为电子零售、租赁等是不符合享受研发费用加计扣除税收优惠政策。但实际上为了适应生产经营需要,A 公司生产经营方式已发生了很大变化,主要从事于软件的开发与研究,符合享受企业所得税税研发费用加计扣除政策。因此,应当以实际经营情况来确定企业能否享受研发费加计扣除企业所得税优惠政策。同时,建议 A 公司应到相关部门对其行业经营范围进行修改,并对税务登记证经营范围进行同步修改,税费种登记信息也应同步修改,减少涉税风险。

2.2.3 企业发生委托、合作项目立项研发没有向科技部门登记能否享受研发费用加计扣除政策

委托研发及合作研发的项目立项需要向科技部门登记。

《技术合同认定管理办法》(国科发政字〔2000〕63 号印发)第六条规定,未申请认定登记和未予登记的技术合同,不得享受国家对有关促进科技成果转化规定的税收、信贷和奖励等方面的优惠政策。《国家税务总局关于企业研究开发费用税前加计扣除政策有关问题的公告》(国家税务总局公告 2015 年第 97 号)规定,委托及合作研发的,需将经科技行政主管部门登记的委托、合作研究开发项目的合同留存备查。因此,经科技行政主管部门登记的委托、合作研发项目合同是享受研发费用加计扣除的要件之一。

委托境外进行研发活动应签订技术开发合同,并由委托方到科技行政主管部门进行登记。相关事项按技术合同认定登记管理办法及技术合同认定规则执行。

2.2.4 企业发生委托、合作项目立项研发应向受托方还是委托方科技部门登记

按照委托境内研发费用加计扣除政策的管理要求,委托合同需经科技行政主管部门登记。

由于受托方一般是享受增值税等其他税种税收优惠政策的主体,科技部门为便于管理、统计,避免双重登记,因此明确发生委托境内研发活动的,由受托方到科技部门进行登记。

而委托境外进行研发活动的受托方在国外，不受我国相关法律管辖，要求受托方登记不具有操作性，因此《财政部 税务总局 科技部关于企业委托境外研究开发费用税前加计扣除有关政策问题的通知》(财税〔2018〕64号)对此进行了调整，将登记方由受托方调整至委托方，以保证委托方能顺利享受政策。

2.2.5 研发过程中销售产品和残次品形成收入扣减研发费用对高新认定是否有影响

【案例2-4】 2020年，A公司在研发一项目，形成产成品，产生残次品、下脚料或者中间产品价值500万元，这些收入如果冲减当期研发费用，该公司认定高新企业就无法达到规定比例，请问企业研发中形成产品、下脚料等对外销售对高新认定是否有影响？

按现行加计扣除税收政策的规定，企业取得研发过程中形成的下脚料、残次品、中间试制品等特殊收入，在计算确认收入当年的加计扣除研发费用时，应从已归集研发费用中扣减该特殊收入，不足扣减的，加计扣除研发费用按零计算。产品销售与对应的材料费用发生在不同纳税年度且材料费用已计入研发费用的，可在销售当年以对应的材料费用发生额直接冲减当年的研发费用，不足冲减的，结转以后年度继续冲减。这类产品收入在计算研发费用加计扣除时应扣减研发费用。而对高新技术企业认定中，政策强调企业为实施研究开发活动而实际发生的材料费用，强调的是直接消耗的材料费用，对归集研发费的口径，没有就研发过程中形成产品对应的材料费用做出冲减的相关规定，也没有就并研发过程中形成下脚料、残次品、中间试制品等特殊收入做出冲减的相关规定。由此可见，高新认定口径下，研发过程中形成的下脚料、残次品、中间试制品等特殊收入，没有要求冲减研发活动冲减当年的研发费用的规定，对高新认定没有实质性影响。

2.2.6 企业在研发过程中形成的样品收入是否也要计入收入总额

《企业所得税法》将企业收入分为以货币形式和非货币形式，企业以货币形式和非货币形式从各种来源取得的收入称为收入总额。企业在研发过程中形成的样品收入应计入收入总额。在会计上一般将这部分收入计入其他业务收入进行核算，两者不存在差异。如会计上未计入收入，则应进行纳税调整，将样品收入作视同销售处理。

另外，在研发费用加计扣除还有特殊的规定。《国家税务总局关于研发费用税前加计扣除归集范围有关问题的公告》(国家税务总局公告2017年第40号)规定，企业研发活动直接形成产品或作为组成部分形成的产品对外销售的，研发费用中对应的材料费用不得加计扣除。产品销售与对应的材料费用发生在不同纳税年度且材料费用已计入研发费用的，可在销售当年以对应的材料费用发生额直接冲减当年的研发费用，不足冲减的，结转以后年度继续冲减。

2.2.7 研发费加计扣除中其他相关费用是否有限额？与高新认定“其他费用”的口径是否一致

(1) 加计扣除“其他相关费用”口径。

《财政部 国家税务总局 科技部关于完善研究开发费用税前加计扣除政策的通知》(财税〔2015〕119号)规定，研发费用的具体范围包括与研发活动直接相关的其他费用，如技术图书资料费、资料翻译费、专家咨询费、高新科技研发保险费，研发成果的检索、分析、评议、论证、鉴定、评审、评估、验收费用，知识产权的申请费、注册费、代理费，差旅费、会议费等。

《国家税务总局关于研发费用税前加计扣除归集范围有关问题的公告》(国家税务总局公告2017年第40号)在《财政部 国家税务总局 科技部关于完善研究开发费用税前加计扣除政策的通知》(财税〔2015〕119号)列举的费用基础上进行了拓展，明确其他相关费用还包括职工福利费、补充养老保险费、补充医疗保险费。

由此可见，“其他相关费用”是指与研发活动直接相关的其他费用，如技术图书资料费、资料翻译费、专家咨询费、高新科技研发保险费，研发成果的检索、分析、评议、论证、鉴定、评审、评估、验收费用，知识产权的申请费、注册费、代理费，差旅费、会议费，职工福利费、补充养老保险费、补充医疗保险费。

在这里应特别注意的是，研发费加计扣除中可加计扣除项目“其他相关费用”必须是《国家税务总局关于研发费用税前加计扣除归集范围有关问题的公告》(国家税务总局公告2017年第40号)正列举的项目。

《国家税务总局关于企业研究开发费用税前加计扣除政策有关问题的公告》(国家税务总局公告2015年第97号)规定，在计算每个项目其他相关费用的限额时应当按照以下公式计算：

其他相关费用限额=《财政部 国家税务总局科技部关于完善研究开发费用税前加计扣除政策的通知》(财税〔2015〕119号)第一条第一项允许加计扣除的研发费用中的第1项至第5项的费用之和×10%÷(1－10%)

当其他相关费用实际发生数小于限额时，按实际发生数计算税前加计扣除数额；当其他相关费用实际发生数大于限额时，按限额计算税前加计扣除数额。

(2) 高新认定“其他费用”口径。

《科技部 财政部 国家税务总局关于修订印发〈高新技术企业认定管理工作指引〉的通知》(国科发火〔2016〕195号)规定，其他费用是指人员人工费用、直接投入费用、折旧费用与长期待摊费用、无形资产摊销费用、设计费用、装备调试费用与试验费用、委托外部研究开发费用之外与研究开发活动直接相关的其他费用，包括技术图书资料费、资料翻译费、专家咨询费、高新科技研发保险费，研发成果的检索、论证、评审、鉴定、验收费用，知识产权的申请费、注册费、代理费，会议费、差旅费、通讯费等。此项费用一般不得超过研究开发总费用的20%，另有规定的除外。

可见，享受研发费加计扣除优惠与高新技术企业认定中的其他相关费用在范围和限额上都是有区别的。

(3) 加计扣除计算案例。

【案例2-5】 某企业2020年进行了两项研发活动A和B。A项目共发生研发费用100万元，其中与研发活动直接相关的其他费用为16万元；B项目共发生研发费用100万元，其中与研发活动直接相关的其他费用6万元。假设研发活动均符合加计扣除相关规定。

A项目其他相关费用限额=(100－16)×10%÷(1－10%)=9.33(万元)，小于实际发生数16万元，则A项目允许加计扣除的研发费用应为93.33万元(100－16+9.33)。B项目其他相关费用限额=(100－6)×10%÷(1－10%)=10.44(万元)，大于实际发生数6万元，则B项目允许加计扣除的研发费用应为100万元。

该企业2020年可以享受的研发费用加计扣除额为145万元[(93.33+100)×75%]。

2.2.8 高新技术企业认定中，企业研发活动直接形成产品对外销售的，其研发费中对应的材料费用是否需要从研发费用中扣除

《国家税务总局关于研发费用税前加计扣除归集范围有关问题的公告》(国家税务总局公告2017年第40号)规定，企业研发活动直接形成产品或作为组成部分形成的产品对外销售的，研发费用中对应的材料费用不得加计扣除。此规定是确定企业研发费用加计扣除基数的政策规定。高新技术认定归集研发费用目的是为了判断企业研发投入强度，科技实力是否达到高新技术企业标准，企业高新认定研发费用没有相关的规定，应按高新技术企业认定指引的规定进行归集，对应的材料费用不需要从研发费用中扣除。

2.2.9 研发活动失败了，其发生的研发费用可以享受加计扣除政策吗

《国家税务总局关于研发费用税前加计扣除归集范围有关问题的公告》(国家税务总局公告2017年第40号)规定，失败的研发活动所发生的研发费用可享受税前加计扣除政策。无论研发活动是否成功，符合规定的研发费用的支出都可以享受企业所得税的加计扣除政策。

2.2.10 取得政府补助并按照要求专项用于研发活动，相关费用能否加计扣除

企业取得政府补助，有两种处理方式：一是将其计入营业外收入，作为应税收入；二是符合不征税收入条件，将其作为不征税收入。两种不同的处理方法导致其形成费用能否加计扣除不同。例如，企业将其计入营业外收入，作为应税收入，则其形成

的研发费用是可以加计扣除的;如果将其作为不征税收入,按相关规定,不征税收入形成的费用不得扣除,当然也不能加计扣除。

2.2.11 委托研发受托方是否都要向委托方提供研发费用明细

《财政部 国家税务总局 科学技术部关于完善研究开发费用税前加计扣除政策的通知》(财税〔2015〕119号)规定,企业委托外部机构或个人进行研发活动所发生的费用,按照费用实际发生额的80%计入委托方研发费用并计算加计扣除,受托方不得再进行加计扣除。委托外部研究开发费用实际发生额应按照独立交易原则确定。委托方与受托方存在关联关系的,受托方应向委托方提供研发项目费用支出明细情况。《国家税务总局关于研发费用税前加计扣除归集范围有关问题的公告》(国家税务总局公告2017年第40号)也明确,委托方委托关联方开展研发活动的,受托方需向委托方提供研发过程中实际发生的研发项目费用支出明细情况。

因此,只有双方存在关联关系,受托方才要向委托方提供研发费用明细。

2.2.12 委托研发受托方与委托方存在关联关系的,委托方研发费用加计扣除是以发票金额还是研发支出清单明细金额计算

《国家税务总局关于研发费用税前加计扣除归集范围有关问题的公告》(国家税务总局公告2017年第40号)规定,《国家税务总局关于企业研究开发费用税前加计扣除政策有关问题的公告》(国家税务总局公告2015年第97号)第三条所称"研发活动发生费用"是指委托方实际支付给受托方的费用。无论委托方是否享受研发费用税前加计扣除政策,受托方均不得加计扣除。

委托方委托关联方开展研发活动的,受托方需向委托方提供研发过程中实际发生的研发项目费用支出明细情况。

从政策文件来看,委托关联企业研发与委托非关联企业研发,唯一的区别就是委托关联企业的研发,受托方应向委托方提供研发项目费用支出明细情况,委托非关联企业研发则不用,其他没有区别。《国家税务总局关于研发费用税前加计扣除归集范围有关问题的公告》(国家税务总局公告2017年第40号)政策解读对委托研发解读为:提供研发支出明细情况的目的是为了判断关联方交易是否符合独立交易原则。《国家税务总局关于企业研究开发费用税前加计扣除政策有关问题的公告》(国家税务总局公告2015年第97号)第三条所称"研发活动发生费用"是指委托方实际支付给受托方的费用。同时明确委托方享受加计扣除优惠的权益不得转移给受托方。在充分考虑研发费用支出明细情况的目的和受托方的执行成本等因素后,公告将研发费用支出明细情况明确为受托方实际发生的费用情况。因此,委托方应以受托方发票开具金额加计扣除。

2.2.13 委托境外进行研发活动所发生的费用，按照费用实际发生额的80%计入委托方的委托境外研发费用。委托境外研发费用不超过境内符合条件的研发费用2/3的部分，可以按规定在企业所得税前加计扣除。如何理解？如果境内没有研发费用支出，那么境外委托研发费用能否税前加计扣除

《财政部 税务总局 科技部关于企业委托境外研究开发费用税前加计扣除有关政策问题的通知》(财税〔2018〕64号)规定，委托境外进行研发活动所发生的费用可以加计扣除。委托境外进行研发活动所发生的费用，按照费用实际发生额的80%计入委托方的委托境外研发费用。委托境外研发费用不超过境内符合条件的研发费用2/3的部分，可以按规定在企业所得税前加计扣除。

例如，A企业2020年发生委托境外研发费用100万元，当年境内符合条件的研发费用为200万元。按照政策规定，委托境外发生研发费用100万元的80%计入委托境外研发费用，即为80万元。当年境内符合条件的研发费用200万元的2/3的部分为133.33万元。委托境外研发费用不超过境内符合条件的研发费用2/3的部分即为133.33万元，即境外发生与境内发生2/3孰小进行加计扣除，因此，只能扣除80万元。如果境内没有发生研发费用，委托境外发生费用就不能扣除了。

2.2.14 委托境外研发费用需留存什么资料

企业应在年度申报享受优惠时，按照《国家税务总局关于发布修订后的〈企业所得税优惠政策事项办理办法〉的公告》(国家税务总局公告2018年第23号)的规定办理有关手续，并留存备查以下资料：

(1) 企业委托研发项目计划书和企业有权部门立项的决议文件。

(2) 委托研究开发专门机构或项目组的编制情况和研发人员名单。

(3) 经科技行政主管部门登记的委托境外研发合同。

(4) “研发支出”辅助账及汇总表。

(5) 委托境外研发银行支付凭证和受托方开具的收款凭据。

(6) 当年委托研发项目的进展情况等资料。

企业如果已取得地市级(含)以上科技行政主管部门出具的鉴定意见，应作为资料留存备查。

企业对委托境外研发费用及留存备查资料的真实性、合法性承担法律责任。

2.2.15 委托境外研发可税前加计扣除是否包括委托个人部分

《财政部 税务总局 科技部关于企业委托境外研究开发费用税前加计扣除有关政策问题的通知》(财税〔2018〕64号)规定，委托境外进行研发活动所发生的费用，按

照费用实际发生额的80%计入委托方的委托境外研发费用。委托境外研发费用不超过境内符合条件的研发费用2/3的部分,可以按规定在企业所得税前加计扣除。上述费用实际发生额应按照独立交易原则确定。委托方与受托方存在关联关系的,受托方应向委托方提供研发项目费用支出明细情况。委托境外进行研发活动应签订技术开发合同,并由委托方到科技行政主管部门进行登记。相关事项按技术合同认定登记管理办法及技术合同认定规则执行。委托境外进行研发活动不包括委托境外个人进行的研发活动。因此,企业委托境外进行研发活动,受托方为境外个人的,不得加计扣除。

2.2.16 筹建期发生研发费用,能否适用企业所得税加计扣除政策

《财政部 税务总局 科技部关于提高研究开发费用税前加计扣除比例的通知》(财税〔2018〕99号)规定,企业开展研发活动中实际发生的研发费用,未形成无形资产计入当期损益的,在按规定据实扣除的基础上,在2018年1月1日至2020年12月31日,再按照实际发生额的75%在税前加计扣除;形成无形资产的,在上述期间按照无形资产成本的175%在税前摊销。

下列活动不适用税前加计扣除政策:

(1) 企业产品(服务)的常规性升级。

(2) 对某项科研成果的直接应用,如直接采用公开的新工艺、材料、装置、产品、服务或知识等。

(3) 企业在商品化后为顾客提供的技术支持活动。

(4) 对现存产品、服务、技术、材料或工艺流程进行的重复或简单改变。

(5) 市场调查研究、效率调查或管理研究。

(6) 作为工业(服务)流程环节或常规的质量控制、测试分析、维修维护。

(7) 社会科学、艺术或人文学方面的研究。

企业在筹建期发生研发费用,只要符合研发费用加计扣除条件,可以适用企业所得税加计扣除政策。

2.2.17 研发人员的劳保费用能否加计扣除

《财政部 国家税务总局 科技部关于完善研究开发费用税前加计扣除政策的通知》(财税〔2015〕119号)规定,允许加计扣除的研发费用,具体范围包括人员人工费用;直接投入费用;折旧费用;无形资产摊销;新产品设计费、新工艺规程制定费、新药研制的临床试验费、勘探开发技术的现场试验费;其他相关费用;财政部和国家税务总局规定的其他费用。

《国家税务总局关于研发费用税前加计扣除归集范围有关问题的公告》(国家税务总局公告2017年第40号)规定,直接从事研发活动人员的工资、薪金,基本养老保

险费，基本医疗保险费，失业保险费，工伤保险费，生育保险费和住房公积金，以及外聘研发人员的劳务费用和研发活动直接相关的其他费用。其他费用指与研发活动直接相关的其他费用，如技术图书资料费、资料翻译费、专家咨询费、高新科技研发保险费，研发成果的检索、分析、评议、论证、鉴定、评审、评估、验收费用，知识产权的申请费、注册费、代理费，差旅费、会议费，职工福利费、补充养老保险费、补充医疗保险费，可以加计扣除。

劳动保护费（劳保费）是指确因工作需要为雇员配备或提供工作服、手套、安全保护用品等所发生支出。劳动保护费的范围包括工作服、手套、洗衣粉等劳保用品，解毒剂等安全保护用品，清凉饮料等防暑降温用品，以及按照原劳动部等部门规定的范围对接触有毒物质、矽尘作业、放射线作业和潜水、沉箱作业、高温作业等五类工种所享受的由劳动保护费开支的保健食品待遇。

由此可见，劳保费用不属于《财政部 国家税务总局 科技部关于完善研究开发费用税前加计扣除政策的通知》（财税〔2015〕119号）、《国家税务总局关于研发费用税前加计扣除归集范围有关问题的公告》（国家税务总局公告2017年第40号）规定的范围，不得加计扣除。

2.2.18 2020年A公司为研发一水杉新品种，将一片未成林的林木委托给当地农户进行管理，并支付给农户工护理林木的工资，请问这部分工资能否加计扣除

《国家税务总局关于研发费用税前加计扣除归集范围有关问题的公告》（国家税务总局公告2017年第40号）规定，可以加计扣除的人员人工费用是指直接从事研发活动人员的工资薪金、基本养老保险费、基本医疗保险费、失业保险费、工伤保险费、生育保险费和住房公积金，以及外聘研发人员的劳务费用。直接从事研发活动人员包括研究人员、技术人员、辅助人员。研究人员是指主要从事研究开发项目的专业人员；技术人员是指具有工程技术、自然科学和生命科学中一个或一个以上领域的技术知识和经验，在研究人员指导下参与研发工作的人员；辅助人员是指参与研究开发活动的技工。外聘研发人员是指与本企业或劳务派遣企业签订劳务用工协议（合同）和临时聘用的研究人员、技术人员、辅助人员。当地农户不属于直接从事研发活动人员（包括研究人员、技术人员、辅助人员），其工资不可以作为研发费用加计扣除 。

2.2.19 企业2019年符合条件的研发费用当年已经加计扣除，研发活动直接形成产品并于2020年对外销售，那么销售当年对应的材料费用发生额是冲减2019年还是2020年的研发费用

《国家税务总局关于研发费用税前加计扣除归集范围有关问题的公告》（国家税务总局公告2017年第40号）规定，企业研发活动直接形成产品或作为组成部分形成的产品对外销售的，研发费用中对应的材料费用不得加计扣除。产品销售与对应的材料费

用发生在不同纳税年度且材料费用已计入研发费用的,可在销售当年以对应的材料费用发生额直接冲减当年的研发费用,不足冲减的,结转以后年度继续冲减。因此,企业研发活动直接形成产品所对应的材料费用发生额应当冲减2020年的研发费用。

2.2.20 研发费用追溯享受从何时开始

《财政部 国家税务总局 科技部关于完善研究开发费用税前加计扣除政策的通知》(财税〔2015〕119号)规定,企业符合本通知规定的研发费用加计扣除条件而在2016年1月1日以后未及时享受该项税收优惠的,可以追溯享受并履行备案手续,追溯期限最长为3年。即从2016年纳税年度开始及以后的纳税年度中,纳税人按《财政部 国家税务总局 科技部关于完善研究开发费用税前加计扣除政策的通知》(财税〔2015〕119号)的规定,可享受加计扣除优惠而未及时享受,在3年内可追溯享受。

2.2.21 以什么标准来判断研发费用加计扣除的限制行业

《财政部 国家税务总局 科学技术部关于完善研究开发费用税前加计扣除政策的通知》(财税〔2015〕119号)第四条规定,不适用税前加计扣除政策的行业:

(1) 烟草制造业。

(2) 住宿和餐饮业。

(3) 批发和零售业。

(4) 房地产业。

(5) 租赁和商务服务业。

(6) 娱乐业。

(7) 财政部和国家税务总局规定的其他行业。

上述行业以《国民经济行业分类与代码》为准,并随之更新。

风险提示

(1) 企业在一个纳税年度内进行多项研发活动的,应按不同研发项目分别归集可加计扣除的研发费用。

(2) 企业应对研发费用和生产经营费用分别核算,准确、合理归集各项费用支出,对划分不清的,不得实行加计扣除。

(3) 可加计扣除的研发费用必须都是实际发生额。

(4) 企业取得作为不征税收入的财政性资金用于研发活动所形成的费用或无形资产,不得计算加计扣除。

政策链接

一、研发活动及研发费用归集范围。

本通知所称研发活动,是指企业为获得科学与技术新知识,创造性运用科学技术新知识，或实质性改进技术、产品(服务)、工艺而持续进行的具有明确目标的系统性活动。

(一) 允许加计扣除的研发费用。

企业开展研发活动中实际发生的研发费用，未形成无形资产计入当期损益的，在按规定据实扣除的基础上，按照本年度实际发生额的50%，从本年度应纳税所得额中扣除；形成无形资产的，按照无形资产成本的150%在税前摊销。研发费用的具体范围包括：

1. 人员人工费用。

直接从事研发活动人员的工资薪金、基本养老保险费、基本医疗保险费、失业保险费、工伤保险费、生育保险费和住房公积金，以及外聘研发人员的劳务费用。

2. 直接投入费用。

(1) 研发活动直接消耗的材料、燃料和动力费用。

(2) 用于中间试验和产品试制的模具、工艺装备开发及制造费，不构成固定资产的样品、样机及一般测试手段购置费，试制产品的检验费。

(3) 用于研发活动的仪器、设备的运行维护、调整、检验、维修等费用，以及通过经营租赁方式租入的用于研发活动的仪器、设备租赁费。

3. 折旧费用。

用于研发活动的仪器、设备的折旧费。

4. 无形资产摊销。

用于研发活动的软件、专利权、非专利技术(包括许可证、专有技术、设计和计算方法等)的摊销费用。

5. 新产品设计费、新工艺规程制定费、新药研制的临床试验费、勘探开发技术的现场试验费。

6. 其他相关费用。

与研发活动直接相关的其他费用，如技术图书资料费、资料翻译费、专家咨询费、高新科技研发保险费，研发成果的检索、分析、评议、论证、鉴定、评审、评估、验收费用，知识产权的申请费、注册费、代理费，差旅费、会议费等。此项费用总额不得超过可加计扣除研发费用总额的10%。

7. 财政部和国家税务总局规定的其他费用。

(二) 下列活动不适用税前加计扣除政策。

1. 企业产品(服务)的常规性升级。

2. 对某项科研成果的直接应用，如直接采用公开的新工艺、材料、装置、产品、服务或知识等。

3. 企业在商品化后为顾客提供的技术支持活动。

4. 对现存产品、服务、技术、材料或工艺流程进行的重复或简单改变。

5. 市场调查研究、效率调查或管理研究。

6. 作为工业(服务)流程环节或常规的质量控制、测试分析、维修维护。

7. 社会科学、艺术或人文学方面的研究。

二、特别事项的处理

1. 企业委托外部机构或个人进行研发活动所发生的费用,按照费用实际发生额的80%计入委托方研发费用并计算加计扣除,受托方不得再进行加计扣除。委托外部研究开发费用实际发生额应按照独立交易原则确定。

委托方与受托方存在关联关系的,受托方应向委托方提供研发项目费用支出明细情况。

企业委托境外机构或个人进行研发活动所发生的费用,不得加计扣除。

注:依据《财政部 税务总局 科技部关于企业委托境外研究开发费用税前加计扣除有关政策问题的通知》(财税〔2018〕64号),本法规第二条中"企业委托境外机构或个人进行研发活动所发生的费用,不得加计扣除"的规定同时废止。

2. 企业共同合作开发的项目,由合作各方就自身实际承担的研发费用分别计算加计扣除。

3. 企业集团根据生产经营和科技开发的实际情况,对技术要求高、投资数额大,需要集中研发的项目,其实际发生的研发费用,可以按照权利和义务相一致、费用支出和收益分享相配比的原则,合理确定研发费用的分摊方法,在受益成员企业间进行分摊,由相关成员企业分别计算加计扣除。

4. 企业为获得创新性、创意性、突破性的产品进行创意设计活动而发生的相关费用,可按照本通知规定进行税前加计扣除。

创意设计活动是指多媒体软件、动漫游戏软件开发,数字动漫、游戏设计制作;房屋建筑工程设计(绿色建筑评价标准为三星)、风景园林工程专项设计;工业设计、多媒体设计、动漫及衍生产品设计、模型设计等。

三、会计核算与管理

1. 企业应按照国家财务会计制度要求,对研发支出进行会计处理;同时,对享受加计扣除的研发费用按研发项目设置辅助账,准确归集核算当年可加计扣除的各项研发费用实际发生额。企业在一个纳税年度内进行多项研发活动的,应按照不同研发项目分别归集可加计扣除的研发费用。

2. 企业应对研发费用和生产经营费用分别核算,准确、合理归集各项费用支出,对划分不清的,不得实行加计扣除。

四、不适用税前加计扣除政策的行业

1. 烟草制造业。

2. 住宿和餐饮业。

3. 批发和零售业。

4. 房地产业。

5. 租赁和商务服务业。

6. 娱乐业。

7. 财政部和国家税务总局规定的其他行业。

上述行业以《国民经济行业分类与代码(GB/4754—2011)》为准,并随之更新。

五、管理事项及征管要求

1. 本通知适用于会计核算健全、实行查账征收并能够准确归集研发费用的居民企业。

2. 企业研发费用各项目的实际发生额归集不准确、汇总额计算不准确的,税务机关有权对其税前扣除额或加计扣除额进行合理调整。

3. 税务机关对企业享受加计扣除优惠的研发项目有异议的,可以转请地市级(含)以上科技行政主管部门出具鉴定意见,科技部门应及时回复意见。企业承担省部级(含)以上科研项目的,以及以前年度已鉴定的跨年度研发项目,不再需要鉴定。

4. 企业符合本通知规定的研发费用加计扣除条件而在2016年1月1日以后未及时享受该项税收优惠的,可以追溯享受并履行备案手续,追溯期限最长为3年。

5. 税务部门应加强研发费用加计扣除优惠政策的后续管理,定期开展核查,年度核查面不得低于20%。

【《财政部 国家税务总局 科学技术部关于完善研究开发费用税前加计扣除政策的通知》(财税〔2015〕119号)第一条、第二条、第三条、第四条、第五条】

一、人员人工费用

指直接从事研发活动人员的工资、薪金,基本养老保险费,基本医疗保险费,失业保险费,工伤保险费,生育保险费和住房公积金,以及外聘研发人员的劳务费用。

(一)直接从事研发活动人员包括研究人员、技术人员、辅助人员。研究人员是指主要从事研究开发项目的专业人员;技术人员是指具有工程技术、自然科学和生命科学中一个或一个以上领域的技术知识和经验,在研究人员指导下参与研发工作的人员;辅助人员是指参与研究开发活动的技工。外聘研发人员是指与本企业或劳务派遣企业签订劳务用工协议(合同)和临时聘用的研究人员、技术人员、辅助人员。

接受劳务派遣的企业按照协议(合同)约定支付给劳务派遣企业,且由劳务派遣企业实际支付给外聘研发人员的工资、薪金等费用,属于外聘研发人员的劳务费用。

(二)工资、薪金包括按规定可以在税前扣除的对研发人员股权激励的支出。

(三)直接从事研发活动的人员、外聘研发人员同时从事非研发活动的,企业应对其人员活动情况做必要记录,并将其实际发生的相关费用按实际工时占比等合理方法在研发费用和生产经营费用间分配,未分配的不得加计扣除。

二、直接投入费用

指研发活动直接消耗的材料、燃料和动力费用;用于中间试验和产品试制的模具、工艺装备开发及制造费,不构成固定资产的样品、样机及一般测试手段购置费,试制产品的检验费;用于研发活动的仪器、设备的运行维护、调整、检验、维修等费用,以及通过经营租赁方式租入的用于研发活动的仪器、设备租赁费。

(一)以经营租赁方式租入的用于研发活动的仪器、设备,同时用于非研发活动的,企业应对其仪器设备使用情况做必要记录,并将其实际发生的租赁费按实际工时占比等合理方法在研发费 用和生产经营费用间分配,未分配的不得加计扣除。

(二)企业研发活动直接形成产品或作为组成部分形成的产品对外销售的,研发费用中对应的材料费用不得加计扣除。

产品销售与对应的材料费用发生在不同纳税年度且材料费用已计入研发费用的,可在销售当年以对应的材料费用发生额直接冲减当年的研发费用,不足冲减的,结转以后年度继续冲减。

三、折旧费用

指用于研发活动的仪器、设备的折旧费。

(一)用于研发活动的仪器、设备,同时用于非研发活动的,企业应对其仪器设备使用情况做必要记录,并将其实际发生的折旧费按实际工时占比等合理方法在研发费用和生产经营费用间分配,未分配的不得加计扣除。

(二)企业用于研发活动的仪器、设备,符合税法规定且选择加速折旧优惠政策的,在享受研发费用税前加计扣除政策时,就税前扣除的折旧部分计算加计扣除。

四、无形资产摊销费用

指用于研发活动的软件、专利权、非专利技术(包括许可证、专有技术、设计和计算方法等)的摊销费用。

(一)用于研发活动的无形资产,同时用于非研发活动的,企业应对其无形资产使用情况做必要记录,并将其实际发生的摊销费按实际工时占比等合理方法在研发费用和生产经营费用间分配,未分配的不得加计扣除。

(二)用于研发活动的无形资产,符合税法规定且选择缩短摊销年限的,在享受研发费用税前加计扣除政策时,就税前扣除的摊销部分计算加计扣除。

五、新产品设计费、新工艺规程制定费、新药研制的临床试验费、勘探开发技术的现场试验费

指企业在新产品设计、新工艺规程制定、新药研制的临床试验、勘探开发技术的现场试验过程中发生的与开展该项活动有关的各类费用。

六、其他相关费用

指与研发活动直接相关的其他费用，如技术图书资料费、资料翻译费、专家咨询费、高新科技研发保险费，研发成果的检索、分析、评议、论证、鉴定、评审、评估、验收费用，知识产权的申请费、注册费、代理费，差旅费、会议费，职工福利费、补充养老保险费、补充医疗保险费。

此类费用总额不得超过可加计扣除研发费用总额的10%。

七、其他事项

（一）企业取得的政府补助，会计处理时采用直接冲减研发费用方法且税务处理时未将其确认为应税收入的，应按冲减后的余额计算加计扣除金额。

（二）企业取得研发过程中形成的下脚料、残次品、中间试制品等特殊收入，在计算确认收入当年的加计扣除研发费用时，应从已归集研发费用中扣减该特殊收入，不足扣减的，加计扣除研发费用按零计算。

（三）企业开展研发活动中实际发生的研发费用形成无形资产的，其资本化的时点与会计处理保持一致。

（四）失败的研发活动所发生的研发费用可享受税前加计扣除政策。

（五）国家税务总局公告2015年第97号第三条所称"研发活动发生费用"是指委托方实际支付给受托方的费用。无论委托方是否享受研发费用税前加计扣除政策，受托方均不得加计扣除。

委托方委托关联方开展研发活动的，受托方需向委托方提供研发过程中实际发生的研发项目费用支出明细情况。

【《国家税务总局关于研发费用税前加计扣除归集范围有关问题的公告》(国家税务总局公告2017年第40号)第一条、第二条、第三条、第四条、第五条、第六条、第七条】

一、委托境外进行研发活动所发生的费用，按照费用实际发生额的80%计入委托方的委托境外研发费用。委托境外研发费用不超过境内符合条件的研发费用2/3的部分，可以按规定在企业所得税前加计扣除。

上述费用实际发生额应按照独立交易原则确定。委托方与受托方存在关联关系的，受托方应向委托方提供研发项目费用支出明细情况。

二、委托境外进行研发活动应签订技术开发合同，并由委托方到科技行政主管部门进行登记。相关事项按技术合同认定登记管理办法及技术合同认定规则执行。

三、企业应在年度申报享受优惠时，按照《国家税务总局关于发布修订后的〈企业所得税优惠政策事项办理办法〉的公告》(国家税务总局公告2018年第23号)的规定办理有关手续，并留存备查以下资料：

（一）企业委托研发项目计划书和企业有权部门立项的决议文件。

（二）委托研究开发专门机构或项目组的编制情况和研发人员名单。

(三)经科技行政主管部门登记的委托境外研发合同。

(四)“研发支出”辅助账及汇总表。

(五)委托境外研发银行支付凭证和受托方开具的收款凭据。

(六)当年委托研发项目的进展情况等资料。

企业如果已取得地市级(含)以上科技行政主管部门出具的鉴定意见,应作为资料留存备查。

四、企业对委托境外研发费用以及留存备查资料的真实性、合法性承担法律责任。

五、委托境外研发费用加计扣除其他政策口径和管理要求按照《财政部 国家税务总局 科技部关于完善研究开发费用税前加计扣除政策的通知》(财税〔2015〕119号)、《财政部 税务总局 科技部关于提高科技型中小企业研究开发费用税前加计扣除比例的通知》(财税〔2017〕34号)、《国家税务总局关于企业研究开发费用税前加计扣除政策有关问题的公告》(国家税务总局公告2015年第97号)等文件规定执行。

六、本通知所称委托境外进行研发活动不包括委托境外个人进行的研发活动。

【《财政部 税务总局 科技部关于企业委托境外研究开发费用税前加计扣除有关政策问题的通知》(财税〔2018〕64号)第一条、第二条、第三条、第四条、第五条、第六条】

企业开展研发活动中实际发生的研发费用,未形成无形资产计入当期损益的,在按规定据实扣除的基础上,在2018年1月1日至2020年12月31日,再按照实际发生额的75%在税前加计扣除;形成无形资产的,在上述期间按照无形资产成本的175%在税前摊销。

【《财政部 税务总局 科技部关于提高研究开发费用税前加计扣除比例的通知》(财税〔2018〕99号)第一条】

2.3 高新技术企业

2.3.1 高新技术企业认定中的职工总数与小微企业职工人数口径是否一致

(1)从2019年1月1日至2021年12月31日,对小型微利企业年应纳税所得额不超过100万元的部分,减按25%计入应纳税所得额,按20%的税率缴纳企业所得税;对年应纳税所得额超过100万元但不超过300万元的部分,减按50%计入应纳税所得额,按20%的税率缴纳企业所得税。小型微利企业是指从事国家非限制和禁止行业,且同时符合年度应纳税所得额不超过300万元、从业人数不超过300人、资产总额不超过5 000万元等三个条件的企业。

从业人数,包括与企业建立劳动关系的职工人数和企业接受的劳务派遣用工人数。所称从业人数和资产总额指标,应按企业全年的季度平均值确定。具体计算公式如下:

季度平均值=(季初值+季末值)÷2

全年季度平均值=全年各季度平均值之和÷4

年度中间开业或者终止经营活动的,以其实际经营期作为一个纳税年度确定上述相关指标。

(2)《科技部 财政部 国家税务总局关于修订印发〈高新技术企业认定管理工作指引〉的通知》(国科发火〔2016〕195号)对高新技术企业认定职工总数的规定如下:

企业职工总数包括企业在职、兼职和临时聘用人员。在职人员可以通过企业是否签订了劳动合同或缴纳社会保险费来鉴别;兼职、临时聘用人员全年须在企业累计工作183天以上。

企业当年职工总数、科技人员数均按照全年月平均数计算。

月平均数=(月初数+月末数)÷2

全年月平均数=全年各月平均数之和÷12

年度中间开业或者终止经营活动的,以其实际经营期作为一个纳税年度确定上述相关指标。

小型微利企业职工人数包括与企业建立劳动关系的职工人数和企业接受的劳务派遣用工人数;高新技术企业认定企业职工总数包括企业在职、兼职和临时聘用人员,两者口径基本一致,统计方法略有不同,一个是以季度平均数,一个是以月平均来确认。

2.3.2 高新技术企业优惠税率与小微企业所得税优惠能否叠加享受

《国家税务总局关于进一步明确企业所得税过渡期优惠政策执行口径问题的通知》(国税函〔2010〕157号)规定,居民企业被认定为高新技术企业,同时又处于《国务院关于实施企业所得税过渡优惠政策的通知》(国发〔2007〕39号)第一条第三款规定享受企业所得税"两免三减半""五免五减半"等定期减免税优惠过渡期的,该居民企业的所得税适用税率可以选择依照过渡期适用税率并适用减半征税至期满,或者选择适用高新技术企业的15%税率,但不能享受15%税率的减半征税。居民企业取得《企业所得税法实施条例》第八十六条、第八十七条、第八十八条和第九十条规定可减半征收企业所得税的所得,是指居民企业应就该部分所得单独核算并依照25%的法定税率减半缴纳企业所得税。

《财政部 国家税务总局关于执行企业所得税优惠政策若干问题的通知》(财税〔2009〕69号)第二条规定,《国务院关于实施企业所得税过渡优惠政策的通知》(国发〔2007〕39号)第三条所称不得叠加享受,且一经选择,不得改变的税收优惠情形,限于企业所得税过渡优惠政策与《企业所得税法》及其实施条例中规定的定期减免税和减低税率类的税收优惠。

高新技术企业为15%优惠税率,小微企业为20%优惠税率,不能叠加享受。

2.3.3 高新技术企业转让技术所得减免与高新技术企业低税率两项政策能否叠加享受

【案例 2-6】 A企业为高新技术企业,2020年转让技术所得800万元,请问该企业能否同时享受技术所得减免与高新技术企业低税率两项优惠政策?

根据现行企业所得税政策的规定,高新技术企业可享受15%所得税优惠税率的政策。如果企业符合条件的技术转让所得不超过500万元的部分,免征企业所得税,超过500万元的部分,减半征收企业所得税。

《财政部 国家税务总局关于执行企业所得税优惠政策若干问题的通知》(财税〔2009〕69号)第二条规定,《国务院关于实施企业所得税过渡优惠政策的通知》(国发〔2007〕39号)第三条所称不得叠加享受,且一经选择,不得改变的税收优惠情形,限于企业所得税过渡优惠政策与《企业所得税法》及其实施条例中规定的定期减免税和减低税率类的税收优惠。

转让技术所得减免属于税额式减免,不属于定期减免税和减低税率类的税收优惠。因此,高新技术企业转让技术所得可以同时享受高新技术企业15%税率和技术转让所得优惠政策。

2.3.4 高新技术企业临时聘用人员是否能判定为科技人员

《高新技术企业认定管理工作指引》(国科发火〔2016〕195号印发)明确规定,企业科技人员是指直接从事研发和相关技术创新活动,以及专门从事上述活动的管理和提供直接技术服务的,累计实际工作时间在183天以上的人员,包括在职、兼职和临时聘用人员。对于在职、兼职和临时聘用人员,需在一个年度内累计直接从事研发和相关技术创新活动满183天,可判定为科技人员。

2.3.5 高新技术企业是拿到证书的当年就可以享受所得税优惠吗

【案例 2-7】 A公司2020年12月取得高新技术企业证书,是在2020年还是2021年开始可以享受企业所得税优惠政策?

根据现行高新技术企业认定管理办法的规定,通过认定高新技术企业,其资格自颁发证书之日起有效期为3年。自认定当年起,企业可持"高新技术企业"证书及其复印件,按照《企业所得税法》及其实施条例、《中华人民共和国税收征收管理法》(以下简称《税收征收管理法》)、《中华人民共和国税收征收管理法实施细则》(以下简称《税收征收管理法实施细则》)、《高新技术企业认定管理办法》(国科发火〔2016〕32号)和《高新技术企业认定管理工作指引》(国科发火〔2016〕195号印发)等有关规定,到主管税务机关办理相关手续,享受税收优惠。因此,A公司2020年12月取得高新技术企业证书,应在2020年开始享受企业所得税优惠政策。

2.3.6 高新技术认定中，近一年高新技术产品(服务)收入占企业同期总收入的比例不低于60%，总收入是指什么

高新技术认定中，近一年高新技术产品(服务)收入占企业同期总收入的比例不低于60%，总收入是指收入总额减去不征税收入。收入总额与不征税收入按照《企业所得税法》及《企业所得税法实施条例》的规定计算。

根据上述规定，高新技术企业的高新技术产品(服务)收入占比中，总收入是指《企业所得税法》及其实施条例规定的收入总额减除不征税收入。收入总额是指《企业所得税法》第六条规定的企业以货币形式和非货币形式从各种来源取得的收入，为收入总额。包括销售货物收入；提供劳务收入；转让财产收入；股息、红利等权益性投资收益；利息收入；租金收入；特许权使用费收入；接受捐赠收入；其他收入。

2.3.7 目前，全国各地为了培植高新技术企业发展出台很多扶持政策，达不到国家规定高新技术企业资格就认定为省级高新技术企业资格，请问企业取得省级高新技术企业资格能否享受企业所得税优惠政策

全国各地为了培植高新技术企业发展出台很多扶持政策，达不到国家规定高新技术企业资格就定认定为省级高新技术企业资格。但《企业所得税法》规定，国家需要重点扶持的高新技术企业，减按15%的税率征收企业所得税。企业获得高新技术企业资格后，自高新技术企业证书颁发之日所在年度起享受税收优惠，可依照本办法第四条的规定到主管税务机关办理税收优惠手续。因此，企业取得省高新技术企业资格不能享受企业所得税优惠政策。

2.3.8 总公司为高新技术企业，请问分公司能否享受按15%税率预缴企业所得税

汇总纳税企业实行“统一计算、分级管理、就地预缴、汇总清算、财政调库”的企业所得税征收管理办法。统一计算，是指总机构统一计算包括汇总纳税企业所属各个不具有法人资格分支机构在内的全部应纳税所得额、应纳税额。

国家需要重点扶持的高新技术企业，减按15%的税率征收企业所得税。因此，总公司为高新技术企业，其分公司可以按15%税率预缴企业所得税。

2.3.9 高新技术企业当年高新销售比例达不到规定比例的，能否享受15%的优惠税率

《财政部　国家税务总局　科学技术部关于修订印发〈高新技术企业认定管理办法〉的通知》(国科发火〔2016〕32号)规定符合高新技术企业须同时满足以下条件：

(1) 企业申请认定时须注册成立1年以上。

(2) 企业通过自主研发、受让、受赠、并购等方式，获得对其主要产品(服务)在技

术上发挥核心支持作用的知识产权的所有权。

(3) 对企业主要产品(服务)发挥核心支持作用的技术属于《国家重点支持的高新技术领域》规定的范围。

(4) 企业从事研发和相关技术创新活动的科技人员占企业当年职工总数的比例不低于10%。

(5) 企业近3个会计年度(实际经营期不满3年的按实际经营时间计算,下同)的研究开发费用总额占同期销售收入总额的比例符合如下要求:

① 最近一年销售收入小于5 000万元(含)的企业,比例不低于5%。

② 最近一年销售收入在5 000万元至2亿元(含)的企业,比例不低于4%。

③ 最近一年销售收入在2亿元以上的企业,比例不低于3%。

其中,企业在中国境内发生的研究开发费用总额占全部研究开发费用总额的比例不低于60%。

(6) 近一年高新技术产品(服务)收入占企业同期总收入的比例不低于60%。

(7) 企业创新能力评价应达到相应要求。

(8) 企业申请认定前一年内未发生重大安全、重大质量事故或严重环境违法行为。

高新技术企业认定管理办法中"认定条件"是较为宽泛的概念,既包括高新技术认定时的条件,也包括享受税收优惠期间的条件。因此,若高新技术企业当年高新销售比例达不到规定比例的,当年不能享受15%的优惠税率。

2.3.10 企业从事符合条件的环境保护、节能节水项目又是高新技术企业能否叠加享受企业所得税优惠

《财政部 国家税务总局关于执行企业所得税优惠政策若干问题的通知》(财税〔2009〕69号)规定,《国务院关于实施企业所得税过渡优惠政策的通知》(国发〔2007〕39号)第三条所称不得叠加享受,且一经选择,不得改变的税收优惠情形,限于企业所得税过渡优惠政策与《企业所得税法》及其实施条例中规定的定期减免税和减低税率类的税收优惠。《企业所得税法》及其实施条例中规定的各项税收优惠,凡企业符合规定条件的,可以同时享受。

《国家税务总局关于进一步明确企业所得税过渡期优惠政策执行口径问题的通知》(国税函〔2010〕157号)规定,居民企业取得《企业所得税法实施条例》第八十六条、第八十七条、第八十八条和第九十条规定可减半征收企业所得税的所得,是指居民企业应就该部分所得单独核算并依照25%的法定税率减半缴纳企业所得税。

《企业所得税法实施条例》规定,企业所得税法第二十七条第(三)项所称符合条件的环境保护、节能节水项目,包括公共污水处理、公共垃圾处理、沼气综合开发利用、节能减排技术改造、海水淡化等。自项目取得第一笔生产经营收入所属纳税年度

起，第一年至第三年免征企业所得税，第四年至第六年减半征收企业所得税。

因此，若企业从事符合条件的环境保护、节能节水项目，又是高新技术企业两项优惠可以同时享受，但减半期间只能按25%税率减半征收。

风险提示

(1) 高新认定总收入是指收入总额减去不征税收入。

(2) 已认定的高新技术企业有下列行为之一的，由认定机构取消其高新技术企业资格：

① 在申请认定过程中存在严重弄虚作假行为的。

② 发生重大安全、重大质量事故或有严重环境违法行为的。

③ 未按期报告与认定条件有关重大变化情况，或累计两年未填报年度发展情况报表的。

对被取消高新技术企业资格的企业，由认定机构通知税务机关按《税收征收管理法》及有关规定，追缴其自发生上述行为之日所属年度起已享受的高新技术企业税收优惠。

(3) 高新技术产品研发支出中符合资本化的部分，按规定应及时进行资本化核算，转入无形资产分期摊销。如果直接计入当期费用则存在税收风险。

政策链接

第十一条　认定为高新技术企业须同时满足以下条件：

(一) 企业申请认定时须注册成立一年以上。

(二) 企业通过自主研发、受让、受赠、并购等方式，获得对其主要产品(服务)在技术上发挥核心支持作用的知识产权的所有权。

(三) 对企业主要产品(服务)发挥核心支持作用的技术属于《国家重点支持的高新技术领域》规定的范围。

(四) 企业从事研发和相关技术创新活动的科技人员占企业当年职工总数的比例不低于10%。

(五) 企业近三个会计年度(实际经营期不满3年的按实际经营时间计算，下同)的研究开发费用总额占同期销售收入总额的比例符合如下要求：

1. 最近一年销售收入小于5 000万元(含)的企业，比例不低于5%。

2. 最近一年销售收入在5 000万元至2亿元(含)的企业，比例不低于4%。

3. 最近一年销售收入在2亿元以上的企业，比例不低于3%。

其中，企业在中国境内发生的研究开发费用总额占全部研究开发费用总额的比例不低于60%。

(六) 近一年高新技术产品(服务)收入占企业同期总收入的比例不低于60%。

(七) 企业创新能力评价应达到相应要求。

（八）企业申请认定前一年内未发生重大安全、重大质量事故或严重环境违法行为。

第十六条　对已认定的高新技术企业，有关部门在日常管理过程中发现其不符合认定条件的，应提请认定机构复核。复核后确认不符合认定条件的，由认定机构取消其高新技术企业资格，并通知税务机关追缴其不符合认定条件年度起已享受的税收优惠。

第十七条　高新技术企业发生更名或与认定条件有关的重大变化（如分立、合并、重组以及经营业务发生变化等）应在3个月内向认定机构报告。经认定机构审核符合认定条件的，其高新技术企业资格不变，对于企业更名的，重新核发认定证书，编号与有效期不变；不符合认定条件的，自更名或条件变化年度起取消其高新技术企业资格。

第十八条　跨认定机构管理区域整体迁移的高新技术企业，在其高新技术企业资格有效期内完成迁移的，其资格继续有效；跨认定机构管理区域部分搬迁的，由迁入地认定机构按照本办法重新认定。

第十九条　已认定的高新技术企业有下列行为之一的，由认定机构取消其高新技术企业资格：

（一）在申请认定过程中存在严重弄虚作假行为的。

（二）发生重大安全、重大质量事故或有严重环境违法行为的。

（三）未按期报告与认定条件有关重大变化情况，或累计两年未填报年度发展情况报表的。

对被取消高新技术企业资格的企业，由认定机构通知税务机关按《税收征管法》及有关规定，追缴其自发生上述行为之日所属年度起已享受的高新技术企业税收优惠。

第二十条　参与高新技术企业认定工作的各类机构和人员对所承担的有关工作负有诚信、合规、保密义务。违反高新技术企业认定工作相关要求和纪律的，给予相应处理。

【《科技部　财政部　国家税务总局关于修订印发〈高新技术企业认定管理办法〉的通知》(国科发火〔2016〕32号)第十一条、第十六条、第十七条、第十八条、第十九条、第二十条】

（四）高新技术产品（服务）收入占比

高新技术产品（服务）收入占比是指高新技术产品（服务）收入与同期总收入的比值。

1. 高新技术产品（服务）收入

高新技术产品（服务）收入是指企业通过研发和相关技术创新活动，取得的产品（服务）收入与技术性收入的总和。对企业取得上述收入发挥核心支持作用的技术应

属于《技术领域》规定的范围。其中,技术性收入包括:

(1) 技术转让收入:指企业技术创新成果通过技术贸易、技术转让所获得的收入。

(2) 技术服务收入:指企业利用自己的人力、物力和数据系统等为社会和本企业外的用户提供技术资料、技术咨询与市场评估、工程技术项目设计、数据处理、测试分析及其他类型的服务所获得的收入。

(3) 接受委托研究开发收入:指企业承担社会各方面委托研究开发、中间试验及新产品开发所获得的收入。

企业应正确计算高新技术产品(服务)收入,由具有资质并符合本《工作指引》相关条件的中介机构进行专项审计或鉴证。

2. 总收入

总收入是指收入总额减去不征税收入。

收入总额与不征税收入按照《中华人民共和国企业所得税法》(以下简称《企业所得税法》)及《中华人民共和国企业所得税法实施条例》(以下简称《实施条例》)的规定计算。

(五) 企业科技人员占比

企业科技人员占比是企业科技人员数与职工总数的比值。

1. 科技人员

企业科技人员是指直接从事研发和相关技术创新活动,以及专门从事上述活动的管理和提供直接技术服务的,累计实际工作时间在183天以上的人员,包括在职、兼职和临时聘用人员。

2. 职工总数

企业职工总数包括企业在职、兼职和临时聘用人员。在职人员可以通过企业是否签订了劳动合同或缴纳社会保险费来鉴别;兼职、临时聘用人员全年须在企业累计工作183天以上。

3. 统计方法

企业当年职工总数、科技人员数均按照全年月平均数计算。

月平均数=(月初数+月末数)÷2

全年月平均数=全年各月平均数之和÷12

年度中间开业或者终止经营活动的,以其实际经营期作为一个纳税年度确定上述相关指标。

(六) 企业研究开发费用占比

企业研究开发费用占比是企业近三个会计年度的研究开发费用总额占同期销售收入总额的比值。

1. 企业研究开发活动确定

研究开发活动是指，为获得科学与技术(不包括社会科学、艺术或人文学)新知识，创造性运用科学技术新知识，或实质性改进技术、产品(服务)、工艺而持续进行的具有明确目标的活动。不包括企业对产品(服务)的常规性升级或对某项科研成果直接应用等活动(如直接采用新的材料、装置、产品、服务、工艺或知识等)。

企业应按照研究开发活动的定义填写附件2《高新技术企业认定申请书》中的“四、企业研究开发活动情况表”。

专家评价过程中可参考如下方法判断：

——行业标准判断法。若国家有关部门、全国(世界)性行业协会等具备相应资质的机构提供了测定科技“新知识”“创造性运用科学技术新知识”或“具有实质性改进的技术、产品(服务)、工艺”等技术参数(标准)，则优先按此参数(标准)来判断企业所进行项目是否为研究开发活动。

——专家判断法。如果企业所在行业中没有发布公认的研发活动测度标准，则通过本行业专家进行判断。获得新知识、创造性运用新知识以及技术的实质改进，应当是取得被同行业专家认可的、有价值的创新成果，对本地区相关行业的技术进步具有推动作用。

——目标或结果判定法。在采用行业标准判断法和专家判断法不易判断企业是否发生了研发活动时，以本方法作为辅助。重点了解研发活动的目的、创新性、投入资源(预算)，以及是否取得了最终成果或中间成果(如专利等知识产权或其他形式的科技成果)。

2. 研究开发费用的归集范围

(1) 人员人工费用。

包括企业科技人员的工资、薪金，基本养老保险费，基本医疗保险费，失业保险费，工伤保险费，生育保险费和住房公积金，以及外聘科技人员的劳务费用。

(2) 直接投入费用。

直接投入费用是指企业为实施研究开发活动而实际发生的相关支出。包括：

——直接消耗的材料、燃料和动力费用。

——用于中间试验和产品试制的模具、工艺装备开发及制造费，不构成固定资产的样品、样机及一般测试手段购置费，试制产品的检验费。

——用于研究开发活动的仪器、设备的运行维护、调整、检验、检测、维修等费用，以及通过经营租赁方式租入的用于研发活动的固定资产租赁费。

(3) 折旧费用与长期待摊费用。

折旧费用是指用于研究开发活动的仪器、设备和在用建筑物的折旧费。

长期待摊费用是指研发设施的改建、改装、装修和修理过程中发生的长期待摊费用。

(4) 无形资产摊销费用。

无形资产摊销费用是指用于研究开发活动的软件、知识产权、非专利技术(专有技术、许可证、设计和计算方法等)的摊销费用。

(5) 设计费用。

设计费用是指为新产品和新工艺进行构思、开发和制造，进行工序、技术规范、规程制定、操作特性方面的设计等发生的费用。包括为获得创新性、创意性、突破性产品进行的创意设计活动发生的相关费用。

(6) 装备调试费用与试验费用。

装备调试费用是指工装准备过程中研究开发活动所发生的费用，包括研制特殊、专用的生产机器，改变生产和质量控制程序，或制定新方法及标准等活动所发生的费用。

为大规模批量化和商业化生产所进行的常规性工装准备和工业工程发生的费用不能计入归集范围。

试验费用包括新药研制的临床试验费、勘探开发技术的现场试验费、田间试验费等。

(7) 委托外部研究开发费用。

委托外部研究开发费用是指企业委托境内外其他机构或个人进行研究开发活动所发生的费用（研究开发活动成果为委托方企业拥有，且与该企业的主要经营业务紧密相关）。委托外部研究开发费用的实际发生额应按照独立交易原则确定，按照实际发生额的80%计入委托方研发费用总额。

(8)其他费用。

其他费用是指上述费用之外与研究开发活动直接相关的其他费用，包括技术图书资料费、资料翻译费、专家咨询费、高新科技研发保险费，研发成果的检索、论证、评审、鉴定、验收费用，知识产权的申请费、注册费、代理费，会议费、差旅费、通讯费等。此项费用一般不得超过研究开发总费用的20%，另有规定的除外。

3. 企业在中国境内发生的研究开发费用

企业在中国境内发生的研究开发费用，是指企业内部研究开发活动实际支出的全部费用与委托境内其他机构或个人进行的研究开发活动所支出的费用之和，不包括委托境外机构或个人完成的研究开发活动所发生的费用。受托研发的境外机构是指依照外国和地区（含港澳台）法律成立的企业和其他取得收入的组织；受托研发的境外个人是指外籍（含港澳台）个人。

4. 企业研究开发费用归集办法

企业应正确归集研发费用，由具有资质并符合本《工作指引》相关条件的中介机构进行专项审计或鉴证。

企业的研究开发费用是以单个研发活动为基本单位分别进行测度并加总计算的。企业应对包括直接研究开发活动和可以计入的间接研究开发活动所发生的费用进行归集，并填写附件2《高新技术企业认定申请书》中的“企业年度研究开发费用结构明细表”。

企业应按照“企业年度研究开发费用结构明细表”设置高新技术企业认定专用研究开发费用辅助核算账目，提供相关凭证及明细表，并按本《工作指引》要求进行核算。

5. 销售收入

销售收入为主营业务收入与其他业务收入之和。

主营业务收入与其他业务收入按照企业所得税年度纳税申报表的口径计算。

【《科技部 财政部 国家税务总局关于修订印发〈高新技术企业认定管理工作指引〉的通知》(国科发火〔2016〕195号)第三条第(四)项、第三条第(五)项、第三条第(六)项】

2.4 农、林、牧、渔

2.4.1 享受免征企业所得税的农产品初加工的范围是否包含加工番茄酱

【案例2-8】 A公司于2019年成立,为一般纳税人,2020年从农户中购入番茄,经加工成番茄酱对外销售,请问A公司能否享受农产品初加工税收优惠政策?

《财政部 国家税务总局关于享受企业所得税优惠的农产品初加工有关范围的补充通知》(财税〔2011〕26号)对《财政部 国家税务总局关于发布享受企业所得税优惠政策的农产品初加工范围(试行)的通知》(财税〔2008〕149号,以下简称《范围》)进一步细化如下:

种植业类:

(1) 粮食初加工。包括小麦初加工;稻米初加工;薯类初加工;其他类粮食初加工。

(2) 园艺植物初加工。水果初加工。《范围》规定的新鲜水果包括番茄。

(3) 油料植物初加工。《范围》规定的粮食副产品还包括玉米胚芽、小麦胚芽。

由此可见,享受免征企业所得税的农产品初加工的范围虽然包含番茄,但是,A公司2020年从农户中购入番茄,经加工成工业品(番茄酱)对外销售,番茄酱属于工业品,已不属于《财政部 国家税务总局关于享受企业所得税优惠的农产品初加工有关范围的补充通知》(财税〔2011〕26号)列举的农产品初加工,不能享受企业所得税优惠。

2.4.2 农民专业合作社销售农产品能否享受农、林、牧、渔业项目所得企业所得税优惠政策

【案例2-9】 A农民专业合作社2020年从各社员手中收购自产的农产品500万元,对外销售获利58万元,请问A农民专业合作社2020年是否应缴纳企业所得税?

《企业所得税法》规定,在中华人民共和国境内,企业和其他取得收入的组织为企业所得税的纳税人,依照本法的规定缴纳企业所得税。农民专业合作社是依《农民专业合作社法》的规定,在农村家庭承包经营基础上,同类农产品的生产经营者或者同类农业生产经营服务的提供者、利用者自愿联合、民主管理的互助性经济组织。农民专业合作社依法登记,即可取得法人资格,是《企业所得税法》规定的纳税义务人。

《企业所得税法》规定,从事农、林、牧、渔业项目的所得可以免征、减征企业所得

税。《企业所得税法实施条例》进一步明确，企业从事农、林、牧、渔业项目的所得，可以免征、减征企业所得税，是指：

（1）企业从事下列项目的所得，免征企业所得税：

① 蔬菜、谷物、薯类、油料、豆类、棉花、麻类、糖料、水果、坚果的种植。

② 农作物新品种的选育。

③ 中药材的种植。

④ 林木的培育和种植。

⑤ 牲畜、家禽的饲养。

⑥ 林产品的采集。

⑦ 灌溉、农产品初加工、兽医、农技推广、农机作业和维修等农、林、牧、渔服务业项目。

⑧ 远洋捕捞。

（2）企业从事下列项目的所得，减半征收企业所得税：

① 花卉、茶以及其他饮料作物和香料作物的种植。

② 海水养殖、内陆养殖。

企业从事国家限制和禁止发展的项目，不得享受上述规定的企业所得税优惠。

《国家税务总局关于实施农、林、牧、渔业项目企业所得税优惠问题的公告》（国家税务总局公告2011年第48号）第十条规定，企业购买农产品后直接进行销售的贸易活动产生的所得，不能享受农、林、牧、渔业项目的税收优惠政策。

A农民专业合作社从各社员手中收购自产的农产品转手对外销售是一种零售行为，不能享受农、林、牧、渔业项目所得企业所得税优惠政策。

2.4.3 企业饲养蜜蜂生产的蜂蜜，不经过加工直接销售，是否可以免征企业所得税

《企业所得税法实施条例》规定，企业所得税法第二十七条第（一）项规定的企业从事农、林、牧、渔业项目的所得，可以免征、减征企业所得税，是指：

（1）企业从事下列项目的所得，免征企业所得税：

① 蔬菜、谷物、薯类、油料、豆类、棉花、麻类、糖料、水果、坚果的种植。

② 农作物新品种的选育。

③ 中药材的种植。

④ 林木的培育和种植。

⑤ 牲畜、家禽的饲养。

⑥ 林产品的采集。

⑦ 灌溉、农产品初加工、兽医、农技推广、农机作业和维修等农、林、牧、渔服务业项目。

⑧ 远洋捕捞。

(2) 企业从事下列项目的所得,减半征收企业所得税:

① 花卉、茶以及其他饮料作物和香料作物的种植。

② 海水养殖、内陆养殖。

《国家税务总局关于实施农、林、牧、渔业项目企业所得税优惠问题的公告》(国家税务总局公告2011年第48号)第四条进一步明确规定,企业从事下列项目所得的税务处理如下:

(1) 猪、兔的饲养,按"牲畜、家禽的饲养"项目处理。

(2) 饲养牲畜、家禽产生的分泌物、排泄物,按"牲畜、家禽的饲养"项目处理。

(3) 观赏性作物的种植,按"花卉、茶及其他饮料作物和香料作物的种植"项目处理。

(4) "牲畜、家禽的饲养"以外的生物养殖项目,按"海水养殖、内陆养殖"项目处理。

企业从事国家限制和禁止发展的项目,不得享受上述规定的企业所得税优惠。

企业饲养蜜蜂生产的蜂蜜,直接销售取得的所得可以按照"牲畜、家禽的饲养"以外的生物养殖项目,按"海水养殖、内陆养殖"项目处理,减半征收企业所得税。

2.4.4 企业取得与农、林、牧、渔项目相关的补贴,是否可以免征企业所得税

【案例2-10】 A公司系从事养猪企业,2020年从当年政府取得销售生猪补贴500万元,请问该补贴是否可以免征企业所得税?

《企业所得税法实施条例》第八十六条规定,企业所得税法第二十七条第(一)项规定的企业从事农、林、牧、渔业项目的所得,可以免征、减征企业所得税,是指企业从事下列项目的所得,免征企业所得税:

① 蔬菜、谷物、薯类、油料、豆类、棉花、麻类、糖料、水果、坚果的种植。

② 农作物新品种的选育。

③ 中药材的种植。

④ 林木的培育和种植。

⑤ 牲畜、家禽的饲养。

⑥ 林产品的采集。

⑦ 灌溉、农产品初加工、兽医、农技推广、农机作业和维修等农、林、牧、渔服务业项目。

⑧ 远洋捕捞。

根据现行税法的规定,A公司从当年政府取得销售生猪补贴,与其从事的农、林、牧、渔业项目的所得不同,不能直接免税。但如同时符合以下条件的,可以作为不征税收入,在计算应纳税所得额时从收入总额中减除:

(1) 企业能够提供规定资金专项用途的资金拨付文件。

(2) 财政部门或其他拨付资金的政府部门对该资金有专门的资金管理办法或具体管理要求。

(3) 企业对该资金及以该资金发生的支出单独进行核算。

根据《企业所得税法实施条例》第二十八条的规定，上述不征税收入用于支出所形成的费用，不得在计算应纳税所得额时扣除；用于支出所形成的资产，其计算的折旧、摊销不得在计算应纳税所得额时扣除。

由于对应不得扣除的费用、折旧、摊销只会增加从事的农、林、牧、渔业项目的所得，该部分所得可以免征企业所得税，因此，一般情况下，最终造成的结果与直接免税并无不同。

2.4.5　企业委托其他企业加工取得的所得，委托方与受托方能否都可以享受企业所得税优惠政策

【案例2-11】 A从事生猪饲养，B公司为屠宰企业，2020年A公司将饲养的生猪委托B公司屠宰后又收回销售，A公司支付给B公司委托屠宰加工费800万元，A公司销售猪肉款1 000万元，请问A公司销售猪肉款、B公司收到加工费能否同时享受企业所得税优惠政策？

《国家税务总局关于实施农、林、牧、渔业项目企业所得税优惠问题的公告》(国家税务总局公告2011年第48号)规定，企业委托其他企业或个人从事《企业所得税法实施条例》第八十六条规定农、林、牧、渔业项目取得的所得，可享受相应的税收优惠政策。企业受托从事《企业所得税法实施条例》第八十六条规定农、林、牧、渔业项目取得的收入，比照委托方享受相应的税收优惠政策。因此，A、B企业均可享受企业所得税优惠政策。

2.4.6　调味烤制的鱼能否享受农产品初加工优惠政策

【案例2-12】 A公司为水产品公司，2020年将水库自养的鱼经过调味烤制成鱼干对外销售，请问A公司能否享受企业所得税农产品初加工优惠政策？

《财政部　国家税务总局关于发布享受企业所得税优惠政策的农产品初加工范围(试行)的通知》(财税〔2008〕149号)明确规定，将水产动物整体或去头、去鳞、去内脏、去骨、或切块、切片，经冰鲜、冷冻、冷藏等保鲜防腐处理、包装等简单加工处理，制成的水产动物初制品为水生动物初加工。熟制的水产品和各类水产品的罐头及调味烤制的水产食品不属于初加工范围。A公司将水库自养的鱼经过调味烤制成鱼干对外销售，不属于初级农产品，不能享受企业所得税优惠政策。

2.4.7　外购的生猪直接用于销售，收入能否免征企业所得税

《企业所得税法实施条例》规定，牲畜、家禽的饲养免征企业所得税。

《财政部 国家税务总局关于发布享受企业所得税优惠政策的农产品初加工范围(试行)的通知》(财税〔2008〕149号)在附件中列举了肉类初加工项目：通过对畜禽类动物类宰杀、去头、去蹄、去皮、去内脏、分割、切块或切片、冷藏或冷冻、分级、包装等简单加工处理，制成的分割肉、保鲜肉、冷藏肉、冷冻肉、绞肉、肉块、肉片、肉丁。

《国家税务总局关于实施农、林、牧、渔业项目企业所得税优惠问题的公告》(国家税务总局公告2011年第48号)规定，猪、兔的饲养，按“牲畜、家禽的饲养”项目处理；企业将购入的农、林、牧、渔产品，在自有或租用的场地进行育肥、育秧等再种植、养殖，经过一定的生长周期，使其生物形态发生变化，且并非由于本环节对农产品进行加工而明显增加了产品的使用价值的，可视为农产品的种植、养殖项目享受相应的税收优惠。

根据上述规定，农场饲养的生猪可以享受所得税免征的优惠。外购生猪直接用于销售的项目所得不得享受免征企业所得税优惠。外购生猪用于肉类初加工可以享受企业所得税免征的优惠。

2.4.8 农村合作社购买蔬菜后，直接进行销售是否可以享受企业所得税免税优惠

《企业所得税法》明确规定，蔬菜、谷物、薯类、油料、豆类、棉花、麻类、糖料、水果、坚果的种植免征企业所得税，企业购买农产品后直接进行销售属于贸易行为，其所得不能享受企业所得税免税优惠。

风险提示

企业同时从事农、林、牧、渔项目及其他不享受减免项目的，应单独计算所得，并合理分摊期间费用，没有单独计算的，不得享受企业所得税优惠。期间共同费用的合理分摊比例可以按投资额、销售收入、资产额、人员工资等参数确认。上述比例一经确定，不得随意变更。

政策链接

第二十七条　企业的下列所得，可以免征、减征企业所得税：

(一) 从事农、林、牧、渔业项目的所得。

(二) 从事国家重点扶持的公共基础设施项目投资经营的所得。

(三) 从事符合条件的环境保护、节能节水项目的所得。

(四) 符合条件的技术转让所得。

(五) 本法第三条第三款规定的所得。

【《中华人民共和国企业所得税法》第二十七条】

第八十六条　企业所得税法第二十七条第(一)项规定的企业从事农、林、牧、渔业项目的所得，可以免征、减征企业所得税，是指：

(一) 企业从事下列项目的所得，免征企业所得税：

1. 蔬菜、谷物、薯类、油料、豆类、棉花、麻类、糖料、水果、坚果的种植。

2. 农作物新品种的选育。

3. 中药材的种植。

4. 林木的培育和种植。

5. 牲畜、家禽的饲养。

6. 林产品的采集。

7. 灌溉、农产品初加工、兽医、农技推广、农机作业和维修等农、林、牧、渔服务业项目。

8. 远洋捕捞。

(二) 企业从事下列项目的所得,减半征收企业所得税:

1. 花卉、茶以及其他饮料作物和香料作物的种植。

2. 海水养殖、内陆养殖。

企业从事国家限制和禁止发展的项目,不得享受本条规定的企业所得税优惠。

【《中华人民共和国企业所得税法实施条例》第八十六条】

一、企业从事实施条例第八十六条规定的享受税收优惠的农、林、牧、渔业项目,除另有规定外,参照《国民经济行业分类》(GB/T4754—2002)的规定标准执行。

企业从事农、林、牧、渔业项目,凡属于《产业结构调整指导目录(2011年版)》(国家发展和改革委员会令第9号)中限制和淘汰类的项目,不得享受实施条例第八十六条规定的优惠政策。

二、企业从事农作物新品种选育的免税所得,是指企业对农作物进行品种和育种材料选育形成的成果,以及由这些成果形成的种子(苗)等繁殖材料的生产、初加工、销售一体化取得的所得。

三、企业从事林木的培育和种植的免税所得,是指企业对树木、竹子的育种和育苗、抚育和管理以及规模造林活动取得的所得,包括企业通过拍卖或收购方式取得林木所有权并经过一定的生长周期,对林木进行再培育取得的所得。

四、企业从事下列项目所得的税务处理

(一) 猪、兔的饲养,按"牲畜、家禽的饲养"项目处理。

(二) 饲养牲畜、家禽产生的分泌物、排泄物,按"牲畜、家禽的饲养"项目处理。

(三) 观赏性作物的种植,按"花卉、茶及其他饮料作物和香料作物的种植"项目处理。

(四) "牲畜、家禽的饲养"以外的生物养殖项目,按"海水养殖、内陆养殖"项目处理。

五、农产品初加工相关事项的税务处理

(一) 企业根据委托合同,受托对符合《财政部 国家税务总局关于发布享受企业所得税优惠政策的农产品初加工范围(试行)的通知》(财税〔2008〕149号)和《财政部 国家税务总局关于享受企业所得税优惠的农产品初加工有关范围的补充通知》(财税〔2011〕26号)规定的农产品进行初加工服务,其所收取的加工费,可以按照农产品初加工的免税项目处理。

(二)财税〔2008〕149号文件规定的"油料植物初加工"工序包括"冷却、过滤"等;"糖料植物初加工"工序包括"过滤、吸附、解析、碳脱、浓缩、干燥"等,其适用时间按照财税〔2011〕26号文件规定执行。

(三)企业从事实施条例第八十六条第(二)项适用企业所得税减半优惠的种植、养殖项目,并直接进行初加工且符合农产品初加工目录范围的,企业应合理划分不同项目的各项成本、费用支出,分别核算种植、养殖项目和初加工项目的所得,并各按适用的政策享受税收优惠。

(四)企业对外购茶叶进行筛选、分装、包装后进行销售的所得,不享受农产品初加工的优惠政策。

六、对取得农业部颁发的"远洋渔业企业资格证书"并在有效期内的远洋渔业企业,从事远洋捕捞业务取得的所得免征企业所得税。

七、购入农产品进行再种植、养殖的税务处理

企业将购入的农、林、牧、渔产品,在自有或租用的场地进行育肥、育秧等再种植、养殖,经过一定的生长周期,使其生物形态发生变化,且并非由于本环节对农产品进行加工而明显增加了产品的使用价值的,可视为农产品的种植、养殖项目享受相应的税收优惠。

主管税务机关对企业进行农产品的再种植、养殖是否符合上述条件难以确定的,可要求企业提供县级以上农、林、牧、渔业政府主管部门的确认意见。

八、企业同时从事适用不同企业所得税政策规定项目的,应分别核算,单独计算优惠项目的计税依据及优惠数额;分别核算不清的,可由主管税务机关按照比例分摊法或其他合理方法进行核定。

九、企业委托其他企业或个人从事实施条例第八十六条规定农、林、牧、渔业项目取得的所得,可享受相应的税收优惠政策。

企业受托从事实施条例第八十六条规定农、林、牧、渔业项目取得的收入,比照委托方享受相应的税收优惠政策。

十、企业购买农产品后直接进行销售的贸易活动产生的所得,不能享受农、林、牧、渔业项目的税收优惠政策。

【《国家税务总局关于实施农、林、牧、渔业项目企业所得税优惠问题的公告》(国家税务总局公告2011年第48号)第一条、第二条、第三条、第四条、第五条、第六条、第七条、第八条、第九条、第十条】

2.5　小型微利企业

2.5.1　小型微利企业所得税延缓缴纳期限是否意味着可延至 2021 年 4 月 15 日前缴纳

《国家税务总局关于小型微利企业和个体工商户延缓缴纳 2020 年所得税有关事项的公告》(国家税务总局公告 2020 年第 10 号)规定，对小型微利企业和个体工商户在 2020 年 5 月 1 日至 2020 年 12 月 31 日申报期内的应预缴的所得税，可以暂缓缴纳当期的所得税。小型微利企业可以暂缓缴纳当期的企业所得税，延迟至 2021 年首个申报期内一并缴纳。具体是指，小型微利企业在 2020 年 7 月、10 月办理第二、三季度企业所得税预缴申报时，只申报不缴税，应缴税款延缓至明年 1 月同 2020 年第四季度的税款一并缴纳。即应缴税款延缓至 2021 年 1 月，同 2020 年第四季度的税款一并缴纳，并非延至 2021 年 4 月 15 日。

2.5.2　小型微利企业所得税延缓缴纳如何办理

《国家税务总局关于小型微利企业和个体工商户延缓缴纳 2020 年所得税有关事项的公告》(国家税务总局公告 2020 年第 10 号)规定，对小型微利企业和个体工商户在 2020 年 5 月 1 日至 2020 年 12 月 31 日申报期内的应预缴的所得税，可以暂缓缴纳当期的所得税。享受延缓纳税的小型微利企业是指符合《国家税务总局关于实施小型微利企业普惠性所得税减免政策有关问题的公告》(国家税务总局公告 2019 年第 2 号)规定条件的企业(企业 2020 年度截至本期期末的资产总额不超过 5 000 万元、从业人数不超过 300 人、应纳税所得额不超过 300 万元)。在预缴申报时，通过填写预缴纳税申报表相关行次，即可享受小型微利企业所得税延缓缴纳政策。

延伸阅读

2020 年 5 月 1 日至 2020 年 12 月 31 日，个体工商户在 2020 年剩余申报期按规定办理个人所得税经营所得纳税申报后，可以暂缓缴纳当期的个人所得税，延迟至 2021 年首个申报期内一并缴纳。其中，个体工商户实行简易申报的，2020 年 5 月 1 日至 2020 年 12 月 31 日不扣划个人所得税，延迟至 2021 年首个申报期内一并划缴。

2.5.3　企业第一季度不符合小微企业条件，第二季度符合小微企业条件，请问多预缴税款可以在第二季度办理退税吗

《国家税务总局关于实施小型微利企业普惠性所得税减免政策有关问题的公告》(国家税务总局公告 2019 年第 2 号)规定，原不符合小型微利企业条件的企业，在年度中间预缴企业所得税时，按本公告第三条规定判断符合小型微利企业条件的，应按

照截至本期申报所属期末累计情况计算享受小型微利企业所得税减免政策。当年度此前期间因不符合小型微利企业条件而多预缴的企业所得税税款,可在以后季度应预缴的企业所得税税款中抵减。因此,第一季度多预缴的税款应在以后季度应预缴的企业所得税税款中抵减,不足抵减的在汇算清缴时按有关规定办理退税,或者抵缴其下一年度应缴企业所得税税款。

2.5.4 小型微利企业的从业人数是否包括劳务派遣人员,其资产总额是否以资产负债表资产金额来计算

根据《财政部 税务总局关于实施小微企业普惠性税收减免政策的通知》(财税〔2019〕13 号)的规定,从业人数,包括与企业建立劳动关系的职工人数和企业接受的劳务派遣用工人数。所称从业人数和资产总额指标,应按企业全年的季度平均值确定。资产的总额以资产负债表金额来确认。具体计算公式如下:

季度平均值=(季初值+季末值)÷2

全年季度平均值=全年各季度平均值之和÷4

年度中间开业或者终止经营活动的,以其实际经营期作为一个纳税年度确定上述相关指标。

《国家税务总局关于实施小型微利企业普惠性所得税减免政策有关问题的公告》(国家税务总局公告 2019 年第 2 号)规定,预缴企业所得税时,小型微利企业的资产总额、从业人数、年度应纳税所得额指标,暂按当年度截至本期申报所属期末的情况进行判断。其中,资产总额、从业人数指标比照《财政部 税务总局关于实施小微企业普惠性税收减免政策的通知》(财税〔2019〕13 号)第二条中"全年季度平均值"的计算公式,计算截至本期申报所属期末的季度平均值。因此,小微企业的从业人数包括劳务派遣人员,其资产总额可以用资产负债表资产金额计算。

2.5.5 总机构是小型微利企业,分支机构所得税是否按小微企业申报缴纳企业所得税?

《企业所得税法》第五十条规定,居民企业在中国境内设立不具有法人资格的营业机构的,应当汇总计算并缴纳企业所得税。

由于分支机构不具有法人资格,其经营情况应并入企业总机构,由企业总机构汇总计算,如果整体符合小微企业条件的,分机构由总机构分配所得税,实际上享受了小型微利企业优惠。

2.5.6 小微企业注销,清算所得能否享受小微企业所得税优惠政策

按现行企业所得税政策的规定,企业清算时,应当以整个清算期间作为一个纳税年度,依法计算清算所得及其应纳所得税。企业应当自清算结束之日起 15 日内,向

主管税务机关报送企业清算所得税纳税申报表，结清税款。企业的注销应分为两个阶段：第一阶段为经营阶段，对该阶段应进行汇算清缴；第二阶段为清算阶段，对于这一阶段应计算清算所得。

《财政部 税务总局关于实施小微企业普惠性税收减免政策的通知》（财税〔2019〕13号）第二条规定，对小型微利企业年应纳税所得额不超过100万元的部分，减按25%计入应纳税所得额，按20%的税率缴纳企业所得税；对年应纳税所得额超过100万元但不超过300万元的部分，减按50%计入应纳税所得额，按20%的税率缴纳企业所得税。

上述小型微利企业是指从事国家非限制和禁止行业，且同时符合年度应纳税所得额不超过300万元、从业人数不超过300人、资产总额不超过5 000万元等三个条件的企业。从业人数，包括与企业建立劳动关系的职工人数和企业接受的劳务派遣用工人数。所称从业人数和资产总额指标，应按企业全年的季度平均值确定。具体计算公式如下：

季度平均值＝（季初值＋季末值）÷2

全年季度平均值＝全年各季度平均值之和÷4

年度中间开业或者终止经营活动的，以其实际经营期作为一个纳税年度确定上述相关指标。

对于小微企业年度中间终止经营活动的，应进行汇算清缴，在终止经营活动前满足税法规定，是可以适用小微企业优惠政策的。对于第二阶段，在注销阶段应计算清算所得，这一阶段计算清算所得则不能享受小微企业所得税优惠。

注：2021年3月5日，在第十三届全国人民代表大会第四次会议上，国务院总理李克强作政府工作报告。报告中提到对小微企业和个体工商户年应纳税所得额不到100万元的部分，在现行优惠政策基础上再减半征收所得税。

风险提示

享受小型微利企业优惠政策必须是从事国家非限制和禁止行业，且同时符合年度应纳税所得额不超过300万元、从业人数不超过300人、资产总额不超过5 000万元等三个条件的企业，否则不得享受小型微利企业优惠政策。

政策链接

二、对小型微利企业年应纳税所得额不超过100万元的部分，减按25%计入应纳税所得额，按20%的税率缴纳企业所得税；对年应纳税所得额超过100万元但不超过300万元的部分，减按50%计入应纳税所得额，按20%的税率缴纳企业所得税。

上述小型微利企业是指从事国家非限制和禁止行业，且同时符合年度应纳税所得额不超过300万元、从业人数不超过300人、资产总额不超过5 000万元等三个条件的企业。

从业人数,包括与企业建立劳动关系的职工人数和企业接受的劳务派遣用工人数。所称从业人数和资产总额指标,应按企业全年的季度平均值确定。具体计算公式如下:

季度平均值=(季初值+季末值)÷2

全年季度平均值=全年各季度平均值之和÷4

年度中间开业或者终止经营活动的,以其实际经营期作为一个纳税年度确定上述相关指标。

【《财政部 税务总局关于实施小微企业普惠性税收减免政策的通知》(财税〔2019〕13号)第二条】

一、自2019年1月1日至2021年12月31日,对小型微利企业年应纳税所得额不超过100万元的部分,减按25%计入应纳税所得额,按20%的税率缴纳企业所得税;对年应纳税所得额超过100万元但不超过300万元的部分,减按50%计入应纳税所得额,按20%的税率缴纳企业所得税。

小型微利企业无论按查账征收方式或核定征收方式缴纳企业所得税,均可享受上述优惠政策。

二、本公告所称小型微利企业是指从事国家非限制和禁止行业,且同时符合年度应纳税所得额不超过300万元、从业人数不超过300人、资产总额不超过5 000万元等三个条件的企业。

三、小型微利企业所得税统一实行按季度预缴。

预缴企业所得税时,小型微利企业的资产总额、从业人数、年度应纳税所得额指标,暂按当年度截至本期申报所属期末的情况进行判断。其中,资产总额、从业人数指标比照《通知》第二条中"全年季度平均值"的计算公式,计算截至本期申报所属期末的季度平均值;年度应纳税所得额指标暂按截至本期申报所属期末不超过300万元的标准判断。

四、原不符合小型微利企业条件的企业,在年度中间预缴企业所得税时,按本公告第三条规定判断符合小型微利企业条件的,应按照截至本期申报所属期末累计情况计算享受小型微利企业所得税减免政策。当年度此前期间因不符合小型微利企业条件而多预缴的企业所得税税款,可在以后季度应预缴的企业所得税税款中抵减。

按月度预缴企业所得税的企业,在当年度4月、7月、10月预缴申报时,如果按照本公告第三条规定判断符合小型微利企业条件的,下一个预缴申报期起调整为按季度预缴申报,一经调整,当年度内不再变更。

五、小型微利企业在预缴和汇算清缴企业所得税时,通过填写纳税申报表相关内容,即可享受小型微利企业所得税减免政策。

六、实行核定应纳所得税额征收的企业,根据小型微利企业所得税减免政策规定需要调减定额的,由主管税务机关按照程序调整,并及时将调整情况告知企业。

七、企业预缴企业所得税时已享受小型微利企业所得税减免政策，汇算清缴企业所得税时不符合《通知》第二条规定的，应当按照规定补缴企业所得税税款。

【《国家税务总局关于实施小型微利企业普惠性所得税减免政策有关问题的公告》(国家税务总局公告2019年第2号)第一条、第二条、第三条、第四条、第五条、第六条、第七条】

2.6 重点群体就业

2.6.1 企业招用自主就业退役士兵是否可享受所得税优惠

《财政部 税务总局 退役军人部关于进一步扶持自主就业退役士兵创业就业有关税收政策的通知》(财税〔2019〕21号)规定，企业招用自主就业退役士兵，与其签订1年以上期限劳动合同并依法缴纳社会保险费的，自签订劳动合同并缴纳社会保险当月起，在3年内按实际招用人数予以定额依次扣减增值税、城市维护建设税、教育费附加、地方教育附加和企业所得税优惠。定额标准为每人每年6 000元，最高可上浮50%，各省、自治区、直辖市人民政府可根据本地区实际情况在此幅度内确定具体定额标准。

企业按招用人数和签订的劳动合同时间核算企业减免税总额，在核算减免税总额内每月依次扣减增值税、城市维护建设税、教育费附加和地方教育附加。企业实际应缴纳的增值税、城市维护建设税、教育费附加和地方教育附加小于核算减免税总额的，以实际应缴纳的增值税、城市维护建设税、教育费附加和地方教育附加为限；实际应缴纳的增值税、城市维护建设税、教育费附加和地方教育附加大于核算减免税总额的，以核算减免税总额为限。

纳税年度终了，如果企业实际减免的增值税、城市维护建设税、教育费附加和地方教育附加小于核算减免税总额，企业在企业所得税汇算清缴时以差额部分扣减企业所得税。当年扣减不完的，不再结转以后年度扣减。企业招用自主就业退役士兵的，可以享受抵减增值税、附加税费和所得税优惠。

2.6.2 企业享受招用重点群体就业税收优惠政策是否要经税务机关批准

《国家税务总局 人力资源社会保障部 国务院扶贫办 教育部关于实施支持和促进重点群体创业就业有关税收政策具体操作问题的公告》(国家税务总局公告2019年第10号)规定，企业招用重点群体享受本项优惠的，由企业留存备查材料有：

(1) 享受税收优惠政策的登记失业半年以上的人员，零就业家庭、城市低保家庭的登记失业人员，以及毕业年度内高校毕业生的《就业创业证》(注明“企业吸纳税收政策”)。

(2) 县以上人力资源社会保障部门核发的《企业吸纳重点群体就业认定证明》。

(3)《重点群体人员本年度实际工作时间表》。

《企业所得税优惠政策事项办理办法》(国家税务总局公告2018年第23号印发)规定，企业享受优惠事项采取“自行判别、申报享受、相关资料留存备查”的办理方式。企业应当根据经营情况及相关税收规定自行判断是否符合优惠事项规定的条件，符合条件的可以按照《企业所得税优惠事项管理目录(2017年版)》列示的时间自行计算减免税额，并通过填报企业所得税纳税申报表享受税收优惠。同时，按照本办法的规定归集和留存相关资料备查。

因此，企业享受招用重点群体就业税收优惠政策的企业不需要经税务机关批准，但应留存资料备查。

2.6.3 重点群体创业就业企业所得税有何优惠

《财政部 税务总局关于进一步支持和促进重点群体创业就业有关税收政策的通知》(财税〔2019〕22号)规定，企业招用建档立卡贫困人口，以及在人力资源社会保障部门公共就业服务机构登记失业半年以上且持《就业创业证》或《就业失业登记证》(注明“企业吸纳税收政策”)的人员，与其签订1年以上期限劳动合同并依法缴纳社会保险费的，自签订劳动合同并缴纳社会保险当月起，在3年内按实际招用人数予以定额依次扣减增值税、城市维护建设税、教育费附加、地方教育附加和企业所得税优惠。定额标准为每人每年6 000元，最高可上浮30%，各省、自治区、直辖市人民政府可根据本地区实际情况在此幅度内确定具体定额标准。城市维护建设税、教育费附加、地方教育附加的计税依据是享受本项税收优惠政策前的增值税应纳税额。

按上述标准计算的税收扣减额应在企业当年实际应缴纳的增值税、城市维护建设税、教育费附加、地方教育附加和企业所得税税额中扣减，当年扣减不完的，不得结转下年使用。

2.6.4 企业季度能否享受招用重点群体创业就业定额扣减企业所得税税收优惠政策

《国家税务总局 人力资源社会保障部 国务院扶贫办 教育部关于实施支持和促进重点群体创业就业有关税收政策具体操作问题的公告》(国家税务总局公告2019年第10号)第二条第(二)项规定，纳税人按本单位招用重点群体的人数及其实际工作月数核算本单位减免税总额，在减免税总额内每月依次扣减增值税、城市维护建设税、教育费附加和地方教育附加。纳税年度终了，如果纳税人实际减免的增值税、城市维护建设税、教育费附加和地方教育附加小于核算的减免税总额，纳税人在企业所得税汇算清缴时，以差额部分扣减企业所得税。当年扣减不完的，不再结转以后年度扣减。

因此，企业季度不能享受招用重点群体创业就业定额扣减企业所得税税收优惠政策，此项优惠为汇算清缴享受。

2.6.5 重点群体创业就业在当年度没有增值税、城市维护建设税、教育费附加、地方教育附加可扣减，能否扣减企业所得税

《财政部 税务总局关于进一步支持和促进重点群体创业就业有关税收政策的通知》(财税〔2019〕22号)规定，企业招用建档立卡贫困人口，以及在人力资源社会保障部门公共就业服务机构登记失业半年以上且持《就业创业证》或《就业失业登记证》(注明“企业吸纳税收政策”)的人员，与其签订1年以上期限劳动合同并依法缴纳社会保险费的，自签订劳动合同并缴纳社会保险当月起，在3年内按实际招用人数予以定额依次扣减增值税、城市维护建设税、教育费附加、地方教育附加和企业所得税优惠。定额标准为每人每年6 000元，最高可上浮30%，各省、自治区、直辖市人民政府可根据本地区实际情况在此幅度内确定具体定额标准。按该文件规定依次扣减增值税、城市维护建设税、教育费附加、地方教育附加和企业所得税，当没有其余税种可扣减是可以扣除企业所得税。

政策链接

二、企业招用建档立卡贫困人口，以及在人力资源社会保障部门公共就业服务机构登记失业半年以上且持《就业创业证》或《就业失业登记证》(注明“企业吸纳税收政策”)的人员，与其签订1年以上期限劳动合同并依法缴纳社会保险费的，自签订劳动合同并缴纳社会保险当月起，在3年内按实际招用人数予以定额依次扣减增值税、城市维护建设税、教育费附加、地方教育附加和企业所得税优惠。定额标准为每人每年6 000元，最高可上浮30%，各省、自治区、直辖市人民政府可根据本地区实际情况在此幅度内确定具体定额标准。城市维护建设税、教育费附加、地方教育附加的计税依据是享受本项税收优惠政策前的增值税应纳税额。

按上述标准计算的税收扣减额应在企业当年实际应缴纳的增值税、城市维护建设税、教育费附加、地方教育附加和企业所得税税额中扣减，当年扣减不完的，不得结转下年使用。

本通知所称企业是指属于增值税纳税人或企业所得税纳税人的企业等单位。

三、国务院扶贫办在每年1月15日前将建档立卡贫困人口名单及相关信息提供给人力资源社会保障部、税务总局，税务总局将相关信息转发给各省、自治区、直辖市税务部门。人力资源社会保障部门依托全国扶贫开发信息系统核实建档立卡贫困人口身份信息。

四、企业招用就业人员既可以适用本通知规定的税收优惠政策，又可以适用其他扶持就业专项税收优惠政策的，企业可以选择适用最优惠的政策，但不得重复享受。

【《财政部 税务总局关于进一步支持和促进重点群体创业就业有关税收政策的通知》(财税〔2019〕22号)第二条、第三条、第四条】

二、企业招用自主就业退役士兵，与其签订1年以上期限劳动合同并依法缴纳社

会保险费的,自签订劳动合同并缴纳社会保险当月起,在3年内按实际招用人数予以定额依次扣减增值税、城市维护建设税、教育费附加、地方教育附加和企业所得税优惠。定额标准为每人每年6 000元,最高可上浮50%,各省、自治区、直辖市人民政府可根据本地区实际情况在此幅度内确定具体定额标准。

企业按招用人数和签订的劳动合同时间核算企业减免税总额,在核算减免税总额内每月依次扣减增值税、城市维护建设税、教育费附加和地方教育附加。企业实际应缴纳的增值税、城市维护建设税、教育费附加和地方教育附加小于核算减免税总额的,以实际应缴纳的增值税、城市维护建设税、教育费附加和地方教育附加为限;实际应缴纳的增值税、城市维护建设税、教育费附加和地方教育附加大于核算减免税总额的,以核算减免税总额为限。

纳税年度终了,如果企业实际减免的增值税、城市维护建设税、教育费附加和地方教育附加小于核算减免税总额,企业在企业所得税汇算清缴时以差额部分扣减企业所得税。当年扣减不完的,不再结转以后年度扣减。

自主就业退役士兵在企业工作不满1年的,应当按月换算减免税限额。计算公式为:企业核算减免税总额=Σ每名自主就业退役士兵本年度在本单位工作月份÷12×具体定额标准。

城市维护建设税、教育费附加、地方教育附加的计税依据是享受本项税收优惠政策前的增值税应纳税额。

三、本通知所称自主就业退役士兵是指依照《退役士兵安置条例》(国务院 中央军委令第608号)的规定退出现役并按自主就业方式安置的退役士兵。

本通知所称企业是指属于增值税纳税人或企业所得税纳税人的企业等单位。

【《财政部 税务总局 退役军人部关于进一步扶持自主就业退役士兵创业就业有关税收政策的通知》(财税〔2019〕21号)第二条、第三条】

2.7 公共基础设施和环保、节能节水项目所得

2.7.1 企业公共基础设施一次核准,分期进行施工,分期验收,能否享受"三免三减半"的税收优惠

【案例2-13】 A公司2019年经批准修建一码头,按文件批准要求,该码头2019年开始施工,分三期进行验收,请问该企业能否享受"三免三减半"的税收优惠,优惠期限如何确认?

按现行企业所得税法的相关规定,企业从事规定的国家重点扶持的公共基础设施项目的投资经营的所得,自项目取得第一笔生产经营收入所属纳税年度起,第一年至第三年免征企业所得税,第四年至第六年减半征收企业所得税。这部分所得不包括企业承包经营、承包建设和内部自建自用规定的项目。如果企业投资经营符合《公

共基础设施项目企业所得税优惠目录》规定条件和标准的公共基础设施项目，采用一次核准、分批次（如码头、泊位、航站楼、跑道、路段、发电机组等）建设的，同时符合不同批次在空间上相互独立；每一批次自身具备取得收入的功能；以每一批次为单位进行会计核算，单独计算所得，并合理分摊期间费用。可按每一批次为单位计算所得，并享受企业所得税“三免三减半”优惠，享受“三免三减半”可以按单个项目独立计算享受税收优惠的期限。

2.7.2 符合环境保护、节能节水项目条件的沼气综合开发利用项目具体有哪些

根据《财政部 国家税务总局 国家发展改革委关于公布环境保护节能节水项目企业所得税优惠目录（试行）的通知》（财税〔2009〕166号）附件《环境保护节能节水项目企业所得税优惠目录（试行）》的规定，具体包括符合以下条件的畜禽养殖场和养殖小区沼气工程项目：

(1) 单体装置容积不小于300立方米，年平均日产沼气量不低于300立方米/天，且符合国家有关沼气工程技术规范的项目。

(2) 废水排放、废渣处置、沼气利用符合国家和地方有关标准，不产生二次污染。

(3) 项目包括完整的发酵原料的预处理设施、沼渣和沼液的综合利用或进一步处理系统，沼气净化、储存、输配和利用系统。

(4) 项目设计、施工和运行管理人员具备国家相应职业资格。

(5) 项目按照国家法律法规要求，通过相关验收。

(6) 国务院财政、税务主管部门规定的其他条件。

2.7.3 符合节能节水条件，同时又符合资源综合利用的企业能否叠加享受企业所得税优惠政策

按现行企业所得税政策的规定，符合条件的环境保护、节能节水项目，包括公共污水处理、公共垃圾处理、沼气综合开发利用、节能减排技术改造、海水淡化等可以享受“三免三减半”税收政策。符合资源综合利用的企业在计算应纳税所得额时，减按90%计入当年收入总额。《财政部 国家税务总局关于执行企业所得税优惠政策若干问题的通知》（财税〔2009〕69号）规定，《国务院关于实施企业所得税过渡优惠政策的通知》（国发〔2007〕39号）第三条所称不得叠加享受，且一经选择，不得改变的税收优惠情形，限于企业所得税过渡优惠政策与《企业所得税法》及其实施条例中规定的定期减免税和减低税率类的税收优惠。《企业所得税法》及其实施条例中规定的各项税收优惠，凡企业符合规定条件的，可以同时享受。因此，符合节能节水条件，同时又符合资源综合利用的企业可以叠加享受企业所得税优惠政策。

2.7.4 取得政府补助作为应税收入能否享受公共基础设施项目企业所得税优惠

企业从事国家重点扶持的公共基础设施项目的投资经营的所得，自项目取得第

一笔生产经营收入所属纳税年度起,第一年至第三年免征企业所得税,第四年至第六年减半征收企业所得税。企业承包经营、承包建设和内部自建自用《公共基础设施项目企业所得税优惠目录》规定的港口码头、机场、铁路、公路、城市公共交通、电力、水利等项目,不得享受此项企业所得税优惠政策。

企业同时从事不在《公共基础设施项目企业所得税优惠目录》范围内的项目取得的所得,应与享受优惠的公共基础设施项目所得分开核算,并合理分摊期间费用,没有分开核算的,不得享受上述企业所得税优惠政策。

因此,企业同时从事不在《公共基础设施项目企业所得税优惠目录》范围内的项目取得的所得,应与享受优惠的公共基础设施项目所得分开,并合理分摊期间费用,没有分开核算的,不得享受企业所得税优惠政策。取得政府补助作为应税收入并入公共基础设施项目所得,不得享受企业所得税优惠。

风险提示

(1) 享受公共基础设施项目税收优惠时间为从公共基础设施项目取得第一笔生产经营收入所属纳税年度起开始享受减免税优惠。

(2) 企业同时从事不在《公共基础设施项目企业所得税优惠目录》范围的生产经营项目取得的所得,应与享受优惠的公共基础设施项目经营所得分开核算,并合理分摊企业的期间共同费用;没有单独核算的,不得享受上述企业所得税优惠。

期间共同费用的合理分摊比例可以按照投资额、销售收入、资产额、人员工资等参数确定。上述比例一经确定,不得随意变更。凡特殊情况需要改变的,需报主管税务机关核准。

(3) 企业在减免税期限内转让所享受减免税优惠的项目,受让方承续经营该项目的,可自受让之日起,在剩余优惠期限内享受规定的减免税优惠;减免税期限届满后转让的,受让方不得就该项目重复享受减免税优惠。

政策链接

一、企业投资经营符合《公共基础设施项目企业所得税优惠目录》规定条件和标准的公共基础设施项目,采用一次核准、分批次(如码头、泊位、航站楼、跑道、路段、发电机组等)建设的,凡同时符合以下条件的,可按每一批次为单位计算所得,并享受企业所得税"三免三减半"优惠:

(一) 不同批次在空间上相互独立。

(二) 每一批次自身具备取得收入的功能。

(三) 以每一批次为单位进行会计核算,单独计算所得,并合理分摊期间费用。

【《财政部 国家税务总局关于公共基础设施项目享受企业所得税优惠政策问题的补充通知》(财税〔2014〕55号)第一条】

2.8 环境保护、节能节水、安全生产专用设备抵免税额

2.8.1 企业购入环保设备投入使用两年后转让，请问是否应补缴已享受减免的税款

《企业所得税法实施条例》对购入环境保护、节能节水、安全生产专用设备并实际使用，可按其专用设备的投资额的10%，从企业当年的应纳税额中抵免；当年不足抵免的，可以在以后5个纳税年度结转抵免。同时要求企业购置并实际投入适用、已开始享受税收优惠的专用设备，如从购置之日起5个纳税年度内转让、出租的，应在该专用设备停止使用当月停止享受企业所得税优惠，并补缴已经抵免的企业所得税税款。由此可见，企业购入环保设备投入使用两年后转让，应补缴已享受企业所得税税款。

2.8.2 企业2018年购入环境保护、节能节水、安全生产专用设备，单位价值不超过500万元，能否享受投资额的10%可以从企业当年的应纳税额中抵免和一次性计入当期成本费用在计算应纳税所得额时扣除政策

企业在2018年1月1日至2020年12月31日新购进的设备、器具，单位价值不超过500万元的，允许一次性计入当期成本费用在计算应纳税所得额时扣除，不再分年度计算折旧。企业自2008年1月1日起购置并实际使用列入《安全生产专用设备企业所得税优惠目录》范围内的环境保护、节能节水和安全生产专用设备，可以按专用设备投资额的10%抵免当年企业所得税应纳税额；企业当年应纳税额不足抵免的，可以向以后年度结转，但结转期不得超过5个纳税年度。由此可知，企业2018年购入环境保护、节能节水、安全生产专用设备，单位价值不超过500万元，可同时享受投资额的10%从企业当年的应纳税额中抵免和一次性计入当期成本费用在计算应纳税所得额时扣除政策。

2.8.3 企业购入环境保护、节能节水、安全生产专用设备按专用设备投资额的10%抵免当年企业所得税应纳税额，其投资额具体指的是什么

企业购入环境保护、节能节水、安全生产专用设备按专用设备投资额的10%抵免当年企业所得税应纳税额。专用设备投资额是指购买专用设备发票价税合计价格，但不包括按有关规定退还的增值税税款及设备运输、安装和调试等费用。例如，进行税额抵免时，如果增值税进项税额允许抵扣，其专用设备投资额不再包括增值税进项税额；如果增值税进项税额不允许抵扣，其专用设备投资额应为增值税专用发票上注明的价税合计金额。企业购买专用设备取得增值税普通发票的，其专用设备投资额为增值税普通发票上注明的金额。

2.8.4 企业亏损,购入环境保护、节能节水、安全生产专用设备按专用设备投资额的10%抵免,不足抵免能否结转以后年度抵免

企业自2008年1月1日起购置并实际使用列入《安全生产专用设备企业所得税优惠目录》范围内的环境保护、节能节水和安全生产专用设备,可以按专用设备投资额的10%抵免当年企业所得税应纳税额;企业当年应纳税额不足抵免的,可以向以后年度结转,但结转期不得超过5个纳税年度。

因此,亏损企业购入专用设备抵免额可以结转以后年度抵免。

2.8.5 企业用财政补助款购入环境保护、节能节水、安全生产专用设备能否按投资额10%进行抵免当年的税额

企业利用自筹资金和银行贷款购置专用设备的投资额,可以按《企业所得税法》的规定抵免企业应纳所得税额;企业利用财政拨款购置专用设备的投资额,不得抵免企业应纳所得税额。

风险提示

(1) 企业购置专用设备在5年内转让、出租的,应当停止享受企业所得税优惠,并补缴已经抵免的企业所得税税款。

(2) 在按照财税〔2008〕48号文件第二条规定进行税额抵免时,如增值税进项税额允许抵扣,其专用设备投资额不再包括增值税进项税额;如增值税进项税额不允许抵扣,其专用设备投资额应为增值税专用发票上注明的价税合计金额。

政策链接

一、企业自2008年1月1日起购置并实际使用列入《目录》范围内的环境保护、节能节水和安全生产专用设备,可以按专用设备投资额的10%抵免当年企业所得税应纳税额;企业当年应纳税额不足抵免的,可以向以后年度结转,但结转期不得超过5个纳税年度。

二、专用设备投资额,是指购买专用设备发票价税合计价格,但不包括按有关规定退还的增值税税款以及设备运输、安装和调试等费用。

三、当年应纳税额,是指企业当年的应纳税所得额乘以适用税率,扣除依照企业所得税法和国务院有关税收优惠规定以及税收过渡优惠规定减征、免征税额后的余额。

四、企业利用自筹资金和银行贷款购置专用设备的投资额,可以按企业所得税法的规定抵免企业应纳所得税额;企业利用财政拨款购置专用设备的投资额,不得抵免企业应纳所得税额。

五、企业购置并实际投入适用、已开始享受税收优惠的专用设备,如从购置之日

起5个纳税年度内转让、出租的，应在该专用设备停止使用当月停止享受企业所得税优惠，并补缴已经抵免的企业所得税税款。转让的受让方可以按照该专用设备投资额的10%抵免当年企业所得税应纳税额；当年应纳税额不足抵免的，可以在以后5个纳税年度结转抵免。

【《财政部 国家税务总局关于执行环境保护专用设备企业所得税优惠目录、节能节水专用设备企业所得税优惠目录和安全生产专用设备企业所得税优惠目录有关问题的通知》(财税〔2008〕48号)第一条、第二条、第三条、第四条、第五条】

根据《财政部 国家税务总局关于全国实施增值税转型改革若干问题的通知》(财税〔2008〕170号)规定，自2009年1月1日起，增值税一般纳税人购进固定资产发生的进项税额可从其销项税额中抵扣。因此，自2009年1月1日起，纳税人购进并实际使用《环境保护专用设备企业所得税优惠目录》《节能节水专用设备企业所得税优惠目录》和《安全生产专用设备企业所得税优惠目录》范围内的专用设备并取得增值税专用发票的，在按照《财政部 国家税务总局关于执行环境保护专用设备企业所得税优惠目录 节能节水专用设备企业所得税优惠目录和安全生产专用设备企业所得税优惠目录有关问题的通知》(财税〔2008〕48号)第二条规定进行税额抵免时，如增值税进项税额允许抵扣，其专用设备投资额不再包括增值税进项税额；如增值税进项税额不允许抵扣，其专用设备投资额应为增值税专用发票上注明的价税合计金额。

企业购买专用设备取得普通发票的，其专用设备投资额为普通发票上注明的金额。

【《国家税务总局关于环境保护节能节水 安全生产等专用设备投资抵免企业所得税有关问题的通知》(国税函〔2010〕256号)】

2.9 技术转让、集成电路产业和软件企业优惠

2.9.1 技术转让中销售设备收入是否可享受税收优惠

【案例2-14】 A公司2020年将一项自主研发无尘处理技术转让给B公司取得900万元，其中该笔收入中包括销售一台无尘处理设备样机，该样机合同约定作价100万元，技术培训费230万元，请问A公司在取得技术转让收入能享受税收优惠金额是多少？

技术转让收入是指当事人履行技术合同后获得的价款，不包括销售或转让设备、仪器、零部件、原材料等非技术性收入。不属于与技术转让密不可分的技术咨询、技术服务、技术培训等收入，不得计入技术转让收入。因此，A公司2020年可计入技术转让收入800万元可以享受税收优惠；销售设备100万元不得享受。

2.9.2 财税〔2012〕27号文件中软件企业从“获利年度”是否指利润总额大于0的年度

《财政部 国家税务总局关于进一步鼓励软件产业和集成电路产业发展企业所得税政策的通知》(财税〔2012〕27号)规定,我国境内新办的集成电路设计企业和符合条件的软件企业,经认定后,在2017年12月31日前自获利年度起计算优惠期,第一年至第二年免征企业所得税,第三年至第五年按照25%的法定税率减半征收企业所得税,并享受至期满为止。这里“获利年度”是指该企业当年应纳税所得额大于零的纳税年度,并不是指利润总额大于0的年度。

2.9.3 财税〔2012〕27号文件所称集成电路生产企业,具体有什么要求

根据《财政部 国家税务总局 发展改革委 工业和信息化部关于软件和集成电路产业企业所得税优惠政策有关问题的通知》(财税〔2016〕49号,以下简称财税〔2016〕49号文件)第二条的规定,《财政部 国家税务总局关于进一步鼓励软件产业和集成电路产业发展企业所得税政策的通知》(财税〔2012〕27号)所称集成电路生产企业,是指以单片集成电路、多芯片集成电路、混合集成电路制造为主营业务并同时符合下列条件的企业:

(1) 在中国境内(不包括中国港、澳、台地区)依法注册并在发展改革、工业和信息化部门备案的居民企业。

(2) 汇算清缴年度具有劳动合同关系且具有大学专科以上学历职工人数占企业月平均职工总人数的比例不低于40%,其中研究开发人员占企业月平均职工总数的比例不低于20%。[根据《财政部 税务总局 国家发展改革委 工业和信息化部关于集成电路生产企业有关企业所得税政策问题的通知》(财税〔2018〕27号,以下简称财税〔2018〕27号文件)的规定,自2018年1月1日起,财税〔2016〕49号文件第二条第(二)项中“具有劳动合同关系”调整为“具有劳动合同关系或劳务派遣、聘用关系”]

(3) 拥有核心关键技术,并以此为基础开展经营活动,且汇算清缴年度研究开发费用总额占企业销售(营业)收入(主营业务收入与其他业务收入之和,下同)总额的比例不低于5%;其中,企业在中国境内发生的研究开发费用金额占研究开发费用总额的比例不低于60%。[根据财税〔2018〕27号文件的规定,自2018年1月1日起,财税〔2016〕49号文件第二条第(三)项中汇算清缴年度研究开发费用总额占企业销售(营业)收入总额(主营业务收入与其他业务收入之和)的比例由“不低于5%”调整为“不低于2%”,同时企业应持续加强研发活动,不断提高研发能力]

(4) 汇算清缴年度集成电路制造销售(营业)收入占企业收入总额的比例不低于60%。

(5) 具有保证产品生产的手段和能力,并获得有关资质认证(包括ISO质量体系

认证)。

(6)汇算清缴年度未发生重大安全、重大质量事故或严重环境违法行为。

2.9.4　国家鼓励的重点集成电路设计企业和软件企业,能否享受10%优惠税率

《财政部　税务总局　发展改革委　工业和信息化部关于促进集成电路产业和软件产业高质量发展企业所得税政策的公告》(财政部　税务总局　发展改革委　工业和信息化部公告2020年第45号)规定,国家鼓励的重点集成电路设计企业和软件企业,自获利年度起,第一年至第五年免征企业所得税,接续年度减按10%的税率征收企业所得税。

2.9.5　国家鼓励的集成电路设计、装备、材料、封装、测试企业和软件企业,在企业所得税上有何优惠

根据《财政部　税务总局　发展改革委　工业和信息化部关于促进集成电路产业和软件产业高质量发展企业所得税政策的公告》(财政部　税务总局　发展改革委　工业和信息化部公告2020年第45号)第三条的规定,国家鼓励的集成电路设计、装备、材料、封装、测试企业和软件企业,自获利年度起,第一年至第二年免征企业所得税,第三年至第五年按照25%的法定税率减半征收企业所得税。国家鼓励的集成电路设计、装备、材料、封装、测试企业和软件企业条件,由工业和信息化部会同国家发展改革委、财政部、税务总局等相关部门制定。

2.9.6　集成电路企业或项目、软件企业按照财政部、税务总局、发展改革委、工业和信息化部公告2020年第45号文件的规定,同时符合多项定期减免税优惠政策条件的,如何选用优惠

根据《财政部　税务总局　发展改革委　工业和信息化部关于促进集成电路产业和软件产业高质量发展企业所得税政策的公告》(财政部　税务总局　发展改革委　工业和信息化部公告2020年第45号)第六条的规定,集成电路企业或项目、软件企业按照本公告规定同时符合多项定期减免税优惠政策条件的,由企业选择其中一项政策享受相关优惠。其中,已经进入优惠期的,可由企业在剩余期限内选择其中一项政策享受相关优惠。本公告自2020年1月1日起执行。

2.9.7　国家鼓励的重点集成电路设计企业和软件企业,在企业所得税上有何优惠

根据《财政部　税务总局　发展改革委　工业和信息化部关于促进集成电路产业和软件产业高质量发展企业所得税政策的公告》(财政部　税务总局　发展改革委　工业和信息化部公告2020年第45号)第四条的规定,国家鼓励的重点集成电路设计企业和软件企业,自获利年度起,第一年至第五年免征企业所得税,接续年度减按

10%的税率征收企业所得税。国家鼓励的重点集成电路设计和软件企业清单由国家发展改革委、工业和信息化部会同财政部、税务总局等相关部门制定。

《财政部 税务总局 发展改革委 工业和信息化部关于促进集成电路产业和软件产业高质量发展企业所得税政策的公告》(财政部 税务总局 发展改革委 工业和信息化部公告2020年第45号)第十条规定,本公告自2020年1月1日起执行。财税〔2012〕27号第二条中"经认定后,减按15%的税率征收企业所得税"的规定和第四条"国家规划布局内的重点软件企业和集成电路设计企业,如当年未享受免税优惠的,可减按10%的税率征收企业所得税"同时停止执行。

2.9.8 集成电路产业和软件产业企业所得税新旧优惠政策如何衔接

根据《财政部 税务总局 发展改革委 工业和信息化部关于促进集成电路产业和软件产业高质量发展企业所得税政策的公告》(财政部 税务总局 发展改革委 工业和信息化部公告2020年第45号)第五条的规定,符合原有政策条件且在2019年(含)之前已经进入优惠期的企业或项目,2020年(含)起可按原有政策规定继续享受至期满为止,如果也符合本公告第一条至第四条规定,可按本公告规定享受相关优惠,其中定期减免税优惠,可按本公告规定计算优惠期,并就剩余期限享受优惠至期满为止。符合原有政策条件,2019年(含)之前尚未进入优惠期的企业或项目,2020年(含)起不再执行原有政策。

所称原有政策,包括《财政部 国家税务总局关于进一步鼓励软件产业和集成电路产业发展企业所得税政策的通知》(财税〔2012〕27号)、《财政部 国家税务总局 发展改革委 工业和信息化部关于进一步鼓励集成电路产业发展企业所得税政策的通知》(财税〔2015〕6号)、《财政部 国家税务总局 发展改革委 工业和信息化部关于软件和集成电路产业企业所得税优惠政策有关问题的通知》(财税〔2016〕49号)、《财政部 税务总局 国家发展改革委 工业和信息化部关于集成电路生产企业有关企业所得税政策问题的通知》(财税〔2018〕27号)、《财政部 税务总局关于集成电路设计和软件产业企业所得税政策的公告》(财政部 税务总局公告2019年第68号)、《财政部 税务总局关于集成电路设计企业和软件企业2019年度企业所得税汇算清缴适用政策的公告》(财政部 税务总局公告2020年第29号)。上述自2020年1月1日起执行。

2.9.9 促进集成电路、软件企业高质量发展的优惠,如何进行后续管理

(1) 根据《财政部 税务总局 发展改革委 工业和信息化部关于促进集成电路产业和软件产业高质量发展企业所得税政策的公告》(财政部 税务总局 发展改革委 工业和信息化部公告2020年第45号)第七条的规定,本公告规定的优惠,采取清单进行管理的,由国家发展改革委、工业和信息化部于每年3月底前按规定向财政

部、税务总局提供上一年度可享受优惠的企业和项目清单；不采取清单进行管理的，税务机关按照《财政部 国家税务总局 发展改革委 工业和信息化部关于软件和集成电路产业企业所得税优惠有关问题的通知》(财税〔2016〕49号)第十条的规定转请发展改革、工业和信息化部门进行核查。

《财政部 税务总局 发展改革委 工业和信息化部关于促进集成电路产业和软件产业高质量发展企业所得税政策的公告》(财政部 税务总局 发展改革委 工业和信息化部公告2020年第45号)规定，集成电路企业或项目、软件企业按照原有政策规定享受优惠的，税务机关按照《财政部 国家税务总局 发展改革委 工业和信息化部关于软件和集成电路产业企业所得税优惠政策有关问题的通知》(财税〔2016〕49号)第十条的规定转请发展改革、工业和信息化部门进行核查。本公告自2020年1月1日起执行。

(2) 根据《财政部 国家税务总局 发展改革委 工业和信息化部关于软件和集成电路产业企业所得税优惠政策有关问题的通知》(财税〔2016〕49号)第十条规定，省级(自治区、直辖市、计划单列市，下同)财政、税务、发展改革和工业和信息化部门应密切配合，通过建立核查机制并有效运用核查结果，切实加强对软件、集成电路企业的后续管理工作。

① 省级税务部门应在每年3月20日前和6月20日前分两批将汇算清缴年度已申报享受软件、集成电路企业税收优惠政策的企业名单及其备案资料提交省级发展改革、工业和信息化部门。其中，享受软件企业、集成电路设计企业税收优惠政策的名单及备案资料提交给省级工业和信息化部门，省级工业和信息化部门组织专家或者委托第三方机构对名单内企业是否符合条件进行核查；享受其他优惠政策的名单及备案资料提交给省级发展改革部门，省级发展改革部门会同工业和信息化部门共同组织专家或者委托第三方机构对名单内企业是否符合条件进行核查。

2015年度享受优惠政策的企业名单和备案资料，省级税务部门可在2016年6月20日前一次性提交给省级发展改革、工业和信息化部门。

② 省级发展改革、工业和信息化部门应在收到享受优惠政策的企业名单和备案资料两个月内将复核结果反馈省级税务部门(第一批名单复核结果应在汇算清缴期结束前反馈)。

③ 每年10月底前，省级财政、税务、发展改革、工业和信息化部门应将核查结果及税收优惠落实情况联合汇总上报财政部、税务总局、国家发展改革委、工业和信息化部。

如遇特殊情况汇算清缴延期的，上述期限可相应顺延。

④ 省级财政、税务、发展改革、工业和信息化部门可以根据本通知规定，结合当地实际，制定具体操作管理办法，并报财政部、税务总局、发展改革委、工业和信息化部备案。

《财政部 国家税务总局 发展改革委 工业和信息化部关于软件和集成电路产业企业所得税优惠政策有关问题的通知》(财税〔2016〕49号)自2015年1月1日起执行。①

风险提示

(1) 对于按照集成电路生产企业享受税收优惠政策的,优惠期自获利年度起计算;对于按照集成电路生产项目享受税收优惠政策的,优惠期自项目取得第一笔生产经营收入所属纳税年度起计算,集成电路生产项目需单独进行会计核算、计算所得,并合理分摊期间费用。

(2) 国家鼓励的重点集成电路设计企业和软件企业,自获利年度起,第一年至第五年免征企业所得税,接续年度减按10%的税率征收企业所得税。

国家鼓励的重点集成电路设计和软件企业清单由国家发展改革委、工业和信息化部会同财政部、税务总局等相关部门制定。

政策链接

一、根据企业所得税法第二十七条第(四)项规定,享受减免企业所得税优惠的技术转让应符合以下条件:

(一) 享受优惠的技术转让主体是企业所得税法规定的居民企业。

(二) 技术转让属于财政部、国家税务总局规定的范围。

(三) 境内技术转让经省级以上科技部门认定。

(四) 向境外转让技术经省级以上商务部门认定。

(五) 国务院税务主管部门规定的其他条件。

二、符合条件的技术转让所得应按以下方法计算:

技术转让所得=技术转让收入-技术转让成本-相关税费

技术转让收入是指当事人履行技术转让合同后获得的价款,不包括销售或转让设备、仪器、零部件、原材料等非技术性收入。不属于与技术转让项目密不可分的技术咨询、技术服务、技术培训等收入,不得计入技术转让收入。

技术转让成本是指转让的无形资产的净值,即该无形资产的计税基础减除在资产使用期间按照规定计算的摊销扣除额后的余额。

相关税费是指技术转让过程中实际发生的有关税费,包括除企业所得税和允许抵扣的增值税以外的各项税金及其附加、合同签订费用、律师费等相关费用及其他支出。

三、享受技术转让所得减免企业所得税优惠的企业,应单独计算技术转让所得,并合理分摊企业的期间费用;没有单独计算的,不得享受技术转让所得企业所得税优惠。

【《国家税务总局关于技术转让所得税减免企业所得税有关问题的通知》(国税函〔2009〕212号)第一条、第二条、第三条】

---

① 2.9.3至问题2.9.9摘自国家税务总局网站。

一、集成电路线宽小于0.8微米(含)的集成电路生产企业,经认定后,在2017年12月31日前自获利年度起计算优惠期,第一年至第二年免征企业所得税,第三年至第五年按照25%的法定税率减半征收企业所得税,并享受至期满为止。

二、集成电路线宽小于0.25微米或投资额超过80亿元的集成电路生产企业,经认定后,减按15%的税率征收企业所得税,其中经营期在15年以上的,在2017年12月31日前自获利年度起计算优惠期,第一年至第五年免征企业所得税,第六年至第十年按照25%的法定税率减半征收企业所得税,并享受至期满为止。

注:依据《财政部 税务总局 发展改革委 工业和信息化部关于促进集成电路产业和软件产业高质量发展企业所得税政策的公告》(财政部 税务总局 发展改革委 工业和信息化部公告2020年第45号),本法规自2020年1月1日起第二条中"经认定后,减按15%的税率征收企业所得税"停止执行。

三、我国境内新办的集成电路设计企业和符合条件的软件企业,经认定后,在2017年12月31日前自获利年度起计算优惠期,第一年至第二年免征企业所得税,第三年至第五年按照25%的法定税率减半征收企业所得税,并享受至期满为止。

四、国家规划布局内的重点软件企业和集成电路设计企业,如当年未享受免税优惠的,可减按10%的税率征收企业所得税。

注:依据《财政部 税务总局 发展改革委 工业和信息化部关于促进集成电路产业和软件产业高质量发展企业所得税政策的公告》(财政部 税务总局 发展改革委 工业和信息化部公告2020年第45号),本法规第四条"国家规划布局内的重点软件企业和集成电路设计企业,如当年未享受免税优惠的,可减按10%的税率征收企业所得税"停止执行。

五、符合条件的软件企业按照《财政部 国家税务总局关于软件产品增值税政策的通知》(财税〔2011〕100号)规定取得的即征即退增值税款,由企业专项用于软件产品研发和扩大再生产并单独进行核算,可以作为不征税收入,在计算应纳税所得额时从收入总额中减除。

六、集成电路设计企业和符合条件软件企业的职工培训费用,应单独进行核算并按实际发生额在计算应纳税所得额时扣除。

七、企业外购的软件,凡符合固定资产或无形资产确认条件的,可以按照固定资产或无形资产进行核算,其折旧或摊销年限可以适当缩短,最短可为2年(含)。

八、集成电路生产企业的生产设备,其折旧年限可以适当缩短,最短可为3年(含)。

十四、本通知所称获利年度,是指该企业当年应纳税所得额大于零的纳税年度。

十五、本通知所称集成电路设计销售(营业)收入,是指集成电路企业从事集成电路(IC)功能研发、设计并销售的收入。

十六、本通知所称软件产品开发销售(营业)收入,是指软件企业从事计算机软件、信息系统或嵌入式软件等软件产品开发并销售的收入,以及信息系统集成服务、信息技术咨询服务、数据处理和存储服务等技术服务收入。

【《财政部 国家税务总局关于进一步鼓励软件产业和集成电路产业发展企业所得税政策的通知》(财税〔2012〕27号)第一条、第二条、第三条、第四条、第五条、第六条、第七条、第八条、第十四条、第十五条、第十六条】

一、国家鼓励的集成电路线宽小于28纳米(含),且经营期在15年以上的集成电路生产企业或项目,第一年至第十年免征企业所得税;国家鼓励的集成电路线宽小于65纳米(含),且经营期在15年以上的集成电路生产企业或项目,第一年至第五年免征企业所得税,第六年至第十年按照25%的法定税率减半征收企业所得税;国家鼓励的集成电路线宽小于130纳米(含),且经营期在10年以上的集成电路生产企业或项目,第一年至第二年免征企业所得税,第三年至第五年按照25%的法定税率减半征收企业所得税。

对于按照集成电路生产企业享受税收优惠政策的,优惠期自获利年度起计算;对于按照集成电路生产项目享受税收优惠政策的,优惠期自项目取得第一笔生产经营收入所属纳税年度起计算,集成电路生产项目需单独进行会计核算、计算所得,并合理分摊期间费用。

国家鼓励的集成电路生产企业或项目清单由国家发展改革委、工业和信息化部会同财政部、税务总局等相关部门制定。

二、国家鼓励的线宽小于130纳米(含)的集成电路生产企业,属于国家鼓励的集成电路生产企业清单年度之前5个纳税年度发生的尚未弥补完的亏损,准予向以后年度结转,总结转年限最长不得超过10年。

三、国家鼓励的集成电路设计、装备、材料、封装、测试企业和软件企业,自获利年度起,第一年至第二年免征企业所得税,第三年至第五年按照25%的法定税率减半征收企业所得税。

国家鼓励的集成电路设计、装备、材料、封装、测试企业和软件企业条件,由工业和信息化部会同国家发展改革委、财政部、税务总局等相关部门制定。

四、国家鼓励的重点集成电路设计企业和软件企业,自获利年度起,第一年至第五年免征企业所得税,接续年度减按10%的税率征收企业所得税。

国家鼓励的重点集成电路设计和软件企业清单由国家发展改革委、工业和信息化部会同财政部、税务总局等相关部门制定。

五、符合原有政策条件且在2019年(含)之前已经进入优惠期的企业或项目,2020年(含)起可按原有政策规定继续享受至期满为止,如也符合本公告第一条至第四条规定,可按本公告规定享受相关优惠,其中定期减免税优惠,可按本公告规定计算优惠期,并就剩余期限享受优惠至期满为止。符合原有政策条件,2019年(含)之前尚未进入优惠期的企业或项目,2020年(含)起不再执行原有政策。

六、集成电路企业或项目、软件企业按照本公告规定同时符合多项定期减免税优惠政策条件的，由企业选择其中一项政策享受相关优惠。其中，已经进入优惠期的，可由企业在剩余期限内选择其中一项政策享受相关优惠。

七、本公告规定的优惠，采取清单进行管理的，由国家发展改革委、工业和信息化部于每年3月底前按规定向财政部、税务总局提供上一年度可享受优惠的企业和项目清单；不采取清单进行管理的，税务机关按照财税〔2016〕49号第十条的规定转请发展改革、工业和信息化部门进行核查。

八、集成电路企业或项目、软件企业按照原有政策规定享受优惠的，税务机关按照财税〔2016〕49号第十条的规定转请发展改革、工业和信息化部门进行核查。

九、本公告所称原有政策，包括:《财政部 国家税务总局关于进一步鼓励软件产业和集成电路产业发展企业所得税政策的通知》(财税〔2012〕27号)、《财政部 国家税务总局 发展改革委 工业和信息化部关于进一步鼓励集成电路产业发展企业所得税政策的通知》(财税〔2015〕6号)、《财政部 国家税务总局 发展改革委 工业和信息化部关于软件和集成电路产业企业所得税优惠政策有关问题的通知》(财税〔2016〕49号)、《财政部 税务总局 国家发展改革委 工业和信息化部关于集成电路生产企业有关企业所得税政策问题的通知》(财税〔2018〕27号)、《财政部 税务总局关于集成电路设计和软件产业企业所得税政策的公告》(财政部 税务总局公告2019年第68号)、《财政部 税务总局关于集成电路设计企业和软件企业2019年度企业所得税汇算清缴适用政策的公告》(财政部 税务总局公告2020年第29号)。

十、本公告自2020年1月1日起执行。财税〔2012〕27号第二条中“经认定后，减按15%的税率征收企业所得税”的规定和第四条“国家规划布局内的重点软件企业和集成电路设计企业，如当年未享受免税优惠的，可减按10%的税率征收企业所得税”同时停止执行。

【《财政部 税务总局 发展改革委 工业和信息化部关于促进集成电路产业和软件产业高质量发展企业所得税政策的公告》(财政部 税务总局 发展改革委 工业和信息化部公告2020年第45号)第一条、第二条、第三条、第四条、第五条、第六条、第七条、第八条、第九条、第十条】

2.10 其他

2.10.1 西部大开发企业的企业所得税优惠政策是否可延续执行

为贯彻落实党中央、国务院关于新时代推进西部大开发形成新格局有关精神，国家出台的《财政部 税务总局 国家发展改革委关于延续西部大开发企业所得税政策的公告》(财政部 税务总局 国家发展改革委公告2020年第23号)延续西部大开发企业所得税政策，其规定，自2021年1月1日至2030年12月31日，对设在西部地区的鼓励类产业企业减按15%的税率征收企业所得税。鼓励类产业企业是指以《西部地区鼓励类产业目录》中规定的产业项目为主营业务，且其主营业务收入占企业收入总额60%以上的企业。

2.10.2 西部地区的鼓励类产业企业是否都可以享受减按15%优惠税率

《财政部 税务总局 国家发展改革委关于延续西部大开发企业所得税政策的公告》(财政部公告2020年第23号)规定，自2021年1月1日至2030年12月31日，对设在西部地区的鼓励类产业企业减按15%的税率征收企业所得税。这里所称鼓励类产业企业是指以《西部地区鼓励类产业目录》中规定的产业项目为主营业务，且其主营业务收入占企业收入总额60%以上的企业。

2.10.3 在上海自贸试验区临港新片区成立企业能享受什么企业所得税优惠政策

《财政部 税务总局关于中国(上海)自贸试验区临港新片区重点产业企业所得税政策的通知》(财税〔2020〕38号)规定，新片区内从事集成电路、人工智能、生物医药、民用航空等关键领域核心环节相关产品(技术)业务，并开展实质性生产或研发活动的符合条件的法人企业，自设立之日起5年内减按15%的税率征收企业所得税。

2.10.4 如何理解"在2018年12月31日前自获利年度起计算优惠期，第一年至第二年免征企业所得税，第三年至第五年按照25%的法定税率减半征收企业所得税，并享受至期满为止"

《财政部 税务总局关于集成电路设计和软件产业企业所得税政策的公告》(财政部 税务总局公告2019年第68号)规定，依法成立且符合条件的集成电路设计企业和软件企业，在2018年12月31日前自获利年度起计算优惠期，第一年至第二年免征企业所得税，第三年至第五年按照25%的法定税率减半征收企业所得税，并享受至期满为止。"在2018年12月31日前自获利年度起"指执行原符合条件的集成电路设计和软件产业的企业，当年应纳税所得额大于零的纳税年度算起享受"两免三减半"的税收优惠政策。

2.10.5 海南自由贸易港企业所得税优惠政策内容是什么

《财政部 税务总局关于海南自由贸易港企业所得税优惠政策的通知》(财税〔2020〕31号)规定，对注册在海南自由贸易港并实质性运营的鼓励类产业企业，减按15%的税率征收企业所得税。对在海南自由贸易港设立的旅游业、现代服务业、高新技术产业企业新增境外直接投资取得的所得，免征企业所得税。对在海南自由贸易港设立的企业，新购置(含自建、自行开发)固定资产或无形资产，单位价值不超过500万元(含)的，允许一次性计入当期成本费用在计算应纳税所得额时扣除，不再分年度计算折旧和摊销；新购置(含自建、自行开发)固定资产或无形资产，单位价值超过500万元的，可以缩短折旧、摊销年限或采取加速折旧、摊销的方法。

2.10.6 享受海南自由贸易港企业所得税优惠应该注意什么

享受海南自由贸易港企业所得税优惠应注意：

(1) 对注册在海南自由贸易港并实质性运营的鼓励类产业企业，减按15%的税率征收企业所得税的条件是：企业的主营业务必须属于鼓励类产业目录中列举的产业项目，海南自由贸易港鼓励类产业目录包括《产业结构调整指导目录(2019年本)》《鼓励外商投资产业目录(2019年版)》和海南自由贸易港新增鼓励类产业目录；企业的主营业务收入须占收入总额的60%以上；只有在海南自由贸易港实质性运营的符合条件的企业，才能享受相关优惠。

(2) 对在海南自由贸易港设立的旅游业、现代服务业、高新技术产业企业新增境外直接投资取得的所得，免征企业所得税的条件是：从境外新设分支机构取得的营业利润；或从持股比例超过20%(含)的境外子公司分回的，与新增境外直接投资相对应的股息所得。被投资国(地区)的企业所得税法定税率不低于5%。旅游业、现代服务业、高新技术产业，按照海南自由贸易港鼓励类产业目录执行。

(3) 对在海南自由贸易港设立的企业，新购置(含自建、自行开发)固定资产或无形资产，单位价值不超过500万元(含)的，允许一次性计入当期成本费用在计算应纳税所得额时扣除，不再分年度计算折旧和摊销；新购置(含自建、自行开发)固定资产或无形资产，单位价值超过500万元的，可以缩短折旧、摊销年限或采取加速折旧、摊销的方法。上述所称固定资产是指除房屋、建筑物以外的固定资产。

2.10.7 残疾人员工资加计扣除是否包括企业负担的“五险一金”

《财政部 国家税务总局关于安置残疾人员就业有关企业所得税优惠政策问题的通知》(财税〔2009〕70号)规定，企业安置残疾人员的，在按照支付给残疾职工工资据实扣除的基础上，可以在计算应纳税所得额时按照支付给残疾职工工资的100%加计扣除。企业就支付给残疾职工的工资，在进行企业所得税预缴申报时，允许据实计算扣除；在年度终了进行企业所得税年度申报和汇算清缴时，再按规定计算加计扣除。

《国家税务总局关于企业工资薪金及职工福利费扣除问题的通知》(国税函〔2009〕3号)规定，《企业所得税法实施条例》第四十、四十一、四十二条所称的“工资、薪金总额”，是指企业按照本通知第一条规定实际发放的工资、薪金总和，不包括企业的职工福利费、职工教育经费、工会经费，以及养老保险费、医疗保险费、失业保险费、工伤保险费、生育保险费等社会保险费和住房公积金。属于国有性质的企业，其工资、薪金，不得超过政府有关部门给予的限定数额；超过部分，不得计入企业工资、薪金总额，也不得在计算企业应纳税所得额时扣除。

企业安置残疾人员的，在按支付给残疾职工工资据实扣除的基础上，在计算应纳税所得额时可以按照支付给残疾职工工资 100%加计扣除，不含由企业负担的“五险一金”。

2.10.8 第十三届全国人民代表大会第四次会议政府工作报告中提到企业所得税政策要点有哪些

2021 年 3 月 5 日，第十三届全国人民代表大会第四次会议在北京人民大会堂开幕，国务院总理李克强作政府工作报告。报告中提到以下涉及企业所得税政策要点：

(1) 对小微企业和个体工商户年应纳税所得额不到 100 万元的部分，在现行优惠政策基础上再减半征收所得税。

(2) 延续执行企业研发费用加计扣除 75%政策，将制造业企业加计扣除比例提高到 100%，用税收优惠机制激励企业加大研发投入，着力推动企业以创新引领发展。

政策链接

一、对注册在海南自由贸易港并实质性运营的鼓励类产业企业，减按 15%的税率征收企业所得税。

本条所称鼓励类产业企业，是指以海南自由贸易港鼓励类产业目录中规定的产业项目为主营业务，且其主营业务收入占企业收入总额 60%以上的企业。所称实质性运营，是指企业的实际管理机构设在海南自由贸易港，并对企业生产经营、人员、账务、财产等实施实质性全面管理和控制。对不符合实质性运营的企业，不得享受优惠。

海南自由贸易港鼓励类产业目录包括《产业结构调整指导目录(2019 年本)》《鼓励外商投资产业目录(2019 年版)》和海南自由贸易港新增鼓励类产业目录。上述目录在本通知执行期限内修订的，自修订版实施之日起按新版本执行。

对总机构设在海南自由贸易港的符合条件的企业，仅就其设在海南自由贸易港的总机构和分支机构的所得，适用 15%税率；对总机构设在海南自由贸易港以外的企业，仅就其设在海南自由贸易港内的符合条件的分支机构的所得，适用 15%税率。具体征管办法按照税务总局有关规定执行。

二、对在海南自由贸易港设立的旅游业、现代服务业、高新技术产业企业新增境外直接投资取得的所得，免征企业所得税。

本条所称新增境外直接投资所得应当符合以下条件：

(一) 从境外新设分支机构取得的营业利润；或从持股比例超过 20%(含)的境外子公司分回的，与新增境外直接投资相对应的股息所得。

(二) 被投资国(地区)的企业所得税法定税率不低于 5%。

本条所称旅游业、现代服务业、高新技术产业，按照海南自由贸易港鼓励类产业目录执行。

三、对在海南自由贸易港设立的企业，新购置(含自建、自行开发)固定资产或无形资产，单位价值不超过500万元(含)的，允许一次性计入当期成本费用在计算应纳税所得额时扣除，不再分年度计算折旧和摊销；新购置(含自建、自行开发)固定资产或无形资产，单位价值超过500万元的，可以缩短折旧、摊销年限或采取加速折旧、摊销的方法。

本条所称固定资产，是指除房屋、建筑物以外的固定资产。

【《财政部 税务总局关于海南自由贸易港企业所得税优惠政策的通知》(财税〔2020〕31号)第一条、第二条、第三条】

一、依法成立且符合条件的集成电路设计企业和软件企业，在2018年12月31日前自获利年度起计算优惠期，第一年至第二年免征企业所得税，第三年至第五年按照25%的法定税率减半征收企业所得税，并享受至期满为止。

二、本公告第一条所称“符合条件”，是指符合《财政部 国家税务总局关于进一步鼓励软件产业和集成电路产业发展企业所得税政策的通知》(财税〔2012〕27号)和《财政部 国家税务总局发展改革委工业和信息化部关于软件和集成电路产业企业所得税优惠政策有关问题的通知》(财税〔2016〕49号)规定的条件。

【《财政部 国家税务总局关于集成电路设计和软件产业企业所得税政策的公告》(财政部 税务总局公告2019年第68号)第一条、第二条】

一、对新片区内从事集成电路、人工智能、生物医药、民用航空等关键领域核心环节相关产品(技术)业务，并开展实质性生产或研发活动的符合条件的法人企业，自设立之日起5年内减按15%的税率征收企业所得税。

二、本通知所称“符合条件的法人企业”必须同时满足以下第(一)、(二)项条件，以及第(三)项或第(四)项条件中任一子条件：

(一)自2020年1月1日起在新片区内注册登记(不包括从外区域迁入新片区的企业)，主营业务为从事《新片区集成电路、人工智能、生物医药、民用航空关键领域核心环节目录》(以下简称《目录》)中相关领域环节实质性生产或研发活动的法人企业。

实质性生产或研发活动是指，企业拥有固定生产经营场所、固定工作人员，具备与生产或研发活动相匹配的软硬件支撑条件，并在此基础上开展相关业务。

(二)企业主要研发或销售产品中至少包含1项关键产品(技术)。

关键产品(技术)是指在集成电路、人工智能、生物医药、民用航空等重点领域产业链中起到重要作用或不可或缺的产品(技术)。

(三)企业投资主体条件：

1. 企业投资主体在国际细分市场影响力排名前列，技术实力居于业内前列。

2. 企业投资主体在国内细分市场居于领先地位，技术实力在业内领先。

(四)企业研发生产条件：

1. 企业拥有领军人才及核心团队骨干，在国内外相关领域长期从事科研生产工作。

2. 企业拥有核心关键技术,对其主要产品具备建立自主知识产权体系的能力。

3. 企业具备推进产业链核心供应商多元化,牵引国内产业升级能力。

4. 企业具备高端供给能力,核心技术指标达到国际前列或国内领先。

5. 企业研发成果(技术或产品)已被国际国内一线终端设备制造商采用或已经开展紧密实质性合作(包括资本、科研、项目等领域)。

6. 企业获得国家或省级政府科技或产业化专项资金、政府性投资基金或取得知名投融资机构投资。

【《财政部 税务总局关于中国(上海)自贸试验区临港新片区重点产业企业所得税政策的通知》(财税〔2020〕38号)第一条、第二条】

一、关于合理工资、薪金问题

《实施条例》第三十四条所称的"合理工资、薪金",是指企业按照股东大会、董事会、薪酬委员会或相关管理机构制订的工资、薪金制度规定实际发放给员工的工资、薪金。税务机关在对工资、薪金进行合理性确认时,可按以下原则掌握:

(一)企业制订了较为规范的员工工资、薪金制度。

(二)企业所制订的工资、薪金制度符合行业及地区水平。

(三)企业在一定时期所发放的工资、薪金是相对固定的,工资、薪金的调整是有序进行的。

(四)企业对实际发放的工资、薪金,已依法履行了代扣代缴个人所得税义务。

(五)有关工资、薪金的安排,不以减少或逃避税款为目的。

二、关于工资、薪金总额问题

《实施条例》第四十、四十一、四十二条所称的"工资、薪金总额",是指企业按照本通知第一条规定实际发放的工资、薪金总和,不包括企业的职工福利费、职工教育经费、工会经费以及养老保险费、医疗保险费、失业保险费、工伤保险费、生育保险费等社会保险费和住房公积金。属于国有性质的企业,其工资、薪金,不得超过政府有关部门给予的限定数额;超过部分,不得计入企业工资、薪金总额,也不得在计算企业应纳税所得额时扣除。

三、关于职工福利费扣除问题

《实施条例》第四十条规定的企业职工福利费,包括以下内容:

(一)尚未实行分离办社会职能的企业,其内设福利部门所发生的设备、设施和人员费用,包括职工食堂、职工浴室、理发室、医务所、托儿所、疗养院等集体福利部门的设备、设施及维修保养费用和福利部门工作人员的工资、薪金,社会保险费,住房公积金,劳务费等。

(二)为职工卫生保健、生活、住房、交通等所发放的各项补贴和非货币性福利,包括企业向职工发放的因公外地就医费用、未实行医疗统筹企业职工医疗费用、职工供养直系亲属医疗补贴、供暖费补贴、职工防暑降温费、职工困难补贴、救济费、职工食堂经费补贴、职工交通补贴等。

（三）按照其他规定发生的其他职工福利费，包括丧葬补助费、抚恤费、安家费、探亲假路费等。

四、关于职工福利费核算问题

企业发生的职工福利费，应该单独设置账册，进行准确核算。没有单独设置账册准确核算的，税务机关应责令企业在规定的期限内进行改正。逾期仍未改正的，税务机关可对企业发生的职工福利费进行合理的核定。

【《国家税务总局关于企业工资薪金及职工福利费扣除问题的通知》（国税函〔2009〕3号）第一条、第二条、第三条、第四条】

一、企业安置残疾人员的，在按照支付给残疾职工工资据实扣除的基础上，可以在计算应纳税所得额时按照支付给残疾职工工资的100%加计扣除。

企业就支付给残疾职工的工资，在进行企业所得税预缴申报时，允许据实计算扣除；在年度终了进行企业所得税年度申报和汇算清缴时，再依照本条第一款的规定计算加计扣除。

二、残疾人员的范围适用《中华人民共和国残疾人保障法》的有关规定。

三、企业享受安置残疾职工工资100%加计扣除应同时具备如下条件：

（一）依法与安置的每位残疾人签订了1年以上（含1年）的劳动合同或服务协议，并且安置的每位残疾人在企业实际上岗工作。

（二）为安置的每位残疾人按月足额缴纳了企业所在区县人民政府根据国家政策规定的基本养老保险、基本医疗保险、失业保险和工伤保险等社会保险。

（三）定期通过银行等金融机构向安置的每位残疾人实际支付了不低于企业所在区县适用的经省级人民政府批准的最低工资标准的工资。

（四）具备安置残疾人上岗工作的基本设施。

四、企业应在年度终了进行企业所得税年度申报和汇算清缴时，向主管税务机关报送本通知第四条规定的相关资料、已安置残疾职工名单及其《中华人民共和国残疾人证》或《中华人民共和国残疾军人证（1至8级）》复印件和主管税务机关要求提供的其他资料，办理享受企业所得税加计扣除优惠的备案手续。

五、在企业汇算清缴结束后，主管税务机关在对企业进行日常管理、纳税评估和纳税检查时，应对安置残疾人员企业所得税加计扣除优惠的情况进行核实。

【《财政部 税务总局关于安置残疾人员就业有关企业所得税优惠政策问题的通知》（财税〔2009〕70号）第一条、第二条、第三条、第四条、第五条】

第3章　专项政策

3.1　资产损失

3.1.1　企业实际损失只能在实际处置时才能扣除吗

《国家税务总局关于发布〈企业资产损失所得税税前扣除管理办法〉的公告》（国家税务总局公告2011年第25号）将资产损失分为实际资产损失和法定资产损失。企业实际资产损失，应当在其实际发生且会计上已作损失处理的年度申报扣除；法定资产损失，应当在企业向主管税务机关提供证据资料证明该项资产已符合法定资产损失确认条件，且会计上已作损失处理的年度申报扣除。也就是说，实际资产损失是指企业在实际处置、转让资产过程中发生的合理损失，应在实际发生时且会计上已作损失处理的年度申报扣除。法定资产损失是指企业虽未实际处置、转让上述资产，但符合规定条件计算确认的损失可以扣除。

因此，企业实际损失并非只能在实际处置时才能扣除。

3.1.2　许多纳税人认为企业发生资产损失只要填报年度申报表就可以税前扣除了，无须经税务机关批准，这种观点对吗

为深入贯彻落实税务系统“放管服”改革要求，优化税收营商环境，减轻企业办税负担，企业向税务机关申报扣除资产损失，仅需填报企业所得税年度纳税申报表《资产损失税前扣除及纳税调整明细表》，不再报送资产损失相关资料。但纳税人对资产损失相关资料进行收集、整理、归集，并妥善保管，不需在申报环节向税务机关报送。企业应当完整保存资产损失相关资料，保证资料的真实性、合法性，否则要承担《税收征收管理法》等法律、行政法规规定的法律责任。由此可见，纳税人发生资产损失仅需填报企业所得税年度纳税申报表，不再报送资产损失相关资料，但纳税人应对留存资料真实性、合法性承担法律责任。

3.1.3　关联企业之间相互担保发生的损失能否税前扣除

《国家税务总局关于发布〈企业资产损失所得税税前扣除管理办法〉的公告》（国家税务总局公告2011年第25号）规定，企业按独立交易原则向关联企业转让资产而发生的损失，或向关联企业提供借款、担保而形成的债权损失，准予扣除，但企业应作

专项说明，同时出具中介机构出具的专项报告及其相关的证明材料。

由此可见，关联企业间按独立交易原则确认的债权损失是能税前扣除的。企业应按规定留存好相关资料，即纳税人留存备查自行出具的有法定代表人、主要负责人和财务负责人签章证实有关损失的书面申明和相关材料。

3.1.4 企业的存货发生损失，税会之间处理是否有差异

为加强企业内控管理，企业都会定期对存货进行盘点，在盘点时如果发现账面与实际不符，查明原因，分别对不同情况采用不同方法进行处理。在税收上强调的是发生损失能否在税前扣除，两者着力点不同，存在差异。

表3-1 存货损失税会差异比较

会计处理：
（1）发生损失批准前： 发生盘亏和毁损，未经内部批准前，转入“待处理财产损益”，待批准后，区分不同损失情况进行账务处理。 （2）发生损失经批准后区分不同情况进行处理： ① 盘盈的存货，应冲减当期的管理费用。 ② 属于自然损耗的，计入当期管理费用。 ③ 盘亏的存货，收到过失人或者保险公司等赔款，计入其他应收款。 ④ 因管理不善等原因造成存货短缺或毁损，计入当期管理费用。 ⑤ 非正常损失，计入营业外支出。 （3）会计分录： 存货盘亏发生时： 借：待处理财产损益 　　贷：原材料 查明原因后，增值税处理上对自然损耗部分的进项税额允许抵扣；对管理不善，其进项税额应转出。 借：待处理财产损溢 　　贷：应交税费——应交增值税（进项税额转出） 经批准后： 借：管理费用 　　其他应收款 　　营业外支出 　　贷：待处理财产损溢
税务处理：
（1）对企业盘亏的存货，以该存货的成本减除责任人赔偿后的余额，作为存货盘亏损失在计算应纳税所得额时扣除。 （2）对企业毁损、报废的存货，以该存货的成本减除残值、保险赔款和责任人赔偿后的余额，作为存货毁损、报废损失在计算应纳税所得额时扣除。 （3）对企业被盗存货，以该存货的成本减除保险赔款和责任人赔偿后的余额，作为存货被盗损失在计算应纳税所得额时扣除。

(续表)

税务处理:
(4) 企业因存货盘亏、毁损、报废、被盗等原因不得从增值税销项税额中抵扣的进项税额,可以与存货损失一起在计算应纳税所得额时扣除。 (5) 企业在计算应纳税所得额时已经扣除的资产损失,在以后纳税年度全部或者部分收回时,其收回部分应当作为收入计入收回当期的应纳税所得额。 (6) 企业向税务机关申报扣除资产损失,仅需填报企业所得税年度纳税申报表《资产损失税前扣除及纳税调整明细表》,不再报送资产损失相关资料。相关资料由企业留存备查。 (7) 企业应当完整保存资产损失相关资料,保证资料的真实性、合法性。

3.1.5 在建工程发生损失能否税前扣除

《企业所得税法实施条例》规定,企业所得税法第八条所称损失,是指企业在生产经营活动中发生的固定资产和存货的盘亏、毁损、报废损失,转让财产损失,呆账损失,坏账损失,自然灾害等不可抗力因素造成的损失,以及其他损失。企业发生的损失,减除责任人赔偿和保险赔款后的余额,依照国务院财政、税务主管部门的规定扣除。企业已经作为损失处理的资产,在以后纳税年度又全部收回或者部分收回时,应当计入当期收入。

因此,企业在建工程发生损失可以在税前扣除。

3.1.6 不按出资比例和持股比例分配清算剩余财产造成的损失能否税前扣除

根据《中华人民共和国公司法》(以下简称《公司法》)的规定,公司财产在分别支付清算费用、职工的工资、社会保险费用、法定补偿金,缴纳所欠税款,清偿公司债务后的剩余财产,有限责任公司按股东的出资比例分配,股份有限公司按股东持股比例分配。

不按出资比例和持股比例分配清算剩余财产,造成纳税人分得的被投资人清算剩余资产少于按《公司法》规定的应分得的金额而形成的资产损失,不得在企业所得税税前扣除。

政策链接

一、企业向税务机关申报扣除资产损失,仅需填报企业所得税年度纳税申报表《资产损失税前扣除及纳税调整明细表》,不再报送资产损失相关资料。相关资料由企业留存备查。

二、企业应当完整保存资产损失相关资料,保证资料的真实性、合法性。

【《国家税务总局关于企业所得税资产损失资料留存备查有关事项的公告》(国家税务总局公告2018年第15号)第一条、第二条】

第一章 总 则

第一条 根据《中华人民共和国企业所得税法》(以下简称企业所得税法)及其实

施条例、《中华人民共和国税收征收管理法》(以下简称征管法)及其实施细则、《财政部 国家税务总局关于企业资产损失税前扣除政策的通知》(财税〔2009〕57号)(以下简称《通知》)的规定,制定本办法。

第二条 本办法所称资产是指企业拥有或者控制的、用于经营管理活动相关的资产,包括现金、银行存款、应收及预付款项(包括应收票据、各类垫款、企业之间往来款项)等货币性资产,存货、固定资产、无形资产、在建工程、生产性生物资产等非货币性资产,以及债权性投资和股权(权益)性投资。

第三条 准予在企业所得税税前扣除的资产损失,是指企业在实际处置、转让上述资产过程中发生的合理损失(以下简称实际资产损失),以及企业虽未实际处置、转让上述资产,但符合《通知》和本办法规定条件计算确认的损失(以下简称法定资产损失)。

第四条 企业实际资产损失,应当在其实际发生且会计上已作损失处理的年度申报扣除;法定资产损失,应当在企业向主管税务机关提供证据资料证明该项资产已符合法定资产损失确认条件,且会计上已作损失处理的年度申报扣除。

注:依据《国家税务总局关于企业所得税资产损失资料留存备查有关事项的公告》(国家税务总局公告2018年第15号),本条有关资产损失证据资料、会计核算资料、纳税资料等相关资料报送的内容废止。

第五条 企业发生的资产损失,应按规定的程序和要求向主管税务机关申报后方能在税前扣除。未经申报的损失,不得在税前扣除。

第六条 企业以前年度发生的资产损失未能在当年税前扣除的,可以按照本办法的规定,向税务机关说明并进行专项申报扣除。其中,属于实际资产损失,准予追补至该项损失发生年度扣除,其追补确认期限一般不得超过五年,但因计划经济体制转轨过程中遗留的资产损失、企业重组上市过程中因权属不清出现争议而未能及时扣除的资产损失、因承担国家政策性任务而形成的资产损失以及政策定性不明确而形成资产损失等特殊原因形成的资产损失,其追补确认期限经国家税务总局批准后可适当延长。属于法定资产损失,应在申报年度扣除。

企业因以前年度实际资产损失未在税前扣除而多缴的企业所得税税款,可在追补确认年度企业所得税应纳税款中予以抵扣,不足抵扣的,向以后年度递延抵扣。

企业实际资产损失发生年度扣除追补确认的损失后出现亏损的,应先调整资产损失发生年度的亏损额,再按弥补亏损的原则计算以后年度多缴的企业所得税税款,并按前款办法进行税务处理。

第二章 申报管理

第七条 企业在进行企业所得税年度汇算清缴申报时,可将资产损失申报材料和纳税资料作为企业所得税年度纳税申报表的附件一并向税务机关报送。

第八条 企业资产损失按其申报内容和要求的不同,分为清单申报和专项申报两种申报形式。其中,属于清单申报的资产损失,企业可按会计核算科目进行归类、汇总,然后再将汇总清单报送税务机关,有关会计核算资料和纳税资料留存备查;属于专项申报的资产损失,企业应逐项(或逐笔)报送申请报告,同时附送会计核算资料及其他相关的纳税资料。

企业在申报资产损失税前扣除过程中不符合上述要求的,税务机关应当要求其改正,企业拒绝改正的,税务机关有权不予受理。

注:依据《国家税务总局关于企业所得税资产损失资料留存备查有关事项的公告》(国家税务总局公告2018年第15号),本文第七条、第八条有关资产损失证据资料、会计核算资料、纳税资料等相关资料报送的内容废止。

第九条 下列资产损失,应以清单申报的方式向税务机关申报扣除:

(一)企业在正常经营管理活动中,按照公允价格销售、转让、变卖非货币资产的损失。

(二)企业各项存货发生的正常损耗。

(三)企业固定资产达到或超过使用年限而正常报废清理的损失。

(四)企业生产性生物资产达到或超过使用年限而正常死亡发生的资产损失。

(五)企业按照市场公平交易原则,通过各种交易场所、市场等买卖债券、股票、期货、基金以及金融衍生产品等发生的损失。

第十条 前条以外的资产损失,应以专项申报的方式向税务机关申报扣除。企业无法准确判别是否属于清单申报扣除的资产损失,可以采取专项申报的形式申报扣除。

第十一条 在中国境内跨地区经营的汇总纳税企业发生的资产损失,应按以下规定申报扣除:

(一)总机构及其分支机构发生的资产损失,除应按专项申报和清单申报的有关规定,各自向当地主管税务机关申报外,各分支机构同时还应上报总机构。

(二)总机构对各分支机构上报的资产损失,除税务机关另有规定外,应以清单申报的形式向当地主管税务机关进行申报。

(三)总机构将跨地区分支机构所属资产捆绑打包转让所发生的资产损失,由总机构向当地主管税务机关进行专项申报。

第十二条 企业因国务院决定事项形成的资产损失,应向国家税务总局提供有关资料。国家税务总局审核有关情况后,将损失情况通知相关税务机关。企业应按本办法的要求进行专项申报。

注:依据《国家税务总局关于企业因国务院决定事项形成的资产损失税前扣除问题的公告》(国家税务总局公告2014年第18号),本法规第十二条自2013年11月8日起废止。

第十三条 属于专项申报的资产损失,企业因特殊原因不能在规定的时限内报送相关资料的,可以向主管税务机关提出申请,经主管税务机关同意后,可适当延期申报。

注：依据《国家税务总局关于企业所得税资产损失资料留存备查有关事项的公告》(国家税务总局公告2018年第15号)，本条有关资产损失证据资料、会计核算资料、纳税资料等相关资料报送的内容废止。

第十四条 企业应当建立健全资产损失内部核销管理制度，及时收集、整理、编制、审核、申报、保存资产损失税前扣除证据材料，方便税务机关检查。

第十五条 税务机关应按分项建档、分级管理的原则，建立企业资产损失税前扣除管理台账和纳税档案，及时进行评估。对资产损失金额较大或经评估后发现不符合资产损失税前扣除规定、或存有疑点、异常情况的资产损失，应及时进行核查。对有证据证明申报扣除的资产损失不真实、不合法的，应依法作出税收处理。

【《国家税务总局关于发布〈企业资产损失所得税税前扣除管理办法〉的公告》(国家税务总局公告2011年第25号)第一条、第二条、第三条、第四条、第五条、第六条、第七条、第八条、第九条、第十条、第十一条、第十二条、第十三条、第十四条、第十五条】

3.2 房地产开发

3.2.1 房地产开发企业如何确认完工条件

【案例3-1】 A企业是房地产开发企业，2018年开发一房地产，2020年企业将沿街一层装修对外出租，但整幢楼房仍没有验收、没办理完工备案手续、没有取得产权证，请问能否确认该开发产品已完工?

《国家税务总局关于印发〈房地产开发经营业务企业所得税处理办法〉的通知》(国税发〔2009〕31号)规定了关于完工产品的确认的三个条件：

(1) 开发产品竣工证明材料已报房地产管理部门备案。

(2) 开发产品已开始投入使用。

(3) 开发产品已取得了初始产权证明。

由此可见，完工条件的确认是采用竣工、使用、产权孰早的原则，开发产品只要符合上述条件之一的，房地产开发企业应按规定及时结算开发产品计税成本并计算此前以预售方式销售开发产品所取得收入的实际毛利额，同时将开发产品实际毛利额与其对应的预计毛利额之间的差额，计入当年(完工年度)应纳税所得额。但在现实中，许多房地产企业由于各种原因，采用种种手段，延迟结转收入，人为调控收入。

《国家税务总局关于房地产开发企业开发产品完工条件确认问题的通知》(国税函〔2010〕201号)规定，房地产开发企业建造、开发的开发产品，无论工程质量是否通过验收合格，或是否办理完工(竣工)备案手续以及会计决算手续，当企业开始办理开发产品交付手续(包括入住手续)、或已开始实际投入使用时，为开发产品开始投入使用，应视为开发产品已经完工。房地产开发企业应按规定及时结算开发产品计税成本,并计算企业当年度应纳税所得额。

因此,A企业2020年企业将沿街一层装修对外出租即已投入使用,应确认产品已完工。

3.2.2 房地产开发企业收入金额是含税还是不含税

营业税改征增值税后,企业通过正式签订商品房销售合同或商品房预售合同所取得的收入为不含增值税的收入。

不含增值税收入=销售开发产品过程中取得的全部价款÷(1+适用税率或征收率)

3.2.3 房地产企业预收账款金额与预售合同金额不同时,应以哪种金额确认收入预缴企业所得税

【案例3-2】 A房地产开发企业在某市开发一房地产,2020年10月取得《商品房预售许可证》,2020年11月至12月,预收账款账目反映含税收入为3 000万元,《房地产预售合同》约定的含税价款为9 000万元,请问在预缴企业所得税时应以哪个金额计算预缴企业所得税?

《国家税务总局关于印发〈房地产开发经营业务企业所得税处理办法〉的通知》(国税发〔2009〕31号)第九条规定,企业销售未完工开发产品取得的收入,应先按预计计税毛利率分季(或月)计算出预计毛利额,计入当期应纳税所得额。开发产品完工后,企业应及时结算其计税成本并计算此前销售收入的实际毛利额,同时将其实际毛利额与其对应的预计毛利额之间的差额,计入当年度企业本项目与其他项目合并计算的应纳税所得额。

在年度纳税申报时,企业须出具对该项开发产品实际毛利额与预计毛利额之间差异调整情况的报告,以及税务机关需要的其他相关资料。

企业通过正式签订《房地产销售合同》或《房地产预售合同》所取得的收入,应确认为销售收入的实现,按以下规定确认:采取分期收款方式销售开发产品的,应按销售合同或协议约定的价款和付款日确认收入的实现。付款方提前付款的,在实际付款日确认收入的实现。而不是按实际收到预收款确认收入的实现,因此,A房地产开发企业应以《房地产预售合同》约定的含税价款为9 000万元预缴企业所得税。

3.2.4 房地产企业能够预提的费用有哪些

《国家税务总局关于印发〈房地产开发经营业务企业所得税处理办法〉的通知》(国税发〔2009〕31号)规定,除以下几项预提(应付)费用外,计税成本可以预提,其他费用均应为实际发生的成本:

(1) 出包工程未最终办理结算而未取得全额发票的,在证明资料充分的前提下,

其发票不足金额可以预提，但最高不得超过合同总金额的10%。

(2) 公共配套设施尚未建造或尚未完工的，可按预算造价合理预提建造费用。此类公共配套设施必须符合已在售房合同、协议或广告、模型中明确承诺建造且不可撤销，或按照法律法规规定必须配套建造的条件。

(3) 应向政府上交但尚未上交的报批报建费用、物业完善费用可以按规定预提。物业完善费用是指按规定应由企业承担的物业管理基金、公建维修基金或其他专项基金。

3.2.5 房地产开发经营业务企业所得税成本确认对象原则是什么

《国家税务总局关于印发〈房地产开发经营业务企业所得税处理办法〉的通知》(国税发〔2009〕31号)对所得税成本对象确定原则进行了规定。《国家税务总局关于印发〈房地产开发经营业务企业所得税处理办法〉的通知》(国税发〔2009〕31号)第二十六条规定，成本对象是指为归集和分配开发产品开发、建造过程中的各项耗费而确定的费用承担项目。计税成本对象的确定原则如下：

(1) 可否销售原则。开发产品能够对外经营销售的，应作为独立的计税成本对象进行成本核算；不能对外经营销售的，可先作为过渡性成本对象进行归集，然后再将其相关成本摊入能够对外经营销售的成本对象。

(2) 分类归集原则。对同一开发地点、竣工时间相近、产品结构类型没有明显差异的群体开发的项目，可作为一个成本对象进行核算。

(3) 功能区分原则。开发项目某组成部分相对独立，且具有不同使用功能时，可以作为独立的成本对象进行核算。

(4) 定价差异原则。开发产品因其产品类型或功能不同等而导致其预期售价存在较大差异的，应分别作为成本对象进行核算。

(5) 成本差异原则。开发产品因建筑上存在明显差异可能导致其建造成本出现较大差异的，要分别作为成本对象进行核算。

(6) 权益区分原则。开发项目属于受托代建的或多方合作开发的，应结合上述原则分别划分成本对象进行核算。

3.2.6 房地产企业“以房抵债”在税收上是否应确认收入

【案例3-3】 A公司是房地产开发公司，2020年因资金不足拖欠B建筑公司工程款300万元。经双方协商以一套商品房抵债，该商品房市价为400万元，成本价250万元，请问A公司“以房抵债”在税收上应如何处理？

“以房抵债”在会计上按债务重组进行处理，以非现金资产清偿债务的，债务人应当将重组债务的账面价值与转让资产公允价值之间的差额，计入当期损益。在税收上，按现行税收政策的规定，企业将开发产品用于捐赠、赞助、职工福利、奖励、对外投资、分配给股东或投资人、抵偿债务、换取其他企业事业单位和个人的非货币性资产等行为，应按视同销售，于开发产品所有权或使用权转移，或于实际取得利益权利时确认收入(或利润)的实现。确认收入(或利润)的方法和顺序为：

(1) 按本企业近期或本年度最近月份同类开发产品市场销售价格确定。

(2) 由主管税务机关参照当地同类开发产品市场公允价值确定。

(3) 按开发产品的成本利润率确定。开发产品的成本利润率不得低于15%，具体比例由主管税务机关确定。

《国家税务总局关于企业所得税有关问题的公告》(国家税务总局公告2016年第80号)规定，企业发生《国家税务总局关于企业处置资产所得税处理问题的通知》(国税函〔2008〕828号)第二条规定情形的，除另有规定外，应按照被移送资产的公允价值确定销售收入。

3.2.7 如何理解“企业单独建造的停车场所”与“利用地下基础设施形成的停车场所”

《国家税务总局关于印发〈房地产开发经营业务企业所得税处理办法〉的通知》(国税发〔2009〕31号)规定，企业单独建造的停车场所，应作为成本对象单独核算。利用地下基础设施形成的停车场所，作为公共配套设施进行处理。

“利用地下基础设施形成的停车场所”是根据规划部门《建筑规划设计方案》要求，高层楼房必须按建筑面积配置一定面积的停车场所，由于地面面积被绿化率的硬性指标所占领，无地方可配置停车场所，房地产企业利用修建地下室来配置停车场所。“利用地下基础设施形成的停车场所”的面积应是规划部门强制要求的公共配套设施。

“企业单独建造的停车场”是指有单独的建造许可证等批文，完成后可以申请独立的产权证，可以用于营业或出售，不是利用其他物业的基础设施建造而成的停车场。

因此，若属于单独建造的，应按成本确定原则，确认成本对象单独核算；若属于公共基础设施的，不符合成本对象确认原则，则应归集到费用承担的项目，按公共配套设施进行处理。

政策链接

第三条　企业房地产开发经营业务包括土地的开发，建造、销售住宅、商业用房以及其他建筑物、附着物、配套设施等开发产品。除土地开发之外，其他开发产品符合下列条件之一的，应视为已经完工：

(一) 开发产品竣工证明材料已报房地产管理部门备案。

(二) 开发产品已开始投入使用。

(三) 开发产品已取得了初始产权证明。

第四条 企业出现《中华人民共和国税收征收管理法》第三十五条规定的情形，税务机关可对其以往应缴的企业所得税按核定征收方式进行征收管理，并逐步规范，同时按《中华人民共和国税收征收管理法》等税收法律、行政法规的规定进行处理，但不得事先确定企业的所得税按核定征收方式进行征收、管理。

第五条 开发产品销售收入的范围为销售开发产品过程中取得的全部价款，包括现金、现金等价物及其他经济利益。企业代有关部门、单位和企业收取的各种基金、费用和附加等，凡纳入开发产品价内或由企业开具发票的，应按规定全部确认为销售收入；未纳入开发产品价内并由企业之外的其他收取部门、单位开具发票的，可作为代收代缴款项进行管理。

第六条 企业通过正式签订《房地产销售合同》或《房地产预售合同》所取得的收入，应确认为销售收入的实现，具体按以下规定确认：

（一）采取一次性全额收款方式销售开发产品的，应于实际收讫价款或取得索取价款凭据（权利）之日，确认收入的实现。

（二）采取分期收款方式销售开发产品的，应按销售合同或协议约定的价款和付款日确认收入的实现。付款方提前付款的，在实际付款日确认收入的实现。

（三）采取银行按揭方式销售开发产品的，应按销售合同或协议约定的价款确定收入额，其首付款应于实际收到日确认收入的实现，余款在银行按揭贷款办理转账之日确认收入的实现。

（四）采取委托方式销售开发产品的，应按以下原则确认收入的实现：

1. 采取支付手续费方式委托销售开发产品的，应按销售合同或协议中约定的价款于收到受托方已销开发产品清单之日确认收入的实现。

2. 采取视同买断方式委托销售开发产品的，属于企业与购买方签订销售合同或协议，或企业、受托方、购买方三方共同签订销售合同或协议的，如果销售合同或协议中约定的价格高于买断价格，则应按销售合同或协议中约定的价格计算的价款于收到受托方已销开发产品清单之日确认收入的实现；如果属于前两种情况中销售合同或协议中约定的价格低于买断价格，以及属于受托方与购买方签订销售合同或协议的，则应按买断价格计算的价款于收到受托方已销开发产品清单之日确认收入的实现。

3. 采取基价（保底价）并实行超基价双方分成方式委托销售开发产品的，属于由企业与购买方签订销售合同或协议，或企业、受托方、购买方三方共同签订销售合同或协议的，如果销售合同或协议中约定的价格高于基价，则应按销售合同或协议中约定的价格计算的价款于收到受托方已销开发产品清单之日确认收入的实现，企业按规定支付受托方的分成额，不得直接从销售收入中减除；如果销售合同或协议约定的价格低于基价的，则应按基价计算的价款于收到受托方已销开发产品清单之日确认收入的实现。属于由受托方与购买方直接签订销售合同的，则应按基价加上按规定取得的分成额于收到受托方已销开发产品清单之日确认收入的实现。

4. 采取包销方式委托销售开发产品的，包销期内可根据包销合同的有关约定，参照上述1至3项规定确认收入的实现；包销期满后尚未出售的开发产品，企业应根据包销合同或协议约定的价款和付款方式确认收入的实现。

第七条　企业将开发产品用于捐赠、赞助、职工福利、奖励、对外投资、分配给股东或投资人、抵偿债务、换取其他企事业单位和个人的非货币性资产等行为，应视同销售，于开发产品所有权或使用权转移，或于实际取得利益权利时确认收入(或利润)的实现。确认收入(或利润)的方法和顺序为：

(一) 按本企业近期或本年度最近月份同类开发产品市场销售价格确定。

(二) 由主管税务机关参照当地同类开发产品市场公允价值确定。

(三) 按开发产品的成本利润率确定。开发产品的成本利润率不得低于15%，具体比例由主管税务机关确定。

第八条　企业销售未完工开发产品的计税毛利率由各省、自治、直辖市税务局按下列规定进行确定：

(一) 开发项目位于省、自治区、直辖市和计划单列市人民政府所在地城市城区和郊区的，不得低于15%。

(二) 开发项目位于地及地级市城区及郊区的，不得低于10%。

(三) 开发项目位于其他地区的，不得低于5%。

(四) 属于经济适用房、限价房和危改房的，不得低于3%。

第九条　企业销售未完工开发产品取得的收入，应先按预计计税毛利率分季(或月)计算出预计毛利额，计入当期应纳税所得额。开发产品完工后，企业应及时结算其计税成本并计算此前销售收入的实际毛利额，同时将其实际毛利额与其对应的预计毛利额之间的差额，计入当年度企业本项目与其他项目合并计算的应纳税所得额。

在年度纳税申报时，企业须出具对该项开发产品实际毛利额与预计毛利额之间差异调整情况的报告以及税务机关需要的其他相关资料。

第十条　企业新建的开发产品在尚未完工或办理房地产初始登记、取得产权证前，与承租人签订租赁预约协议的，自开发产品交付承租人使用之日起，出租方取得的预租价款按租金确认收入的实现。

【《国家税务总局关于印发〈房地产开发经营业务企业所得税处理办法〉的通知》(国税发〔2009〕31号)第三条、第四条、第五条、第六条、第七条、第八条、第九条、第十条】

根据《国家税务总局关于房地产开发经营业务征收企业所得税问题的通知》(国税发〔2006〕31号)规定精神和《国家税务总局关于印发〈房地产开发经营业务企业所得税处理办法〉的通知》(国税发〔2009〕31号)第三条规定，房地产开发企业建造、开发的开发产品，无论工程质量是否通过验收合格，或是否办理完工(竣工)备案手续以及会计决算手续，当企业开始办理开发产品交付手续(包括入住手续)、或已开始实际投入使用时，为开发产品开始投入使用，应视为开发产品已经完工。房地产开发企业应按规定及时结算开发产品计税成本，并计算企业当年度应纳税所得额。

【《国家税务总局关于房地产开发企业开发产品完工条件确认问题的通知》(国税函〔2010〕201号)】

3.3 企业重组

3.3.1 企业以非货币性资产投资后，不满5年就将部分股权转让，应如何进行税务处理

《财政部 国家税务总局关于非货币性资产投资企业所得税政策问题的通知》(财税〔2014〕116号)规定，居民企业以非货币性资产对外投资确认的非货币性资产转让所得，可在不超过5年期限内，分期均匀计入相应年度的应纳税所得额，按规定计算缴纳企业所得税。企业享受非货币性资产投资递延纳税政策后，5年内将部分股权转让，应停止执行递延纳税政策，并就递延期内尚未确认的非货币性资产转让所得，在转让股权当年的年度企业所得税汇算清缴时，一次性计算缴纳企业所得税。

3.3.2 "债转股"是否要缴纳企业所得税

【案例3-4】 A公司经B公司同意，将其所欠B公司的欠款转为B公司对该公司的投资，请问是否缴纳企业所得税?

《〈企业会计准则第12号——债务重组〉应用指南2019》规定，债务重组采用将债务转为权益工具方式进行的，债务人初始确认权益工具时，应当按照权益工具的公允价值计量，权益工具的公允价值不能可靠计量的，应当按照所清偿债务的公允价值计量。所清偿债务账面价值与权益工具确认金额之间的差额，记入"投资收益"科目。

在税务处理也只需将确认账面价值与公允价值计入损益，两者没有区别。

3.3.3 非上市公司被上市公司并购是否只能选择特殊重组方式

【案例3-5】 A公司以持有非上市公司B公司的75%股权，置换并持有上市公司C的股权25%，A公司是否只能选择特殊重组方式?

A公司持有B公司75%股权，在会计处理上应该采用成本法对"长期股权投资"进行后续计量，被重组并购置换为上市公司的25%股份，A公司实际上是通过非货币性资产交换取得的长期股权投资，其初始投资成本应当按照《企业会计准则第7号——非货币性资产交换》(财会〔2009〕8号)确定。《企业会计准则第7号——非货币性资产交换》(财会〔2009〕8号)规定，有确凿证据表明换入资产的公允价值更加可靠的，以换入资产的公允价值和应支付的相关税费作为换入资产的初始计量金额，换入资产的公允价值加上收到补价的公允价值，与换出资产账面价值之间的差额计入

当期损益。

在企业所得税处理上,有两种方式可供选择:按照企业重组并购处理、按照非货币性资产对外投资递延交税处理。

方式一:《财政部 国家税务总局关于企业重组业务企业所得税处理若干问题的通知》(财税〔2009〕59号)规定处理:

股权收购可以有一般性税务处理和特殊性税务处理。

① 适用一般性税务处理:A公司作为被收购方,应确认股权、资产转让所得或损失。因此,A公司需要将该业务分解成,出售非上市公司股权和购买上市公司股份两个业务。

② 适用特殊性税务处理:A公司作为被收购方,满足适用《财政部 国家税务总局关于企业重组业务企业所得税处理若干问题的通知》(财税〔2009〕59号)规定适用特殊性税务处理的条件。A公司作为被收购企业的股东,取得收购企业股权的计税基础,以被收购股权的原有计税基础确定。即在当期不确认转让非上市公司股权的利得或损失。

方式二:《财政部 国家税务总局关于非货币性资产投资企业所得税政策问题的通知》(财税〔2014〕116号)规定处理:

实行查账征收的居民企业以非货币性资产对外投资确认的非货币性资产转让所得,可自确认非货币性资产转让收入年度起不超过连续5个纳税年度的期间内,分期均匀计入相应年度的应纳税所得额,按规定计算缴纳企业所得税。

3.3.4 供电企业改制过程中,若其母公司将土地无偿划转给全资子公司,是否需要缴纳企业所得税

《财政部 国家税务总局关于促进企业重组有关企业所得税处理问题的通知》(财税〔2014〕109号)第三条"关于股权、资产划转"规定,对100%直接控制的居民企业之间,以及受同一或相同多家居民企业100%直接控制的居民企业之间按账面净值划转股权或资产,凡具有合理商业目的、不以减少、免除或者推迟缴纳税款为主要目的,股权或资产划转后连续12个月内不改变被划转股权或资产原来实质性经营活动,且划出方企业和划入方企业均未在会计上确认损益的,可以选择按以下规定进行特殊性税务处理:

(1) 划出方企业和划入方企业均不确认所得。

(2) 划入方企业取得被划转股权或资产的计税基础,以被划转股权或资产的原账面净值确定。

(3) 划入方企业取得的被划转资产,应按其原账面净值计算折旧扣除。

《国家税务总局关于资产(股权)划转企业所得税征管问题的公告》(国家税务总局公告2015年第40号)第一条规定,《财政部 国家税务总局关于促进企业重组有关企业所得税处理问题的通知》(财税〔2014〕109号)第三条所称"100%直接控制的

居民企业之间，以及受同一或相同多家居民企业100%直接控制的居民企业之间按账面净值划转股权或资产”，限于以下情形：

（1）100%直接控制的母子公司之间，母公司向子公司按账面净值划转其持有的股权或资产，母公司获得子公司100%的股权支付。母公司按增加长期股权投资处理，子公司按接受投资（包括资本公积，下同）处理。母公司获得子公司股权的计税基础以划转股权或资产的原计税基础确定。

（2）100%直接控制的母子公司之间，母公司向子公司按账面净值划转其持有的股权或资产，母公司没有获得任何股权或非股权支付。母公司按冲减实收资本（包括资本公积，下同）处理，子公司按接受投资处理。

（3）100%直接控制的母子公司之间，子公司向母公司按账面净值划转其持有的股权或资产，子公司没有获得任何股权或非股权支付。母公司按收回投资处理，或按接受投资处理，子公司按冲减实收资本处理。母公司应按被划转股权或资产的原计税基础，相应调减持有子公司股权的计税基础。

（4）受同一或相同多家母公司100%直接控制的子公司之间，在母公司主导下，一家子公司向另一家子公司按账面净值划转其持有的股权或资产，划出方没有获得任何股权或非股权支付。划出方按冲减所有者权益处理，划入方按接受投资处理。

由此可见，供电企业之间的母公司将土地无偿划转给全资子公司，若符合上述文件规定，可以进行特殊性税务处理。

3.3.5 以专利技术投资入股是否应确认为当期损益

【案例3-6】 A公司以专利技术投资入股到B公司，A公司专利技术经评估价值为2 000万元，账面价值为1 800万元，A公司是否必须将200万元确认为当期收入缴纳企业所得税？

《财政部 国家税务总局关于完善股权激励和技术入股有关所得税政策的通知》（财税〔2016〕101号）规定，企业或个人以技术成果投资入股到境内居民企业，被投资企业支付的对价全部为股票（权）的，企业或个人可选择继续按现行有关税收政策执行，也可选择适用递延纳税优惠政策。

选择技术成果投资入股递延纳税政策的，经向主管税务机关备案，投资入股当期可暂不纳税，允许递延至转让股权时，按股权转让收入减去技术成果原值和合理税费后的差额计算缴纳所得税。

由此可见，A公司以专利技术投资入股到B公司，A公司可选择适用递延纳税优惠政策，到股权转让时再缴纳企业所得税，或者在转让当期缴纳企业所得税。

3.3.6 子公司撤销，无偿将固定资产划转给总公司是否要缴纳企业所得税

《国家税务总局关于资产（股权）划转企业所得税征管问题的公告》（国家税务总

局公告2015年第40号)规定,100%直接控制的母子公司之间,子公司向母公司按账面净值划转其持有的股权或资产,子公司没有获得任何股权或非股权支付。母公司按收回投资处理,或按接受投资处理,子公司按冲减实收资本处理。母公司应按被划转股权或资产的原计税基础,相应调减持有子公司股权的计税基础。因此,100%直接控制的母子公司之间若将资产划给总公司不要缴纳企业所得税。

3.3.7 股权收购如何确认计税基础

【案例3-7】 A公司收购B公司的85%股权,该股权公允价值为560万元、原有计税基础为450万元。A公司支付的对价为本公司直接控股的C公司的股权(公允价值为476万元)和银行存款84万元。假设当事各方均选择特殊性税务处理。

根据《财政部 国家税务总局关于企业重组业务企业所得税处理若干问题的通知》(财税〔2009〕59号)和《财政部 国家税务总局关于促进企业重组有关企业所得税处理问题的通知》(财税〔2014〕109号)的规定,股权收购,收购企业购买的股权不低于被收购企业全部股权的50%,且收购企业在该股权收购发生时的股权支付金额不低于其交易支付总额的85%,可以选择按以下规定处理:

(1) 被收购企业的股东取得受让企业股权的计税基础,以被收购股权的原有计税基础确定。

(2) 收购企业取得被收购企业股权的计税基础,以被收购股权的原有计税基础确定。

(3) 收购企业、被收购企业的原有各项资产和负债的计税基础和其他相关所得税事项保持不变。

《财政部 国家税务总局关于企业重组业务企业所得税处理若干问题的通知》(财税〔2009〕59号)第六条第(六)项规定,重组交易各方按相关规定对交易中股权支付暂不确认有关资产的转让所得或损失的,其非股权支付仍应在交易当期确认相应的资产转让所得或损失,并调整相应资产的计税基础。非股权支付对应的资产转让所得或损失=(被转让资产的公允价值-被转让资产的计税基础)×(非股权支付金额÷被转让资产的公允价值)。

B公司应确认股权转让所得=(560 - 450)×84÷560=16.5(万元)。

B公司取得A公司股权的计税基础=450+16.5-84=382.5(万元),或:450×[476÷(476+64)]=382.5(万元)。

A公司取得B公司股权的计税基础=被转让资产的原有计税基础+非股权支付对应的处置所得=450+16.5=466.5(万元)。

3.3.8 被分立企业的未超过5年的亏损能否在分立企业继续弥补亏损

《财政部 国家税务总局关于企业重组业务企业所得税处理若干问题的通知》

(财税〔2009〕59号)规定,分立是指一家企业将部分或全部资产分离转让给现有或新设的企业,被分立企业股东换取分立企业的股权或非股权支付,实现企业的依法分立。企业重组税务处理根据不同条件适用一般性税务处理和特殊性税务处理。企业分立适合一般性重组企业分立相关企业的亏损不得相互结转弥补;企业分立适合特殊性重组被分立企业未超过法定弥补期限亏损额可按分立资产占全部资产的比例进行分配,由分立企业继续弥补。

因此,对分立企业的亏损弥补应区分适合不同类型重组方式进行处理。

政策链接

一、关于股权收购

将《财政部 国家税务总局关于企业重组业务企业所得税处理若干问题的通知》(财税〔2009〕59号)第六条第(二)项中有关"股权收购,收购企业购买的股权不低于被收购企业全部股权的75%"规定调整为"股权收购,收购企业购买的股权不低于被收购企业全部股权的50%"。

二、关于资产收购

将财税〔2009〕59号文件第六条第(三)项中有关"资产收购,受让企业收购的资产不低于转让企业全部资产的75%"规定调整为"资产收购,受让企业收购的资产不低于转让企业全部资产的50%"。

三、关于股权、资产划转

对100%直接控制的居民企业之间,以及受同一或相同多家居民企业100%直接控制的居民企业之间按账面净值划转股权或资产,凡具有合理商业目的、不以减少、免除或者推迟缴纳税款为主要目的,股权或资产划转后连续12个月内不改变被划转股权或资产原来实质性经营活动,且划出方企业和划入方企业均未在会计上确认损益的,可以选择按以下规定进行特殊性税务处理:

1. 划出方企业和划入方企业均不确认所得。

2. 划入方企业取得被划转股权或资产的计税基础,以被划转股权或资产的原账面净值确定。

3. 划入方企业取得的被划转资产,应按其原账面净值计算折旧扣除。

【《财政部 国家税务总局关于促进企业重组有关企业所得税处理问题的通知》(财税〔2014〕109号)第一条、第二条、第三条】

四、企业重组,除符合本通知规定适用特殊性税务处理规定的外,按以下规定进行税务处理:

(一)企业由法人转变为个人独资企业、合伙企业等非法人组织,或将登记注册地转移至中华人民共和国境外(包括港澳台地区),应视同企业进行清算、分配,股东重新投资成立新企业。企业的全部资产以及股东投资的计税基础均应以公允价值为基础确定。

企业发生其他法律形式简单改变的,可直接变更税务登记,除另有规定外,有关企业所得税纳税事项(包括亏损结转、税收优惠等权益和义务)由变更后企业承继,但因住所发生变化而不符合税收优惠条件的除外。

(二)企业债务重组,相关交易应按以下规定处理:

1. 以非货币资产清偿债务,应当分解为转让相关非货币性资产、按非货币性资产公允价值清偿债务两项业务,确认相关资产的所得或损失。

2. 发生债权转股权的,应当分解为债务清偿和股权投资两项业务,确认有关债务清偿所得或损失。

3. 债务人应当按照支付的债务清偿额低于债务计税基础的差额,确认债务重组所得;债权人应当按照收到的债务清偿额低于债权计税基础的差额,确认债务重组损失。

4. 债务人的相关所得税纳税事项原则上保持不变。

(三)企业股权收购、资产收购重组交易,相关交易应按以下规定处理:

1. 被收购方应确认股权、资产转让所得或损失。

2. 收购方取得股权或资产的计税基础应以公允价值为基础确定。

3. 被收购企业的相关所得税事项原则上保持不变。

(四)企业合并,当事各方应按下列规定处理:

1. 合并企业应按公允价值确定接受被合并企业各项资产和负债的计税基础。

2. 被合并企业及其股东都应按清算进行所得税处理。

3. 被合并企业的亏损不得在合并企业结转弥补。

(五)企业分立,当事各方应按下列规定处理:

1. 被分立企业对分立出去资产应按公允价值确认资产转让所得或损失。

2. 分立企业应按公允价值确认接受资产的计税基础。

3. 被分立企业继续存在时,其股东取得的对价应视同被分立企业分配进行处理。

4. 被分立企业不再继续存在时,被分立企业及其股东都应按清算进行所得税处理。

5. 企业分立相关企业的亏损不得相互结转弥补。

五、企业重组同时符合下列条件的,适用特殊性税务处理规定:

(一)具有合理的商业目的,且不以减少、免除或者推迟缴纳税款为主要目的。

(二)被收购、合并或分立部分的资产或股权比例符合本通知规定的比例。

(三)企业重组后的连续12个月内不改变重组资产原来的实质性经营活动。

(四)重组交易对价中涉及股权支付金额符合本通知规定比例。

(五)企业重组中取得股权支付的原主要股东,在重组后连续12个月内,不得转让所取得的股权。

六、企业重组符合本通知第五条规定条件的，交易各方对其交易中的股权支付部分，可以按以下规定进行特殊性税务处理：

（一）企业债务重组确认的应纳税所得额占该企业当年应纳税所得额50%以上，可以在5个纳税年度的期间内，均匀计入各年度的应纳税所得额。

企业发生债权转股权业务，对债务清偿和股权投资两项业务暂不确认有关债务清偿所得或损失，股权投资的计税基础以原债权的计税基础确定。企业的其他相关所得税事项保持不变。

（二）股权收购，收购企业购买的股权不低于被收购企业全部股权的75%，且收购企业在该股权收购发生时的股权支付金额不低于其交易支付总额的85%，可以选择按以下规定处理：

1. 被收购企业的股东取得收购企业股权的计税基础，以被收购股权的原有计税基础确定。

2. 收购企业取得被收购企业股权的计税基础，以被收购股权的原有计税基础确定。

3. 收购企业、被收购企业的原有各项资产和负债的计税基础和其他相关所得税事项保持不变。

注：根据《财政部 国家税务总局关于促进企业重组有关企业所得税处理问题的通知》（财税〔2014〕109号），“股权收购，收购企业购买的股权不低于被收购企业全部股权的75%”调整为“股权收购，收购企业购买的股权不低于被收购企业全部股权的50%”。

（三）资产收购，受让企业收购的资产不低于转让企业全部资产的75%，且受让企业在该资产收购发生时的股权支付金额不低于其交易支付总额的85%，可以选择按以下规定处理：

1. 转让企业取得受让企业股权的计税基础，以被转让资产的原有计税基础确定。

2. 受让企业取得转让企业资产的计税基础，以被转让资产的原有计税基础确定。

注：根据《财政部 国家税务总局关于促进企业重组有关企业所得税处理问题的通知》（财税〔2014〕109号），“资产收购，受让企业收购的资产不低于转让企业全部资产的75%”调整为“资产收购，受让企业收购的资产不低于转让企业全部资产的50%”。

（四）企业合并，企业股东在该企业合并发生时取得的股权支付金额不低于其交易支付总额的85%，以及同一控制下且不需要支付对价的企业合并，可以选择按以下规定处理：

1. 合并企业接受被合并企业资产和负债的计税基础，以被合并企业的原有计税基础确定。

2. 被合并企业合并前的相关所得税事项由合并企业承继。

3. 可由合并企业弥补的被合并企业亏损的限额＝被合并企业净资产公允价值×截至合并业务发生当年年末国家发行的最长期限的国债利率。

4. 被合并企业股东取得合并企业股权的计税基础,以其原持有的被合并企业股权的计税基础确定。

(五) 企业分立,被分立企业所有股东按原持股比例取得分立企业的股权,分立企业和被分立企业均不改变原来的实质经营活动,且被分立企业股东在该企业分立发生时取得的股权支付金额不低于其交易支付总额的85%,可以选择按以下规定处理:

1. 分立企业接受被分立企业资产和负债的计税基础,以被分立企业的原有计税基础确定。

2. 被分立企业已分立出去资产相应的所得税事项由分立企业承继。

3. 被分立企业未超过法定弥补期限的亏损额可按分立资产占全部资产的比例进行分配,由分立企业继续弥补。

4. 被分立企业的股东取得分立企业的股权(以下简称"新股"),如需部分或全部放弃原持有的被分立企业的股权(以下简称"旧股"),"新股"的计税基础应以放弃"旧股"的计税基础确定。如不需放弃"旧股",则其取得"新股"的计税基础可从以下两种方法中选择确定:直接将"新股"的计税基础确定为零;或者以被分立企业分立出去的净资产占被分立企业全部净资产的比例先调减原持有的"旧股"的计税基础,再将调减的计税基础平均分配到"新股"上。

(六) 重组交易各方按本条(一)至(五)项规定对交易中股权支付暂不确认有关资产的转让所得或损失的,其非股权支付仍应在交易当期确认相应的资产转让所得或损失,并调整相应资产的计税基础。

非股权支付对应的资产转让所得或损失=(被转让资产的公允价值－被转让资产的计税基础)×(非股权支付金额÷被转让资产的公允价值)

【《财政部 国家税务总局关于企业重组业务企业所得税处理若干问题的通知》(财税〔2009〕59号)第四条、第五条、第六条】

三、对技术成果投资入股实施选择性税收优惠政策

(一) 企业或个人以技术成果投资入股到境内居民企业,被投资企业支付的对价全部为股票(权)的,企业或个人可选择继续按现行有关税收政策执行,也可选择适用递延纳税优惠政策。

选择技术成果投资入股递延纳税政策的,经向主管税务机关备案,投资入股当期可暂不纳税,允许递延至转让股权时,按股权转让收入减去技术成果原值和合理税费后的差额计算缴纳所得税。

(二) 企业或个人选择适用上述任一项政策,均允许被投资企业按技术成果投资入股时的评估值入账并在企业所得税前摊销扣除。

(三) 技术成果是指专利技术(含国防专利)、计算机软件著作权、集成电路布图

设计专有权、植物新品种权、生物医药新品种，以及科技部、财政部、国家税务总局确定的其他技术成果。

（四）技术成果投资入股，是指纳税人将技术成果所有权让渡给被投资企业、取得该企业股票（权）的行为。

【《财政部 国家税务总局关于完善股权激励和技术入股有关所得税政策的通知》（财税〔2016〕101号）第三条】

一、《通知》第三条所称“100%直接控制的居民企业之间，以及受同一或相同多家居民企业100%直接控制的居民企业之间按账面净值划转股权或资产”，限于以下情形：

（一）100%直接控制的母子公司之间，母公司向子公司按账面净值划转其持有的股权或资产，母公司获得子公司100%的股权支付。母公司按增加长期股权投资处理，子公司按接受投资（包括资本公积，下同）处理。母公司获得子公司股权的计税基础以划转股权或资产的原计税基础确定。

（二）100%直接控制的母子公司之间，母公司向子公司按账面净值划转其持有的股权或资产，母公司没有获得任何股权或非股权支付。母公司按冲减实收资本（包括资本公积，下同）处理，子公司按接受投资处理。

（三）100%直接控制的母子公司之间，子公司向母公司按账面净值划转其持有的股权或资产，子公司没有获得任何股权或非股权支付。母公司按收回投资处理，或按接受投资处理，子公司按冲减实收资本处理。母公司应按被划转股权或资产的原计税基础，相应调减持有子公司股权的计税基础。

（四）受同一或相同多家母公司100%直接控制的子公司之间，在母公司主导下，一家子公司向另一家子公司按账面净值划转其持有的股权或资产，划出方没有获得任何股权或非股权支付。划出方按冲减所有者权益处理，划入方按接受投资处理。

二、《通知》第三条所称“股权或资产划转后连续12个月内不改变被划转股权或资产原来实质性经营活动”，是指自股权或资产划转完成日起连续12个月内不改变被划转股权或资产原来实质性经营活动。

股权或资产划转完成日，是指股权或资产划转合同（协议）或批复生效，且交易双方已进行会计处理的日期。

三、《通知》第三条所称“划入方企业取得被划转股权或资产的计税基础，以被划转股权或资产的原账面净值确定”，是指划入方企业取得被划转股权或资产的计税基础，以被划转股权或资产的原计税基础确定。

《通知》第三条所称“划入方企业取得的被划转资产，应按其原账面净值计算折旧扣除”，是指划入方企业取得的被划转资产，应按被划转资产的原计税基础计算折旧扣除或摊销。

四、按照《通知》第三条规定进行特殊性税务处理的股权或资产划转，交易双方应在协商一致的基础上，采取一致处理原则统一进行特殊性税务处理。

五、交易双方应在企业所得税年度汇算清缴时，分别向各自主管税务机关报送《居民企业资产(股权)划转特殊性税务处理申报表》(详见附件)和相关资料(一式两份)。(注：附件略)

相关资料包括：

1. 股权或资产划转总体情况说明，包括基本情况、划转方案等，并详细说明划转的商业目的。

2. 交易双方或多方签订的股权或资产划转合同(协议)，需有权部门(包括内部和外部)批准的，应提供批准文件。

3. 被划转股权或资产账面净值和计税基础说明。

4. 交易双方按账面净值划转股权或资产的说明(需附会计处理资料)。

5. 交易双方均未在会计上确认损益的说明(需附会计处理资料)。

6. 12个月内不改变被划转股权或资产原来实质性经营活动的承诺书。

六、交易双方应在股权或资产划转完成后的下一年度的企业所得税年度申报时，各自向主管税务机关提交书面情况说明，以证明被划转股权或资产自划转完成日后连续12个月内，没有改变原来的实质性经营活动。

七、交易一方在股权或资产划转完成日后连续12个月内发生生产经营业务、公司性质、资产或股权结构等情况变化，致使股权或资产划转不再符合特殊性税务处理条件的，发生变化的交易一方应在情况发生变化的30日内报告其主管税务机关，同时书面通知另一方。另一方应在接到通知后30日内将有关变化报告其主管税务机关。

八、本公告第七条所述情况发生变化后60日内，原交易双方应按以下规定进行税务处理：

(一) 属于本公告第一条第(一)项规定情形的，母公司应按原划转完成时股权或资产的公允价值视同销售处理，并按公允价值确认取得长期股权投资的计税基础；子公司按公允价值确认划入股权或资产的计税基础。

属于本公告第一条第(二)项规定情形的，母公司应按原划转完成时股权或资产的公允价值视同销售处理；子公司按公允价值确认划入股权或资产的计税基础。

属于本公告第一条第(三)项规定情形的，子公司应按原划转完成时股权或资产的公允价值视同销售处理；母公司应按撤回或减少投资进行处理。

属于本公告第一条第(四)项规定情形的，划出方应按原划转完成时股权或资产的公允价值视同销售处理；母公司根据交易情形和会计处理对划出方按分回股息进行处理，或者按撤回或减少投资进行处理，对划入方按以股权或资产的公允价值进行投资处理；划入方按接受母公司投资处理，以公允价值确认划入股权或资产的计税基础。

（二）交易双方应调整划转完成纳税年度的应纳税所得额及相应股权或资产的计税基础，向各自主管税务机关申请调整划转完成纳税年度的企业所得税年度申报表，依法计算缴纳企业所得税。

【《国家税务总局关于资产（股权）划转企业所得税征管问题的公告》（国家税务总局公告2015年第40号）第一条、第二条、第三条、第四条、第五条、第六条、第七条、第八条】

3.4 汇总纳税

3.4.1 分支机构能否享受小微企业税收优惠

【案例3-8】 A公司因生产经营的因素，以非法人分支机构形式挂靠总机构，实际按独立纳税人申报纳税，请问分支机构能否独立纳税并享受小微优惠政策？

我国现行企业所得税实行法人税制，应以法人为主体，计算缴纳企业所得税。同时明确了居民企业在中国境内设立不具有法人资格的营业机构的，应当汇总计算并缴纳企业所得税。分支机构不具有法人资格，其经营情况应并入企业总机构，由企业总机构汇总计算应纳税款，并享受相关优惠政策。

《国家税务总局关于印发〈跨地区经营汇总纳税企业所得税征收管理办法〉的公告》（国家税务总局公告2012年第57号）规定，以总机构名义进行生产经营的非法人分支机构，无法提供汇总纳税企业分支机构所得税分配表，也无法提供本办法第二十三条规定相关证据证明其二级及以下分支机构身份的，应视同独立纳税人计算并就地缴纳企业所得税，不执行本办法的相关规定。视同独立纳税人的分支机构，其独立纳税人身份一个年度内不得变更。

A公司因生产经营的因素，以非法人分支机构形式挂靠总机构，由于分支机构不具有法人资格，其经营情况应并入企业总机构，由企业总机构汇总计算应纳税款，并享受相关优惠政策。A公司以非法人分支机构形式挂靠总机构，视同独立纳税人但独立纳税人的分支机构身份仍为非法人分支机构，其不能享受小型微利企业所得税优惠政策。

3.4.2 已注销的分公司是否还要补缴税款

【案例3-9】 A公司为总公司，税务部门在后续管理中发现其需要补缴以前年度的企业所得税，B公司为其分公司，但已在上年注销，请问如何补缴原应当分摊的税款？

《国家税务总局关于印发〈跨地区经营汇总纳税企业所得税征收管理办法〉的公告》（国家税务总局公告2012年第57号）规定，以下二级分支机构不就地分摊缴纳企

业所得税:

(1)不具有主体生产经营职能,且在当地不缴纳增值税、营业税的产品售后服务、内部研发、仓储等汇总纳税企业内部辅助性的二级分支机构,不就地分摊缴纳企业所得税。

(2)上年度认定为小型微利企业的,其二级分支机构不就地分摊缴纳企业所得税。

(3)新设立的二级分支机构,设立当年不就地分摊缴纳企业所得税。

(4)当年撤销的二级分支机构,自办理注销税务登记之日所属企业所得税预缴期间起,不就地分摊缴纳企业所得税。

(5)汇总纳税企业在中国境外设立的不具有法人资格的二级分支机构,不就地分摊缴纳企业所得税。

因此,已注销的分支机构,注销后不纳入计算分摊范围,由纳入计算分摊的总机构及分支机构分摊补缴。

3.4.3 跨省预缴企业所得税期限有可能不同,应如何缴纳企业所得税

【案例3-10】 A公司、B公司为总分机构且不在同一省份。A公司为总机构,其预缴所得税为按月预缴,请问其跨省分支机构B公司是按月还是按季预缴企业所得税?

企业所得税预缴分为按季或按月进行预缴,年度汇算清缴。汇总纳税企业实行"统一计算、分级管理、就地预缴、汇总清算、财政调库"的企业所得税征收管理办法。企业所得税实行为法人所得税,为此,总分机构纳税期限应相同。即跨省的总公司按月预缴申报企业所得税,设立的分支机构也需要按月预缴申报企业所得税。

3.4.4 在海南自由贸易港设立分支机构,其企业所得税适用税率是多少

《财政部 税务总局关于海南自由贸易港企业所得税优惠政策的通知》(财税〔2020〕31号)规定,对总机构设在海南自由贸易港的符合条件的企业,仅就其设在海南自由贸易港的总机构和分支机构的所得,适用15%税率;对总机构设在海南自由贸易港以外的企业,仅就其设在海南自由贸易港内的符合条件的分支机构的所得,适用15%税率。具体征管办法按照税务总局有关规定执行。

3.4.5 分支机构异地替员工缴纳的社保费能否扣除

根据企业所得税相关政策的规定,企业依照国务院有关部门或省级人民政府规定的范围和标准为职工缴纳的基本养老保险费、基本医疗保险费、失业保险费、生育保险费等基本社会保险费和住房公积金,准予税前扣除。企业为投资者或者职工支付的补充养老保险费、补充医疗保险费,在国务院财政、税务主管部门规定的范围和

标准内，准予扣除。汇总纳税企业实行的是“统一计算、分级管理、就地预缴、汇总清算、财政调库”的企业所得税征收方法，分支机构异地替员工缴纳的社保费可以扣除。

3.4.6 企业跨地区经营汇总纳税，其分支机构发生的资产损失能否税前扣除

《国家税务总局关于印发〈跨地区经营汇总纳税企业所得税征收管理办法〉的公告》(国家税务总局公告 2012 年第 57 号)规定，汇总纳税企业发生的资产损失，应按以下规定申报扣除：

(1) 总机构及二级分支机构发生的资产损失，除应按专项申报和清单申报的有关规定各自向所在地主管税务机关申报外，二级分支机构还应同时上报总机构；三级及以下分支机构发生的资产损失不需向所在地主管税务机关申报，应并入二级分支机构，由二级分支机构统一申报。

(2) 总机构对各分支机构上报的资产损失，除税务机关另有规定外，应以清单申报的形式向所在地主管税务机关申报。

(3) 总机构将分支机构所属资产捆绑打包转让所发生的资产损失，由总机构向所在地主管税务机关专项申报。

二级分支机构所在地主管税务机关应对二级分支机构申报扣除的资产损失强化后续管理。

根据上述规定，跨地区经营汇总纳税企业分支机构发生的资产损失可以税前扣除。企业向税务机关申报扣除资产损失仅需填报表 A105090，不再报送资产损失相关资料，相关资料留存备查。总机构在年度申报时，应将二级分支机构的资产损失情况填报到表 A105090 第 29 行“其中:分支机构留存备查的资产损失”栏。

3.4.7 建安企业外出经营不能提供《跨区域涉税事项报告表》，应如何缴纳企业所得税

【案例 3-11】 A 建筑公司在 M 地承建高铁，2021 年 1 月，该公司的办税员到 M 地税务机关准备按照项目实际经营收入的 0.2%申请预缴企业所得税，却被告知该公司应当作为独立纳税人就地缴纳企业所得税。该办税员很纳闷，询问原因，原来是 A 建筑公司在外出经营前没有向 A 建筑公司机构所在地主管税务机关填报《跨区域涉税事项报告表》。请问建安企业外出经营不能提供《跨区域涉税事项报告表》，应如何缴纳企业所得税?

A 公司在外出经营前没有向辖区主管税务机关填报《跨区域涉税事项报告表》，按照《国家税务总局关于跨地区经营建筑企业所得税征收管理问题的通知》(国税函〔2010〕156 号)及《国家税务总局关于创新跨区域涉税事项报验管理制度的通知》(税总发〔2017〕103 号)的规定，不能提供《跨区域涉税事项报告表》的，应作为独立纳税人就地缴纳企业所得税。跨地区经营建筑企业向机构所在地的税务机关填报《跨区域涉税事项报告表》时，应注意该表中“经营方式”须包含“建筑安装”或“装饰修饰”类

别范围，否则项目部所在地主管税务机关将不能使用“预缴开票”模块进行企业所得税的开票征收。

政策链接

第五条　以下二级分支机构不就地分摊缴纳企业所得税：

（一）不具有主体生产经营职能，且在当地不缴纳增值税、营业税的产品售后服务、内部研发、仓储等汇总纳税企业内部辅助性的二级分支机构，不就地分摊缴纳企业所得税。

（二）上年度认定为小型微利企业的，其二级分支机构不就地分摊缴纳企业所得税。

（三）新设立的二级分支机构，设立当年不就地分摊缴纳企业所得税。

（四）当年撤销的二级分支机构，自办理注销税务登记之日所属企业所得税预缴期间起，不就地分摊缴纳企业所得税。

（五）汇总纳税企业在中国境外设立的不具有法人资格的二级分支机构，不就地分摊缴纳企业所得税。

第六条　汇总纳税企业按照《企业所得税法》规定汇总计算的企业所得税，包括预缴税款和汇算清缴应缴应退税款，50%在各分支机构间分摊，各分支机构根据分摊税款就地办理缴库或退库；50%由总机构分摊缴纳，其中25%就地办理缴库或退库，25%就地全额缴入中央国库或退库。具体的税款缴库或退库程序按照财预〔2012〕40号文件第五条等相关规定执行。

第七条　企业所得税分月或者分季预缴，由总机构所在地主管税务机关具体核定。

汇总纳税企业应根据当期实际利润额，按照本办法规定的预缴分摊方法计算总机构和分支机构的企业所得税预缴额，分别由总机构和分支机构就地预缴；在规定期限内按实际利润额预缴有困难的，也可以按照上一年度应纳税所得额的1/12或1/4，按照本办法规定的预缴分摊方法计算总机构和分支机构的企业所得税预缴额，分别由总机构和分支机构就地预缴。预缴方法一经确定，当年度不得变更。

第八条　总机构应将本期企业应纳所得税额的50%部分，在每月或季度终了后15日内就地申报预缴。总机构应将本期企业应纳所得税额的另外50%部分，按照各分支机构应分摊的比例，在各分支机构之间进行分摊，并及时通知到各分支机构；各分支机构应在每月或季度终了之日起15日内，就其分摊的所得税额就地申报预缴。

分支机构未按税款分配数额预缴所得税造成少缴税款的，主管税务机关应按照《征收管理法》的有关规定对其处罚，并将处罚结果通知总机构所在地主管税务机关。

第九条　汇总纳税企业预缴申报时，总机构除报送企业所得税预缴申报表和企业当期财务报表外，还应报送汇总纳税企业分支机构所得税分配表和各分支机构上一年度的年度财务报表（或年度财务状况和营业收支情况）；分支机构除报送企业所得税预缴申报表（只填列部分项目）外，还应报送经总机构所在地主管税务机关受理的汇总纳税企业分支机构所得税分配表。

在一个纳税年度内，各分支机构上一年度的年度财务报表（或年度财务状况和营业收支情况）原则上只需要报送一次。

第十条　汇总纳税企业应当自年度终了之日起5个月内，由总机构汇总计算企业年度应纳所得税额，扣除总机构和各分支机构已预缴的税款，计算出应缴应退税款，按照本办法规定的税款分摊方法计算总机构和分支机构的企业所得税应缴应退税款，分别由总机构和分支机构就地办理税款缴库或退库。

汇总纳税企业在纳税年度内预缴企业所得税税款少于全年应缴企业所得税税款的，应在汇算清缴期内由总、分机构分别结清应缴的企业所得税税款；预缴税款超过应缴税款的，主管税务机关应及时按有关规定分别办理退税，或者经总、分机构同意后分别抵缴其下一年度应缴企业所得税税款。

第十一条　汇总纳税企业汇算清缴时，总机构除报送企业所得税年度纳税申报表和年度财务报表外，还应报送汇总纳税企业分支机构所得税分配表、各分支机构的年度财务报表和各分支机构参与企业年度纳税调整情况的说明；分支机构除报送企业所得税年度纳税申报表（只填列部分项目）外，还应报送经总机构所在地主管税务机关受理的汇总纳税企业分支机构所得税分配表、分支机构的年度财务报表（或年度财务状况和营业收支情况）和分支机构参与企业年度纳税调整情况的说明。

分支机构参与企业年度纳税调整情况的说明，可参照企业所得税年度纳税申报表附表“纳税调整项目明细表”中列明的项目进行说明，涉及需由总机构统一计算调整的项目不进行说明。

第十二条　分支机构未按规定报送经总机构所在地主管税务机关受理的汇总纳税企业分支机构所得税分配表，分支机构所在地主管税务机关应责成该分支机构在申报期内报送，同时提请总机构所在地主管税务机关督促总机构按照规定提供上述分配表；分支机构在申报期内不提供的，由分支机构所在地主管税务机关对分支机构按照《征收管理法》的有关规定予以处罚；属于总机构未向分支机构提供分配表的，分支机构所在地主管税务机关还应提请总机构所在地主管税务机关对总机构按照《征收管理法》的有关规定予以处罚。

第十三条　总机构按以下公式计算分摊税款：

总机构分摊税款＝汇总纳税企业当期应纳所得税额×50％

第十四条　分支机构按以下公式计算分摊税款：

所有分支机构分摊税款总额＝汇总纳税企业当期应纳所得税额×50％

某分支机构分摊税款＝所有分支机构分摊税款总额×该分支机构分摊比例

第十五条　总机构应按照上年度分支机构的营业收入、职工薪酬和资产总额三个因素计算各分支机构分摊所得税款的比例；三级及以下分支机构，其营业收入、职工薪酬和资产总额统一计入二级分支机构；三因素的权重依次为0.35、0.35、0.30。

计算公式如下：

$$某分支机构分摊比例=\frac{该分支机构营业收入}{各分支机构营业收入之和}\times 0.35+\frac{该分支机构职工薪酬}{各分支机构职工薪酬之和}\times 0.35+\frac{该分支机构资产总额}{各分支机构资产总额之和}\times 0.30$$

分支机构分摊比例按上述方法一经确定后，除出现本办法第五条第（四）项和第十六条第二、三款情形外，当年不作调整。

第十六条　总机构设立具有主体生产经营职能的部门（非本办法第四条规定的二级分支机构），且该部门的营业收入、职工薪酬和资产总额与管理职能部门分开核算的，可将该部门视同一个二级分支机构，按本办法规定计算分摊并就地缴纳企业所得税；该部门与管理职能部门的营业收入、职工薪酬和资产总额不能分开核算的，该部门不得视同一个二级分支机构，不得按本办法规定计算分摊并就地缴纳企业所得税。

汇总纳税企业当年由于重组等原因从其他企业取得重组当年之前已存在的二级分支机构，并作为本企业二级分支机构管理的，该二级分支机构不视同当年新设立的二级分支机构，按本办法规定计算分摊并就地缴纳企业所得税。

汇总纳税企业内就地分摊缴纳企业所得税的总机构、二级分支机构之间，发生合并、分立、管理层级变更等形成的新设或存续的二级分支机构，不视同当年新设立的二级分支机构，按本办法规定计算分摊并就地缴纳企业所得税。

第十七条　本办法所称分支机构营业收入，是指分支机构销售商品、提供劳务、让渡资产使用权等日常经营活动实现的全部收入。其中，生产经营企业分支机构营业收入是指生产经营企业分支机构销售商品、提供劳务、让渡资产使用权等取得的全部收入。金融企业分支机构营业收入是指金融企业分支机构取得的利息、手续费、佣金等全部收入。保险企业分支机构营业收入是指保险企业分支机构取得的保费等全部收入。

本办法所称分支机构职工薪酬，是指分支机构为获得职工提供的服务而给予各种形式的报酬以及其他相关支出。

本办法所称分支机构资产总额，是指分支机构在经营活动中实际使用的应归属于该分支机构的资产合计额。

本办法所称上年度分支机构的营业收入、职工薪酬和资产总额，是指分支机构上年度全年的营业收入、职工薪酬数据和上年度12月31日的资产总额数据，是依照国家统一会计制度的规定核算的数据。

一个纳税年度内，总机构首次计算分摊税款时采用的分支机构营业收入、职工薪酬和资产总额数据，与此后经过中国注册会计师审计确认的数据不一致的，不作调整。

第十八条　对于按照税收法律、法规和其他规定，总机构和分支机构处于不同税率地区的，先由总机构统一计算全部应纳税所得额，然后按本办法第六条规定的比例和按第十五条计算的分摊比例，计算划分不同税率地区机构的应纳税所得额，再分别按各自的适用税率计算应纳税额后加总计算出汇总纳税企业的应纳所得税总额，最后按本办法第六条规定的比例和按第十五条计算的分摊比例，向总机构和分支机构分摊就地缴纳的企业所得税款。

第十九条　分支机构所在地主管税务机关应根据经总机构所在地主管税务机关受理的汇总纳税企业分支机构所得税分配表、分支机构的年度财务报表（或年度财务状况和营业收支情况）等，对其主管分支机构计算分摊税款比例的三个因素、计算的分摊税款比例和应分摊缴纳的所得税税款进行查验核对；对查验项目有异议的，应于收到汇总纳税企业分支机构所得税分配表后30日内向企业总机构所在地主管税务机关提出书面复核建议，并附送相关数据资料。

总机构所在地主管税务机关必须于收到复核建议后30日内，对分摊税款的比例进行复核，作出调整或维持原比例的决定，并将复核结果函复分支机构所在地主管税务机关。分支机构所在地主管税务机关应执行总机构所在地主管税务机关的复核决定。

总机构所在地主管税务机关未在规定时间内复核并函复复核结果的，上级税务机关应对总机构所在地主管税务机关按照有关规定进行处理。

复核期间，分支机构应先按总机构确定的分摊比例申报缴纳税款。

第二十条　汇总纳税企业未按照规定准确计算分摊税款，造成总机构与分支机构之间同时存在一方（或几方）多缴另一方（或几方）少缴税款的，其总机构或分支机构分摊缴纳的企业所得税低于按本办法规定计算分摊的数额的，应在下一税款缴纳期内，由总机构将按本办法规定计算分摊的税款差额分摊到总机构或分支机构补缴；其总机构或分支机构就地缴纳的企业所得税高于按本办法规定计算分摊的数额的，应在下一税款缴纳期内，由总机构将按本办法规定计算分摊的税款差额从总机构或分支机构的分摊税款中扣减。

第二十一条　汇总纳税企业总机构和分支机构应依法办理税务登记，接受所在地主管税务机关的监督和管理。

第二十二条　总机构应将其所有二级及以下分支机构（包括本办法第五条规定的分支机构）信息报其所在地主管税务机关备案，内容包括分支机构名称、层级、地址、邮编、纳税人识别号及企业所得税主管税务机关名称、地址和邮编。

分支机构（包括本办法第五条规定的分支机构）应将其总机构、上级分支机构和下属分支机构信息报其所在地主管税务机关备案，内容包括总机构、上级机构和下属分支机构名称、层级、地址、邮编、纳税人识别号及企业所得税主管税务机关名称、地址和邮编。

上述备案信息发生变化的，除另有规定外，应在内容变化后30日内报总机构和分支机构所在地主管税务机关备案，并办理变更税务登记。

分支机构注销税务登记后15日内，总机构应将分支机构注销情况报所在地主管税务机关备案，并办理变更税务登记。

第二十三条　以总机构名义进行生产经营的非法人分支机构，无法提供汇总纳税企业分支机构所得税分配表,应在预缴申报期内向其所在地主管税务机关报送非法人营业执照(或登记证书)的复印件、由总机构出具的二级及以下分支机构的有效证明和支持有效证明的相关材料(包括总机构拨款证明、总分机构协议或合同、公司章程、管理制度等),证明其二级及以下分支机构身份。

二级及以下分支机构所在地主管税务机关应对二级及以下分支机构进行审核鉴定,对应按本办法规定就地分摊缴纳企业所得税的二级分支机构,应督促其及时就地缴纳企业所得税。

第二十四条 以总机构名义进行生产经营的非法人分支机构,无法提供汇总纳税企业分支机构所得税分配表,也无法提供本办法第二十三条规定相关证据证明其二级及以下分支机构身份的,应视同独立纳税人计算并就地缴纳企业所得税,不执行本办法的相关规定。

按上款规定视同独立纳税人的分支机构,其独立纳税人身份一个年度内不得变更。

汇总纳税企业以后年度改变组织结构的,该分支机构应按本办法第二十三条规定报送相关证据,分支机构所在地主管税务机关重新进行审核鉴定。

第二十五条 汇总纳税企业发生的资产损失,应按以下规定申报扣除:

(一)总机构及二级分支机构发生的资产损失,除应按专项申报和清单申报的有关规定各自向所在地主管税务机关申报外,二级分支机构还应同时上报总机构;三级及以下分支机构发生的资产损失不需向所在地主管税务机关申报,应并入二级分支机构,由二级分支机构统一申报。

(二)总机构对各分支机构上报的资产损失,除税务机关另有规定外,应以清单申报的形式向所在地主管税务机关申报。

(三)总机构将分支机构所属资产捆绑打包转让所发生的资产损失,由总机构向所在地主管税务机关专项申报。

二级分支机构所在地主管税务机关应对二级分支机构申报扣除的资产损失强化后续管理。

第二十六条 对于按照税收法律、法规和其他规定,由分支机构所在地主管税务机关管理的企业所得税优惠事项,分支机构所在地主管税务机关应加强审批(核)、备案管理,并通过评估、检查和台账管理等手段,加强后续管理。

第二十七条 总机构所在地主管税务机关应加强对汇总纳税企业申报缴纳企业所得税的管理,可以对企业自行实施税务检查,也可以与二级分支机构所在地主管税务机关联合实施税务检查。

总机构所在地主管税务机关应对查实项目按照《企业所得税法》的规定统一计算查增的应纳税所得额和应纳税额。

总机构应将查补所得税款(包括滞纳金、罚款,下同)的50%按照本办法第十五条规定计算的分摊比例,分摊给各分支机构(不包括本办法第五条规定的分支机构)缴纳,各分支机构根据分摊查补税款就地办理缴库;50%分摊给总机构缴纳,其中25%就地办理缴库,25%就地全额缴入中央国库。具体的税款缴库程序按照财预〔2012〕40号文件第五条等相关规定执行。

汇总纳税企业缴纳查补所得税款时，总机构应向其所在地主管税务机关报送汇总纳税企业分支机构所得税分配表和总机构所在地主管税务机关出具的税务检查结论，各分支机构也应向其所在地主管税务机关报送经总机构所在地主管税务机关受理的汇总纳税企业分支机构所得税分配表和税务检查结论。

第二十八条 二级分支机构所在地主管税务机关应配合总机构所在地主管税务机关对其主管二级分支机构实施税务检查，也可以自行对该二级分支机构实施税务检查。

二级分支机构所在地主管税务机关自行对其主管二级分支机构实施税务检查，可对查实项目按照《企业所得税法》的规定自行计算查增的应纳税所得额和应纳税额。

计算查增的应纳税所得额时，应减除允许弥补的汇总纳税企业以前年度亏损；对于需由总机构统一计算的税前扣除项目，不得由分支机构自行计算调整。

二级分支机构应将查补所得税款的50%分摊给总机构缴纳，其中25%就地办理缴库，25%就地全额缴入中央国库；50%分摊给该二级分支机构就地办理缴库。具体的税款缴库程序按照财预〔2012〕40号文件第五条等相关规定执行。

汇总纳税企业缴纳查补所得税款时，总机构应向其所在地主管税务机关报送经二级分支机构所在地主管税务机关受理的汇总纳税企业分支机构所得税分配表和二级分支机构所在地主管税务机关出具的税务检查结论，二级分支机构也应向其所在地主管税务机关报送汇总纳税企业分支机构所得税分配表和税务检查结论。

第二十九条 税务机关应将汇总纳税企业总机构、分支机构的税务登记信息、备案信息、总机构出具的分支机构有效证明情况及分支机构审核鉴定情况、企业所得税月(季)度预缴纳税申报表和年度纳税申报表、汇总纳税企业分支机构所得税分配表、财务报表(或年度财务状况和营业收支情况)、企业所得税款入库情况、资产损失情况、税收优惠情况、各分支机构参与企业年度纳税调整情况的说明、税务检查及查补税款分摊和入库情况等信息，定期分省汇总上传至国家税务总局跨地区经营汇总纳税企业管理信息交换平台。

第三十条 2008年年底之前已成立的汇总纳税企业，2009年起新设立的分支机构，其企业所得税的征管部门应与总机构企业所得税征管部门一致；2009年起新增汇总纳税企业，其分支机构企业所得税的管理部门也应与总机构企业所得税管理部门一致。

第三十一条 汇总纳税企业不得核定征收企业所得税。

【《国家税务总局关于印发〈跨地区经营汇总纳税企业所得税征收管理办法〉公告》(国家税务总局公告2012年第57号)第五条至第三十一条】

延伸阅读

对十三届全国人大三次会议第6226号建议的答复

2020年10月19日 国家税务总局办公厅

您提出的关于银行业分支机构税费汇总缴纳调整为在所在地申报缴纳的建议收

悉,现答复如下:

一、关于增值税由分支机构所在地申报缴纳的建议

根据《中华人民共和国增值税暂行条例》《财政部 国家税务总局关于固定业户总分支机构增值税汇总纳税有关政策的通知》(财税〔2012〕9号)和《营业税改征增值税试点实施办法》(财税〔2016〕36号印发)的规定,总机构和分支机构不在同一县(市)的,应当分别向各自所在地的主管税务机关申报纳税;经国务院财政、税务主管部门或者其授权的财政、税务机关批准,可以由总机构汇总向总机构所在地的主管税务机关申报纳税;固定业户的总分支机构不在同一县(市),但在同一省(区、市)范围内的,经省级财政、税务部门审批同意,可以由总机构汇总向总机构所在地的主管税务机关申报缴纳增值税。

关于您提出的"取消银行业金融机构增值税可以由总机构所在地汇总缴纳的政策,实行由分支机构各自所在地申报缴纳"的建议,我局认为,您提出的建议还需要统筹研究。

主要考虑:一是增值税汇总纳税是一项有利于纳税人的特殊政策。实施汇总纳税,有利于解决部分行业总分支机构进销项不匹配的问题,从而避免总机构大量留抵而分支机构大量纳税的情况发生。二是增值税是否汇总纳税由纳税人自主选择。总分支机构增值税的纳税方式由纳税人根据自身意愿发起申请,属于市场主体自主行为,政策上不宜多加限制。三是增值税汇总纳税的方式已经考虑到总机构和分支机构所在地税源分配问题。汇总纳税范围内的分支机构以一定的预征率在分支机构所在地预缴税款,补充分支机构所在地财政收入,总机构汇总计算应纳税额时,可抵减各分支机构预缴余额后在总机构所在地申报缴纳增值税。

下一步,按照党中央、国务院决策部署,我局将联合有关部门,进一步研究总分支机构增值税缴纳政策,积极支持解决地方财力匹配和支出责任合理划分问题。

二、关于企业所得税由分支机构就地缴纳的建议

根据《国家税务总局关于印发〈跨地区经营汇总纳税企业所得税征收管理办法〉的公告》(国家税务总局公告2012年第57号),工商银行、农业银行、中国银行、建设银行等企业缴纳的企业所得税为中央收入。全额上缴中央国库的企业,不适用《跨地区经营汇总纳税企业所得税征收管理办法》。同时,对于其他跨省、自治区、直辖市和计划单列市经营的银行,执行《跨地区经营汇总纳税企业所得税征收管理办法》,由企业注册地和分支机构所在地分享企业所得税款。

关于您提出的"对银行业金融机构不具有法人资格的分支机构实行'统一计算、分级管理、就地缴纳'"建议,我局认为,您提出的建议还需要统筹研究。

主要考虑:一方面,对于企业所得税全额上缴中央的银行,无论分支机构是否就地缴纳税款,都不影响地方财政收入。为减轻企业核算和办税负担,上述银行实行总机构汇总缴纳的征管方式。如果要求分支机构就地缴纳税款,将增加企业会计核算难度

和纳税申报负担，与当前深化“放管服”改革、优化营商环境的要求不符。另一方面，对于企业所得税由中央和地方分享的银行，现行《跨地区经营汇总纳税企业所得税征收管理办法》已兼顾不同地区税收利益。现行汇总纳税制度安排，在坚持法人所得税制基本原则的前提下，已经综合考虑了跨地区经营企业注册地和税源地分离的特殊性、地区财政利益分配、企业经营模式、税收征管体制等多方面因素。

下一步，按照党中央、国务院决策部署，我局将联合有关部门，进一步研究总分支机构企业所得税缴纳政策，积极支持解决地方财力匹配和支出责任合理划分问题。

三、关于银行业金融机构总部下放贷款审批权限的建议

银保监会引导银行业金融机构在有效防控风险前提下，督促银行业金融机构着力优化内部管理流程。根据《商业银行内部控制指引》（银监发〔2014〕40号）等监管规定，商业银行应当合理确定各项业务活动和管理活动的风险控制点，采取适当的控制措施，执行标准统一的业务流程和管理流程，确保规范运作；并根据各分支机构的经营能力、管理水平、风险状况和业务发展需要，建立相应的授权体系，明确权限，实施动态调整。银行业金融机构应根据自身的组织架构、管理方式、业务规模、运营模式、经营状况、风险水平等情况，针对贷款的客户资质、产品类型、担保方式，授信金额等要素设置贷款审批权限和审批流程。银保监会将继续引导银行业金融机构根据各分支机构风险管控能力和具体业务情况，适当下放贷款审批权限，提高信贷审批效率通过加大对当地实体经济的金融服务和支持力度，推动地方经济社会持续健康发展。

四、关于银行业金融机构实行支行与上级行享有同等贷款资金价格的建议

近年以来，银保监会持续指导银行业金融机构完善内部考核评价和分级分类管理体系，合理对分支机构授权；对小微企业贷款实施内部资金转移定价优惠、不得对民营企业贷款进行“价格歧视”等，进一步加大对实体经济减费让利和服务当地的力度。贷款资金价格主要由资金成本、相关费用、风险补偿以及目标利润等因素决定，不同借款人、总分行之间的贷款定价可能因上述原因而不同，银行业金融机构需要根据本行资金成本和各地区业务实际，合理确定业务授权和内部资金转移定价，因企业自身意愿、申请贷款的规模、银行贷款记账以及审批权限设定等因素影响，中省企业是否在本地申请贷款，主要取决于企业和银行基于市场化原则进行的双向选择。

感谢您对税收工作的支持！

国家税务总局

2020年8月31日

3.5 亏损弥补

3.5.1 企业发生的未弥补完的亏损准予向以后年度结转的情形有几种

企业发生的未弥补完的亏损准予向以后年度结转有以下几种情形：

(1) 一般企业:

根据《企业所得税法》第十八条的规定,企业纳税年度发生的亏损,准予向以后年度结转,用以后年度的所得弥补,但结转年限最长不得超过 5 年。

(2) 高新或中小型科技企业:

根据《财政部 税务总局关于延长高新技术企业和科技型中小企业亏损结转年限的通知》(财税〔2018〕76 号)的规定,自 2018 年 1 月 1 日起,当年具备高新技术企业或科技型中小企业资格(以下统称资格)的企业,其具备资格年度之前 5 个年度发生的尚未弥补完的亏损,准予结转以后年度弥补,最长结转年限由 5 年延长至 10 年。

(3) 受新型冠状病毒感染的肺炎疫情影响较大的困难行业:

根据《财政部 税务总局关于支持新型冠状病毒感染的肺炎疫情防控有关税收政策的公告》(财政部 税务总局公告 2020 年第 8 号)的规定,受疫情影响较大的困难行业企业 2020 年度发生的亏损,最长结转年限由 5 年延长至 8 年。

困难行业企业,包括交通运输、餐饮、住宿、旅游(指旅行社及相关服务、游览景区管理两类)四大类,具体判断标准按照现行《国民经济行业分类》执行。困难行业企业 2020 年度主营业务收入须占收入总额(剔除不征税收入和投资收益)的 50%以上。

(4) 电影行业企业。

对电影行业企业 2020 年度发生的亏损,最长结转年限由 5 年延长至 8 年。

电影行业企业限于电影制作、发行和放映等企业,不包括通过互联网、电信网、广播电视网等信息网络传播电影的企业。

(5) 国家鼓励的线宽小于 130 纳米(含)的集成电路生产企业,属于国家鼓励的集成电路生产企业清单年度之前 5 个纳税年度发生的尚未弥补完的亏损,准予向以后年度结转,总结转年限最长不得超过 10 年。

3.5.2 查账征收企业改为核定征收之后,又由核定征收改为查账征收,请问发生的亏损如何弥补

企业征收方式由查账征收改为核定征收之后,又由核定征收改为查账征收,在查账征收年度所形成的亏损可向以后弥补,但结转年限应连续计算,最长不得超过税收法规规定的年限,即分为一般企业 5 年,高新或中小型科技企业、国家鼓励集成电路生产企业 10 年,受新型冠状病毒感染的肺炎疫情影响较大的困难行业和电影行业 2020 年度发生的亏损 8 年。查账征收年度的盈利只能用于弥补查账征收年度亏损。

3.5.3 受疫情影响较大的困难行业的企业适用延长亏损结转年限政策的,需要提交资料吗

《国家税务总局关于支持新型冠状病毒感染的肺炎疫情防控有关税收征收管理

事项的公告》(国家税务总局公告 2020 年第 4 号)规定,受疫情影响较大的困难行业企业按照《财政部 税务总局关于支持新型冠状病毒感染的肺炎疫情防控有关税收政策的公告》(财政部 税务总局公告 2020 年第 8 号)第四条规定,适用延长亏损结转年限政策的,应当在 2020 年度企业所得税汇算清缴时,通过电子税务局提交《适用延长亏损结转年限政策声明》。

3.5.4 企业发生亏损在季度预缴时能否弥补

《国家税务总局关于修订〈中华人民共和国企业所得税月(季)度预缴纳税申报表(A类,2018 年版)〉等报表的公告》(国家税务总局公告 2020 年第 12 号)规定,第 8 行"弥补以前年度亏损":填报纳税人截至本税款所属期末,按照税收规定在企业所得税税前弥补的以前年度尚未弥补亏损的本年累计金额。当本表第 3+4−5−6−7 行≤ 0 时,本行=0。

由此可见,企业发生亏损可以在季度预缴时弥补。

3.5.5 企业由于享受研发费用加计扣除而产生的亏损能否结转以后年度弥补

【案例 3-12】 A公司会计口径计算利润总额为−500 万元,该企业享受研发费用加计扣除 100 万元,请问由于企业享受了研发费用加计扣除政策导致亏损额增加,由于享受税收优惠而产生的亏损能否结转以后年度弥补?

(1) 根据《企业所得税法》第十八条的规定,企业纳税年度发生的亏损,准予向以后年度结转,用以后年度的所得弥补,但结转年限最长不得超过 5 年。

(2) 根据《国家税务总局关于企业所得税若干税务事项衔接问题的通知》(国税函〔2009〕98 号)第八条的规定,关于技术开发费的加计扣除形成的亏损的处理:企业技术开发费加计扣除部分已形成企业年度亏损,可以用以后年度所得弥补,但结转年限最长不得超过 5 年。

(3) 根据《财政部 税务总局关于支持新型冠状病毒感染的肺炎疫情防控有关税收政策的公告》(财政部 税务总局公告 2020 年第 8 号)第四条的规定,受疫情影响较大的困难行业企业 2020 年度发生的亏损,最长结转年限由 5 年延长至 8 年。

(4) 从企业所得税申报表逻辑关系来看,第 13 行为"利润总额",第 17 行为"免税、减计收入及加计扣除",第 19 行为"纳税调整后所得";第 19 行纳税调整后所得=13−14+15−16−17+18。

(5) 高新技术企业或中小型科技企业、国家鼓励的线宽小于 130 纳米(含)的集成电路生产企业亏损结转由 5 年延长至 10 年。

由此可见,企业享受了研发费用加计扣除政策导致亏损额增加,是可以结转以后年度弥补。

3.5.6 税务机关检查调增的企业应纳税所得额能否弥补以前年度亏损

《国家税务总局关于查增应纳税所得额弥补以前年度亏损处理问题的公告》(国家税务总局公告2010年第20号)规定,根据《企业所得税法》第五条的规定,税务机关对企业以前年度纳税情况进行检查时调增的应纳税所得额,凡企业以前年度发生亏损、且该亏损属于《企业所得税法》规定允许弥补的,应允许调增的应纳税所得额弥补该亏损。弥补该亏损后仍有余额的,按照《企业所得税法》规定计算缴纳企业所得税。对检查调增的应纳税所得额应根据其情节,依照《税收征收管理法》有关规定进行处理或处罚。

3.5.7 股东减少实收资本用于弥补亏损是否应进行纳税调整

股东减少实收资本用于弥补亏损,可以理解为企业减资将款项归还股东,股东将款项捐给企业用于弥补亏损两项交易事项。按现行企业所得税相关政策的规定,企业收入总额包括货币形式或非货币形式,故应进行纳税调整。

3.5.8 企业筹办期间是否可以计算为亏损年度吗

根据《国家税务总局关于贯彻落实企业所得税法若干税收问题的通知》(国税函〔2010〕79号)的规定,企业自开始生产经营的年度,为开始计算企业损益年度。企业从事生产经营之前进行筹办活动期间发生筹办费用支出,不得计算为当期的亏损,应按《国家税务总局关于企业所得税若干税务事项衔接问题的通知》(国税函〔2009〕98号)第九条规定执行。因此,企业筹办期间不可以计算为亏损年度。

3.5.9 国家鼓励的线宽小于130纳米(含)的集成电路生产企业,可结转以后年度弥补亏损为几年

《财政部 税务总局 发展改革委 工业和信息化部关于促进集成电路产业和软件产业高质量发展企业所得税政策的公告》(财政部 税务总局 发展改革委 工业和信息化部公告2020年第45号)明确规定,国家鼓励的线宽小于130纳米(含)的集成电路生产企业,属于国家鼓励的集成电路生产企业清单年度之前5个纳税年度发生的尚未弥补完的亏损,准予向以后年度结转,总结转年限最长不得超过10年。

风险提示

(1) 应税项目所得与减免税项目所得可以互相弥补。

(2) 查补的应纳税所得额可以弥补亏损。税务机关对企业以前年度纳税情况进行检查时调增的应纳税所得额,凡企业以前年度发生亏损、且该亏损属于企业所得税法规定允许弥补的,应允许调增的应纳税所得额弥补该亏损。

弥补该亏损后仍有余额的，按照企业所得税法规定计算缴纳企业所得税。对检查调增的应纳税所得额应根据其情节，依照《税收征收管理法》有关规定进行处理或处罚。

(3) 企业自开始生产经营的年度为开始计算企业损益的年度。企业从事生产经营之前进行筹办活动期间发生筹办费用支出，不得计算为当期的亏损，企业可以在开始经营之日的当年一次性扣除，也可以按照新税法有关长期待摊费用的处理规定处理，但一经选定，不得改变。

(4) 企业清算中应依法弥补亏损，确定清算所得。企业应将整个清算期作为一个独立的纳税年度计算清算所得。

政策链接

第十八条　企业纳税年度发生的亏损，准予向以后年度结转，用以后年度的所得弥补，但结转年限最长不得超过5年。

【《中华人民共和国企业所得税法》第十八条】

一、自2018年1月1日起，当年具备高新技术企业或科技型中小企业资格(以下统称资格)的企业，其具备资格年度之前5个年度发生的尚未弥补完的亏损，准予结转以后年度弥补，最长结转年限由5年延长至10年。

【《财政部　国家税务总局关于延长高新技术企业和科技型中小企业亏损结转年限的通知》(财税〔2018〕76号)第一条】

四、受疫情影响较大的困难行业企业2020年度发生的亏损，最长结转年限由5年延长至8年。

困难行业企业，包括交通运输、餐饮、住宿、旅游(指旅行社及相关服务、游览景区管理两类)四大类，具体判断标准按照现行《国民经济行业分类》执行。困难行业企业2020年度主营业务收入须占收入总额(剔除不征税收入和投资收益)的50%以上。

【《财政部　国家税务总局关于支持新型冠状病毒感染的肺炎疫情防控有关税收政策的公告》(财政部　税务总局公告2020年第8号)第四条】

一、根据《中华人民共和国企业所得税法》(以下简称企业所得税法)第五条的规定，税务机关对企业以前年度纳税情况进行检查时调增的应纳税所得额，凡企业以前年度发生亏损、且该亏损属于企业所得税法规定允许弥补的，应允许调增的应纳税所得额弥补该亏损。弥补该亏损后仍有余额的，按照企业所得税法规定计算缴纳企业所得税。对检查调增的应纳税所得额应根据其情节，依照《中华人民共和国税收征收管理法》有关规定进行处理或处罚。

【《国家税务总局关于查增应纳税所得额弥补以前年度亏损处理问题的公告》(国家税务总局公告2010年第20号)第一条】

二、国家鼓励的线宽小于130纳米(含)的集成电路生产企业，属于国家鼓励的集成电路生产企业清单年度之前5个纳税年度发生的尚未弥补完的亏损，准予向以后年度结转,总结转年限最长不得超过10年。

【《财政部 税务总局 发展改革委 工业和信息化部关于促进集成电路产业和软件产业高质量发展企业所得税政策的公告》(财政部 税务总局 发展改革委 工业和信息化部公告2020年第45号)第二条】

3.6 政策性搬迁

3.6.1 如何确定政策性搬迁的开始时间

《国家税务总局关于发布〈企业政策性搬迁所得税管理办法〉的公告》(国家税务总局公告2012年第40号)第二十二条规定,企业应当自搬迁开始年度,至次年5月31日前,向主管税务机关(包括迁出地和迁入地)报送政策性搬迁依据、搬迁规划等相关材料。逾期未报的,除特殊原因并经主管税务机关认可外,按非政策性搬迁处理,不得执行本办法的规定。

《国有土地上房屋征收与补偿条例》(国务院令第590号)规定,实施房屋征收应当先补偿、后搬迁。政府为了公共利益征用企业房产的,应就补偿方式、补偿金额和支付期限、搬迁期限等事项,与被征收人订立补偿协议。被征收人应当在补偿协议约定或者补偿决定确定的搬迁期限内完成搬迁。

因此,在税收征管中,搬迁开始年度应按照搬迁协议或搬迁决定规定的搬迁开始日期所属的纳税年度计算,即开始动迁的年度。

3.6.2 租赁企业取得政策性搬迁补助是否可以按政策性搬迁政策进行所得税管理

【案例3-13】 A公司2018年向B公司租赁一场所进行生产,租赁期为5年,2020年因建设高铁需要该场地被政府收回,B公司取得搬迁补偿收入5.7亿元,并补偿A公司50万元,请问A公司取得50万元能否按政策性搬迁进行所得税处理?

A公司租赁B公司的场地进行生产经营,并与B公司签订租赁合同按期支付租赁费,A公司与B公司为不同经营主体。2020年因建设高铁需要,B公司进行搬迁并取得补偿款,B公司符合政策性搬迁进行企业所得税处理,A公司取得只是B公司终止合同给予的补偿,不能按政策性搬迁政策进行企业所得税处理。

3.6.3 企业政策性搬迁中发生处置存货收入是否能作为企业搬迁收入

【案例3-14】 A公司2020年发生政策性搬迁,取得政策性搬迁收入1.2亿元,处置存货收入500万元,请问企业处置存货收入是否能作为政策性搬迁收入?

企业的搬迁收入,包括搬迁过程中从本企业以外(包括政府或其他单位)取得的搬迁补偿收入,以及本企业搬迁资产处置收入等。企业搬迁资产处置收入,是指企业由于搬迁而处置企业各类资产所取得的收入。

企业由于搬迁处置存货而取得的收入，应按正常经营活动取得的收入进行所得税处理，不作为企业搬迁收入。

3.6.4 企业进行政策性搬迁，其补偿款余额是否应缴纳企业所得税

《企业会计准则解释第3号》(财会〔2009〕8号)规定，企业因城镇整体规划、库区建设、棚户区改造、沉陷区治理等公共利益进行搬迁，收到政府从财政预算直接拨付的搬迁补偿款，应作为专项应付款处理。其中，属于对企业在搬迁和重建过程中发生的固定资产和无形资产损失、有关费用性支出、停工损失及搬迁后拟新建资产进行补偿的，应自专项应付款转入递延收益，并按照《企业会计准则第16号——政府补助》进行会计处理。企业取得的搬迁补偿款扣除转入递延收益的金额后如有结余的，应当作为资本公积处理。

《企业政策性搬迁所得税管理办法》(国家税务总局公告2012年第40号印发)规定，企业在搬迁期间发生的搬迁收入和搬迁支出，可以暂不计入当期应纳税所得额，而在完成搬迁的年度，对搬迁收入和支出进行汇总清算。

因此，企业进行政策性搬迁，应在完成搬迁的年度，对搬迁收入和支出进行汇总清算，企业的搬迁收入，扣除搬迁支出后的余额，为企业的搬迁所得。

3.6.5 核定征收企业取得政策性搬迁收入能否按《企业政策性搬迁所得税管理办法》(国家税务总局公告2012年第40号)进行处理

《企业政策性搬迁所得税管理办法》(国家税务总局公告2012年第40号印发)规定，企业在搬迁期间发生的搬迁收入和搬迁支出，可以暂不计入当期应纳税所得额，而在完成搬迁的年度，对搬迁收入和支出进行汇总清算。

《企业所得税核定征收管理办法(试行)》(国税发〔2008〕30号印发)规定，纳税人有以下情形之一的，核定征收企业所得税：

(1) 依照法律、行政法规的规定可以不设置账簿的。

(2) 依照法律、行政法规的规定应当设置但未设置账簿的。

(3) 擅自销毁账簿或者拒不提供纳税资料的。

(4) 虽设置账簿，但账目混乱或者成本资料、收入凭证、费用凭证残缺不全，难以查账的。

(5) 发生纳税义务，未按照规定的期限办理纳税申报，经税务机关责令限期申报，逾期仍不申报的。

(6) 申报的计税依据明显偏低，又无正当理由的。

因此，核定征收企业主要是账册不健全。若企业取得政策性搬迁收入要适用《企业政策性搬迁所得税管理办法》(国家税务总局公告2012年第40号印发)，基本条件

应是能对搬迁事项单独进行税务处理，能正确核算收入、支出，即查账征收。

3.6.6 企业政策性搬迁发生损失是否要按《国家税务总局关于发布〈企业资产损失所得税税前扣除管理办法〉的公告》(国家税务总局公告2011年第25号)的规定申报后才能扣除

《国家税务总局关于发布〈企业政策性搬迁所得税管理办法〉的公告》(国家税务总局公告2012年第40号)规定，资产处置支出，是指企业由于搬迁而处置各类资产所发生的支出，包括变卖及处置各类资产的净值、处置过程中所发生的税费等支出。企业由于搬迁而报废的资产，如无转让价值，其净值作为企业的资产处置支出。

企业在搬迁期间发生的搬迁收入和搬迁支出，可以暂不计入当期应纳税所得额，而在完成搬迁的年度，对搬迁收入和支出进行汇总清算。

企业的搬迁收入，扣除搬迁支出后的余额，为企业的搬迁所得。

企业应在搬迁完成年度，将搬迁所得计入当年度企业应纳税所得额计算纳税。

因此，企业在政策性搬迁过程中，发生的损失属资产处置支出，应在搬迁完成后，在搬迁完成年度统一进行处理，不在实际损失的年度扣除，只要在完成搬迁年度填报表A105110和表A105120即可。

3.6.7 企业政策性搬迁中发生资产置换的计税基础该如何确认

《国家税务总局关于企业政策性搬迁所得税有关问题的公告》(国家税务总局公告2013年第11号)明确规定，企业政策性搬迁被征用的资产，采取资产置换的，其换入资产的计税基础按被征用资产的净值，加上换入资产所支付的税费(涉及补价，还应加上补价款)计算确定。因此，如果企业政策性搬迁采取资产置换的，不确认处置收益，换入资产的计税基础按被征用资产的净值加上换入资产所支付的税费(涉及补价的还应加上补价款)计算确认。

风险提示

(1) 政策性搬迁必须是由于社会公共利益的需要，在政府主导下企业进行的整体搬迁或部分搬迁。企业由于下列需要之一，提供相关文件证明资料的，属于政策性搬迁：

① 国防和外交的需要。

② 由政府组织实施的能源、交通、水利等基础设施的需要。

③ 由政府组织实施的科技、教育、文化、卫生、体育、环境和资源保护、防灾减灾、文物保护、社会福利、市政公用等公共事业的需要。

④ 由政府组织实施的保障性安居工程建设的需要。

⑤ 由政府依照《中华人民共和国城乡规划法》有关规定组织实施的对危房集中、基础设施落后等地段进行旧城区改建的需要。

⑥ 法律、行政法规规定的其他公共利益的需要。

符合政策性搬迁的企业要及时收集政府搬迁文件或公告、搬迁重置总体规划、拆迁补偿协议、资产处置计划等相关材料。

(2) 企业属政策性搬迁涉及搬迁收入、搬迁支出、搬迁资产税务处理、搬迁所得等所得税征管事项,单独进行税务管理和核算。不能单独进行税务管理和核算的,应视为企业自行搬迁或商业搬迁等非政策性搬迁进行所得税处理。

(3) 企业由于搬迁处置存货而取得的收入,应按正常经营活动取得的收入进行所得税处理,不作为企业搬迁收入。

政策链接

第二章 搬迁收入

第五条 企业的搬迁收入,包括搬迁过程中从本企业以外(包括政府或其他单位)取得的搬迁补偿收入,以及本企业搬迁资产处置收入等。

第六条 企业取得的搬迁补偿收入,是指企业由于搬迁取得的货币性和非货币性补偿收入。具体包括:

(一) 对被征用资产价值的补偿。

(二) 因搬迁、安置而给予的补偿。

(三) 对停产停业形成的损失而给予的补偿。

(四) 资产搬迁过程中遭到毁损而取得的保险赔款。

(五) 其他补偿收入。

第七条 企业搬迁资产处置收入,是指企业由于搬迁而处置企业各类资产所取得的收入。

企业由于搬迁处置存货而取得的收入,应按正常经营活动取得的收入进行所得税处理,不作为企业搬迁收入。

第三章 搬迁支出

第八条 企业的搬迁支出,包括搬迁费用支出以及由于搬迁所发生的企业资产处置支出。

第九条 搬迁费用支出,是指企业搬迁期间所发生的各项费用,包括安置职工实际发生的费用、停工期间支付给职工的工资及福利费、临时存放搬迁资产而发生的费用、各类资产搬迁安装费用以及其他与搬迁相关的费用。

第十条 资产处置支出,是指企业由于搬迁而处置各类资产所发生的支出,包括变卖及处置各类资产的净值、处置过程中所发生的税费等支出。

企业由于搬迁而报废的资产,如无转让价值,其净值作为企业的资产处置支出。

第四章 搬迁资产税务处理

第十一条 企业搬迁的资产,简单安装或不需要安装即可继续使用的,在该项资产重新投入使用后,就其净值按《企业所得税法》及其实施条例规定的该资产尚未折旧或摊销的年限,继续计提折旧或摊销。

第十二条　企业搬迁的资产，需要进行大修理后才能重新使用的，应就该资产的净值，加上大修理过程所发生的支出，为该资产的计税成本。在该项资产重新投入使用后，按该资产尚可使用的年限，计提折旧或摊销。

第十三条　企业搬迁中被征用的土地，采取土地置换的，换入土地的计税成本按被征用土地的净值，以及该换入土地投入使用前所发生的各项费用支出，为该换入土地的计税成本，在该换入土地投入使用后，按《企业所得税法》及其实施条例规定年限摊销。

第十四条　企业搬迁期间新购置的各类资产，应按《企业所得税法》及其实施条例等有关规定，计算确定资产的计税成本及折旧或摊销年限。

企业发生的购置资产支出，不得从搬迁收入中扣除。

第五章　应税所得

第十五条　企业在搬迁期间发生的搬迁收入和搬迁支出，可以暂不计入当期应纳税所得额，而在完成搬迁的年度，对搬迁收入和支出进行汇总清算。

第十六条　企业的搬迁收入，扣除搬迁支出后的余额，为企业的搬迁所得。

企业应在搬迁完成年度，将搬迁所得计入当年度企业应纳税所得额计算纳税。

第十七条　下列情形之一的，为搬迁完成年度，企业应进行搬迁清算，计算搬迁所得：

(一) 从搬迁开始，5年内(包括搬迁当年度)任何一年完成搬迁的。

(二) 从搬迁开始，搬迁时间满5年(包括搬迁当年度)的年度。

第十八条　企业搬迁收入扣除搬迁支出后为负数的，应为搬迁损失。搬迁损失可在下列方法中选择其一进行税务处理：

(一) 在搬迁完成年度，一次性作为损失进行扣除。

(二) 自搬迁完成年度起分3个年度，均匀在税前扣除。

上述方法由企业自行选择，但一经选定，不得改变。

第十九条　企业同时符合下列条件的，视为已经完成搬迁：

(一) 搬迁规划已基本完成。

(二) 当年生产经营收入占规划搬迁前年度生产经营收入50%以上。

第二十条　企业边搬迁、边生产的，搬迁年度应从实际开始搬迁的年度计算。

第二十一条　企业以前年度发生尚未弥补的亏损的，凡企业由于搬迁停止生产经营无所得的，从搬迁年度次年起，至搬迁完成年度前一年度止，可作为停止生产经营活动年度，从法定亏损结转弥补年限中减除；企业边搬迁、边生产的，其亏损结转年度应连续计算。

第六章　征收管理

第二十二条　企业应当自搬迁开始年度，至次年5月31日前，向主管税务机关(包括迁出地和迁入地)报送政策性搬迁依据、搬迁规划等相关材料。逾期未报的，除特殊原因并经主管税务机关认可外，按非政策性搬迁处理，不得执行本办法的规定。

第二十三条 企业应向主管税务机关报送的政策性搬迁依据、搬迁规划等相关材料，包括：

（一）政府搬迁文件或公告。

（二）搬迁重置总体规划。

（三）拆迁补偿协议。

（四）资产处置计划。

（五）其他与搬迁相关的事项。

第二十四条 企业迁出地和迁入地主管税务机关发生变化的，由迁入地主管税务机关负责企业搬迁清算。

第二十五条 企业搬迁完成当年，其向主管税务机关报送企业所得税年度纳税申报表时，应同时报送《企业政策性搬迁清算损益表》及相关材料。

第二十六条 企业在本办法生效前尚未完成搬迁的，符合本办法规定的搬迁事项，一律按本办法执行。本办法生效年度以前已经完成搬迁且已按原规定进行税务处理的，不再调整。

【《国家税务总局关于发布〈企业政策性搬迁所得税管理办法〉的公告》（国家税务总局公告 2012 年第 40 号）第五条至第二十六条】

一、凡在国家税务总局公告 2012 年第 40 号生效前已经签订搬迁协议且尚未完成搬迁清算的企业政策性搬迁项目，企业在重建或恢复生产过程中购置的各类资产，可以作为搬迁支出，从搬迁收入中扣除。但购置的各类资产，应剔除该搬迁补偿收入后，作为该资产的计税基础，并按规定计算折旧或费用摊销。凡在国家税务总局公告 2012 年第 40 号生效后签订搬迁协议的政策性搬迁项目，应按国家税务总局公告 2012 年第 40 号有关规定执行。

二、企业政策性搬迁被征用的资产，采取资产置换的，其换入资产的计税成本按被征用资产的净值，加上换入资产所支付的税费（涉及补价，还应加上补价款）计算确定。

【《国家税务总局关于企业政策性搬迁所得税有关问题的公告》（国家税务总局公告 2013 年第 11 号）第一条、第二条】

3.7 核定征收

3.7.1 哪些情形的纳税人需要核定征收企业所得税

《国家税务总局关于印发〈企业所得税核定征收办法（试行）〉的通知》（国税发〔2008〕30 号）第三条规定，纳税人具有下列情形之一的，核定征收企业所得税：

(1) 依照法律、行政法规的规定可以不设置账簿的。

(2) 依照法律、行政法规的规定应当设置但未设置账簿的。

(3) 擅自销毁账簿或者拒不提供纳税资料的。

(4) 虽设置账簿,但账目混乱或者成本资料、收入凭证、费用凭证残缺不全,难以查账的。

(5) 发生纳税义务,未按照规定的期限办理纳税申报,经税务机关责令限期申报,逾期仍不申报的。

(6) 申报的计税依据明显偏低,又无正当理由的。

特殊行业、特殊类型的纳税人和一定规模以上的纳税人不适用本办法。上述特定纳税人由国家税务总局另行明确。

3.7.2 核定征收应税收入如何确认

【案例 3-15】 A 公司 2020 年将一机器设备转让给 B 公司取得转让收入为 50 万元,该机器 2015 年购入,购入价为 150 万元,已计提折旧 75 万元,该企业 2020 年被税务机关采取核定征收方式征收企业所得税,请问 A 公司在计算企业所得税时如何确认企业所得税应税收入?

A 公司 2015 年购入机器设备购入价为 150 万元,至 2020 年已提折旧 75 万元,其净值为 75 万元,出售该设备取得收入为 50 万元。按现行政策的规定,依法按核定应税所得率方式核定征收企业所得税的企业,取得的转让股权(股票)收入等转让财产收入,应全额计入应税收入额,按主营项目(业务)确定适用的应税所得率计算征税,A 公司 2020 年确认企业所得税应税收入金额应将 50 万元并入征收。

3.7.3 核定征收企业的成本能否跨期扣除

【案例 3-16】 A 公司 2019 年被税务机关以核定征收方式征收企业所得税,2020 年采取查账方式征收企业所得税,2020 年补取得实际业务在 2019 年发生的发票(收入已在 2019 年确认),该发票对应的成本能否在 2020 年扣除?

企业在计算应纳税所得额时应以权责发生制为原则,属于当期的收入费用,不论款项是否支付,均作为当期的收入和费用;不属于当期的收入和费用即使款项已经在当期收付,均不作为当期的收入和费用。因此,A 公司 2019 年的成本费用不得在 2020 年扣除。

政策链接

第二条　本办法适用于居民企业纳税人。

第三条　纳税人具有下列情形之一的,核定征收企业所得税:

(一) 依照法律、行政法规的规定可以不设置账簿的。

（二）依照法律、行政法规的规定应当设置但未设置账簿的。

（三）擅自销毁账簿或者拒不提供纳税资料的。

（四）虽设置账簿，但账目混乱或者成本资料、收入凭证、费用凭证残缺不全，难以查账的。

（五）发生纳税义务，未按照规定的期限办理纳税申报，经税务机关责令限期申报，逾期仍不申报的。

（六）申报的计税依据明显偏低，又无正当理由的。

特殊行业、特殊类型的纳税人和一定规模以上的纳税人不适用本办法。上述特定纳税人由国家税务总局另行明确。

第四条　税务机关应根据纳税人具体情况，对核定征收企业所得税的纳税人，核定应税所得率或者核定应纳所得税额。

具有下列情形之一的，核定其应税所得率：

（一）能正确核算（查实）收入总额，但不能正确核算（查实）成本费用总额的。

（二）能正确核算（查实）成本费用总额，但不能正确核算（查实）收入总额的。

（三）通过合理方法，能计算和推定纳税人收入总额或成本费用总额的。

纳税人不属于以上情形的，核定其应纳所得税额。

第五条　税务机关采用下列方法核定征收企业所得税：

（一）参照当地同类行业或者类似行业中经营规模和收入水平相近的纳税人的税负水平核定。

（二）按照应税收入额或成本费用支出额定率核定。

（三）按照耗用的原材料、燃料、动力等推算或测算核定。

（四）按照其他合理方法核定。

采用前款所列一种方法不足以正确核定应纳税所得额或应纳税额的，可以同时采用两种以上的方法核定。采用两种以上方法测算的应纳税额不一致时，可按测算的应纳税额从高核定。

第六条　采用应税所得率方式核定征收企业所得税的，应纳所得税额计算公式如下：

$$\text{应纳所得税额}=\text{应纳税所得额}\times\text{适用税率}$$

$$\text{应纳税所得额}=\text{应税收入额}\times\text{应税所得率}$$

或：

$$\text{应纳税所得额}=\frac{\text{成本（费用）支出额}}{1-\text{应税所得率}}\times\text{应税所得率}$$

第七条　实行应税所得率方式核定征收企业所得税的纳税人，经营多业的，无论其经营项目是否单独核算，均由税务机关根据其主营项目确定适用的应税所得率。

主营项目应为纳税人所有经营项目中，收入总额或者成本（费用）支出额或者耗用原材料、燃料、动力数量所占比重最大的项目。

第八条　应税所得率按下表规定的幅度标准确定:

行业	应税所得率(%)	行业	应税所得率(%)
农、林、牧、渔业	3～10	建筑业	8～20
制造业	5～15	饮食业	8～25
批发和零售贸易业	4～15	娱乐业	15～30
交通运输业	7～15	其他行业	10～30

第九条　纳税人的生产经营范围、主营业务发生重大变化,或者应纳税所得额或应纳税额增减变化达到20%的,应及时向税务机关申报调整已确定的应纳税额或应税所得率。

第十条　主管税务机关应及时向纳税人送达《企业所得税核定征收鉴定表》,及时完成对其核定征收企业所得税的鉴定工作。具体程序如下:

(一)纳税人应在收到《企业所得税核定征收鉴定表》后10个工作日内,填好该表并报送主管税务机关。《企业所得税核定征收鉴定表》一式三联,主管税务机关和县税务机关各执一联,另一联送达纳税人执行。主管税务机关还可根据实际工作需要,适当增加联次备用。

(二)主管税务机关应在受理《企业所得税核定征收鉴定表》后20个工作日内,分类逐户审查核实,提出鉴定意见,并报县税务机关复核、认定。

(三)县税务机关应在收到《企业所得税核定征收鉴定表》后30个工作日内,完成复核、认定工作。

纳税人收到《企业所得税核定征收鉴定表》后,未在规定期限内填列、报送的,税务机关视同纳税人已经报送,按上述程序进行复核认定。

第十一条　税务机关应在每年6月底前对上年度实行核定征收企业所得税的纳税人进行重新鉴定。重新鉴定工作完成前,纳税人可暂按上年度的核定征收方式预缴企业所得税;重新鉴定工作完成后,按重新鉴定的结果进行调整。

第十二条　主管税务机关应当分类逐户公示核定的应纳所得税额或应税所得率。主管税务机关应当按照便于纳税人及社会各界了解、监督的原则确定公示地点、方式。

纳税人对税务机关确定的企业所得税征收方式、核定的应纳所得税额或应税所得率有异议的,应当提供合法、有效的相关证据,税务机关经核实认定后调整有异议的事项。

第十三条　纳税人实行核定应税所得率方式的,按下列规定申报纳税:

(一)主管税务机关根据纳税人应纳税额的大小确定纳税人按月或者按季预缴,年终汇算清缴。预缴方法一经确定,一个纳税年度内不得改变。

（二）纳税人应依照确定的应税所得率计算纳税期间实际应缴纳的税额，进行预缴。按实际数额预缴有困难的，经主管税务机关同意，可按上一年度应纳税额的1/12或1/4预缴，或者按经主管税务机关认可的其他方法预缴。

（三）纳税人预缴税款或年终进行汇算清缴时，应按规定填写《中华人民共和国企业所得税月（季）度预缴纳税申报表（B类）》，在规定的纳税申报时限内报送主管税务机关。

第十四条　纳税人实行核定应纳所得税额方式的，按下列规定申报纳税：

（一）纳税人在应纳所得税额尚未确定之前，可暂按上年度应纳所得税额的1/12或1/4预缴，或者按经主管税务机关认可的其他方法，按月或按季分期预缴。

（二）在应纳所得税额确定以后，减除当年已预缴的所得税额，余额按剩余月份或季度均分，以此确定以后各月或各季的应纳税额，由纳税人按月或按季填写《中华人民共和国企业所得税月（季）度预缴纳税申报表（B类）》，在规定的纳税申报期限内进行纳税申报。

（三）纳税人年度终了后，在规定的时限内按照实际经营额或实际应纳税额向税务机关申报纳税。申报额超过核定经营额或应纳税额的，按申报额缴纳税款；申报额低于核定经营额或应纳税额的，按核定经营额或应纳税额缴纳税款。

【《国家税务总局关于印发〈企业所得税核定征收办法〉（试行）的通知》（国税发〔2008〕30号）第二条、第三条、第四条、第五条、第六条、第七条、第八条、第九条、第十条、第十一条、第十二条、第十三条、第十四条】

一、专门从事股权（股票）投资业务的企业，不得核定征收企业所得税。

二、依法按核定应税所得率方式核定征收企业所得税的企业，取得的转让股权（股票）收入等转让财产收入，应全额计入应税收入额，按照主营项目（业务）确定适用的应税所得率计算征税；若主营项目（业务）发生变化，应在当年汇算清缴时，按照变化后的主营项目（业务）重新确定适用的应税所得率计算征税。

三、本公告自2012年1月1日起施行。企业以前年度尚未处理的上述事项，按照本公告的规定处理；已经处理的，不再调整。

【《国家税务总局关于企业所得税核定征收若干问题公告》（国家税务总局公告2012年第27号）第一条、第二条、第三条】

延伸阅读

国家税务总局云南省税务局关于答复省政协十二届三次会议第120300583号提案意见的函

2020年8月20日　国家税务总局云南省税务局办公室（党委办公室）

您提出的《关于对我省建筑业企业实施税收核定征收促进复工复产的建议》（第

120300583号)已收悉,经认真研究,现结合部门工作职责,答复如下:

建筑业是我省国民经济行业重要组成部分,我省税务系统一贯高度重视对建筑行业的税收服务和管理,着力营造透明、公平、公开的税收环境,支持建筑行业健康发展。

一、企业所得税方面

(一)关于建筑企业征收方式的问题

企业所得税征收方式分为查账征收和核定征收。根据《中华人民共和国税收征收管理法》第十九条的规定,纳税人按照有关法律、行政法规和国务院财政、税务主管部门的规定设置账簿,根据合法、有效凭证记账,进行核算。根据《国家税务总局关于印发〈企业所得税核定征收办法〉(试行)的通知》(国税发〔2008〕30号)第四条规定,推进纳税人建账建制工作,税务机关应积极督促核定征收企业所得税的纳税人建账建制,改善经营管理,引导纳税人向查账征收方式过渡。目前查账征收是我省企业所得税主要征收方式。

除此之外,依据《中华人民共和国税收征收管理法》第三十五条规定,"纳税人有下列情形之一的,税务机关有权核定其应纳税额:(一)依照法律、行政法规的规定可以不设置账簿的;(二)依照法律、行政法规的规定应当设置但未设置账簿的;(三)擅自销毁账簿或者拒不提供纳税资料的;(四)虽设置账簿,但账目混乱或者成本资料、收入凭证、费用凭证残缺不全,难以查账的;(五)发生纳税义务,未按照规定的期限办理纳税申报,经税务机关责令限期申报,逾期仍不申报的;(六)纳税人申报的计税依据明显偏低,又无正当理由的,税务机关核定应纳税额的具体程序和方法由国务院税务主管部门规定"。

据此,企业所得税征收方式的确定是根据纳税人账制是否健全,是否能准确核算成本、费用和利润,按规定申报缴纳税款等条件进行判断的,税务机关对于核定征收的企业需要督促其建账建制,最终实现查账征收。

同时,核定征收纳税人不得享受包括所得减免、加速折旧、加计扣除、抵扣应纳税所得额、减免税款、抵免税款等企业所得税优惠;核定征收企业形成的亏损不能用以后年度所得进行弥补等。近年来,国家实施大规模减税降费,出台了较多普惠性企业所得税优惠政策,包括高新技术企业、固定资产加速折旧、研发费用加计扣除、西部大开发等优惠政策,对企业的扶持力度逐年加大。我局大力落实"放管服"改革要求,通过广泛宣传、走访调研、精准辅导等措施,帮助企业用足用好企业所得税相关优惠政策,让纳税人实实在在享受到政策红利,切实减轻了税收负担。核定征收企业不能享受上述优惠政策,调整为查账征收方式后,符合条件的企业可享受包括加计扣除、加速折旧、优惠税率、税额抵免等更多企业所得税优惠政策。此外,查账征收企业纳税年度发生的亏损,准予用以后五个年度的所得弥补,如果是高新技术企业或科技型中小企业,亏损弥补期可以延长至10年。因此,实行查账征收的建筑企业更能充分享受减税红利，进一步降低税负，轻装上阵，健康发展。

（二）关于企业人工成本在税前扣除的问题

对于您提出的“施工企业人工成本不能全部进入施工成本，同样虚高了企业利润，增加了企业所得税”的问题，根据《关于企业所得税应纳税所得额若干税务处理问题的公告》（国家税务总局公告2012年第15号），企业雇用季节工、临时工等人员所实际发生的费用，应区分为工资、薪金支出和职工福利费支出，并按《企业所得税法》规定在企业所得税前扣除。根据《国家税务总局关于企业工资薪金和职工福利费等支出税前扣除问题的公告》（国家税务总局公告2015年第34号），企业接受外部劳务派遣用工所实际发生的费用，应分两种情况：按照协议（合同）约定直接支付给劳务派遣公司的费用，应作为劳务费支出；直接支付给员工个人的费用，应作为工资、薪金支出和职工福利费支出，并按规定在企业所得税前扣除。根据《企业所得税税前扣除凭证管理办法》（国家税务总局公告2018年第28号印发）的规定，企业可凭内部凭证或外部凭证作为计算企业所得税应纳税所得额时扣除的依据。企业支出项目属于增值税应税项目的，对方为已办理税务登记的增值税纳税人，其支出以发票（包括按照规定由税务机关代开的发票）作为税前扣除凭证；对方为依法无需办理税务登记的单位或者从事小额零星经营业务的个人，其支出以税务机关代开的发票或者收款凭证及内部凭证作为税前扣除凭证。企业支出项目不属于应税项目的，对方为单位的，以对方开具的发票以外的其他外部凭证作为税前扣除凭证；对方为个人的，以内部凭证作为税前扣除凭证。施工企业人工成本可以按照上述规定，在企业所得税前扣除。

二、增值税方面

（一）增值税发票代开相关情况

根据《中华人民共和国发票管理办法》的规定，需要临时使用发票的单位和个人，可以凭购销商品、提供或者接受服务以及从事其他经营活动的书面证明、经办人身份证明，直接向经营地税务机关申请代开发票。

未办理税务登记或临时税务登记的小规模纳税人，除特殊规定外，执行《增值税暂行条例》及其实施细则关于按次纳税的起征点有关规定，每次销售额未达到500元的免征增值税，达到500元的则需要正常征税。对于经常代开发票的自然人，建议主动办理税务登记或临时税务登记，以充分享受小规模纳税人月销售额10万元以下免税政策。

为方便纳税人申请代开增值税普通发票，拓展多渠道、多元化的增值税普通发票代开方式，为纳税人办理发票代开业务提供更多方式选择，云南省税务局在全省范围内开展税务机关委托邮政公司通过其营业厅及网点开展代开发票代征税款工作。同时线上线下融合，纳税人可以通过云南税务电子税务局、一部手机办税费（APP、微信公众号）等渠道申请代开增值税发票。

（二）进项税额抵扣情况

提案建议核定中小型建筑企业合理抵扣税率。按照《中华人民共和国增值税暂行条例》及其实施细则，纳税人购进货物、劳务、服务、无形资产、不动产支付或者负担的增值税额，为进项税额。抵扣增值税进项税额需要取得符合法律、行政法规或者国务院税务主管部门有关规定的增值税扣税凭证，是指增值税专用发票、海关进口增值税专用缴款书、农产品收购发票和农产品销售发票以及运输费用结算单据。

核定纳税人抵扣税率不符合《中华人民共和国增值税暂行条例》规定。省级税务机关无权就该业务制定政策规定。

（三）建筑行业纳税人税负情况

提案提到相对营业税3%的税负率，无法取得进项扣除凭证的中小型建筑企业税负提高了4%～5%。根据我局在“金税三期税收管理系统”中查询，2020年1～5月税款所属期，我省建筑行业一般纳税人平均税负率为2.5%(可能部分企业税负率高于上述水平)，建筑行业小规模纳税人税负率为3%。

为进一步方便纳税人取得进项扣除凭证，减轻税收负担，一方面，我局将加强增值税专用发票管理，进一步提高纳税人取得开具增值税专用发票的便利性，同时加强未按规定开具增值税专用发票投诉事项的处理效率，切实保障购买方索取增值税专用发票的权利，保持抵扣链条顺畅。另一方面，建议购买方在交易过程中，提高索取发票意识，倒逼销售方履行按规定开具发票的义务。税企双方共同努力，共同营造一个更加合理、公平的税收环境。

感谢对云南税收工作的关注、关心和支持，我们将继续认真落实各项税收政策，做好纳税服务，为我省经济社会发展营造良好的税收环境。

国家税务总局云南省税务局

2020年7月21日

不能提供成本费用证据，被查企业能否适用核定征收？①

在税务检查中，经常出现被查企业对其成本费用的真实性不能提供相关证据的情况，按照规定其相应支出不能税前扣除。这时，企业往往提出应被实施核定征收。这种情况下，税务机关是否就要对企业核定征收，实务中存在争议。下面两则法院判决对此类问题给出了答案。

在税务检查实践中，检查人员经常遇到被查企业对其成本费用的真实性不能提供相关证据的情况。比如，取得了不合规发票，但不能按照《国家税务总局关于发布〈企业所得税税前扣除凭证管理办法〉的公告》(国家税务总局公告2018年第28号)之规定提供相关资料，于是相应支出不能税前扣除。

---

① 马泽方.不能提供成本费用证据，被查企业能否适用核定征收？[N].中国税务报，2021-1-26(5).

当这部分成本费用比例较大时,会造成对企业收入额征收企业所得税的情况,企业往往会质疑这违背了企业所得税对“所得”征税的原则,提出对其进行核定征收。

此时,税务机关是否就要对企业采用核定征收,实务中颇有争议。下面,我们来看看两个法院对此类争议的判决。

丁某峰诉讼案

第一个是丁某峰与B市税务局稽查局的行政诉讼案,这是最近判决的案例。

丁某峰是甲公司的唯一自然人股东,甲公司是一人有限责任公司。甲公司注销后,B市税务局稽查局发现该公司在存续期间存在隐瞒收入的行为,遂对其股东丁某峰追征税款。

稽查局经查确定,甲公司在2009—2011年隐瞒营业收入789.64万元,合计应补缴企业所得税186.36万元。由于丁某峰一直未提供甲公司有关营业收入的成本费用,稽查局遂按照有关规定,以收入减除营业税金及附加得出应纳税所得额,未减除其他成本费用。丁某峰认为此处理决定几乎是对甲公司的收入全额征税,违反了“就所得额征税”这一常识性的企业所得税征税原则,违反了企业所得税法,应对甲公司采用核定征收,遂提起诉讼,要求法院撤销有关税务处理决定。

一审法院认为,税务机关作出“要求甲公司提交书面陈述申辩意见及相关证据材料”的通知后,丁某峰未提交证据材料,故税务机关根据纳税检查结果计算对甲公司的追缴税款,并无不当。丁某峰上诉,二审法院认同一审判决,驳回丁某峰的上诉。

电力诉讼案

第二个是L电力建设发展有限公司(以下简称L电力)与S税务局稽查局行政诉讼案,二审判决时间是2015年。该案中,法院对税务检查中是否要采用核定征收进行了详细说理。

S税务局稽查局经检查认定,L电力在2008—2011年通过支付手续费的方式购买增值税普通发票584份,票面金额合计3 224.93万元,用于虚增成本、减少利润,导致少缴企业所得税806.23万元,根据税法规定,判定L电力的有关行为为偷税。L电力对此税务处理决定不服,提起诉讼,称其没有取得虚开发票行为,未获得法院支持,接着上诉。

二审中,L电力对其取得虚开发票的行为并不否认,但认为“不应直接根据虚开发票金额认定企业的偷逃税款金额,可以通过鉴定企业的工程项目成本或者评估企业的利润来确定企业的应缴企业所得税金额,也可以通过核定征收的办法来确定企业的应缴企业所得税金额”。L电力提出,税务机关违背了对“所得”征税的原则,主张核定征收。

二审法院认为,查账征收与核定征收是我国现行企业所得税的两种征收方式。2008—2011年,L电力企业所得税征收方式均为查账征收,现因税务违法行为被查处而主张改变征收方式。为保证税收征管的严肃性、合法性,打击、惩处税务违法行为,企业所得税征收方式能否变更为核定征收,应当严格按照法律法规的规定。经审查,有关“税务机关在本案情形中对L电力征收方式改为核定征收”的诉求,现行法律法规并无相关规定,故L电力的上诉理由于法无据,驳回其诉讼请求。

税务人观察

企业生产经营,不可能不产生成本费用。但当企业不能提供相关证据证明其成本费用的真实性时,税务机关是否可以不允许企业扣除有关成本费用,对其收入额直接征税?通过以上两个法院判例,可以看出,当企业不能向税务检查人员提供证明成本费用真实性的证据时,税务机关按照企业的收入额征收企业所得税,并无不当。

《税收征收管理法》第十九条规定:“纳税人、扣缴义务人按照有关法律、行政法规和国务院财政、税务主管部门的规定设置账簿,根据合法、有效凭证记账,进行核算。”《国家税务总局关于纳税人权利与义务的公告》(国家税务总局公告2009年第1号)规定,纳税人有依法设置账簿、保管账簿和有关资料,以及依法开具、使用、取得和保管发票的义务。因此,企业应当严格按照规定设置账簿,并保存有关资料。

根据《税收征收管理法》第三十五条规定和《国家税务总局关于印发〈企业所得税核定征收办法〉(试行)的通知》(国税发〔2008〕30号)的规定,核定征收只适用于特定情形,只是针对账簿不全的小企业的权宜之计,随着企业发展,最终还是要对企业查账征收。《国家税务总局关于印发〈企业所得税核定征收办法〉(试行)的通知》(国税发〔2008〕30号)第四条明确指出:“税务机关应积极督促核定征收企业所得税的纳税人建账建制,改善经营管理,引导纳税人向查账征收方式过渡。”

上述两案中,涉案企业并不是没有设置账簿或者账簿混乱,而是不能向检查人员提供证据,证明其账簿所载成本费用的真实性,所以不符合核定征收的规定条件。企业一直适用查账征收,被检查时主张核定征收,明显有逃避缴纳税款的意图。若对此种情况采用核定征收,可能会导致被查企业故意不提供或销毁相关证据,以适用较低的应税所得率。

综上所述,企业在被税务检查时,如果不能向检查人员提供证明成本费用真实性的证据,就要承担不能税前扣除的结果。

3.8 其他

3.8.1 企业经营困难,可申请多长时间延期缴纳税款,是否有滞纳金

《税收征收管理法》第三十一条第二款规定,纳税人因有特殊困难,不能按期缴纳税款的,经省、自治区、直辖市国家税务局、地方税务局批准,可以延期缴纳税款,但是最长不得超过3个月。

由此可见,纳税人可以向主管税务机关申请延期缴纳税款,但是最长不得超过3

个月，延期后按规定期限缴税的不需要缴纳税收滞纳金。

3.8.2 企业经营困难，是否可以申请分期缴纳税款

《国家税务总局关于纳税人权利与义务的公告》(国家税务总局公告2009年第1号)规定，如您因有特殊困难，不能按期缴纳税款的，经省、自治区、直辖市税务局批准，可以延期缴纳税款，但是最长不得超过3个月。计划单列市税务局可以参照省税务机关的批准权限，审批您的延期缴纳税款申请；您满足以下任何一个条件，均可以申请延期缴纳税款：一是因不可抗力，导致您发生较大损失，正常生产经营活动受到较大影响的；二是当期货币资金在扣除应付职工工资、社会保险费后，不足以缴纳税款的。

由此可见，符合上述规定条件的纳税人可以申请延期缴纳税款，但暂无分期缴纳税款的规定。

3.8.3 纳税人是否可以先补缴税款，后期再缴纳滞纳金

《国家税务总局关于税收征管若干事项的公告》(国家税务总局公告2019年第48号)规定，对纳税人、扣缴义务人、纳税担保人应缴纳的欠税及滞纳金不再要求同时缴纳，可以先行缴纳欠税，再依法缴纳滞纳金。因此，纳税人的依法应缴纳的滞纳金可以待欠缴税费缴纳后再依法缴纳。

3.8.4 2021年度具体申报纳税期限是如何规定的

《国家税务总局办公厅关于明确2021年度申报纳税期限的通知》(税总办函〔2020〕242号)对2021年具体的申报纳税期限规定如下：

(1) 3月、7月、9月、11月、12月申报纳税期限分别截至当月15日。

(2) 1月1日至3日放假3天，1月申报纳税期限顺延至1月20日。

(3) 2月11日至17日放假7天，2月申报纳税期限顺延至2月23日。

(4) 4月3日至5日放假3天，4月申报纳税期限顺延至4月20日。

(5) 5月1日至5日放假5天，5月申报纳税期限顺延至5月21日。

(6) 6月12日至14日放假3天，6月申报纳税期限顺延至6月18日。

(7) 8月15日为星期日，8月申报纳税期限顺延至8月16日。

(8) 10月1日至7日放假7天，10月申报纳税期限顺延至10月26日。

各地遇特殊情况需要调整申报纳税期限的，应当提前上报国家税务总局(征管科技司)备案。

政策链接

第三十一条　纳税人、扣缴义务人按照法律、行政法规规定或者税务机关依照法律、行政法规的规定确定的期限，缴纳或者解缴税款。

纳税人因有特殊困难，不能按期缴纳税款的，经省、自治区、直辖市国家税务局、地方税务局批准，可以延期缴纳税款，但是最长不得超过3个月。

第三十二条　纳税人未按照规定期限缴纳税款的，扣缴义务人未按照规定期限解缴税款的，税务机关除责令限期缴纳外，从滞纳税款之日起，按日加收滞纳税款万分之五的滞纳金。

【《中华人民共和国税收征收管理法》第三十一条、第三十二条】

一、知情权

您有权向我们了解国家税收法律、行政法规的规定以及与纳税程序有关的情况，包括：现行税收法律、行政法规和税收政策规定；办理税收事项的时间、方式、步骤以及需要提交的资料；应纳税额核定及其他税务行政处理决定的法律依据、事实依据和计算方法；与我们在纳税、处罚和采取强制执行措施时发生争议或纠纷时，您可以采取的法律救济途径及需要满足的条件。

二、保密权

您有权要求我们为您的情况保密。我们将依法为您的商业秘密和个人隐私保密，主要包括您的技术信息、经营信息和您、主要投资人以及经营者不愿公开的个人事项。上述事项，如无法律、行政法规明确规定或者您的许可，我们将不会对外部门、社会公众和其他个人提供。但根据法律规定，税收违法行为信息不属于保密范围。

三、税收监督权

您对我们违反税收法律、行政法规的行为，如税务人员索贿受贿、徇私舞弊、玩忽职守，不征或者少征应征税款，滥用职权多征税款或者故意刁难等，可以进行检举和控告。同时，您对其他纳税人的税收违法行为也有权进行检举。

四、纳税申报方式选择权

您可以直接到办税服务厅办理纳税申报或者报送代扣代缴、代收代缴税款报告表，也可以按照规定采取邮寄、数据电文或者其他方式办理上述申报、报送事项。但采取邮寄或数据电文方式办理上述申报、报送事项的，需经您的主管税务机关批准。

您如采取邮寄方式办理纳税申报，应当使用统一的纳税申报专用信封，并以邮政部门收据作为申报凭据。邮寄申报以寄出的邮戳日期为实际申报日期。

数据电文方式是指我们确定的电话语音、电子数据交换和网络传输等电子方式。您如采用电子方式办理纳税申报，应当按照我们规定的期限和要求保存有关资料，并定期书面报送给我们。

五、申请延期申报权

您如不能按期办理纳税申报或者报送代扣代缴、代收代缴税款报告表，应当在规定的期限内向我们提出书面延期申请，经核准，可在核准的期限内办理。经核准延期办理申报、报送事项的，应当在税法规定的纳税期内按照上期实际缴纳的税额或者我们核定的税额预缴税款，并在核准的延期内办理税款结算。

六、申请延期缴纳税款权

如您因有特殊困难，不能按期缴纳税款的，经省、自治区、直辖市国家税务局、地方税务局批准，可以延期缴纳税款，但是最长不得超过3个月。计划单列市国家税务局、地方税务局可以参照省级税务机关的批准权限，审批您的延期缴纳税款申请。

您满足以下任何一个条件，均可以申请延期缴纳税款：一是因不可抗力，导致您发生较大损失，正常生产经营活动受到较大影响的；二是当期货币资金在扣除应付职工工资、社会保险费后，不足以缴纳税款的。

七、申请退还多缴税款权

对您超过应纳税额缴纳的税款，我们发现后，将自发现之日起10日内办理退还手续；如您自结算缴纳税款之日起3年内发现的，可以向我们要求退还多缴的税款并加算银行同期存款利息。我们将自接到您退还申请之日起30日内查实并办理退还手续，涉及从国库中退库的，依照法律、行政法规有关国库管理的规定退还。

八、依法享受税收优惠权

您可以依照法律、行政法规的规定书面申请减税、免税。减税、免税的申请须经法律、行政法规规定的减税、免税审查批准机关审批。减税、免税期满，应当自期满次日起恢复纳税。减税、免税条件发生变化的，应当自发生变化之日起15日内向我们报告；不再符合减税、免税条件的，应当依法履行纳税义务。

如您享受的税收优惠需要备案的，应当按照税收法律、行政法规和有关政策规定，及时办理事前或事后备案。

九、委托税务代理权

您有权就以下事项委托税务代理人代为办理：办理、变更或者注销税务登记、除增值税专用发票外的发票领购手续、纳税申报或扣缴税款报告、税款缴纳和申请退税、制作涉税文书、审查纳税情况、建账建制、办理财务、税务咨询、申请税务行政复议、提起税务行政诉讼以及国家税务总局规定的其他业务。

十、陈述与申辩权

您对我们做出的决定，享有陈述权、申辩权。如果您有充分的证据证明自己的行为合法，我们就不得对您实施行政处罚；即使您的陈述或申辩不充分合理，我们也会向您解释实施行政处罚的原因。我们不会因您的申辩而加重处罚。

十一、对未出示税务检查证和税务检查通知书的拒绝检查权

我们派出的人员进行税务检查时，应当向您出示税务检查证和税务检查通知书；对未出示税务检查证和税务检查通知书的，您有权拒绝检查。

十二、税收法律救济权

您对我们做出的决定，依法享有申请行政复议、提起行政诉讼、请求国家赔偿等权利。

您、纳税担保人同我们在纳税上发生争议时，必须先依照我们的纳税决定缴纳或

者解缴税款及滞纳金或者提供相应的担保,然后可以依法申请行政复议;对行政复议决定不服的,可以依法向人民法院起诉。如您对我们的处罚决定、强制执行措施或者税收保全措施不服的,可以依法申请行政复议,也可以依法向人民法院起诉。

当我们的职务违法行为给您和其他税务当事人的合法权益造成侵害时,您和其他税务当事人可以要求税务行政赔偿。主要包括:一是您在限期内已缴纳税款,我们未立即解除税收保全措施,使您的合法权益遭受损失的;二是我们滥用职权违法采取税收保全措施、强制执行措施或者采取税收保全措施、强制执行措施不当,使您或者纳税担保人的合法权益遭受损失的。

十三、依法要求听证的权利

对您作出规定金额以上罚款的行政处罚之前,我们会向您送达《税务行政处罚事项告知书》,告知您已经查明的违法事实、证据、行政处罚的法律依据和拟将给予的行政处罚。对此,您有权要求举行听证。我们将应您的要求组织听证。如您认为我们指定的听证主持人与本案有直接利害关系,您有权申请主持人回避。

对应当进行听证的案件,我们不组织听证,行政处罚决定不能成立。但您放弃听证权利或者被正当取消听证权利的除外。

十四、索取有关税收凭证的权利

我们征收税款时,必须给您开具完税凭证。扣缴义务人代扣、代收税款时,纳税人要求扣缴义务人开具代扣、代收税款凭证时,扣缴义务人应当开具。

我们扣押商品、货物或者其他财产时,必须开付收据;查封商品、货物或者其他财产时,必须开付清单。

【《国家税务总局关于纳税人权利与义务的公告》(国家税务总局公告2009年第1号)第一条、第二条、第三条、第四条、第五条、第六条、第七条、第八条、第九条、第十条、第十一条、第十二条、第十三条、第十四条】

一、关于欠税滞纳金加收问题

(一)对纳税人、扣缴义务人、纳税担保人应缴纳的欠税及滞纳金不再要求同时缴纳,可以先行缴纳欠税,再依法缴纳滞纳金。

(二)本条所称欠税,是指依照《欠税公告办法(试行)》(国家税务总局令第9号公布,第44号修改)第三条、第十三条规定认定的,纳税人、扣缴义务人、纳税担保人超过税收法律、行政法规规定的期限或者超过税务机关依照税收法律、行政法规规定确定的纳税期限未缴纳的税款。

二、关于临时税务登记问题

从事生产、经营的个人应办而未办营业执照,但发生纳税义务的,可以按规定申请办理临时税务登记。

三、关于非正常户的认定与解除

(一)已办理税务登记的纳税人未按照规定的期限进行纳税申报,税务机关依法责令其限期改正。纳税人逾期不改正的，税务机关可以按照《中华人民共和国税收征收管理法》（以下简称税收征管法）第七十二条规定处理。

纳税人负有纳税申报义务，但连续3个月所有税种均未进行纳税申报的，税收征管系统自动将其认定为非正常户，并停止其发票领用簿和发票的使用。

（二）对欠税的非正常户，税务机关依照税收征管法及其实施细则的规定追征税款及滞纳金。

（三）已认定为非正常户的纳税人，就其逾期未申报行为接受处罚、缴纳罚款，并补办纳税申报的，税收征管系统自动解除非正常状态，无需纳税人专门申请解除。

四、关于企业破产清算程序中的税收征管问题

（一）税务机关在人民法院公告的债权申报期限内，向管理人申报企业所欠税款（含教育费附加、地方教育附加，下同）、滞纳金及罚款。因特别纳税调整产生的利息，也应一并申报。

企业所欠税款、滞纳金、罚款，以及因特别纳税调整产生的利息，以人民法院裁定受理破产申请之日为截止日计算确定。

（二）在人民法院裁定受理破产申请之日至企业注销之日期间，企业应当接受税务机关的税务管理，履行税法规定的相关义务。破产程序中如发生应税情形，应按规定申报纳税。

从人民法院指定管理人之日起，管理人可以按照《中华人民共和国企业破产法》（以下简称企业破产法）第二十五条规定，以企业名义办理纳税申报等涉税事宜。

企业因继续履行合同、生产经营或处置财产需要开具发票的，管理人可以以企业名义按规定申领开具发票或者代开发票。

（三）企业所欠税款、滞纳金、因特别纳税调整产生的利息，税务机关按照企业破产法相关规定进行申报，其中，企业所欠的滞纳金、因特别纳税调整产生的利息按照普通破产债权申报。

【《国家税务总局关于关于税收征管若干事项的公告》（国家税务总局公告2019年第48号）第一条、第二条、第三条、第四条】

第 4 章　企业所得税申报表填报

4.1　企业所得税年度申报表填报

4.1.1　国家税务总局公告 2020 年第 24 号对《中华人民共和国企业所得税年度纳税申报表(A 类,2017 年版)》部分表单和填报说明进行修订,请问此次修订的内容有哪些

为贯彻落实《企业所得税法》及有关税收政策,2020 年 12 月 30 日税务总局对《中华人民共和国企业所得税年度纳税申报表(A 类,2017 年版)》部分表单和填报说明进行修订,本次共对 13 张表单进行了修订。其中,对表单样式及其填报说明进行调整的表单共 11 张,包括《企业所得税年度纳税申报基础信息表》(A000000)、《纳税调整项目明细表》(A105000)、《捐赠支出及纳税调整明细表》(A105070)、《资产折旧、摊销及纳税调整明细表》(A105080)、《资产损失税前扣除及纳税调整明细表》(A105090)、《贷款损失准备金及纳税调整明细表》(A105120)、《企业所得税弥补亏损明细表》(A106000)、《所得减免优惠明细表》(A107020)、《减免所得税优惠明细表》(A107040)、《软件、集成电路企业优惠情况及明细表》(A107042)、《境外所得纳税调整后所得明细表》(A108010)。仅修改填报说明的表单共 2 张,包括《中华人民共和国企业所得税年度纳税申报表(A 类)》(A100000)和《境外所得税收抵免明细表》(A108000)。主要修订内容如下:

(1)《企业所得税年度纳税申报基础信息表》(A000000)。

一是根据《财政部　税务总局关于海南自由贸易港企业所得税优惠政策的通知》(财税〔2020〕31 号),调整“203 选择采用的境外所得抵免方式”项目,将“203 选择采用的境外所得抵免方式”改为“203-1 选择采用的境外所得抵免方式”,新增“203-2 海南自由贸易港新增境外直接投资信息”,适用于填报享受境外所得免征企业所得税优惠政策条件的相关信息。

二是根据《财政部　税务总局　发展改革委　工业和信息化部关于促进集成电路和软件产业高质量发展企业所得税政策的公告》(财政部　税务总局　发展改革委　工业和信息化部公告 2020 年第 45 号)的规定,在“209 集成电路生产项目类型”下新增“28 纳米”选项,同时调整“208 软件、集成电路企业类型”的填报说明。

三是调整“107 适用会计准则或会计制度”的填报说明,在《会计准则或会计制度类型代码表》中新增“800 政府会计准则”。

(2)《纳税调整项目明细表》(A105000)。

为减轻金融企业填报负担,结合原《特殊行业准备金及纳税调整明细表》(A105120)修订情况,在第39行“特殊行业准备金”项目中新增保险公司、证券行业、期货行业、中小企业融资(信用)担保机构相关行次,用于填报准备金纳税调整情况。

(3)《捐赠支出及纳税调整明细表》(A105070)。

根据《财政部　税务总局关于支持新型冠状病毒感染的肺炎疫情防控有关捐赠税收政策的公告》(财政部　税务总局公告2020年第9号)和《财政部　税务总局　海关总署关于杭州2022年亚运会和亚残运会税收政策的公告》(财政部公告2020年第18号)等政策,优化表单结构。对“全额扣除的公益性捐赠”部分,通过填报第8行至第10行“项目”代码的方式,满足“扶贫捐赠”“北京2022年冬奥会、冬残奥会、测试赛捐赠”“杭州2022年亚运会捐赠”“支持新型冠状病毒感染的肺炎疫情防控捐赠”等全额扣除政策的填报需要。一个项目填报一行,纳税人有多个项目的,可自行增加行次填报。

需要提醒的是,“支持新型冠状病毒感染的肺炎疫情防控捐赠”分两种情况:一种为企业通过公益性社会组织或国家机关捐赠;另一种为企业直接向承担疫情防治任务的医院捐赠。这两项支出,企业须分开填报。同时,除了直接向承担疫情防治任务的医院捐赠物资时可用医疗机构出具的捐赠接收函作为税前扣除凭证,其他类型的捐赠所取得的捐赠票据,均需满足《财政部　税务总局　民政部关于公益性捐赠税前扣除有关事项的公告》(财政部公告2020年第27号)的要求。

(4)《资产折旧、摊销及纳税调整明细表》(A105080)。

根据《财政部　税务总局关于支持新型冠状病毒感染的肺炎疫情防控有关税收政策的公告》(财政部　税务总局公告2020年第8号)和《财政部　税务总局关于海南自由贸易港企业所得税优惠政策的通知》(财税〔2020〕31号)的政策规定,新增第10行“海南自由贸易港企业固定资产加速折旧”、第12行“疫情防控重点保障物资生产企业单价500万元以上设备一次性扣除”、第13行“海南自由贸易港企业固定资产一次性扣除”、第31行“海南自由贸易港企业无形资产加速摊销”、第32行“海南自由贸易港企业无形资产一次性摊销”,适用于填报上述政策涉及的资产折旧、摊销情况及优惠统计情况。

(5)《资产损失税前扣除及纳税调整明细表》(A105090)。

结合原《特殊行业准备金及纳税调整明细表》(A105120)修订情况,进一步明确数据项填报口径。例如,将第1列名称修改为“资产损失直接计入本年损益金额”,新增第2列“资产损失准备金核销金额”和第18行“贷款损失”。

(6)《贷款损失准备金及纳税调整明细表》(A105120)。

一是为减轻金融企业填报负担,大幅度缩减了原《特殊行业准备金及纳税调整明细表》(A105120)的填报范围,仅发生贷款损失准备金的金融企业、小额贷款公司的纳税人需要填报,并将表单名称修改为《贷款损失准备金及纳税调整明细表》。同时,取消保险公司、证券行业、期货行业、中小企业融资(信用)担保机构相关行次,将相关行次简并、优化至《纳税调整项目明细表》(A105000)。

二是根据金融企业贷款准备金业务财务核算方式,以贷款资产和准备金的“余额”为核心数据项,重新确定了表单结构和填报规则,更好地与企业财务核算方式衔接。

(7)《企业所得税弥补亏损明细表》(A106000)。

根据《财政部 税务总局关于支持新型冠状病毒感染的肺炎疫情防控有关税收政策的公告》(财政部 税务总局公告2020年第8号)、《财政部 税务总局关于电影等行业税费支持政策的公告》(财政部 税务总局公告2020年第25号)、《财政部 税务总局 发展改革委 工业和信息化部关于促进集成电路和软件产业高质量发展企业所得税政策的公告》(财政部 税务总局 发展改革委 工业和信息化部公告2020年第45号)的规定,新增第5列“合并、分立转入的亏损额-可弥补年限8年”,同时更新“弥补亏损企业类型”代码表,增加“线宽小于130纳米(含)的集成电路生产企业”“受疫情影响困难行业企业”和“电影行业企业”选项,纳税人可根据最新政策规定填报。

(8)《所得减免优惠明细表》(A107020)。

一是根据《财政部 税务总局 发展改革委 工业和信息化部关于促进集成电路和软件产业高质量发展企业所得税政策的公告》(财政部 税务总局 发展改革委 工业和信息化部公告2020年第45号)的规定,新增“线宽小于28纳米(含)的集成电路生产项目减免企业所得税”项目,纳税人可根据最新政策规定填报。

二是根据《财政部 税务总局 科技部 知识产权局关于中关村国家自主创新示范区特定区域技术转让企业所得税试点政策的通知》(财税〔2020〕61号)的规定,修改第10行至第12行“四、符合条件的技术转让项目”的填报规则,纳税人可根据最新政策规定,选择相应项目进行填报。

(9)《减免所得税优惠明细表》(A107040)。

一是根据《财政部 税务总局关于海南自由贸易港企业所得税优惠政策的通知》(财税〔2020〕31号)和《财政部 税务总局关于中国(上海)自贸试验区临港新片区重点产业企业所得税政策的通知》(财税〔2020〕38号),新增第28.2行“上海自贸试验区临港新片区的重点产业企业减按15%的税率征收企业所得税”和第28.3行“海南自由贸易港鼓励类企业减按15%税率征收企业所得税”,适用于填报上海自贸试验区临港新片区重点产业企业优惠政策和海南自由贸易港鼓励类企业优惠政策情况。

二是根据《财政部 税务总局 发展改革委 工业和信息化部关于促进集成电路和软件产业高质量发展企业所得税政策的公告》(财政部 税务总局 发展改革委 工业和信息化部公告2020年第45号)的规定,新增第28.4行“国家鼓励的集成电路和软件企业减免企业所得税政策”及下级行次,适用于填报集成电路和软件企业所得税优惠政策情况。

三是根据《财政部　税务总局　发展改革委　证监会关于中关村国家自主创新示范区公司型创业投资企业有关企业所得税试点政策的通知》(财税〔2020〕63 号)的规定,增加了第 32 行“符合条件的公司型创投企业按照企业年末个人股东持股比例减免企业所得税”行次,适用于填报公司型创投企业所得税优惠政策情况。

(10)《软件、集成电路企业优惠情况及明细表》(A107042)。

为减轻纳税人填报负担,根据《财政部　税务总局　发展改革委　工业和信息化部关于促进集成电路和软件产业高质量发展企业所得税政策的公告》(财政部　税务总局　发展改革委　工业和信息化部公告 2020 年第 45 号),对表单进行全面精简,数据项由 22 项压减至 11 项,纳税人可根据有关政策规定,选择相应的数据项填报。

(11)《境外所得纳税调整后所得明细表》(A108010)。

根据《财政部　税务总局关于海南自由贸易港企业所得税优惠政策的通知》(财税〔2020〕31 号),新增“海南自由贸易港企业新增境外直接投资所得”部分,适用于填报海南自由贸易港企业新增境外直接投资所得免税政策有关情况。

此外,根据上述附表调整情况,同步对主表《中华人民共和国企业所得税年度纳税申报表(A 类)》(A100000)和一级附表《境外所得税收抵免明细表》(A108000)相关数据项的填报说明进行了修改。

4.1.2　2020 年企业所得税汇算清缴填报表 A000000 时,应注意的事项是什么

在汇算清缴时,纳税人在填报《企业所得税年度纳税申报基础信息表》(A000000)时应关注:小型微利企业重点关注资产总额、行业、从业人数等相关信息,特别注意资产总额单位为万元;如果是符合条件的小型微利企业可免于填报《企业所得税年度纳税申报基础信息表》(A000000)中的“主要股东及分红情况”,还可以免填《一般企业收入明细表》(A101010)、《金融企业收入明细表》(A101020)、《一般企业成本支出明细表》(A102010)、《金融企业支出明细表》(A102020)、《事业单位、民间非营利组织收入、支出明细表》(A103000)、《期间费用明细表》(A104000)。

经认定有效期内的高新技术企业,无论是否享受高新技术企业优惠,均应填写《高新技术企业优惠情况及明细表》(A107041),同时在《企业所得税年度纳税申报表基础信息表》(A000000)211 的信息必须填报完整。

符合条件的科技型中小企业在《企业所得税年度纳税申报基础信息表》(A000000)中应填报 210 相关信息。涉及表 A106000,若 210、211 信息没有填报,则无法享受延长高新技术企业和科技型中小企业亏损结转年限政策。

4.1.3　企业所得税汇算清缴,税收滞纳金填在表 A102010 哪一行

税收滞纳金在《一般企业成本支出明细表》(A102010)中,可以填报在第 26 行

“其他”。

4.1.4 表A100000第1至13行是按会计口径填报的，财会〔2018〕15号在《利润表》中增加“其他收益”“资产处置收益”“信用减值损失”“净敞口套期收益”项目，请问表A100000如何填报这些项目

根据《中华人民共和国企业所得税年度纳税申报表(A类)》(A100000)填报说明：第1～13行参照国家统一会计制度规定填写。本部分未设“研发费用”“其他收益”“资产处置收益”等项目，对于已执行《财政部关于修订印发2019年度一般企业财务报表格式的通知》(财会〔2019〕6号)的纳税人，在《利润表》中归集的“研发费用”通过《期间费用明细表》(A104000)第19行“十九、研究费用”的管理费用相应列次填报；在《利润表》中归集的“其他收益”“资产处置收益”“信用减值损失”“净敞口套期收益”项目则无需填报，同时第10行“二、营业利润”不执行“第10行＝第1－2－3－4－5－6－7＋8＋9行”的表内关系，按照《利润表》“营业利润”项目直接填报。

4.1.5 2020年以来，为落实支持新型冠状病毒感染的肺炎疫情防控和企业复工、复产，支持海南自由贸易港建设，促进集成电路和软件等产业高质量发展，国家出台的企业所得税政策主要有哪些

(1) 支持新型冠状病毒感染的肺炎疫情防控和企业复工、复产政策。

一是财政部、税务总局发布的《关于支持新型冠状病毒感染的肺炎疫情防控有关税收政策的公告》(财政部 税务总局公告2020年第8号)规定，对疫情防控重点保障物资生产企业为扩大产能新购置的相关设备，允许一次性计入当期成本费用在企业所得税税前扣除；受疫情影响较大的困难行业企业，2020年度发生的亏损最长结转年限由5年延长至8年。

二是财政部、税务总局发布的《关于支持新型冠状病毒感染的肺炎疫情防控有关捐赠税收政策的公告》(财政部 税务总局公告2020年第9号)规定，企业通过公益性社会组织或者县级以上人民政府及其部门等国家机关，捐赠用于应对新型冠状病毒感染的肺炎疫情的现金和物品，允许在计算应纳税所得额时全额扣除。企业直接向承担疫情防治任务的医院捐赠用于应对新型冠状病毒感染的肺炎疫情的物品，允许在计算应纳税所得额时全额扣除。

三是财政部、税务总局发布的《关于电影等行业税费支持政策的公告》(财政部 税务总局公告2020年第25号)规定，对电影行业企业2020年度发生的亏损，最长结转年限由5年延长至8年。

(2) 支持海南自由贸易港建设政策。

财政部、税务总局制发的《关于海南自由贸易港企业所得税优惠政策的通知》(财税〔2020〕31号)规定，对注册在海南自由贸易港并实质性运营的鼓励类产业企业，减按15%的税率征收企业所得税。对在海南自由贸易港设立的旅游业、现代服务业、

高新技术产业企业新增境外直接投资取得的所得，免征企业所得税。对在海南自由贸易港设立的企业，新购置（含自建、自行开发）固定资产或无形资产，单位价值不超过 500 万元（含）的，允许一次性计入当期成本费用在计算应纳税所得额时扣除，不再分年度计算折旧和摊销；新购置（含自建、自行开发）固定资产或无形资产，单位价值超过 500 万元的，可以缩短折旧、摊销年限或采取加速折旧、摊销的方法。

(3) 促进集成电路和软件产业高质量发展政策。

财政部、税务总局、发展改革委、工业和信息化部联合发布的《关于促进集成电路产业和软件产业高质量发展企业所得税政策的公告》（财政部　税务总局　发展改革委　工业和信息化部公告 2020 年第 45 号）规定，国家鼓励的符合条件的集成电路企业和软件企业减免企业所得税；国家鼓励的线宽小于 130 纳米（含）的集成电路生产企业，属于国家鼓励的集成电路生产企业清单年度之前 5 个纳税年度发生的尚未弥补完的亏损，准予向以后年度结转，总结转年限最长不得超过 10 年。

(4) 其他政策。

一是财政部、税务总局、海关总署联合发布的《财政部　税务总局　海关总署关于杭州 2022 年亚运会和亚残运会税收政策的公告》（财政部公告 2020 年第 18 号）规定，对企业、社会组织和团体赞助、捐赠杭州亚运会的资金、物资、服务支出，在计算企业应纳税所得额时予以全额扣除。

二是财政部、税务总局制发的《关于中国（上海）自贸试验区临港新片区重点产业企业所得税政策的通知》（财税〔2020〕38 号）规定，（上海）自由贸易试验区临港新片区内重点产业减按 15％的税率征收企业所得税。

三是财政部、税务总局、科技部、知识产权局联合制发的《关于中关村国家自主创新示范区特定区域技术转让企业所得税试点政策的通知》（财税〔2020〕61 号）规定，在中关村国家自主创新示范区特定区域内注册的居民企业，符合条件的技术转让所得，减免征收企业所得税。

四是财政部、税务总局、发展改革委、证监会联合制发的《关于中关村国家自主创新示范区公司型创业投资企业有关企业所得税试点政策的通知》（财税〔2020〕63 号）规定，对符合条件的公司型创投企业按照企业年末个人股东持股比例减免企业所得税。

(5) 原有企业所得税政策延续。

① 西部大开发企业所得税优惠政策继续执行。

延长西部大开发相关税收优惠政策和降低享受政策的门槛，将有助于西部地区继续在优惠政策的扶持下，更稳健的提升自身发展内生能力，夯实基础，更好实现经济的转型升级，缩小东西部差距，从而实现协调发展。根据《财政部　税务总局　国家发展改革委关于延续西部大开发企业所得税政策的公告》（财政部公告 2020 年第 23 号）的有关规定，自 2021 年 1 月 1 日至 2030 年 12 月 31 日，对设在西部地区的鼓励类产业企业减按 15%的税率征收企业所得税。

在延续的政策中,主营业务占比限制变小进一步释放了政策红利,将鼓励类产业项目当年度主营业务收入占企业收入总额限制比例由 70%降低至 60%以上,可以让更多的企业享受红利,提振西部发展、促进转型升级。

② 特定行业广告费和业务宣传费支出税前扣除政策继续执行。

根据《财政部 税务总局关于广告费和业务宣传费支出税前扣除有关事项的公告》(财政部 税务总局公告 2020 年第 43 号,以下简称 43 号公告)的规定,三类企业广告费和业务宣传费支出税前扣除的特殊税收政策继续延续执行 5 年:对化妆品制造或销售、医药制造和饮料制造(不含酒类制造)企业发生的广告费和业务宣传费支出,不超过当年销售(营业)收入 30%的部分,准予扣除;超过部分,准予在以后纳税年度结转扣除。

43 号公告还规定,对签订广告费和业务宣传费分摊协议(以下简称分摊协议)的关联企业,其中一方发生的不超过当年销售(营业)收入税前扣除限额比例内的广告费和业务宣传费支出可以在本企业扣除,也可以将其中的部分或全部按照分摊协议归集至另一方扣除。另一方在计算本企业广告费和业务宣传费支出企业所得税税前扣除限额时,可将按照上述办法归集至本企业的广告费和业务宣传费不计算在内。烟草企业的烟草广告费和业务宣传费支出,一律不得在计算应纳税所得额时扣除。

③ 普惠金融有关企业所得税政策继续执行。

为进一步支持小微企业、个体工商户和农户的普惠金融服务,财政部、税务总局制发《关于延续实施普惠金融有关税收优惠政策的公告》(财政部 税务总局公告 2020 年第 22 号),对《财政部 税务总局关于延续支持农村金融发展有关税收政策的通知》(财税〔2017〕44 号)、《财政部 税务总局关于小额贷款公司有关税收政策的通知》(财税〔2017〕48 号)等文件规定的普惠金融企业所得税优惠政策的执行期限延长至 2023 年 12 月 31 日:对金融机构农户小额贷款的利息收入,在计算应纳税所得额时,按 90%计入收入总额。对保险公司为种植业、养殖业提供保险业务取得的保费收入,在计算应纳税所得额时,按 90%计入收入总额。

对符合条件的小额贷款公司按年末贷款余额 1%计提的贷款损失准备金准予在企业所得税税前扣除。

④ 公益性捐赠税前扣除有关事项进一步细化。

财政部、国家税务总局、民政部制发《关于公益性捐赠税前扣除有关事项的公告》(财政部 税务总局 民政部公告 2020 年第 27 号),对公益慈善事业、公益性社会组织进行了定义,对公益性捐赠税前扣除资格取得、取消的条件进行了界定,对企业或个人发生的公益慈善事业捐赠支出的税前扣除相关细节等进行了明确,自 2020 年 1 月 1 日执行。此前财政部、国家税务总局、民政部制发的公益性捐赠税前扣除有关文件:《财政部 国家税务总局 民政部关于公益性捐赠税前扣除有关问题的通知》(财税〔2008〕160 号)、《财政部 国家税务总局 民政部关于公益性捐赠税前扣除有关问题的补充通知》(财税〔2010〕45 号)、《财政部 国家税务总局 民政部关于公益性捐赠税前扣除资格确认审批有关调整事项的通知》(财税〔2015〕141 号)同时废止。

4.1.6 《国家税务总局关于修订企业所得税年度纳税申报表的公告》(国家税务总局公告 2020 年第 24 号)不同企业类型关注点有哪些

(1) 受疫情影响较大的五大行业企业:重点关注《企业所得税弥补亏损明细表》(A106000)的变化。

《财政部 税务总局关于支持新型冠状病毒感染的肺炎疫情防控有关税收政策的公告》(财政部 税务总局公告 2020 年第 8 号,以下简称 8 号公告)、《财政部 税务总局关于电影等行业税费支持政策的公告》(财政部 税务总局公告 2020 年第 25 号)规定,受疫情影响较大的五大行业企业,即交通运输、餐饮、住宿、旅游四大类困难行业企业及电影行业企业,2020 年度发生的亏损,最长结转年限由 5 年延长至 8 年。

此次申报表修订,《企业所得税弥补亏损明细表》(A106000)新增第 5 列"合并、分立转入的亏损额-可弥补年限 8 年",同时更新"弥补亏损企业类型"代码表,增加"受疫情影响困难行业企业"和"电影行业企业"等选项。根据《国家税务总局关于支持新型冠状病毒感染的肺炎疫情防控有关税收征收管理事项的公告》(国家税务总局公告 2020 年第 4 号)第十条的规定,受疫情影响较大的困难行业企业适用延长亏损结转年限政策的,应当在 2020 年度企业所得税汇算清缴时,通过电子税务局提交《适用延长亏损结转年限政策声明》。

(2) 疫情防控重点保障物资生产企业:关注《资产折旧、摊销及纳税调整明细表》(A105080)的变化。

8 号公告规定,对疫情防控重点保障物资生产企业为扩大产能新购置的相关设备,允许一次性计入当期成本费用在企业所得税税前扣除。此前,《财政部 税务总局关于设备 器具扣除有关企业所得税政策的通知》(财税〔2018〕54 号)规定,企业新购进的设备、器具,单位价值不超过 500 万元的允许一次性税前扣除。8 号公告明确,疫情防控重点保障物资生产企业新购置的单位价值超过 500 万元的相关设备,也允许税前一次性扣除。

本次申报表修订,《资产折旧、摊销及纳税调整明细表》(A105080)新增第 12 行"疫情防控重点保障物资生产企业单价 500 万元以上设备一次性扣除",为疫情防控重点保障物资生产企业申报提供了便利。

(3) 公益性捐赠支出的各类型企业:重点关注《捐赠支出及纳税调整明细表》(A105070)的变化。

第一类:用于目标脱贫地区的扶贫捐赠支出。财政部、税务总局、国务院扶贫办联合发布的《关于企业扶贫捐赠所得税税前扣除政策的公告》(财政部税务总局 国务院扶贫办公告2019年第49号)明确:自2019年1月1日至2022年12月31日,企业通过公益性社会组织或者县级(含县级)以上人民政府及其组成部门和直属机构,用于目标脱贫地区的扶贫捐赠支出,准予在计算应纳税所得额时据实扣除。

第二类:用于北京2022年冬奥会、冬残奥会、测试赛赞助、捐赠的资金、物资、服务支出。《财政部 税务总局 海关总署关于北京2022年冬奥会和冬残奥会税收政策的通知》(财税〔2017〕60号)规定,对企业、社会组织和团体赞助、捐赠北京2022年冬奥会、冬残奥会、测试赛的资金、物资、服务支出,在计算企业应纳税所得额时予以全额扣除,《捐赠支出及纳税调整明细表》(A105070)上作为专门项目填报。

第三类:用于杭州2022年亚运会、亚残运会及其测试赛赞助、捐赠的资金、物资、服务支出。《财政部 税务总局 海关总署关于杭州2022年亚运会和亚残运会税收政策的公告》(财政部公告2020年第18号)规定,对企业、社会组织和团体赞助、捐赠杭州2022年亚运会和亚残运会及其测试赛的资金、物资、服务支出,在计算企业应纳税所得额时予以全额扣除。

第四类:用于应对新冠肺炎疫情的公益性捐赠支出。《财政部 税务总局关于支持新型冠状病毒感染的肺炎疫情防控有关捐赠税收政策的公告》(财政部 税务总局公告2020年第9号)规定,企业通过公益性社会组织或者县级以上人民政府及其部门等国家机关,捐赠用于应对新型冠状病毒感染的肺炎疫情的现金和物品,允许在计算应纳税所得额时全额扣除;企业直接向承担疫情防治任务的医院捐赠用于应对新型冠状病毒感染的肺炎疫情的物品,允许在计算应纳税所得额时全额扣除。

本次申报表修订,优化了《捐赠支出及纳税调整明细表》(A105070)表单结构,对"全额扣除的公益性捐赠"部分,通过填报第8行至第10行"项目"代码的方式,满足"扶贫捐赠""北京2022年冬奥会、冬残奥会、测试赛捐赠""杭州2022年亚运会、亚残运会及其测试赛捐赠""支持新型冠状病毒感染的肺炎疫情防控捐赠"等全额扣除政策的填报需要。一个项目填报一行,纳税人有多个项目的,可自行增加行次填报。

需要注意的是,"支持新型冠状病毒感染的肺炎疫情防控捐赠"分两种情况:一种为企业通过公益性社会组织或国家机关捐赠;另一种为企业直接向承担疫情防治任务的医院捐赠。这两项支出,企业须分开填报。同时,除了直接向承担疫情防治任务的医院捐赠物资时可用医疗机构出具的捐赠接收函作为税前扣除凭证,其他类型的捐赠所取得的捐赠票据,均需满足《财政部 税务总局 民政部关于公益性捐赠税前扣除有关事项的公告》(财政部公告2020年第27号)的要求。

(4) 集成电路和软件企业:重点关注《企业所得税年度纳税申报基础信息表》(A000000)、《企业所得税弥补亏损明细表》(A106000)、《所得减免优惠明细表》(A107020)、《减免所得税优惠明细表》(A107040)、《软件、集成电路企业优惠情况及明细表》(A107042)的变化。

为继续支持和鼓励集成电路和软件产业发展,财政部、税务总局等四部门联合发布《关于促进集成电路产业和软件产业高质量发展企业所得税政策的公告》(财政部 税务总局 发展改革委 工业和信息化部公告2020年第45号,以下简称45号公告),首次明确国家鼓励的集成电路线宽小于28纳米(含),且经营期在15年以上的集成电路生产企业或项目,第一年至第十年免征企业所得税,并根据不同线宽和经营期,明确相关主体可享受"五免五减半""两免三减半"及"接续年度10%优惠税率"等优惠。

本次申报表修订,在《企业所得税年度纳税申报基础信息表》(A000000)的"209集成电路生产项目类型"下新增"28纳米"选项,同时调整"208软件、集成电路企业类型"的填报说明。《所得减免优惠明细表》(A107020)新增第25行至第27行"线宽小于28纳米(含)的集成电路生产项目减免企业所得税"项目。《减免所得税优惠明细表》(A107040)新增第28.4行"国家鼓励的集成电路和软件企业减免企业所得税政策"及下级行次,适用于相关集成电路和软件企业填报。

同时,45号公告明确,国家鼓励的线宽小于130纳米(含)的集成电路生产企业,属于国家鼓励的集成电路生产企业清单年度之前5个纳税年度发生的尚未弥补完的亏损,准予向以后年度结转,总结转年限最长不得超过10年。对应这一政策,更新《企业所得税弥补亏损明细表》(A106000)"弥补亏损企业类型"代码表,增加"线宽小于130纳米(含)的集成电路生产企业"选项。

此外,为切实减轻纳税人填报负担,此次申报表修订,将《软件、集成电路企业优惠情况及明细表》(A107042)数据项由22项压减至11项。

(5)投资海南自由贸易港鼓励类产业的企业:重点关注《企业所得税年度纳税申报基础信息表》(A000000)、《资产折旧、摊销及纳税调整明细表》(A105080)、《减免所得税优惠明细表》(A107040)、《境外所得纳税调整后所得明细表》(A108010)的变化。

《财政部 税务总局关于海南自由贸易港企业所得税优惠政策的通知》(财税〔2020〕31号,以下简称31号文件)规定,对注册在海南自由贸易港并实质性运营的鼓励类产业企业,减按15%的税率征收企业所得税。对应这一规定,新增《减免所得税优惠明细表》(A107040)第28.3行"海南自由贸易港鼓励类企业减按15%税率征收企业所得税"。31号文件第二条规定,对在海南自由贸易港设立的旅游业、现代服务业、高新技术产业企业新增境外直接投资取得的所得,免征企业所得税。

本次申报表修订,将《企业所得税年度纳税申报基础信息表》(A000000)"203选择采用的境外所得抵免方式"修改为"203-1选择采用的境外所得抵免方式",并新增"203-2海南自由贸易港新增境外直接投资信息"。同时,新增《境外所得纳税调整后所得明细表》(A108010)"海南自由贸易港企业新增境外直接投资所得"部分。同步修改《境外所得税收抵免明细表》(A108000)相关数据项的填报说明。

31号文件同时规定,对在海南自由贸易港设立的企业,新购置(含自建、自行开发)固定资产或无形资产,单位价值不超过500万元(含)的,允许一次性计入当期成本费用在计算应纳税所得额时扣除,不再分年度计算折旧和摊销;单位价值超过500万元的,可以缩短折旧、摊销年限或采取加速折旧、摊销的方法。

对应这一规定,《资产折旧、摊销及纳税调整明细表》(A105080)新增第10行“海南自由贸易港企业固定资产加速折旧”、第13行“海南自由贸易港企业固定资产一次性扣除”、第31行“海南自由贸易港企业无形资产加速摊销”、第32行“海南自由贸易港企业无形资产一次性摊销”。

(6) 上海自贸试验区临港新片区重点产业企业:重点关注《减免所得税优惠明细表》(A107040)的变化。

为支持新片区发展,财政部、税务总局制发《关于中国(上海)自贸试验区临港新片区重点产业企业所得税政策的通知》(财税〔2020〕38号),明确新片区内从事集成电路、人工智能、生物医药、民用航空等关键领域核心环节相关产品(技术)业务,并开展实质性生产或研发活动的符合条件的法人企业,自设立之日起5年内减按15%的税率征收企业所得税。

本次申报表修订,《减免所得税优惠明细表》(A107040)新增第28.2行“上海自贸试验区临港新片区的重点产业企业减按15%的税率征收企业所得税”。

(7) 中关村国家自主创新示范区内发生技术转让和股权转让的特定类型企业:重点关注《所得减免优惠明细表》(A107020)和《减免所得税优惠明细表》(A107040)的变化。

《财政部 税务总局 科技部 知识产权局关于中关村国家自主创新示范区特定区域技术转让企业所得税试点政策的通知》(财税〔2020〕61号)规定,在中关村国家自主创新示范区特定区域内注册的居民企业,符合条件的技术转让所得,不超过2000万元的部分,免征企业所得税;超过2000万元的部分,减半征收企业所得税。基于此,《所得减免优惠明细表》(A107020)修改了第10行至第12行“四、符合条件的技术转让项目”的填报规则,区分“一般技术转让项目”和“中关村国家自主创新示范区特定区域技术转让项目”,供纳税人进行选择填报。

《财政部 税务总局 发展改革委 证监会关于中关村国家自主创新示范区公司型创业投资企业有关企业所得税试点政策的通知》(财税〔2020〕63号)规定,符合条件的公司型创投企业,按照企业年末个人股东持股比例减免企业所得税。基于此,《减免所得税优惠明细表》(A107040)新增第32行“符合条件的公司型创投企业按照企业年末个人股东持股比例减免企业所得税(年末个人股东持股比例____%)”行次,填报免征的企业所得税额。需要注意的是,纳税人填报该行次时,需填报符合条件的年末个人股东持股比例,保留至小数点后四位,并按百分数填报。

(8) 发生贷款损失准备金的金融企业、小额贷款公司:重点关注《贷款损失准备金及纳税调整明细表》(A105120)的变化。

根据金融企业贷款准备金业务财务核算方式，以贷款资产和准备金的“余额”为核心数据项，重新确定了表单结构和填报规则，更好地与企业财务核算方式衔接。同时，将原《特殊行业准备金及纳税调整明细表》(A105120)名称修改为《贷款损失准备金及纳税调整明细表》(A105120)。修订后的表单填报范围大幅度缩减，只有发生贷款损失准备金的金融企业、小额贷款公司，才需要填报。

(9) 保险公司、证券行业、期货行业、中小企业融资(信用)担保机构：重点关注《纳税调整项目明细表》(A105000)相关行次的变化。

此次修订，将原《特殊行业准备金及纳税调整明细表》(A105120)中保险公司、证券行业、期货行业、中小企业融资(信用)担保机构的填报内容，调整到《纳税调整项目明细表》(A105000)填报，并在(A105000)表第39行“(三)特殊行业准备金”项目下新增保险公司、证券行业、期货行业、中小企业融资(信用)担保机构等相关行次，供以上企业发生准备金时填报。第39行“特殊行业准备金”：填报特殊行业准备金调整项目第39.1行至第39.7行(不包含第39.3行的合计金额)。

(10) 执行《政府会计准则》的纳税人：重点关注《企业所得税年度纳税申报基础信息表》(A000000)的变化。

自2019年1月1日起，政府会计准则制度在全国各级各类行政事业单位全面施行。本次申报表修订，在《会计准则或会计制度类型代码表》中新增“800 政府会计准则”。执行政府会计准则的事业单位、社会团体等在选择适用的会计制度时，请选择800编码填报。

政策链接

3.“103 资产总额”：纳税人填报资产总额的全年季度平均值，单位为万元，保留小数点后2位。具体计算公式如下：

季度平均值=(季初值+季末值)÷2

全年季度平均值=全年各季度平均值之和÷4

年度中间开业或者终止经营活动的，以其实际经营期作为一个纳税年度确定上述相关指标。

4.“104 从业人数”：纳税人填报从业人数的全年季度平均值，单位为人。从业人数是指与企业建立劳动关系的职工人数和企业接受的劳务派遣用工人数之和，依据和计算方法同“103 资产总额”。

5.“105 所属国民经济行业”：按照《国民经济行业分类》标准，纳税人填报所属的国民经济行业明细代码。

【《国家税务总局关于修订企业所得税年度纳税申报表有关问题的公告》(国家税务总局公告2019年第41号)附件《企业所得税年度纳税申报基础信息表》填报说明第一条第3点、第4点、第5点】

10."210科技型中小企业":纳税人根据申报所属期年度和申报所属期下一年度取得的科技型中小企业入库登记编号情况,填报本项目下的"210-1""210-2""210-3""210-4"。如,纳税人在进行2018年度企业所得税汇算清缴纳税申报时,"210-1(申报所属期年度)入库编号"首先应当填列"2018(申报所属期年度)入库编号","210-3(所属期下一年度)入库编号"首先应当填列"2019(所属期下一年度)入库编号"。若纳税人在2018年1月1日至2018年12月31日之间取得科技型中小企业入库登记编号的,将相应的"编号"及"入库时间"分别填入"210-1"和"210-2"项目中;若纳税人在2019年1月1日至2018年度汇算清缴纳税申报日之间取得科技型中小企业入库登记编号的,将相应的"编号"及"入库时间"分别填入"210-3"和"210-4"项目中。纳税人符合上述填报要求的,无论是否享受企业所得税优惠政策,均应填报本项。

11."211高新技术企业申报所属期年度有效的高新技术企业证书":纳税人根据申报所属期年度拥有的有效期内的高新技术企业证书情况,填报本项目下的"211-1""211-2""211-3""211-4"。在申报所属期年度,如企业同时拥有两个高新技术企业证书,则两个证书情况均应填报。如:纳税人2015年10月取得高新技术企业证书,有效期3年,2018年再次参加认定并于2018年11月取得新高新技术企业证书,纳税人在进行2018年度企业所得税汇算清缴纳税申报时,应将两个证书的"编号"及"发证时间"分别填入"211-1""211-2""211-3""211-4"项目中。纳税人符合上述填报要求的,无论是否享受企业所得税优惠政策,均应填报本项。

【《国家税务总局关于修订企业所得税年度纳税申报表有关问题的公告》(国家税务总局公告2019年第41号)附件《企业所得税年度纳税申报基础信息表》填报说明第一条第10点、第11点】

4.2 企业所得税不同交易类型申报表的填报

4.2.1 公益性捐赠的填报

4.2.1.1 2020年企业应对新型冠状病毒感染的肺炎疫情,通过县级民政部门对外捐赠现金500万元,如何填报季度申报表

(1)会计处理(单位:万元):

借:营业外支出　　500

　　贷:银行存款　　500

(2)税务处理:

《财政部 税务总局关于支持新型冠状病毒感染的肺炎疫情防控有关捐赠税收政

策的公告》(财政部　税务总局公告 2020 年第 9 号)规定，企业和个人直接向承担疫情防治任务的医院捐赠用于应对新型冠状病毒感染的肺炎疫情的物品，允许在计算应纳税所得额时全额扣除。《国家税务总局关于修订〈中华人民共和国企业所得税月(季)度预缴纳税申报表(A 类，2018 年版)〉等报表的公告》(国家税务总局公告 2020 年第 12 号)的填报说明规定，第 43 行"2.扶贫捐赠支出全额扣除"：填报根据《财政部　税务总局　国务院扶贫办关于企业扶贫捐赠所得税税前扣除政策的公告》(财政部　税务总局　国务院扶贫办公告 2019 年第 49 号)等相关税收政策规定的，企业通过公益性社会组织或者县级(含县级)以上人民政府及其组成部门和直属机构用于目标脱贫地区的扶贫捐赠支出，准予在计算企业所得税应纳税所得额时据实扣除的本年累计金额。

由此可见，会计上已将捐赠支出计入营业外支出，在税收季度申报时没有参加运算，《免税收入、减计收入、所得减免等优惠明细表》(A201010)在附列资料中需进行填报，只是作为统计用。

表 4-1　A201010 免税收入、减计收入、所得减免等优惠明细表(局部)

单位：万元

行次	项目	本年累计金额
1	一、免税收入(2＋3＋8＋9＋…＋15)	
16	二、减计收入(17＋18＋22＋23)	
24	三、加计扣除(25＋26＋27＋28)	*
29	四、所得减免(30＋33＋34＋35＋36＋37＋38＋39＋40)	
41	合计(1＋16＋24＋29)	
42	附列资料：1. 支持新型冠状病毒感染的肺炎疫情防控捐赠支出全额扣除	500
43	2. 扶贫捐赠支出全额扣除	

4.2.1.2　企业应对新型冠状病毒感染的肺炎疫情，通过县级民政部门对外捐赠自产货物不含税价 500 万元，如何填报季度申报表

(1) 会计处理(单位：万元)：

借：营业外支出　　565

　贷：应交税费——应交增值税　　65

　　　库存商品　　500

(2) 税务处理：

《国家税务总局关于企业处置资产所得税处理问题的通知》(国税函〔2008〕828 号)规定，企业将资产移送他人的下列情形，因资产所有权属已发生改变而不属于内

部处置资产,应按规定视同销售确定收入。

① 用于市场推广或销售。

② 用于交际应酬。

③ 用于职工奖励或福利。

④ 用于股息分配。

⑤ 用于对外捐赠。

⑥ 其他改变资产所有权属的用途。

企业应对新型冠状病毒感染的肺炎疫情,通过县级民政部门对外捐赠自产货物应视同销售同时结转相关成本。在季度申报表填报时,需填报表 A201010 第 42 行,该行在季度申报时不参加运算。但在年度汇算清缴时应在表 A105010 进行填报。

4.2.1.3 2020 年企业应对新型冠状病毒感染的肺炎疫情,通过县级民政部门对外捐赠外购货物不含税价 500 万元,如何填报季度申报表

(1) 会计处理(单位:万元):

借:营业外支出　　565
　贷:应交税费——应交增值税　　65
　　库存商品　　500

(2) 税务处理:

《国家税务总局关于企业所得税有关问题的公告》(国家税务总局公告 2016 年第 80 号)规定,企业发生《国家税务总局关于企业处置资产所得税处理问题的通知》(国税函〔2008〕828 号)第二条规定情形的,除另有规定外,应按照被移送资产的公允价值确定销售收入。

企业应对新型冠状病毒感染的肺炎疫情,通过县级民政部门对外捐赠外购货物应以公允价值视同销售同时结转相关成本。在季度申报表填报时,需填报表 A201010 第 42 行,该行在季度申报时不参加运算。

4.2.1.4 2020 年企业应对新型冠状病毒感染的肺炎疫情,通过县级民政部门对外捐赠现金 500 万元,如何填报年度申报表

(1) 会计处理(单位:万元):

借:营业外支出　　500
　贷:银行存款　　500

(2) 税务处理:

《财政部 税务总局关于支持新型冠状病毒感染的肺炎疫情防控有关捐赠税收政策的公告》(财政部 税务总局公告 2020 年第 9 号)规定,企业和个人直接向承担疫情防治任务的医院捐赠用于应对新型冠状病毒感染的肺炎疫情的物品,允许在计算

应纳税所得额时全额扣除。

表 4-2 A105070 捐赠支出及纳税调整明细表

单位：万元

行次	项目	账载金额	以前年度结转可扣除的捐赠额	按税收规定计算的扣除限额	税收金额	纳税调增金额	纳税调减金额	可结转以后年度扣除的捐赠额
		1	2	3	4	5	6	7
1	一、非公益性捐赠		*	*	*		*	*
2	二、限额扣除的公益性捐赠（3+4+5+6）							
3	前三年度（　　年）	*		*	*	*		*
4	前二年度（　　年）	*		*	*	*		
5	前一年度（　　年）	*		*	*	*		
6	本年（　　年）		*				*	
7	三、全额扣除的公益性捐赠	500	*	*	500	*	*	*
8	1. 支持新型冠状病毒感染的肺炎疫情防控捐赠	500	*	*	500	*	*	*
9	2.		*	*		*	*	*
10	3.		*	*		*	*	*
11	合计（1+2+7）	500			500			
附列资料	2015 年度至本年发生的公益性扶贫捐赠合计金额		*	*		*	*	*

4.2.1.5 企业通过市政府对外捐赠外购物品，如何填报年度申报表

【案例 4-1】 A 公司为一般纳税人，2020 年 8 月通过市政府，捐赠外购的不含税价为 500 万元的货物，该商品的公允价格 500 万，购入时取得增值税专用发票，税率为 13%。假设企业当年利润总额为 800 万元，上年允许结转以后年度扣除的捐赠支出 50 万元，请问如何填报企业所得税年度申报表？

（1）会计处理（单位：万元）：

借：营业外支出　　565

　贷：库存商品　　500

　　　应交税费——应交增值税（销项税额）　　65

（2）税务处理：

增值税与企业所得税都应做视同销售处理。该商品公允价格 500 万元，销项税额 65 万元；外购的货物企业所得税视同销售收入按被移送资产的公允价值 500 万元确定，视同

销售成本为购入时的成本 500 万元。按税收规定计算的扣除限额为 800×12%=96(万元)。

表 4-3　A105010 视同销售和房地产开发企业特定业务纳税调整明细表

单位:万元

行次	项目	税收金额	纳税调整金额
		1	2
1	一、视同销售(营业)收入(2+3+4+5+6+7+8+9+10)	500	500
2	(一)非货币性资产交换视同销售收入		
3	(二)用于市场推广或销售视同销售收入		
4	(三)用于交际应酬视同销售收入		
5	(四)用于职工奖励或福利视同销售收入		
6	(五)用于股息分配视同销售收入		
7	(六)用于对外捐赠视同销售收入	500	500
8	(七)用于对外投资项目视同销售收入		
9	(八)提供劳务视同销售收入		
10	(九)其他		
11	二、视同销售(营业)成本(12+13+14+15+16+17+18+19+20)	500	−500
12	(一)非货币性资产交换视同销售成本		
13	(二)用于市场推广或销售视同销售成本		
14	(三)用于交际应酬视同销售成本		
15	(四)用于职工奖励或福利视同销售成本		
16	(五)用于股息分配视同销售成本		
17	(六)用于对外捐赠视同销售成本	500	−500
18	(七)用于对外投资项目视同销售成本		
19	(八)提供劳务视同销售成本		
20	(九)其他		

表 4-4　A105070 捐赠支出及纳税调整明细表

单位:万元

行次	项目	账载金额	以前年度结转可扣除的捐赠额	按税收规定计算的扣除限额	税收金额	纳税调增金额	纳税调减金额	可结转以后年度扣除的捐赠额
		1	2	3	4	5	6	7
1	一、非公益性捐赠		*	*	*		*	*
2	二、限额扣除的公益性捐赠(3+4+5+6)	500	50	96	96	454	50	454
3	前三年度(　　年)	*		*	*	*		*

（续表）

行次	项目	账载金额	以前年度结转可扣除的捐赠额	按税收规定计算的扣除限额	税收金额	纳税调增金额	纳税调减金额	可结转以后年度扣除的捐赠额
		1	2	3	4	5	6	7
4	前二年度（ 年）	*		*	*	*		
5	前一年度（ 年）	*	50	*	*	*	50	
6	本年（2020 年）	500	*	96	96	454	*	454
7	三、全额扣除的公益性捐赠		*	*		*	*	*
8	1.		*	*		*	*	*
9	2.		*	*		*	*	*
10	3.		*	*		*	*	*
11	合计（1+2+7）	500	50	96	96	454	50	454
附列资料	2015 年度至本年发生的公益性扶贫捐赠合计金额		*	*		*	*	*

表 4-5 A105000 纳税调整项目明细表

单位：万元

行次	项目	账载金额	税收金额	调增金额	调减金额
		1	2	3	4
1	一、收入类调整项目（2+3+…8+10+11）	*	*		
2	（一）视同销售收入（填写 A105010）	*			*
3	（二）未按权责发生制原则确认的收入（填写 A105020）				
4	（三）投资收益（填写 A105030）				
5	（四）按权益法核算长期股权投资对初始投资成本调整确认收益	*	*	*	
6	（五）交易性金融资产初始投资调整	*	*		*
7	（六）公允价值变动净损益		*		
8	（七）不征税收入	*	*		
9	其中：专项用途财政性资金（填写 A105040）	*	*		
10	（八）销售折扣、折让和退回				
11	（九）其他				
12	二、扣除类调整项目（13+14+…24+26+27+28+29+30）	*	*	454	50
13	（一）视同销售成本（填写 A105010）	*		*	
14	（二）职工薪酬（填写 A105050）				
15	（三）业务招待费支出				*

(续表)

行次	项目	账载金额	税收金额	调增金额	调减金额
		1	2	3	4
16	(四) 广告费和业务宣传费支出(填写 A105060)	*	*		
17	(五) 捐赠支出(填写 A105070)	500	96	454	50
18	(六) 利息支出				
19	(七) 罚金、罚款和被没收财物的损失		*		*
20	(八) 税收滞纳金、加收利息		*		*
21	(九) 赞助支出		*		*
22	(十) 与未实现融资收益相关在当期确认的财务费用				
23	(十一) 佣金和手续费支出(保险企业填写 A105060)				
24	(十二) 不征税收入用于支出所形成的费用	*	*		*
25	其中:专项用途财政性资金用于支出所形成的费用(填写 A105040)	*	*		*
26	(十三) 跨期扣除项目				
27	(十四) 与取得收入无关的支出		*		*
28	(十五) 境外所得分摊的共同支出	*	*		*
29	(十六) 党组织工作经费				
30	(十七) 其他				

4.2.1.6 企业通过市政府对外捐赠自产的货物,如何填报年度申报表

【案例 4-2】 A 企业为一般纳税人,2020 年 8 月通过市政府,捐赠自产的货物一批,不含税价为 500 万元,该商品的公允价格 500 万元,生产成本为 450 万元,税率为 13%。假设企业当年利润总额为 800 万元,上年允许结转以后年度扣除的捐赠支出 50 万元,请问如何填报企业所得税年度申报表?

(1) 会计处理(单位:万元):

借:营业外支出——捐赠支出　　515

　贷:库存商品　　450

　　应交税费——应交增值税(销项税额)　　65

(2) 税务处理:

此笔业务的增值税与企业所得税均要做视同销售处理。视同销售收入 500 万元,销项税额 65 万元;自产的货物企业所得税视同销售收入按照企业同类商品公允售价格 500 万元确定,视同销售成本为生产成本 450 万元。按税收规定计算的扣除限额为 96 万元(800×12%)。

表 4-6　A105010 视同销售和房地产开发企业特定业务纳税调整明细表

单位：万元

行次	项目	税收金额	纳税调整金额
		1	2
1	一、视同销售（营业）收入（2＋3＋4＋5＋6＋7＋8＋9＋10）	500	500
2	（一）非货币性资产交换视同销售收入		
3	（二）用于市场推广或销售视同销售收入		
4	（三）用于交际应酬视同销售收入		
5	（四）用于职工奖励或福利视同销售收入		
6	（五）用于股息分配视同销售收入		
7	（六）用于对外捐赠视同销售收入	500	500
8	（七）用于对外投资项目视同销售收入		
9	（八）提供劳务视同销售收入		
10	（九）其他		
11	二、视同销售（营业）成本（12＋13＋14＋15＋16＋17＋18＋19＋20）	450	−450
12	（一）非货币性资产交换视同销售成本		
13	（二）用于市场推广或销售视同销售成本		
14	（三）用于交际应酬视同销售成本		
15	（四）用于职工奖励或福利视同销售成本		
16	（五）用于股息分配视同销售成本		
17	（六）用于对外捐赠视同销售成本		
18	（七）用于对外投资项目视同销售成本	450	−450
19	（八）提供劳务视同销售成本		
20	（九）其他		

表 4-7　A105070 捐赠支出及纳税调整明细表

单位：万元

行次	项目	账载金额	以前年度结转可扣除的捐赠额	按税收规定计算的扣除限额	税收金额	纳税调增金额	纳税调减金额	可结转以后年度扣除的捐赠额
		1	2	3	4	5	6	7
1	一、非公益性捐赠		*	*	*		*	*
2	二、限额扣除的公益性捐赠（3＋4＋5＋6）	500	50	96	96	454	50	454

(续表)

行次	项目	账载金额	以前年度结转可扣除的捐赠额	按税收规定计算的扣除限额	税收金额	纳税调增金额	纳税调减金额	可结转以后年度扣除的捐赠额
		1	2	3	4	5	6	7
3	前三年度(　　年)	*		*	*	*		*
4	前二年度(　　年)	*		*	*	*		
5	前一年度(　　年)	*	50	*	*	*	50	
6	本年(　　年)	500	*	96	96	454	*	454
7	三、全额扣除的公益性捐赠		*	*		*	*	*
8	1.		*	*		*	*	*
9	2.		*	*		*	*	*
10	3.		*	*		*	*	*
11	合计(1+2+7)	500	50	96	96	454	50	454
附列资料	2015年度至本年发生的公益性扶贫捐赠合计金额		*	*		*	*	*

表4-8　A105000纳税调整项目明细表

单位:万元

行次	项目	账载金额	税收金额	调增金额	调减金额
		1	2	3	4
1	一、收入类调整项目(2+3+…8+10+11)	*	*		
2	(一)视同销售收入(填写A105010)	*			*
3	(二)未按权责发生制原则确认的收入(填写A105020)				
4	(三)投资收益(填写A105030)				
5	(四)按权益法核算长期股权投资对初始投资成本调整确认收益	*	*	*	
6	(五)交易性金融资产初始投资调整	*	*		*
7	(六)公允价值变动净损益		*		
8	(七)不征税收入	*	*		
9	其中:专项用途财政性资金(填写A105040)	*	*		
10	(八)销售折扣、折让和退回				
11	(九)其他				
12	二、扣除类调整项目(13+14+…24+26+27+28+29+30)	*	*	454	100

（续表）

行次	项目	账载金额	税收金额	调增金额	调减金额
		1	2	3	4
13	（一）视同销售成本（填写 A105010）	*		*	
14	（二）职工薪酬（填写 A105050）				
15	（三）业务招待费支出				*
16	（四）广告费和业务宣传费支出（填写 A105060）	*	*		
17	（五）捐赠支出（填写 A105070）	500	96	454	50
18	（六）利息支出				
19	（七）罚金、罚款和被没收财物的损失		*		*
20	（八）税收滞纳金、加收利息		*		*
21	（九）赞助支出		*		*
22	（十）与未实现融资收益相关在当期确认的财务费用				
23	（十一）佣金和手续费支出（保险企业填写 A105060）				
24	（十二）不征税收入用于支出所形成的费用	*	*		*
25	其中：专项用途财政性资金用于支出所形成的费用（填写 A105040）	*	*		*
26	（十三）跨期扣除项目				
27	（十四）与取得收入无关的支出		*		*
28	（十五）境外所得分摊的共同支出	*	*		*
29	（十六）党组织工作经费				
30	（十七）其他	450	500		50

4.2.1.7　企业发生对外捐赠不超过利润总额的 12%的部分，准予扣除；超过部分，准予结转以后 3 年内在计算应纳税所得额时扣除。请问如何填报表 A105070

【案例 4-3】　A 公司 2020 至 2022 年通过市民政部门向希望小学捐赠，如表 4-10 所示，另 A 公司 2020 年通过市民政部门向目标贫困地区捐赠 50 万元。请问如何填报表 A105070？

表 4-9　A 公司 2020 至 2022 年捐赠情况表（不含全额扣除）

单位：万元

项目 年度	支出金额	利润总额	按税收规定计算的扣除限额	税收金额	可结转以后年度扣除的捐赠额
2020	30	100	12	12	18
2021	20	200	24	24	14
2022	5	80	9.6	9.6	9.4

(1) 2020 年捐赠情况:

A 公司 2020 年通过市民政部门向希望小学捐赠在利润总额 12%可以税前扣除,超过的部分准予向以后年度结转扣除。

A 公司 2020 年税收规定扣除限额为 100×12%=12(万元),本年支出为 30 万元,超过部分 30−12=18(万元)可向后结转扣除。

2020 年向目标贫困地区捐赠 50 万元可全额税前扣除。

(2) 2021 年捐赠情况:

税收规定扣除限额为 200×12%=24(万元),本年支出为 20 万元,上年结转为 18 万元,限额 24 万元应先扣除 2020 年的 18 万元,剩余 6 万元可扣除 2021 年捐赠的 20 万元,余下 14 万元向下一年度结转扣除。

(3) 2022 年捐赠情况:

税收规定扣除限额为 80×12%=9.6(万元),本年支出为 5 万元,上年结转为 14 万元,限额 9.6 万元应先扣除 2021 年的 14 万元,2021 年余下 4.4 万元(14−9.6)和 2022 年支出 5 万元共计9.4 万元可向以后年度结转扣除。

表 4-10　A105070 捐赠支出及纳税调整明细表(2020)

单位:万元

行次	项目	账载金额	以前年度结转可扣除的捐赠额	按税收规定计算的扣除限额	税收金额	纳税调增金额	纳税调减金额	可结转以后年度扣除的捐赠额
		1	2	3	4	5	6	7
1	一、非公益性捐赠		*	*	*		*	*
2	二、限额扣除的公益性捐赠(3+4+5+6)	30		12	12	18		18
3	前三年度(　　年)	*		*	*	*		*
4	前二年度(　　年)	*		*	*	*		
5	前一年度(　　年)	*		*	*	*		
6	本年(2020 年)	30	*	12	12	18	*	18
7	三、全额扣除的公益性捐赠	50	*	*	50	*	*	*
8	1.	50	*	*	50	*	*	*
9	2.		*	*		*	*	*
10	3.		*	*		*	*	*
11	合计(1+2+7)	80		12	62			18
附列资料	2015 年度至本年发生的公益性扶贫捐赠合计金额		*	*	62	*	*	*

表 4-11　A105000 纳税调整项目明细表(2020 年)(局部)

单位:万元

行次	项　　目	账载金额	税收金额	调增金额	调减金额
		1	2	3	4
12	二、扣除类调整项目(13+14+…24+26+27+28+29+30)	80	62	18	
17	(五)捐赠支出(填写 A105070)	80	62	18	
18	(六)利息支出				
19	(七)罚金、罚款和被没收财物的损失		*		*
20	(八)税收滞纳金、加收利息		*		*

表 4-12　A105070 捐赠支出及纳税调整明细表(2021)

单位:万元

行次	项目	账载金额	以前年度结转可扣除的捐赠额	按税收规定计算的扣除限额	税收金额	纳税调增金额	纳税调减金额	可结转以后年度扣除的捐赠额
		1	2	3	4	5	6	7
1	一、非公益性捐赠		*	*	*		*	*
2	二、限额扣除的公益性捐赠(3+4+5+6)	20	18	24	24	14	18	14
3	前三年度(　　年)	*		*	*	*		*
4	前二年度(　　年)	*		*	*	*		
5	前一年度(2020 年)	*	18	*	*	*	18	
6	本年(2021 年)	20	*	24	24	14	*	14
7	三、全额扣除的公益性捐赠		*	*		*	*	*
8	1.		*	*		*	*	*
9	2.		*	*		*	*	*
10	3.		*	*		*	*	*
11	合计(1+2+7)	20	18	24	24	14	18	14
附列资料	2015 年度至本年发生的公益性扶贫捐赠合计金额		*	*	24	*	*	*

表 4-13　A105000 纳税调整项目明细表(2021 年)(局部)

单位:万元

行次	项　　目	账载金额	税收金额	调增金额	调减金额
		1	2	3	4
12	二、扣除类调整项目(13+14+…24+26+27+28+29+30)	20	24	14	18

(续表)

行次	项　　目	账载金额	税收金额	调增金额	调减金额
		1	2	3	4
17	(五)捐赠支出(填写A105070)	20	24	14	18
18	(六)利息支出				
19	(七)罚金、罚款和被没收财物的损失		*		*
20	(八)税收滞纳金、加收利息		*		*

表4-14　A105070捐赠支出及纳税调整明细表(2022)

单位:万元

行次	项目	账载金额	以前年度结转可扣除的捐赠额	按税收规定计算的扣除限额	税收金额	纳税调增金额	纳税调减金额	可结转以后年度扣除的捐赠额
		1	2	3	4	5	6	7
1	一、非公益性捐赠		*	*	*		*	*
2	二、限额扣除的公益性捐赠(3+4+5+6)	5	14	9.6	9.6	5	9.6	9.4
3	前三年度(　　年)	*		*	*	*		*
4	前二年度(　　年)	*		*	*	*		
5	前一年度(2021年)	*	14	*	*	*	9.6	4.4
6	本年(2022年)	5	*	9.6	9.6	5	*	5
7	三、全额扣除的公益性捐赠		*	*		*	*	*
8	1.		*	*		*	*	*
9	2.		*	*		*	*	*
10	3.		*	*		*	*	*
11	合计(1+2+7)	5	14	9.6	9.6	5	9.6	9.4
附列资料	2015年度至本年发生的公益性扶贫捐赠合计金额		*	*	9.6	*	*	*

表4-15　A105000纳税调整项目明细表(2022年)(局部)

单位:万元

行次	项　　目	账载金额	税收金额	调增金额	调减金额
		1	2	3	4
12	二、扣除类调整项目(13+14+…24+26+27+28+29+30)	5	9.6	5	9.6
17	(五)捐赠支出(填写A105070)	5	9.6	5	9.6
18	(六)利息支出				

(续表)

行次	项　　目	账载金额	税收金额	调增金额	调减金额
		1	2	3	4
19	(七)罚金、罚款和被没收财物的损失		*		*
20	(八)税收滞纳金、加收利息		*		*

政策链接

第二十五条　企业发生非货币性资产交换,以及将货物、财产、劳务用于捐赠、偿债、赞助、集资、广告、样品、职工福利或者利润分配等用途的,应当视同销售货物、转让财产或者提供劳务,但国务院财政、税务主管部门另有规定的除外。

【《中华人民共和国企业所得税法实施条例》第二十五条】

二、企业将资产移送他人的下列情形,因资产所有权属已发生改变而不属于内部处置资产,应按规定视同销售确定收入。

(一)用于市场推广或销售。

(二)用于交际应酬。

(三)用于职工奖励或福利。

(四)用于股息分配。

(五)用于对外捐赠。

(六)其他改变资产所有权属的用途。

【《国家税务总局关于企业处置资产所得税处理问题的通知》(国税函〔2008〕828号)第二条】

二、企业移送资产所得税处理问题

企业发生《国家税务总局关于企业处置资产所得税处理问题的通知》(国税函〔2008〕828号)第二条规定情形的,除另有规定外,应按照被移送资产的公允价值确定销售收入。

【《国家税务总局关于企业所得税有关问题的公告》(国家税务总局公告2016年第80号)第二条】

一、企业通过公益性社会组织或者县级(含县级)以上人民政府及其组成部门和直属机构,用于慈善活动、公益事业的捐赠支出,在年度利润总额12%以内的部分,准予在计算应纳税所得额时扣除;超过年度利润总额12%的部分,准予结转以后三年内在计算应纳税所得额时扣除。

本条所称公益性社会组织,应当依法取得公益性捐赠税前扣除资格。

本条所称年度利润总额,是指企业依照国家统一会计制度的规定计算的大于零的数额。

二、企业当年发生及以前年度结转的公益性捐赠支出,准予在当年税前扣除的部分,不能超过企业当年年度利润总额的12%。

三、企业发生的公益性捐赠支出未在当年税前扣除的部分,准予向以后年度结转扣除,但结转年限自捐赠发生年度的次年起计算最长不得超过三年。

四、企业在对公益性捐赠支出计算扣除时,应先扣除以前年度结转的捐赠支出,再扣除当年发生的捐赠支出。

【《财政部 税务总局关于公益性捐赠支出企业所得税税前结转扣除有关政策的通知》(财税〔2018〕15号)第一条、第二条、第三条、第四条】

一、自2019年1月1日至2022年12月31日,企业通过公益性社会组织或者县级(含县级)以上人民政府及其组成部门和直属机构,用于目标脱贫地区的扶贫捐赠支出,准予在计算企业所得税应纳税所得额时据实扣除。在政策执行期限内,目标脱贫地区实现脱贫的,可继续适用上述政策。

"目标脱贫地区"包括832个国家扶贫开发工作重点县、集中连片特困地区县(新疆阿克苏地区6县1市享受片区政策)和建档立卡贫困村。

二、企业同时发生扶贫捐赠支出和其他公益性捐赠支出,在计算公益性捐赠支出年度扣除限额时,符合上述条件的扶贫捐赠支出不计算在内。

三、企业在2015年1月1日至2018年12月31日已发生的符合上述条件的扶贫捐赠支出,尚未在计算企业所得税应纳税所得额时扣除的部分,可执行上述企业所得税政策。

【《财政部 税务总局 国务院扶贫办关于企业扶贫捐赠所得税税前扣除政策的公告》(财政部 税务总局 国务院扶贫办公告2019年第49号)第一条、第二条、第三条】

4.2.2 小型微利企业的填报

4.2.2.1 小型微利企业年度汇算清缴,可以免于填报的表有哪些

《国家税务总局关于简化小型微利企业所得税年度纳税申报有关措施的公告》(国家税务总局公告2018年第58号)规定,小型微利企业免于填报《一般企业收入明细表》(A101010)、《金融企业收入明细表》(A101020)、《一般企业成本支出明细表》(A102010)、《金融企业支出明细表》(A102020)、《事业单位、民间非营利组织收入、支出明细表》(A103000)、《期间费用明细表》(A104000)。也可以免于填报《企业所得税年度纳税申报基础信息表》(A1000000)中的"主要股东及分红情况"。

风险提示

(1)小型微利企业是企业所得税优惠政策中的一个概念,只要同时满足小型微利企业条件就能享受。

(2)小型微利企业所得税统一实行按季度预缴。

(3)小型微利企业不需要单独备案,通过填写纳税申报表相关内容,即可享受小型微利企业所得税减免政策。但应按《企业所得税优惠政策事项办理办法》要求留存

备查资料，且留存备查资料应从企业享受优惠事项当年的企业所得税汇算清缴结束次日起保留10年。

(4) 企业预缴企业所得税时已享受小型微利企业所得税减免政策，汇算清缴企业所得税时不符合规定的，应当按照规定补缴企业所得税税款。

(5) 自2018年度汇算清缴起，小型微利企业免于填报《一般企业收入明细表》(A101010)、《金融企业收入明细表》(A101020)、《一般企业成本支出明细表》(A102010)、《金融企业支出明细表》(A102020)、《事业单位、民间非营利组织收入、支出明细表》(A103000)、《期间费用明细表》(A104000)。

政策链接

一、自2019年1月1日至2021年12月31日，对小型微利企业年应纳税所得额不超过100万元的部分，减按25%计入应纳税所得额，按20%的税率缴纳企业所得税；对年应纳税所得额超过100万元但不超过300万元的部分，减按50%计入应纳税所得额，按20%的税率缴纳企业所得税。

小型微利企业无论按查账征收方式或核定征收方式缴纳企业所得税，均可享受上述优惠政策。

二、本公告所称小型微利企业是指从事国家非限制和禁止行业，且同时符合年度应纳税所得额不超过300万元、从业人数不超过300人、资产总额不超过5 000万元等三个条件的企业。

【《国家税务总局关于实施小型微利企业普惠性所得税减免政策有关问题的公告》(国家税务总局公告2019年第2号)第一条、第二条】

4.2.3 固定资产加速折旧

4.2.3.1 A公司2020年6月购入一机器设备，单价为300万元，会计上采取直线法按10年计提折旧，如何填报年度企业所得税申报表

(1) 会计处理：

2020年6月购入一机器设备，当年可计提折旧额：300÷10÷12×6=15(万元)。

(2) 税务处理：

按《财政部 税务总局关于设备、器具扣除有关企业所得税政策的通知》(财税〔2018〕54号)的规定，2018年1月1日至2020年12月31日新购进的设备、器具，单位价值不超过500万元的，允许一次性计入当期成本费用在计算应纳税所得额时扣除，不再分年度计算折旧。在税务处理上A公司可采取一次性扣除。在填报表A105080时，“享受加速折旧政策的资产按税收一般规定计算的折旧、摊销额”填报时应特别注意，该列不参加计算，采用直线法计算的折旧额，仅作统计用。按照税收一般规定计算的折旧、摊销额，是指该资产在不享受加速折旧、摊销优惠政策情况下，按

表 4-16　A105080 资产折旧、摊销及纳税调整明细表

行次	项目		账载金额			税收金额					纳税调整金额
			资产原值	本年折旧、摊销额	累计折旧、摊销额	资产计税基础	税收折旧、摊销额	享受加速折旧政策的资产按税收一般规定计算的折旧、摊销额	加速折旧、摊销统计额	累计折旧、摊销额	
			1	2	3	4	5	6	7=5−6	8	9(2−5)
1	一、固定资产(2+3+4+5+6+7)		300	15	15	300	300	*	*	300	−285
2	所有固定资产	(一)房屋、建筑物						*	*		
3		(二)飞机、火车、轮船、机器、机械和其他生产设备	300	15	15	300	300	*	*	300	−285
4		(三)与生产经营活动有关的器具、工具、家具等						*	*		
5		(四)飞机、火车、轮船以外的运输工具						*	*		
6		(五)电子设备						*	*		
7		(六)其他						*	*		
8	其中:享受固定资产加速折旧及一次性扣除政策的资产加速折旧额大于一般折旧额的部分	(一)重要行业固定资产加速折旧(不含一次性扣除)									*
9		(二)其他行业研发设备加速折旧									*
10		(三)海南自由贸易港企业固定资产加速折旧									
11		(四)500万元以下设备器具一次性扣除	300	15	15	300	300	15	285	300	*
12		(五)疫情防控重点保障物资生产企业单价500万元以上设备一次性扣除									*
13		(六)海南自由贸易港企业固定资产一次性扣除									*

照税收规定的最低折旧年限以直线法计算的折旧额、摊销额。本列仅填报“税收折旧、摊销额”大于“享受加速折旧政策的资产按税收一般规定计算的折旧、摊销额”月份的按税收一般规定计算的折旧额合计金额、摊销额合计金额，如表 4-16 所示。

政策链接

一、企业在 2018 年 1 月 1 日至 2020 年 12 月 31 日新购进的设备、器具，单位价值不超过 500 万元的，允许一次性计入当期成本费用在计算应纳税所得额时扣除，不再分年度计算折旧；单位价值超过 500 万元的，仍按企业所得税法实施条例、《财政部 国家税务总局关于完善固定资产加速折旧企业所得税政策的通知》(财税〔2014〕75 号)、《财政部国家税务总局关于进一步完善固定资产加速折旧企业所得税政策的通知》(财税〔2015〕106 号)等相关规定执行。

二、本通知所称设备、器具，是指除房屋、建筑物以外的固定资产。

【《财政部　税务总局关于设备、器具扣除有关企业所得税政策的通知》(财税〔2018〕54 号)第一条、第二条】

一、企业在 2018 年 1 月 1 日至 2020 年 12 月 31 日新购进的设备、器具，单位价值不超过 500 万元的，允许一次性计入当期成本费用在计算应纳税所得额时扣除，不再分年度计算折旧(以下简称一次性税前扣除政策)。

(一) 所称设备、器具，是指除房屋、建筑物以外的固定资产(以下简称固定资产)；所称购进，包括以货币形式购进或自行建造，其中以货币形式购进的固定资产包括购进的使用过的固定资产；以货币形式购进的固定资产，以购买价款和支付的相关税费以及直接归属于使该资产达到预定用途发生的其他支出确定单位价值，自行建造的固定资产，以竣工结算前发生的支出确定单位价值。

(二) 固定资产购进时点按以下原则确认：以货币形式购进的固定资产，除采取分期付款或赊销方式购进外，按发票开具时间确认；以分期付款或赊销方式购进的固定资产，按固定资产到货时间确认；自行建造的固定资产，按竣工结算时间确认。

二、固定资产在投入使用月份的次月所属年度一次性税前扣除。

三、企业选择享受一次性税前扣除政策的，其资产的税务处理可与会计处理不一致。

四、企业根据自身生产经营核算需要，可自行选择享受一次性税前扣除政策。未选择享受一次性税前扣除政策的，以后年度不得再变更。

五、企业按照《国家税务总局关于发布修订后的〈企业所得税优惠政策事项办理办法〉的公告》(国家税务总局公告 2018 年第 23 号)的规定办理享受政策的相关手续，主要留存备查资料如下：

(一) 有关固定资产购进时点的资料(如以货币形式购进固定资产的发票，以分期付款或赊销方式购进固定资产的到货时间说明，自行建造固定资产的竣工决算情况说明等)。

(二)固定资产记账凭证。

(三)核算有关资产税务处理与会计处理差异的台账。

六、单位价值超过500万元的固定资产,仍按照企业所得税法及其实施条例、《财政部 国家税务总局关于完善固定资产加速折旧企业所得税政策的通知》(财税〔2014〕75号)、《财政部 国家税务总局关于进一步完善固定资产加速折旧企业所得税政策的通知》(财税〔2015〕106号)、《国家税务总局关于固定资产加速折旧税收政策有关问题的公告》(国家税务总局公告2014年第64号)、《国家税务总局关于进一步完善固定资产加速折旧企业所得税政策有关问题的公告》(国家税务总局公告2015年第68号)等相关规定执行。

【《国家税务总局关于设备 器具扣除有关企业所得税政策执行问题的公告》(国家税务总局公告2018年第46号)第一条、第二条、第三条、第四条、第五条、第六条】

4.2.4 政府补助的填报

4.2.4.1 企业取得来源于政府补助有几种形式?如何在表A105020和表A105040进行填报?请举例

企业取得政府补助税收上与会计上的处理存在不同,对此分析如下:

(1)会计处理:

政府补助是指企业从政府无偿取得货币性资产或非货币性资产,这里不包括政府作为所有者投入的资产。目前政府补助主要有财政拨款、财政贴息、税收返还等形式。《企业会计准则》与《小企业会计准则》对政府补助的划分又不尽的完全相同。《企业会计准则》将政府补助分为与资产相关的政府补助和与收益相关的政府补助。《小企业会计准则》将政府补助划分为与资产相关的政府补助和其他补助。

① 与资产相关的政府补助。与资产相关的政府补助是指企业取得的用于购建或以其他方式形成长期资产的政府补助。

② 与收益相关的政府补助。与收益相关的政府补助,是指除与资产相关的政府补助之外的政府补助。

③ 与日常活动相关的政府补助在会计核算上计入其他收益或冲减相关成本。与日常活动无关的则计入营业外收入。

政府补助有两种会计处理方法:总额法、净额法。总额法是在确认政府补助时,将其全额一次或分次确认为收益,而不是作为相关资产账面价值或成本费用进行扣减。净额法是将政府补助确认为对相关资产账面价值或所补偿成本费用进行扣减。企业在取得政府补助时只能采用一种方法进行核算。

A. 与资产相关的政府补助。

与资产相关的政府补助,应当冲减相关资产的账面价值或者确认为递延收益。与资产相关的政府补助确认为递延收益,应在相关资产使用寿命内按合理、系统的方法分期计入损益。相关资产在使用寿命结束前被出售、转让、报废、毁损的,应将尚未分配的相关递延收益余额转入资产处置当期的损益。在总额法下，应当在开始对相关资产计提折旧或者进行摊销时按合理方法将递延收益分期计入当期损益；在净额法下，应取得政府补助时冲减相关资产账面价值。

B. 与收益相关的政府补助。

用于补偿企业以后期间的相关成本费用或损失，应确认收益，并在确认相关成本或损失期间，计入当期损益或冲减相关成本；用于补偿企业已发生的相关成本费用或损失的，直接计入当期损益或者冲减相关成本。

C. 会计分录：

a. 收到与收益相关政府补助用于补偿以后期间的相关费用或损失。

收到时：

借：银行存款

　　贷：递延收益

分摊递延收益，结转营业外收入：

借：递延收益

　　贷：营业外收入(其他收益)

发生支出：

借：管理费用

　　贷：银行存款

b. 收到与收益相关政府补助用于补偿企业已发生的相关费用或损失。

收到时：

借：银行存款

　　贷：营业外收入(其他收益)

c. 收到与资产相关的政府补助。

收到时：

借：银行存款

　　贷：递延收益

在相关资产使用寿命内分配计入当期损益。

借：递延收益

　　贷：营业外收入(其他收益)

应注意的是，相关资产价值中政府补助被确认为不征税收入部分在计提折旧或摊销时，不得在税前扣除。

(2) 税务处理：

政府补助在企业所得税上分为不征税收入和应税收入两类。作为应税收入，企业所得税上在收到是全额计入当年的应纳税所得额；企业取得政府补助符合《财政部　国家税务总局关于专项用途财政性资金企业所得税处理问题的通知》(财税〔2011〕70 号)规定的三个条件,可作为不征税收入。

① 作为征税收入。

企业取得政府补助不符合《财政部 国家税务总局关于专项用途财政性资金企业所得税处理问题的通知》(财税〔2011〕70号)规定的三个条件,就作为征税收入,在取得时一次性计入当期应纳税所得额。会计上则应根据权责发生制原则分期计入损益:

收到与收益相关补助时:

借:银行存款

　　贷:递延收益(营业外收入)

发生支出:

借:管理费用

　　贷:银行存款

分摊递延收益,结转营业外收入或其他收益:

借:递延收益

　　贷:营业外收入(其他收益)

② 作为不征税收入。

《企业所得税法》第七条规定,收入总额中的下列收入为不征税收入:

A. 财政拨款。

B. 依法收取并纳入财政管理的行政事业性收费、政府性基金。

C. 国务院规定的其他不征税收入。

《财政部 国家税务总局关于专项用途财政性资金企业所得税处理问题的通知》(财税〔2011〕70号)第一条规定,企业从县级以上各级人民政府财政部门及其他部门取得的应计入收入总额的财政性资金,凡同时符合以下条件的,可以作为不征税收入,在计算应纳税所得额时从收入总额中减除:

A. 企业能够提供规定资金专项用途的资金拨付文件。

B. 财政部门或其他拨付资金的政府部门对该资金有专门的资金管理办法或具体管理要求。

C. 企业对该资金以及以该资金发生的支出单独进行核算。

《财政部 国家税务总局关于专项用途财政性资金企业所得税处理问题的通知》(财税〔2011〕70号)第二条规定,根据《企业所得税法实施条例》第二十八条的规定,上述不征税收入用于支出所形成的费用,不得在计算应纳税所得额时扣除;用于支出所形成的资产,其计算的折旧、摊销不得在计算应纳税所得额时扣除。

《财政部 国家税务总局关于专项用途财政性资金企业所得税处理问题的通知》(财税〔2011〕70号)第三条规定,企业将符合本通知第一条规定条件的财政性资金作不征税收入处理后,在5年(60个月)内未发生支出且未缴回财政部门或其他拨付资金的政府部门的部分,应计入取得该资金第六年的应税收入总额;计入应税收入总额的财政性资金发生的支出，允许在计算应纳税所得额时扣除。

【案例 4-4】 A公司2020年3月收到政府拨款200万元用于技术改造，2020年10月A公司购入一不需要安装的环保设备，取得增值税发票注明价款为400万元，进项税额为52万元，预计使用10年，采取直线法计提折旧，预计净残值为零，假设不符合不征税收入条件，未选择加速折旧法。请问如何在表A105020和表A105040中填报？

1. 总额法。

(1) 会计处理（总额法）（单位：万元）：

① 收到款项：

借：银行存款 200.00

　贷：递延收益 200.00

② 购入固定资产：

借：固定资产 400.00

　应交税费——应交增值税 52.00

　贷：银行存款 452.00

③ 计提折旧：

借：管理费用（制造费用）（400÷10÷12×2） 6.67

　贷：累计折旧 6.67

借：递延收益 3.33

　贷：营业外收入（其他收益） 3.33

(2) 税务处理：

税法规定，企业取得政府补助，不符合不征税收入条件的、未作为不征税收入处理的，应计入取得当年的收入总额计算缴纳企业所得税。

表 4-17 A105020 未按权责发生制确认收入纳税调整明细表(局部)

单位：万元

行次	项目	合同金额（交易金额）	账载金额		税收金额		纳税调整金额
			本年	累计	本年	累计	
		1	2	3	4	5	6(4－2)
9	三、政府补助递延收入						
10	（一）与收益相关政府补助						
11	（二）与资产相关政府补助	200	3.33	3.33	200	200	196.67
12	（三）其他						
13	四、其他未按权责发生制						
14	合　计	200	3.33	3.33	200	200	196.67

表 4-18　A105000 纳税调整明细表(局部)

单位:万元

行次	项目	账载金额	税收金额	调增金额	调减金额
		1	2	3	4
1	一、收入类调整项目(2+3+…8+10+11)	3.33	200	196.67	
2	(一)视同销售收入				
3	(二)未按权责发生制确认收入	3.33	200	196.67	
46	合　计				

会计确认当期收入为3.33万元,税收上应确认收入为196.67万元,应做纳税调增处理,到以后年度再做纳税调减处理。

2. 净额法。

(1) 会计处理(净额法)(单位:万元):

收到款项:

借:银行存款　　200.00

　贷:递延收益　　200.00

购入固定资产:

借:固定资产　　400.00

　应交税费——应交增值税　　52.00

　贷:银行存款　　452.00

同时:

借:递延收益　　200.00

　贷:固定资产　　200.00

借:制造费用　　3.33

　贷:累计折旧(200÷10÷12×2)　　3.33

(2) 税务处理:

符合不征税收入,不征税收入用于支出所形成的费用,不得在计算应纳税所得额时扣除;用于支出所形成的资产,其计算的折旧、摊销不得在计算应纳税所得额时扣除。在税收上,企业购入固定资产价值为400万元,其中有200万元以政策补助款购入,符合不征税收入条件,计提折旧的部分不得税前扣除,应进行纳税调整。在税收处理上,将符合不征税收入金额冲减固定资产原值,税会没有差异。

表 4-19　A105040 专项用途财政性资金纳税调整明细表

行次	项目	取得年度	财政性资金	其中:符合不征税收入条件的财政性资金		以前年度支出情况					本年支出情况		本年结余情况		
				金额	其中:计入本年损益的金额	前五年	前四年	前三年	前二年	前一年	支出金额	其中:费用化支出金额	结余金额	其中:上缴财政金额	应计入本年应税收入金额
		1	2	3	4	5	6	7	8	9	10	11	12	13	14
1	前五年度														
2	前四年度														
3	前三年度														
4	前二年度														
5	前一年度														
6	本年	2020	200	200	0						200	0	0		
7	合计（1+2+…+6）		200	200	0						200	0	0		

表 4-20　A105080 资产折旧、摊销及纳税调整明细表

行次	项目		账载金额			税收金额					纳税调整金额
			资产原值	本年折旧、摊销额	累计折旧、摊销额	资产计税基础	税收折旧、摊销额	享受加速折旧政策的资产按税收一般规定计算的折旧、摊销额	加速折旧、摊销统计额	累计折旧、摊销额	
			1	2	3	4	5	6	7=5−6	8	9(2−5)
1	一、固定资产(2+3+4+5+6+7)		200	3.33	3.33	200	3.33	*	*	3.33	0
2	所有固定资产	(一)房屋、建筑物						*	*		
3		(二)飞机、火车、轮船、机器、机械和其他生产设备						*	*		
4		(三)与生产经营活动有关的器具、工具、家具等	200	3.33	3.33	200	3.33	*	*	3.33	0
5		(四)飞机、火车、轮船以外的运输工具						*	*		
6		(五)电子设备						*	*		
7		(六)其他						*	*		
8	其中:享受固定资产加速折旧及一次性扣除政策的资产加速折旧额大于一般折旧额的部分	(一)重要行业固定资产加速折旧(不含一次性扣除)									*
9		(二)其他行业研发设备加速折旧									*
10		(三)海南自由贸易港企业固定资产加速折旧									
11		(四)500 万元以下设备器具一次性扣除									*
12		(五)疫情防控重点保障物资生产企业单价 500 万元以上设备一次性扣除									*
13		(六)海南自由贸易港企业固定资产一次性扣除									*

政策链接

一、企业从县级以上各级人民政府财政部门及其他部门取得的应计入收入总额的财政性资金，凡同时符合以下条件的，可以作为不征税收入，在计算应纳税所得额时从收入总额中减除：

（一）企业能够提供规定资金专项用途的资金拨付文件。

（二）财政部门或其他拨付资金的政府部门对该资金有专门的资金管理办法或具体管理要求。

（三）企业对该资金以及以该资金发生的支出单独进行核算。

二、根据实施条例第二十八条的规定，上述不征税收入用于支出所形成的费用，不得在计算应纳税所得额时扣除；用于支出所形成的资产，其计算的折旧、摊销不得在计算应纳税所得额时扣除。

三、企业将符合本通知第一条规定条件的财政性资金作不征税收入处理后，在 5 年(60 个月)内未发生支出且未缴回财政部门或其他拨付资金的政府部门的部分，应计入取得该资金第六年的应税收入总额；计入应税收入总额的财政性资金发生的支出，允许在计算应纳税所得额时扣除。

【《财政部　国家税务总局关于专项用途财政性资金企业所得税处理问题的通知》(财税〔2011〕70号)第一条、第二条、第三条】

4.2.5　职工教育跨年度的填报

4.2.5.1　企业发生职工教育经费不超过薪金总额 8%的部分，准予在计算企业所得税应纳税所得额时扣除；超过部分，准予在以后纳税年度结转扣除，请问如何填报表 A105050

【案例 4-5】　A 公司是一般制造业，2020 年会计核算计入成本费用的职工教育经费金额 57.5 万元，实际发生的职工教育经费金额 32.5 万元，其中报销董事长攻读 MBA 学费 3.2 万元，工资、薪金支出的税收金额为 500 万元。以前年度累计结转扣除职工教育经费金额 6 万元，税收规定扣除率为 8%，请问如何填报申报表？

(1) 会计处理：

借：管理费用　　575 000

　　贷：应付职工薪酬——职工教育经费　　575 000

借：应付职工薪酬——职工教育经费　　575 000

　　贷：银行存款　　575 000

借：营业外支出　　32 000

　　贷：管理费用　　32 000

(2) 税务处理:

① 税收扣除限额=500×8%=40(万元)。

② 当年实际发生的符合职工教育经费列支范围=32.5−3.2=29.3(万元)。

③ 当年允许扣除税收金额=29.3+6=35.3(万元)。

④ 当年纳税调整金额=57.5−35.3=22.2(万元)。

表4-21 A105050职工薪酬支出及纳税调整明细表(局部)

单位:万元

行次	项目	账载金额	实际发生额	税收规定扣除率	以前年度累计结转扣除额	税收金额	纳税调整金额	累计结转以后年度扣除额
		1	2	3	4	5	6 (1−5)	7 (2+4−5)
1	一、工资薪金支出	500		*	*	500		*
2	二、职工福利费支出				*			*
4	三、职工教育经费支出	57.5	29.3	*	6	35.3	22.2	0
5	其中:按税收规定比例的职工教育经费	57.5	29.3	8%	6	35.3	22.2	0
6	按税收规定全额扣除的职工培训费用				*			*
12	九、其他			*	*			*
13	合计	557.5	29.3		6	535.3	22.2	0

表4-22 A105000纳税调整项目明细表(局部)

行次	项目	账载金额	税收金额	调增金额	调减金额
		1	2	3	4
1	一、收入类调整项目	*	*		
12	二、扣除类调整项目	*	*		
14	(二)职工薪酬(填写A105050)	557.5	535.3	22.2	0
30	(十七)其他				

【案例4-6】 A公司从事制造业,2020年会计核算计入成本费用的职工教育经费金额39万元,实际发生的职工教育经费金额38万元,其中报销董事长攻读MBA学费3万元,工资、薪金支出的税收金额为500万元。以前年度累计结转扣除职工教育经费金额6万元,税收规定扣除率为8%,请问如何填报申报表?

(1) 税收扣除限额=500×8%=40(万元)。

(2) 当年实际发生的符合职工教育经费列支范围=38−3=35(万元)。

（3）当年允许扣除税收金额＝35＋6＝41（万元）。

（4）当年纳税调整金额＝39－40＝－1（万元）。

填报表A105050的税收金额栏时应注意，当职工教育经费实际发生额（允许税前扣除数＋上期结转数）大于税收扣除限额时，则税收金额栏应填报税收扣除限额的金额；当职工教育经费实际发生额（允许税前扣除数＋上期结转数）小于税收扣除限额时，则税收金额栏应填报实际发生额的金额（允许税前扣除数＋上期结转数）。本例中实际发生额为41万元（35＋6）大于税收扣除限额40万元，则应填40万元。

表4-23　A105050职工薪酬支出及纳税调整明细表（局部）

行次	项　　目	账载金额	实际发生额	税收规定扣除率	以前年度累计结转扣除额	税收金额	纳税调整金额	累计结转以后年度扣除额
		1	2	3	4	5	6（1－5）	7（2＋4－5）
1	一、工资薪金支出	500		*	*	500		*
2	二、职工福利费支出				*			*
4	三、职工教育经费支出	39	35	*	6	40	－1	1
5	其中：按税收规定比例的职工教育经费	39	35	8%	6	40	－1	1
6	按税收规定全额扣除的职工培训费用				*			*
12	九、其他			*	*			*
13	合计	539	35		6	540	－1	1

表4-24　A105000纳税调整项目明细表（局部）

行次	项　　目	账载金额	税收金额	调增金额	调减金额
		1	2	3	4
1	一、收入类调整项目	*	*		
12	二、扣除类调整项目	*	*		
14	（二）职工薪酬（填写A105050）	539	540		1
30	（十七）其他				

政策链接

除国务院财政、税务主管部门另有规定外，企业发生的职工教育经费支出，不超过工资薪金总额2.5%的部分，准予扣除；超过部分，准予在以后纳税年度结转扣除。

【《中华人民共和国企业所得税法实施条例》第四十二条】

企业发生的职工教育经费支出，不超过工资薪金总额8%的部分，准予在计算企业所得税应纳税所得额时扣除；超过部分，准予在以后纳税年度结转扣除。

【《财政部 税务总局关于企业职工教育经费税前扣除政策的通知》(财税〔2018〕51号)第一条】

4.2.6 不合规列支职工福利费申报如何填报表A105050

【案例4-7】 A公司2020年度账上列支工资总额为500万元，实际发生金额为480万元，2020年度账上列支职工福利费支出20万元，其中不合规票据6万元，2019年有职工福利费30万元超过扣除限额，进行纳税调整，请问如何填报表A105050?

会计处理：

借：管理费用——职工福利费 200 000

贷：应付职工薪酬——职工福利费 200 000

借：应付职工薪酬——职工福利费 200 000

贷：银行存款等 200 000

税务处理：

职工福利费扣除税收限额：480×14%=67.2(万元)。

实际发生额为20万元中有6万元属不合规票据，不得税前扣除。实际发生额小于税收限额，按实际发生额税前扣除。应纳税调增金额为6万元，上年超过扣除限额，进行纳税调整，不得结转扣除。申报表填报如表4-25所示。

表4-25 A105050职工薪酬支出及纳税调整明细表

单位：万元

行次	项目	账载金额	实际发生额	税收规定扣除率	以前年度累计结转扣除额	税收金额	纳税调整金额	累计结转以后年度扣除额
		1	2	3	4	5	6(1−5)	7(2+4−5)
1	一、工资薪金支出	500	480	*	*	480	20	*
2	其中：股权激励			*	*			*
3	二、职工福利费支出	20	14		*	14	6	*
4	三、职工教育经费支出			*				
5	其中：按税收规定比例扣除的职工教育经费							
6	按税收规定全额扣除的职工教育经费							*
7	四、工会经费支出				*			*

（续表）

行次	项　目	账载金额	实际发生额	税收规定扣除率	以前年度累计结转扣除额	税收金额	纳税调整金额	累计结转以后年度扣除额
		1	2	3	4	5	6（1－5）	7（2＋4－5）
8	五、各类基本社会保障性缴款			*	*			*
9	六、住房公积金			*	*			*
10	七、补充养老保险				*			*
11	八、补充医疗保险				*			*
12	九、其他			*	*			*
13	合计（1＋3＋4＋7＋8＋9＋10＋11＋12）	520	494	*		494	26	

表 4-26　A105000 纳税调整项目明细表（局部）

行次	项　目	账载金额	税收金额	调增金额	调减金额
		1	2	3	4
1	一、收入类调整项目	*	*		
12	二、扣除类调整项目	*	*		
14	（二）职工薪酬（填写 A105050）	520	494	26	
46	合计（1＋12＋31＋36＋44＋45）	*	*	26	

政策链接

企业发生的职工福利费支出，不超过工资薪金总额 14％的部分，准予扣除。

【《中华人民共和国企业所得税法实施条例》第四十条】

《实施条例》第四十条规定的企业职工福利费，包括以下内容：

（一）尚未实行分离办社会职能的企业，其内设福利部门所发生的设备、设施和人员费用，包括职工食堂、职工浴室、理发室、医务所、托儿所、疗养院等集体福利部门的设备、设施及维修保养费用和福利部门工作人员的工资薪金、社会保险费、住房公积金、劳务费等。

（二）为职工卫生保健、生活、住房、交通等所发放的各项补贴和非货币性福利，包括企业向职工发放的因公外地就医费用、未实行医疗统筹企业职工医疗费用、职工供养直系亲属医疗补贴、供暖费补贴、职工防暑降温费、职工困难补贴、救济费、职工食堂经费补贴、职工交通补贴等。

（三）按照其他规定发生的其他职工福利费，包括丧葬补助费、抚恤费、安家费、探亲假路费等。

【《国家税务总局关于企业工资薪金及职工福利费扣除问题的通知》（国税函〔2009〕3 号）第三条】

4.2.7 弥补亏损明细表的填报

4.2.7.1 一般企业经认定为高新技术企业,弥补亏损最大结转年限由5年变成10年,应如何填报

【案例4-8】 A公司2010—2020年经营情况如表4-27所示,请问认定高新企业之前已超过5年待弥补亏损不能弥补,在认定高新技术企业后能否可以弥补?如何填报2020年的表A106000?

表4-27 2010—2020经营情况表

单位:万元

年度	2010	2011	2012	2013	2014	2015	2016	2017	2018	2019	2020
调整后所得	-50	-100	-300	200	-100	-350	-50	200	-150	100	550
企业类型	一般企业	一般企业	一般企业	一般企业	一般企业	一般企业	一般企业	高新企业	高新企业	高新企业	高新企业(复审通过)

为支持高新技术企业和科技型中小企业发展,国家出台的《财政部 税务总局关于延长高新技术企业和科技型中小企业亏损结转年限的通知》(财税〔2018〕76号)规定,自2018年1月1日起,当年具备高新技术企业或科技型中小企业资格(以下统称资格)的企业,其具备资格年度之前5个年度发生的尚未弥补完的亏损,准予结转以后年度弥补,最长结转年限由5年延长至10年。

《国家税务总局关于延长高新技术企业和科技型中小企业亏损结转弥补年限有关企业所得税处理问题的公告》(国家税务总局公告2018年第45号)对一些问题进行明确:《财政部 税务总局关于延长高新技术企业和科技型中小企业亏损结转年限的通知》(财税〔2018〕76号)第一条所称当年具备高新技术企业或科技型中小企业资格(以下统称资格)的企业,其具备资格年度之前5个年度发生的尚未弥补完的亏损,是指当年具备资格的企业,其前5个年度无论是否具备资格,所发生的尚未弥补完的亏损。2018年具备资格的企业,无论2013年至2017年是否具备资格,其2013年至2017年发生的尚未弥补完的亏损,均准予结转以后年度弥补,最长结转年限为10年。2018年以后年度具备资格的企业,依此类推,进行亏损结转弥补税务处理。

由此可见,认定高新企业之前已超过5年待弥补亏损不能弥补,在认定高新技术企业后可以继续弥补。

A公司在2010至2016年为一般企业,超过5年尚未弥补亏损就不能弥补,但根据《国家税务总局关于延长高新技术企业和科技型中小企业亏损结转弥补年限有关企业所得税处理问题的公告》(国家税务总局公告2018年第45号)精神认定,其具备资格年度之前5个年度发生的尚未弥补完的亏损,是指当年具备资格的企业,其前5个年度无论是否具备资格,所发生的尚未弥补完的亏损均可弥补,填报如表4-28所示。

表 4-28　A106000 企业所得税弥补亏损明细表

单位：万元

行次	项目	年度	当年境内所得额	分立转出的亏损额	合并、分立转入的亏损额			弥补亏损企业类型	当年亏损额	当年待弥补的亏损额	用本年度所得额弥补的以前年度亏损额		当年可结转以后年度弥补的亏损额
					可弥补年限 5 年	可弥补年限 8 年	可弥补年限 10 年				使用境内所得弥补	使用境外所得弥补	
		1	2	3	4	5	6	7	8	9	10	11	12
1	前十年度	2010	−50					100					
2	前九年度	2011	−100					100					
3	前八年度	2012	−300					100					
4	前七年度	2013	200					100					
5	前六年度	2014	−100					100	−50	50	50		
6	前五年度	2015	−350					100	−350	350	350		
7	前四年度	2016	−50					100	−50	50	50		
8	前三年度	2017	200					200	0	0	0		
9	前二年度	2018	−150					200	−150	150	100		50
10	前一年度	2019	100					200	0	0	0		
11	本年度	2020	550					200			550		
12	可结转以后年度弥补的亏损额合计												50

政策链接

一、自2018年1月1日起，当年具备高新技术企业或科技型中小企业资格(以下统称资格)的企业，其具备资格年度之前5个年度发生的尚未弥补完的亏损，准予结转以后年度弥补，最长结转年限由5年延长至10年。

二、本通知所称高新技术企业，是指按照《科技部 财政部 国家税务总局关于修订印发〈高新技术企业认定管理办法〉的通知》(国科发火〔2016〕32号)规定认定的高新技术企业；所称科技型中小企业，是指按照《科技部 财政部 国家税务总局关于印发〈科技型中小企业评价办法〉的通知》(国科发政〔2017〕115号)规定取得科技型中小企业登记编号的企业。

【《财政部 国家税务总局关于延长高新技术企业和科技型中小企业亏损结转年限的通知》(财税〔2018〕76号)第一条、第二条】

一、《通知》第一条所称当年具备高新技术企业或科技型中小企业资格(以下统称资格)的企业，其具备资格年度之前5个年度发生的尚未弥补完的亏损，是指当年具备资格的企业，其前5个年度无论是否具备资格，所发生的尚未弥补完的亏损。

2018年具备资格的企业，无论2013年至2017年是否具备资格，其2013年至2017年发生的尚未弥补完的亏损，均准予结转以后年度弥补，最长结转年限为10年。2018年以后年度具备资格的企业，依此类推，进行亏损结转弥补税务处理。

二、高新技术企业按照其取得的高新技术企业证书注明的有效期所属年度，确定其具备资格的年度。

科技型中小企业按照其取得的科技型中小企业入库登记编号注明的年度，确定其具备资格的年度。

三、企业发生符合特殊性税务处理规定的合并或分立重组事项的，其尚未弥补完的亏损，按照《财政部 国家税务总局关于企业重组业务企业所得税处理若干问题的通知》(财税〔2009〕59号)和本公告有关规定进行税务处理：

(一)合并企业承继被合并企业尚未弥补完的亏损的结转年限，按照被合并企业的亏损结转年限确定。

(二)分立企业承继被分立企业尚未弥补完的亏损的结转年限，按照被分立企业的亏损结转年限确定。

(三)合并企业或分立企业具备资格的，其承继被合并企业或被分立企业尚未弥补完的亏损的结转年限，按照《通知》第一条和本公告第一条规定处理。

四、符合《通知》和本公告规定延长亏损结转弥补年限条件的企业，在企业所得税预缴和汇算清缴时，自行计算亏损结转弥补年限，并填写相关纳税申报表。

【《国家税务总局关于延长高新技术企业和科技型中小企业亏损结转弥补年限有关企业所得税处理问题的公告》(国家税务总局公告2018年第45号)第一条、第二条、第三条、第四条】

4.2.8 贷款损失准备金的填报

4.2.8.1 国家税务总局公告 2020 第 24 号对原申报表的《特殊行业准备金及纳税调整明细表》(A105120)进行修改,请问修改的内容有哪些? 修改后的《贷款损失准备金及纳税调整明细表》如何填报

《国家税务总局关于修订企业所得税年度纳税申报表的公告》(国家税务总局公告 2020 第 24 号)对原申报表的《特殊行业准备金及纳税调整明细表》(A105120)进行修改,大幅度缩减了原《特殊行业准备金及纳税调整明细表》(A105120)的填报范围,仅发生贷款损失准备金的金融企业、小额贷款公司的纳税人需要填报,并将表单名称修改为《贷款损失准备金及纳税调整明细表》。同时,取消保险公司、证券行业、期货行业、中小企业融资(信用)担保机构相关行次,将相关行次简并、优化至《纳税调整项目明细表》(A105000)。根据金融企业贷款准备金业务财务核算方式,以贷款资产和准备金的"余额"为核心数据项,重新确定了表单结构和填报规则,更好地与企业财务核算方式衔接。

【案例 4-9】 假设 A 银行 2018 年已在税前扣除的贷款损失准备金为 1 亿元,2019 年年末贷款按照税法 1%比例计算的贷款损失准备金为 2 亿元,则当年准予税前扣除的贷款损失准备金为 2－1＝1(亿元);另假设 A 银行 2019 年发生的 0.2 亿元贷款损失中 0.18 亿元符合税前扣除条件,收回的以前年度已核销资产 0.1 亿元在 2017 年度有 0.05 亿元已税前扣除,另 0.05 亿元在 2017 年不符合税前扣除条件未税前扣除。①

假设 A 银行不涉及涉农和中小企业贷款,则 A 银行年度纳税申报时如下:

(1) 准备金纳税调整,如表 4-29 所示。

(2) 已核销贷款损失调整,如表 4-30 所示。

(3) 收回已核销贷款损失纳税调整,如表 4-31 所示。

(4) 合计调整,如表 4-32 所示。

该银行贷款损失准备金合计纳税调增金额＝0.52－0.05＝0.47(亿元)。即本年度末账面计提或冲销的贷款损失准备 A＝按会计规定本年度末允许计提贷款损失准备的资产余额×计提比率－(期初贷款损失准备账面余额－本年度账务已核销的贷款损失＋本年度收回以前年度已核销的贷款损失)＝2.5－(1－0.2＋0.1)＝1.6(亿元);本年度允许扣除的贷款损失准备 B＝按税法规定本年年末允许计提贷款损失准备的资产余额×扣除比率－(截至上年度末累计扣除的贷款损失准备－本年度允许税前扣除的贷款损失＋本年度收回以前年度已获得扣除的贷款损失)＝2－(1－0.18＋0.05)＝1.13(亿元),A－B＝0.47(亿元),纳税调增 0.47 亿元。

---

① 案例摘自立信会计出版社出版的《企业所得税汇算清缴政策解析及申报实务(2021 年版)》。

表 4-29　A105120 贷款损失准备金及纳税调整明细表

单位:亿元

行次	项目	账载金额				税收金额						纳税调整金额
		上年末贷款资产余额	本年末贷款资产余额	上年末贷款损失准备金余额	本年末贷款损失准备金余额	上年末准予提取贷款损失准备金的贷款资产余额	本年末准予提取贷款损失准备金的贷款资产余额	计提比例	按本年末准予提取贷款损失准备金的贷款资产余额与计提比例计算的准备金额	截至上年末已在税前扣除的贷款损失准备金的余额	准予当年税前扣除的贷款损失准备金	
		1	2	3	4	5	6	7	8(6×7)	9	10(4与8的孰小值−9)	11(4-3-10)
1	一、金融企业(2+3)	100	200	1	2.5	100	200	*	2	1	1	0.5
2	(一) 贷款损失准备金	100	200	*	*	100	200	1%	2	*	*	*
3	(二) 涉农和中小企业贷款损失准备金			*	*			*		*	*	*
4	其中:关注类贷款			*	*			2%		*	*	*
5	次级类贷款			*	*			25%		*	*	*
6	可疑类贷款			*	*			50%		*	*	*
7	损失类贷款			*	*			100%		*	*	*
8	二、小额贷款公司							1%				
9	三、其他											
10	合计(1+8+9)	100	200	1	2.5	100	200	*	2	1	1	0.5

表 4-30 A105090 资产损失税前扣除及纳税调整明细表

单位:亿元

行次	项目	资产损失直接计入本年损益金额	资产损失准备金核销金额	资产处置收入	赔偿收入	资产计税基础	资产损失的税收金额	纳税调整金额
		1	2	3	4	5	6(5－3－4)	7
16	八、债权性投资损失(17＋23)	0	0.2	0	0	0.18	0.18	0.02
17	(一) 金融企业债权性投资损失(18＋22)	0	0.2	0	0	0.18	0.18	0.02
18	1. 贷款损失	0	0.2	0	0	0.18	0.18	0.02
19	其中:符合条件的涉农和中小企业贷款损失							
20	其中:单户贷款余额 300 万(含)以下的贷款损失							
21	单户贷款余额 300 万元至 1 000 万元(含)的 贷款损失							
22	2. 其他债权性投资损失							
29	合计(1＋2＋5＋7＋9＋12＋14＋16＋24＋26＋27＋28)	0	0.2	0	0	0.18	0.18	0.02
30	其中:分支机构留存备查的资产损失							

表4-31　A105000纳税调整项目明细表(局部)

单位:亿元

行次	项目	账载金额	税收金额	调增金额	调减金额
		1	2	3	4
1	一、收入类调整项目(2+3+…8+10+11)	*	*		
11	(九)其他	0.1	0.5		0.5
31	三、资产类调整项目(32+33+34+35)	*	*		
36	四、特殊事项调整项目(37+38+…+43)	*	*		
44	五、特别纳税调整应税所得	*	*		
45	六、其他	*	*		
46	合计(1+12+31+36+44+45)	*	*		

注:已核销贷款损失,在会计处理上,其在核销当年相当于冲减了损益,收回时相当于冲减损益的转回,即增加了营业利润。因此,对于其中一部分在以前年度未税前扣除的已核销贷款损失,由于其不符合税法扣除条件,在会计核销当年进行了纳税调增,收回时由于会计上增加损益将再一次参与应纳所得税额的计算,因此需进行相应的纳税调减[一般建议在表A105000纳税调整表的第11行"(九)其他"栏次进行调整];对于其中另一部分在以前年度已税前扣除的已核销贷款损失,其核销时冲减损益,收回时冲减损益转回,因此不需进行纳税调整。

表4-32　A105000纳税调整项目明细表(局部)

单位:亿元

行次	项目	账载金额	税收金额	调增金额	调减金额
		1	2	3	4
1	一、收入类调整项目(2+3+…8+10+11)	*	*		0.05
11	(九)其他	0.1	0.05		0.05
31	三、资产类调整项目(32+33+34+35)	*	*	0.02	
32	(一)资产折旧、摊销(填写A105080)				
33	(二)资产减值准备金		*		
34	(三)资产损失(填写A105090)	*	*	0.02	
35	(四)其他				
36	四、特殊事项调整项目(37+38+…+43)	*	*	0.5	
37	(一)企业重组及递延纳税事项(填写A105100)				
38	(二)政策性搬迁(填写A105110)	*	*		
39	(三)特殊行业准备金(39.1+39.2+39.4+39.5+39.6+39.7)	*	*	0.5	

（续表）

行次	项目	账载金额	税收金额	调增金额	调减金额
		1	2	3	4
39.1	1. 保险公司保险保障基金				
39.2	2. 保险公司准备金				
39.3	其中：已发生未报案未决赔款准备金				
39.4	3. 证券行业准备金				
39.5	4. 期货行业准备金				
39.6	5. 中小企业融资（信用）担保机构准备金				
39.7	6. 金融企业、小额贷款公司准备金（填写 A105120）	*	*	0.5	
40	（四）房地产开发企业特定业务计算的纳税调整额（填写 A105010）	*			
41	（五）合伙企业法人合伙人应分得的应纳税所得额				
42	（六）发行永续债利息支出				
43	（七）其他	*	*		
44	五、特别纳税调整应税所得	*	*		
45	六、其他	*	*		
46	合计（1＋12＋31＋36＋44＋45）	*	*	0.52	0.05

政策链接

一、金融企业根据《贷款风险分类指引》（银监发〔2007〕54 号），对其涉农贷款和中小企业贷款进行风险分类后，按照以下比例计提的贷款损失准备金，准予在计算应纳税所得额时扣除：

（一）关注类贷款，计提比例为 2%。

（二）次级类贷款，计提比例为 25%。

（三）可疑类贷款，计提比例为 50%。

（四）损失类贷款，计提比例为 100%。

二、本公告所称涉农贷款，是指《涉农贷款专项统计制度》（银发〔2007〕246 号）统计的以下贷款：

（一）农户贷款。

（二）农村企业及各类组织贷款。

本条所称农户贷款，是指金融企业发放给农户的所有贷款。农户贷款的判定应以贷款发放时的承贷主体是否属于农户为准。农户，是指长期（一年以上）居住在乡镇（不包括城关镇）行政管理区域内的住户，还包括长期居住在城关镇所辖行政村范围内的住户和户口不在本地而在本地居住一年以上的住户，国有农场的职工和农村个体工商户。位于乡镇(不包括城关镇)行政管理区域内和在城关镇所辖行政村范围内的国有经济的机关、团体、学校、企事业单位的集体户;有本地户口,但举家外出谋生一年以上的住户,无论是否保留承包耕地均不属于农户。农户以户为统计单位,既可以从事农业生产经营,也可以从事非农业生产经营。

本条所称农村企业及各类组织贷款,是指金融企业发放给注册地位于农村区域的企业及各类组织的所有贷款。农村区域,是指除地级及以上城市的城市行政区及其市辖建制镇之外的区域。

三、本公告所称中小企业贷款,是指金融企业对年销售额和资产总额均不超过2亿元的企业的贷款。

四、金融企业发生的符合条件的涉农贷款和中小企业贷款损失,应先冲减已在税前扣除的贷款损失准备金,不足冲减部分可据实在计算应纳税所得额时扣除。

【《财政部 税务总局关于金融企业涉农贷款和中小企业贷款损失准备金税前扣除有关政策的公告》(财政部 税务总局公告2019年第85号)第一条、第二条、第三条、第四条】

一、金融企业准予税前提取贷款损失准备金的贷款资产范围包括:

(一)贷款(含抵押、质押、保证、信用等贷款)。

(二)银行卡透支、贴现、信用垫款(含银行承兑汇票垫款、信用证垫款、担保垫款等)、进出口押汇、同业拆出、应收融资租赁款等具有贷款特征的风险资产。

(三)由金融企业转贷并承担对外还款责任的国外贷款,包括国际金融组织贷款、外国买方信贷、外国政府贷款、日本国际协力银行不附条件贷款和外国政府混合贷款等资产。

二、金融企业准予当年税前扣除的贷款损失准备金计算公式如下:

$$\frac{\text{准予当年税前扣除}}{\text{的贷款损失准备金}} = \frac{\text{本年末准予提取贷款损失}}{\text{准备金的贷款资产余额}} \times 1\% - \frac{\text{截至上年末已在税前扣除的}}{\text{贷款损失准备金的余额}}$$

金融企业按上述公式计算的数额如为负数,应当相应调增当年应纳税所得额。

三、金融企业的委托贷款、代理贷款、国债投资、应收股利、上交央行准备金以及金融企业剥离的债权和股权、应收财政贴息、央行款项等不承担风险和损失的资产,以及除本公告第一条列举资产之外的其他风险资产,不得提取贷款损失准备金在税前扣除。

四、金融企业发生的符合条件的贷款损失,应先冲减已在税前扣除的贷款损失准备金,不足冲减部分可据实在计算当年应纳税所得额时扣除。

五、金融企业涉农贷款和中小企业贷款损失准备金的税前扣除政策,凡按照《财政部 税务总局关于金融企业涉农贷款和中小企业贷款损失准备金税前扣除有关政策的公告》(财政部 税务总局公告2019年第85号)的规定执行的,不再适用本公告第一条至第四条的规定。

【《财政部 税务总局关于金融企业贷款损失准备金企业所得税税前扣除有关政策的公告》(财政部 税务总局公告2019年第86号)第一条、第二条、第三条、第四条、第五条】

4.2.9　季度预缴申报

4.2.9.1　2021 年第 1 季度企业所得税预缴申报时应注意有什么？举例小微企业如何填报季度预缴申报表

国家税务总局公告 2021 年第 3 号对企业所得税季度预缴申报表进行修订，在第 1 季度企业所得税预缴时应注意以下几点。

一、申报表主要变化

由于企业所得税政策类型较多，原表单采用了完整列举的展现形式，在全面宣传、落实政策等方面发挥了积极作用。但是，该方式也存在不足：一是需随政策变化进行调整，稳定度不高；二是对于大部分纳税人来说，不相关政策展示过多，精准度不够。为解决上述问题，进一步优化办税体验，新版报表采用了“分类填报”的设计思路。对于绝大部分企业，只需填报一张主表，并在主表上填写相应的具体事项即可完成申报，办税负担进一步减轻。

（一）精简附表数量

一是删减原《免税收入、减计收入、所得减免等优惠明细表》（A201010）和原《减免所得税优惠明细表》（A201030），将相关栏目集成至《中华人民共和国企业所得税月（季）度预缴纳税申报表（A 类）》（A200000）。

二是简化《资产加速折旧、摊销（扣除）优惠明细表》（A201020）的行次和填报方式。

（二）优化主表栏目

一是删减原《中华人民共和国企业所得税月（季）度预缴纳税申报表（A 类）》（A200000）中征管信息系统已有的“预缴方式”和“企业类型”两个栏次。

二是删减原《中华人民共和国企业所得税月（季）度预缴纳税申报表（A 类）》（A200000）“附报信息”栏次。

三是将原《免税收入、减计收入、所得减免等优惠明细表》（A201010）附列资料相关栏次，整合至《中华人民共和国企业所得税月（季）度预缴纳税申报表（A 类）》（A200000）“附报事项”栏次。

四是优化“资产加速折旧、摊销（扣除）”政策、“免税收入、减计收入、加计扣除”政策和“所得减免”政策的计算顺序，与年度申报表的计算逻辑保持一致。

（三）调整填报方式

一是《中华人民共和国企业所得税月（季）度预缴纳税申报表（A 类）》（A200000）“附报事项”、第 7 行“减：免税收入、减计收入、加计扣除”、第 8 行“减：所得减免”、第 13 行“减：减免所得税额”行次下面分别增加空白的明细行次，由纳税人根据《企业所得税申报事项目录》填写优惠事项或特定事项。

二是《资产加速折旧、摊销（扣除）优惠明细表》（A201020）第 1 行“加速折旧、摊销”和第2行“一次性扣除”行次下面分别增加空白的明细行次，由纳税人根据《企业所得税申报事项目录》填写优惠事项。

三是《企业所得税申报事项目录》在总局网站“纳税服务”栏目公布，并根据政策调整情况，适时更新。今后如政策调整，一般不再修订表单，纳税人根据网站上发布的最新《企业所得税申报事项目录》，选择相应事项填报即可。

（四）完善民族自治地区减免税填报规则

《中华人民共和国企业所得税月(季)度预缴纳税申报表(A类)》(A200000)增加“实际缴纳企业所得税计算”部分，帮助民族自治地方企业更准确的计算地方分享的企业所得税减征或免征情况。

二、申报事项可分类查找并填报

《企业所得税申报事项目录》对所有预缴申报事项进行了精准分类，纳税人在填报《中华人民共和国企业所得税月(季)度预缴纳税申报表(A类)》(A200000)和《资产加速折旧、摊销(扣除)优惠明细表》(A201020)时，可分类别查找具体事项，并进行填报。

(一)《中华人民共和国企业所得税月(季)度预缴纳税申报表(A类)》(A200000)

该表有4部分内容涉及具体申报事项，分别是“附报事项”、第7行“减：免税收入、减计收入、加计扣除”、第8行“减：所得减免”、第13行“减：减免所得税额”。

(1) 附报事项：纳税人发生“支持新型冠状病毒感染的肺炎疫情防控捐赠支出全额扣除”“扶贫捐赠支出全额扣除”事项，享受“软件、集成电路企业优惠政策”事项时，应在相关行次中填写具体事项名称和相关情况。

(2) 第7行“减：免税收入、减计收入、加计扣除”：纳税人享受免税收入、减计收入优惠政策时，应在主表第7行的下级行次填写具体优惠事项名称和减免金额。免税收入优惠事项主要包括国债利息收入免征企业所得税、股息红利等权益性投资收益免征企业所得税、符合条件的非营利组织的收入免征企业所得税、投资者从证券投资基金分配中取得的收入免征企业所得税、取得的地方政府债券利息收入免征企业所得税等。减计收入优惠事项主要包括综合利用资源生产产品取得的收入、金融机构取得的涉农贷款利息收入、保险机构取得的涉农保费收入、小额贷款公司取得的农户小额贷款利息收入、社区家庭服务收入、取得铁路债券利息收入减半征收企业所得税等。

(3) 第8行“减：所得减免”：纳税人享受所得减免优惠政策时，应在主表第8行的下级行次填写具体优惠事项名称和减免金额。所得减免优惠事项主要包括从事农、林、牧、渔业项目的所得减免征收企业所得税，从事国家重点扶持的公共基础设施项目投资经营的所得定期减免企业所得税，从事符合条件的环境保护、节能节水项目的所得定期减免企业所得税，符合条件的技术转让项目所得减免征收企业所得税，实施清洁发展机制项目的所得定期减免企业所得税，符合条件的节能服务公司实施合同能源管理项目的所得定期减免企业所得税，集成电路生产项目的所得减免企业所得税等。

(4) 第 13 行“减：减免所得税额”：纳税人享受所得减免优惠政策时，应在主表第 13 行的下级行次填写具体优惠事项名称和减免金额。减免所得税额优惠事项主要包括符合条件的小型微利企业减免企业所得税，高新技术企业减免企业所得税，软件、集成电路企业减免企业所得税、技术先进型服务企业减免企业所得税、西部地区的鼓励类产业企业减免企业所得税、海南自由贸易港鼓励类企业减免企业所得税等。

(二)《资产加速折旧、摊销(扣除)优惠明细表》(A201020)

该表有 2 部分内容涉及申报具体事项，分别是第 1 行“加速折旧、摊销”、第 2 行“一次性扣除”。

(1) 加速折旧、摊销：纳税人享受重要行业固定资产加速折旧、其他行业研发设备加速折旧、海南自由贸易港企业固定资产加速折旧、海南自由贸易港企业无形资产加速摊销政策时，应在表 A201020 第 1 行的下级行次填写具体优惠事项名称和相关资产情况。

(2) 一次性扣除：纳税人享受 500 万元以下设备器具一次性扣除、疫情防控重点保障物资生产企业单价 500 万元以上设备一次性扣除、海南自由贸易港企业固定资产一次性扣除、海南自由贸易港企业无形资产一次性扣除政策时，应在表 A201020 第 2 行的下级行次填写具体优惠事项名称和相关资产情况。

需要说明的是，如今后政策调整，纳税人应根据《企业所得税申报事项目录》最新分类事项进行填报。

三、采用网络申报引入智能服务，提高申报质量

为进一步推行精细化、便利化、智能化、专业化服务，税务机关进一步优化了电子税务局等网络申报系统的智能服务功能。一是对政策进行精准分类，并提供辅助选项帮助纳税人选择具体事项，纳税人按照原填报习惯填写即可，无需手动填写事项名称。二是对于小型微利企业减免企业所得税政策，申报系统继续提供智能识别、智能计算、智能填报的智能化服务。三是进一步扩展了智能计算功能，如软件和集成电路企业优惠、民族自治地区地方减免等政策，申报系统可帮助纳税人自动计算或校验优惠金额，避免计算错误导致享受优惠不充分。因此，相对于纸质申报方式，网络申报将更大幅度地减轻办税负担、降低涉税风险、提高申报质量，帮助纳税人更好地完成预缴申报。

四、实行按月预缴的查账征收居民企业，从 2021 年 3 月份申报所属期开始使用新版报表；实行按季预缴的查账征收居民企业，从 2021 年第 1 季度申报所属期开始使用新版报表

【案例 4-10】 A 企业为国家非限制和禁止行业，从业人员为 290 人(平均)、资产总额 4 500 万元(平均)，2021 年第一季度 应纳税所得额为 250 万元，符合小微企业条件,A 企业如何填报一季度申报表?

分析:A 企业为国家非限制和禁止行业,从业人员为 290 人(平均)、资产总额 4 500 万元(平均),2021 年第一季度应纳税所得额为 250 万元,符合小微企业条件,2021 年第一季度应预缴企业所得税=100×25%×20%×50%+150×50%×20%=2.5+15=17.5(万元)。

注:本案例按小微企业年应纳税所得额不到 100 万元的部分,在现行优惠政策基础上再减半征收所得税进行计算。

因 A200000 第 13.1 行由原固定式附表改为弹出页面,需在《减免所得税额优惠事项代码及名称对照表》勾选"减免所得税额优惠事项的具体名称",同时应注意第 3 列填报的金额为"本年累计金额"。一季度申报填报如表 4-33 所示。

表 4-33 A200000 中华人民共和国企业所得税月(季)度预缴纳税申报表(A 类)

税款所属期间:2021 年 1 月 1 日至 2021 年 3 月 31 日

纳税人识别号(统一社会信用代码):□□□□□□□□□□□□□□□□□□□□□□□

纳税人名称:　　　　　　　　　　　　　　　　　　金额单位:人民币元(列至角分)

优惠及附报事项有关信息									
项目	一季度		二季度		三季度		四季度		季度平均值
	季初	季末	季初	季末	季初	季末	季初	季末	
从业人数	××	××							290
资产总额(万元)	××	××							4 500
国家限制或禁止行业	□是□否				小型微利企业				□是□否
	附报事项名称								金额或选项
事项 1									
事项 2									

预缴税款计算		本年累计
1	营业收入	××
2	营业成本	××
3	利润总额	××
4	加:特定业务计算的应纳税所得额	
5	减:不征税收入	
6	减:资产加速折旧、摊销(扣除)调减额(填写 A201020)	
7	减:免税收入、减计收入、加计扣除(7.1+7.2+…)	
7.1	(填写优惠事项)	
7.2	(填写优惠事项)	
8	减:所得减免(8.1+8.2+…)	
8.1	(填写优惠事项)	
8.2	(填写优惠事项)	
9	减:弥补以前年度亏损	
10	实际利润额(3+4-5-6-7-8-9)\ 按照上一纳税年度应纳税所得额平均额确定的应纳税所得额	2 500 000
11	税率(25%)	25%

（续表）

	预缴税款计算		本年累计
12	应纳所得税额(10×11)		625 000
13	减:减免所得税额(13.1+13.2+…)		450 000
13.1	(填写优惠事项)××××××		450 000
13.2	(填写优惠事项)		
14	减:本年实际已缴纳所得税额		0
15	减:特定业务预缴(征)所得税额		
16	本期应补(退)所得税额(12－13－14－15)\ 税务机关确定的本期应纳所得税额		175 000
	汇总纳税企业总分机构税款计算		
17	总机构	总机构本期分摊应补(退)所得税额(18+19+20)	
18		其中:总机构分摊应补(退)所得税额(16×总机构分摊比例____%)	
19		财政集中分配应补(退)所得税额(16×财政集中分配比例____%)	
20		总机构具有主体生产经营职能的部门分摊所得税额(16×全部分支机构分摊比例____%×总机构具有主体生产经营职能部门分摊比例____%)	
21	分支机构	分支机构本期分摊比例	
22		分支机构本期分摊应补(退)所得税额	
	实际缴纳企业所得税计算		
23	减:民族自治地区企业所得税地方分享部分: □ 免征 □ 减征:减征幅度____%)	本年累计应减免金额[(12－13－15)×减征幅度]	
24	实际应补(退)所得税额		

谨声明:本纳税申报表是根据国家税收法律法规及相关规定填报的,是真实的、可靠的、完整的。

纳税人(签章):年月日

经办人: 经办人身份证号: 代理机构签章: 代理机构统一社会信用代码:	受理人: 受理税务机关(章): 受理日期:年月日

国家税务总局监制

政策链接

一、《中华人民共和国企业所得税月(季)度预缴纳税申报表(A类)》适用于实行查账征收企业所得税的居民企业月度、季度预缴申报时填报。

二、执行《跨地区经营汇总纳税企业所得税征收管理办法》(国家税务总局公告2012年第57号发布,2018年第31号修改)的跨地区经营汇总纳税企业的分支机构,使用《中华人民共和国企业所得税月(季)度预缴纳税申报表(A类)》进行月度、季度预缴申报和年度汇算清缴申报。

三、省(自治区、直辖市和计划单列市)税务机关对仅在本省(自治区、直辖市和计划单列市)内设立不具有法人资格分支机构的企业,参照《跨地区经营汇总纳税企业所得税征收管理办法》征收管理的,企业的分支机构按照本公告第二条规定进行月度、季度预缴申报和年度汇算清缴申报。

四、企业申报各类优惠事项及扶贫捐赠等特定事项时，根据《企业所得税申报事项目录》中的事项名称填报。《企业所得税申报事项目录》在国家税务总局网站“纳税服务”栏目另行发布，并根据政策调整情况适时更新。

五、本公告自 2021 年 4 月 1 日起施行。《国家税务总局关于修订〈中华人民共和国企业所得税月(季)度预缴纳税申报表(A 类，2018 年版)〉等报表的公告》(2020 年第 12 号)中的附件 1《中华人民共和国企业所得税月(季)度预缴纳税申报表(A 类，2018 年版)》(2020 年修订)同时废止。

【《国家税务总局关于发布〈中华人民共和国企业所得税月(季)度预缴纳税申报表(A 类)〉的公告》(国家税务总局公告 2021 年第 3 号)】

附 录

2020年最新企业所得税汇算清缴政策集锦①

2020年是全面建成小康社会和"十三五"规划收官之年，也是为"十四五"发展和实现第二个百年奋斗目标打基础的关键之年。为深入贯彻党中央、国务院"六稳""六保"决策部署，财税部门陆续出台了多项企业所得税优惠政策，为支持疫情防控、扩大内需和鼓励科技创新贡献了税务力量。

2020年度的企业所得税汇算清缴如约而至，本文对2020年新出台的企业所得税政策进行梳理，并对政策要点予以提示，助力企业纳税人顺利完成汇算清缴工作。

一、税前扣除政策

（一）小额贷款公司贷款损失准备金扣除政策

2017年，财政部、税务总局联合发布《关于小额贷款公司有关税收政策的通知》（财税〔2017〕48号），对符合条件的小额贷款公司按年末贷款余额1%计提的贷款损失准备金准予在企业所得税税前扣除，该政策2019年年底到期。为进一步引导小额贷款公司在支持"三农"、小微企业发展等方面发挥积极作用，财政部、税务总局联合发布《关于延续实施普惠金融有关税收优惠政策的公告》（财政部 税务总局公告2020年第22号），将上述政策的执行期限延长至2023年底。

（二）疫情防控重点保障物资生产企业扩大产能购置设备扣除政策

为切实调动企业扩大产能，加快疫情防控重点保障物资的生产及供应，财政部、税务总局联合发布《关于支持新型冠状病毒感染的肺炎疫情防控有关税收政策的公告》（财政部 税务总局公告2020年第8号）（以下简称"2020年第8号公告"）、《关于支持疫情防控保供等税费政策实施期限的公告》（财政部 税务总局公告2020年第28号），明确自2020年1月1日至12月31日，对疫情防控重点保障物资生产企业为扩大产能新购置的相关设备，允许一次性计入当期成本费用在企业所得税税前扣除。

企业在进行税前扣除时需关注两点：一是该项政策的享受主体是重点保障物资生产企业，具体名单由省级及以上发展改革部门、工业和信息化部门确定，企业可根据名单判定享受。二是根据税务总局发布的《关于发布修订后的〈企业所得税优惠政策事项办理办法〉的公告》（国家税务总局公告2018年第23号）的规定，企业在享受

① 任敬，戴胜辉.2020年最新企业所得税汇算清缴政策集锦[J].中国税务，2021(03).

该政策时无需提交资料，采取“自行判别、申报享受、相关资料留存备查”的方式办理即可。留存备查资料主要包括有关固定资产购进时点的资料、固定资产记账凭证、核算有关资产税务处理与会计处理差异的台账三类。

（三）疫情防控捐赠扣除政策

为充分调动社会力量参与疫情防控，保障防疫资金和防护物资来源，财政部、税务总局联合发布《关于支持新型冠状病毒感染的肺炎疫情防控有关捐赠税收政策的公告》(财政部 税务总局公告2020年第9号)，明确自2020年1月1日起，对企业发生的符合条件的疫情防控捐赠支出准予税前据实扣除：一是对企业通过公益性社会组织或者县级以上人民政府及其部门等国家机关，捐赠用于应对新冠肺炎疫情的现金和物品，允许在计算应纳税所得额时全额扣除。二是对企业直接向承担疫情防治任务的医院捐赠用于应对新冠肺炎疫情的物品，允许在计算应纳税所得额时全额扣除。

企业在进行税前扣除时需关注两点：一是企业直接捐赠的，接受捐赠的对象只能是承担疫情防控任务的医院，不包括研究机构和其他单位等，企业凭承担疫情防治任务的医院开具的捐赠接收函办理税前扣除事宜。二是根据税务总局发布的《关于支持新型冠状病毒感染的肺炎疫情防控有关税收征收管理事项的公告》(国家税务总局公告2020年第4号)(以下简称“2020年第4号公告”)规定，企业享受全额税前扣除政策时，采取“自行判别、申报享受、相关资料留存备查”的方式，并将捐赠全额扣除情况填入《捐赠支出及纳税调整明细表》(A105070)相应行次即可。

（四）杭州亚运会捐赠扣除政策

为支持筹办杭州2022年亚运会和亚残运会及其测试赛，财政部、税务总局、海关总署联合发布《关于杭州2022年亚运会和亚残运会税收政策的公告》(财政部公告2020年第18号)，对企业、社会组织和团体赞助、捐赠杭州亚运会的资金、物资、服务支出，在计算企业应纳税所得额时予以全额扣除。

二、亏损弥补政策

（一）受疫情影响较大的困难行业企业延长亏损结转年限政策

为帮助受疫情影响较大的困难行业企业走出困境，2020年第8号公告明确，其2020年度发生的亏损，最长结转年限由5年延长至8年。

企业在延长亏损结转年限时需关注三点：一是“困难行业企业”的具体范围，包括交通运输、餐饮、住宿、旅游四大类，其中旅游是指旅行社及相关服务、游览景区管理两类，企业可参照《国民经济行业分类》(GB/T 4754—2017)中的行业分类标准进行判定。二是困难行业企业2020年度主营业务收入须占收入总额(剔除不征税收入和投资收益)的50%以上。三是根据2020年第4号公告的规定，符合条件的企业按规定享受该政策的，应在汇算清缴时，通过电子税务局提交《适用延长亏损结转年限政策声明》(以下简称《声明》)，在《声明》中填入纳税人名称、纳税人识别号(统一社会信用代码)、所属的具体行业三项信息,并对其符合政策规定、符合主营业务收入占比要求、勾选的所属困难行业等信息的真实性、完整性、准确性负责。

(二)电影行业企业延长亏损结转年限政策

为支持电影行业发展,财政部、税务总局联合发布《关于电影等行业税费支持政策的公告》(财政部 税务总局公告2020年第25号),明确电影行业企业2020年度发生的亏损,最长结转年限由5年延长至8年。

需要注意的是:"电影行业企业"的范围限于电影制作、发行和放映等企业,不包括通过互联网、电信网、广播电视网等信息网络传播电影的企业。

三、税收优惠政策

(一)普惠金融优惠政策

2017年,财政部、税务总局联合发布《关于延续支持农村金融发展有关税收政策的通知》(财税〔2017〕44号)和《关于小额贷款公司有关税收政策的通知》(财税〔2017〕48号),对金融机构农户小额贷款的利息收入,保险公司为种植业、养殖业提供保险业务取得的保费收入和符合条件的小额贷款公司取得的农户小额贷款利息收入减按90%计入收入总额,该政策2019年12月31日到期。为进一步引导金融服务实体经济,财政部、税务总局联合发布《关于延续实施普惠金融有关税收优惠政策的公告》(财政部 税务总局公告2020年第22号),将上述普惠金融企业所得税优惠政策的执行期限延长至2023年12月31日。

(二)西部大开发优惠政策

2011年,财政部、海关总署、税务总局联合发布《关于深入实施西部大开发战略有关税收政策问题的通知》(财税〔2011〕58号),规定自2011年1月1日至2020年12月31日,对设在西部地区的鼓励类产业企业减按15%的税率征收企业所得税。为深入贯彻落实西部大开发战略精神,推进西部大开发形成新格局,财政部、税务总局、国家发展改革委联合发布《关于延续西部大开发企业所得税政策的公告》(财政部公告2020年第23号)(以下简称"2020年第23号公告"),明确自2021年1月1日至2030年12月31日,继续实行上述政策。

企业在享受该优惠政策时需关注四点:一是"鼓励类产业企业"的具体范围,是指以《西部地区鼓励类产业目录》中规定的产业项目为主营业务,且其主营业务收入占企业收入总额一定比例以上的企业。2020年第23号公告将鼓励类产业项目当年度主营业务收入占企业收入总额的限制比例,由原来的70%降至60%。二是《西部地区鼓励类产业目录》由发展改革委牵头制定,目录在公告执行期限内修订的,自修订版实施之日起按新版本执行。三是税务机关在后续管理中,不能准确判定企业主营业务是否属于国家鼓励类产业项目时,可提请发展改革等相关部门出具意见,对不符合税收优惠政策规定条件的,由税务机关按《中华人民共和国税收征收管理法》及有关规定进行相应处理,具体办法由省级发展改革、税务部门另行制定。四是政策适用范围,与原西部大开发政策保持一致,包括内蒙古自治区等12个西部省(区、市)和新疆生产建设兵团,以及湖南省湘西土家族苗族自治州、湖北省恩施土家族苗族自治州、吉林省延边朝鲜族自治州和江西省赣州市。

(三)集成电路产业和软件产业优惠政策

为优化集成电路产业和软件产业发展环境,提升产业创新能力和发展质量,财政部、税务总局、发展改革委、工业和信息化部联合发布《关于促进集成电路产业和软件产业高质量发展企业所得税政策的公告》(财政部 税务总局 发展改革委 工业和信息化部公告2020年第45号)(以下简称"2020年第45号公告"),对原有集成电路产业和软件产业政策进行了优化调整:

一是对目前国内线宽最先进的集成电路生产企业或项目实行力度最大的优惠,对国家鼓励的集成电路线宽小于28纳米(含),且经营期在15年以上的集成电路生产企业或项目,第一年至第十年免征企业所得税。

二是保留原来的集成电路生产企业或项目"五免五减半"和"两免三减半"的优惠政策,对国家鼓励的集成电路线宽小于65纳米(含),且经营期在15年以上的集成电路生产企业或项目,继续实行"五免五减半"优惠政策;对国家鼓励的集成电路线宽小于130纳米(含),且经营期在10年以上的集成电路生产企业或项目,继续实行"两免三减半"优惠政策。

三是新增了延长亏损弥补结转年限的优惠,对国家鼓励的线宽小于130纳米(含)的集成电路生产企业,属于国家鼓励的集成电路生产企业清单年度之前5个纳税年度发生的尚未弥补完的亏损,准予向以后年度结转,总的结转年限最长不得超过10年。

四是延续集成电路配套产业优惠政策,对国家鼓励的集成电路设计、装备、材料、封装、测试企业和软件企业,自获利年度起,继续施行"两免三减半"优惠政策。

五是加大对国家鼓励的重点集成电路设计企业和软件企业的优惠力度,允许其自获利年度起,第一年至第五年免征企业所得税,接续年度减按10%的税率征收企业所得税。

六是明确政策选择适用问题,对同时符合多项定期减免税优惠政策条件的,可由企业选择其中一项政策享受相关优惠,其中已经进入优惠期的,企业可在剩余期限内选择其中一项政策享受相关优惠。

七是明确新旧政策衔接问题,在2019年(含)之前已经进入优惠期的企业或项目,2020年(含)起可按原有政策规定继续享受至期满为止,如果也符合公告第一条至第四条规定的,可按公告规定享受相关优惠,其中有关定期减免税优惠,可按公告规定计算优惠期,并就剩余期限享受优惠至期满为止;符合原有政策条件,2019年(含)之前尚未进入优惠期的企业或项目,2020年(含)起不再执行原有政策。

(四)海南自由贸易港优惠政策

为支持海南自由贸易港建设,推进高水平开放,建立开放型经济新体制,财政部、税务总局联合发布《关于海南自由贸易港企业所得税优惠政策的通知》(财税〔2020〕31号),明确自2020年1月1日至2024年12月31日,对在海南自由贸易港设立的企业适用以下企业所得税优惠政策:一是对注册在海南自由贸易港并实质性运营的鼓励类产业企业,减按15%的税率征收企业所得税。二是对在海南自由贸易港设立的旅游业、现代服务业、高新技术产业企业新增境外直接投资取得的所得,免征企业所得税。三是对在海南自由贸易港设立的企业,新购置(含自建、自行开发)固定资产或无形资产,单位价值不超过500万元(含)的,允许一次性计入当期成本费用在计算应纳税所得额时扣除,不再分年度计算折旧和摊销;对单位价值超过500万元的,可以缩短折旧、摊销年限或采取加速折旧、摊销的方法。

企业在享受优惠政策时需关注四点:一是"鼓励类产业企业"的具体范围,是指以海南自由贸易港鼓励类产业目录中规定的产业项目为主营业务,且其主营业务收入占企业收入总额60%以上的企业,海南自由贸易港鼓励类产业目录包括《产业结构调整指导目录(2019年本)》《鼓励外商投资产业目录(2019年版)》和海南自由贸易港新增鼓励类产业目录,上述目录在政策执行期限内修订的,自修订版实施之日起按新版本执行。二是"实质性运营"的概念,是指企业的实际管理机构设在海南自由贸易港,并对企业生产经营、人员、账务、财产等实施实质性全面管理和控制。三是总分机构的政策适用问题,对总机构设在海南自由贸易港的符合条件的企业,仅就其设在海南自由贸易港的总机构和分支机构的所得,适用15%税率;对总机构设在海南自由贸易港以外的企业,仅就其设在海南自由贸易港内的符合条件的分支机构的所得,适用15%税率。四是享受优惠政策的新增境外直接投资所得应当符合的条件,是指从境外新设分支机构取得的营业利润或从持股比例超过20%(含)的境外子公司分回的,与新增境外直接投资相对应的股息所得,且被投资国(地区)的企业所得税法定税率不低于5%。

(五) 中国(上海)自由贸易试验区临港新片区(以下简称"新片区")优惠政策

为推动新片区发展高端产业体系,着力破解"卡脖子"难题,财政部、税务总局联合发布《关于中国(上海)自贸试验区临港新片区重点产业企业所得税政策的通知》(财税〔2020〕38号),对新片区内重点产业企业减按15%税率征收企业所得税。具体来说:一是自2020年1月1日起,对新片区内从事集成电路、人工智能、生物医药、民用航空等关键领域核心环节相关产品(技术)业务,并开展实质性生产或研发活动的符合条件的法人企业,自设立之日起5年内减按15%的税率征收企业所得税。二是对2019年12月31日之前已在新片区注册登记且从事《新片区集成电路、人工智能、生物医药、民用航空关键领域核心环节目录》所列业务的实质性生产或研发活动的符合条件的法人企业,可自2020年至该企业设立满5年期限内减按15%的税率征收企业所得税。

(六) 中关村国家自主创新示范区特定区域技术转让优惠政策

为优化创业投资环境,促进创业投资持续健康发展,财政部、税务总局、科技部、知识产权局联合发布《关于中关村国家自主创新示范区特定区域技术转让企业所得税试点政策的通知》(财税〔2020〕61号),明确自2020年1月1日起,对中关村国家自主创新示范区特定区域技术转让所得适用以下企业所得税优惠政策:一是对在中关村国家自主创新示范区特定区域内注册的居民企业取得符合条件的技术转让所得,在一个纳税年度内不超过2 000万元的部分,免征企业所得税,超过2 000万元的部分,减半征收企业所得税。二是放宽享受优惠的技术转让范围,将居民企业从直接或间接持有股权之和达到100%的关联方取得的技术转让所得纳入税收优惠范围。

企业在享受优惠政策时需关注四点:一是"中关村国家自主创新示范区特定区域"的具体范围,包括朝阳园、海淀园、丰台园、顺义园、大兴—亦庄园、昌平园。二是"技术"的具体范围,是指专利(含国防专利)、计算机软件著作权、集成电路布图设计专有权、植物新品种权、生物医药新品种,以及财政部和税务总局确定的其他技术。其中,专利是权利人依法就发明创造,包括发明、实用新型、外观设计享有的专有的权利。三是"技术转让"的具体内容,是指转让技术的所有权,或转让3年以上(含3年)非独占许可使用权和全球独占许可使用权的行为。四是技术转让应签订技术转让合同,并按财政部、税务总局联合发布的《关于居民企业技术转让有关企业所得税政策问题的通知》(财税〔2010〕111号)第三条规定进行管理。

(七)中关村国家自主创新示范区公司型创业投资企业优惠政策

为进一步推动创业投资发展,打造创业投资集聚区,财政部、税务总局、发展改革委、证监会联合发布《关于中关村国家自主创新示范区公司型创业投资企业有关企业所得税试点政策的通知》(财税〔2020〕63号),对符合条件的公司型创业投资企业按照企业年末个人股东持股比例免征企业所得税。具体来说:一是自2020年1月1日起,对示范区内符合条件的公司型创业投资企业,转让持有3年以上股权的所得占年度股权转让所得总额的比例超过50%的,按照年末个人股东持股比例减半征收当年企业所得税;转让持有5年以上股权的所得占年度股权转让所得总额的比例超过50%的,按照年末个人股东持股比例免征当年企业所得税。二是2020年1月1日前发生的符合条件的股权转让所得,也可执行免征企业所得税政策。

需要注意的是,享受优惠政策的公司型创业投资企业需要同时满足两个条件:一是在示范区内注册成立,实行查账征收的居民企业;二是符合《创业投资企业管理暂行办法》(发展改革委等10部门令第39号)或者《私募投资基金监督管理暂行办法》(证监会令第105号)要求,并按照规定完成备案且规范运作。